**경영학, 무엇을 말해야 하는가**

부모님과 아내에게 바칩니다.

# 경영학, 무엇을 말해야 하는가

—

### 경영학 신화에 질문을 던지다

석승훈 지음

위즈덤하우스

# 차례

이 책은 현대 경제와 사회에서 핵심적 역할을 하는 기업에 대한 것이다. 기업의 환경과 본질을 역사적 사실과 이야기를 중심으로 살펴본 책으로, 돈(화폐), 시장, 자본주의, 부채, 주식, 금융 시장, 주식회사 그리고 경제학과 경영학 등을 구체적이며 단편적으로 때로 종합적으로 살펴보았다. 이 책이 다루고 있는 대상은 시간적으로는 인류 문명이 시작될 때부터 21세기에 이르는 기간이며, 공간적으로는 아시아, 유럽, 아프리카와 아메리카 대륙 등 전 세계가 해당한다.

역사적인 일들을 중심으로 살펴보았지만, 그렇다고 이 책이 역사책을 지향하는 것은 아니며, 새로운 역사적 발견이나 해석을 주장하고자 하는 것도 아니다. 이 책에 나오는 대부분의 역사적 사건이나 일화는 이미 다 알려진 것이다. 필자의 전공 분야는 경영학이지 역사학이 아니고 이 책을 쓰게 된 동기 또한 경영학에서 시작했다.

경제학과 경영학에서 생각해 봐야 하지만 현실적으로 무시하고 있는 주제들을 한번쯤은 정리해 볼 필요가 있지 않을까 하는 생각에서 출발했다. 지금의 경제경영학(경제학과 경영학을 합쳐서 이 책에서는 간단히 경제경영학이라고 부르고자 한다)에서 사회와 경제를 바라보는 시각을 좀 더 정확히 이해하기 위해서 역사적인 사실들을 훑어보고자 한 것이 주요 동기이다. 독자들도 이 글을 통해 경제경영학과 우리를 둘러싸고 있는 경제 환경을 좀 더 잘 이해할 수 있게 되기를 바란다.

경제학이나 경영학에 관심이 없는 독자라면 필자의 구체적인 동기는 그다지 중요하지 않을 듯하다. 이 책을 그저 기업, 시장, 금융에 관한 역사적 궤적과 흥미 있는 일화들을 추적 정리한 것으로 간주해도 무방하다. 하지만 경제학이나 경영학에 관심이 있는 독자라면 필자의 집필 동기에 흥미를 느낄 수도 있을 것으로 생각해, 좀 더 구체적인 집필 동기를 나열한다.

이 책의 주요 주제들은 다음과 같다. 화폐는 언제부터 사용되기 시작했고, 왜 사용되었으며, 어떻게 변화해 왔는가? 화폐는 국가의 흥망에 어떤 영향을 주었는가? 부채는 인류 역사에서 어떤 역할을 했으며, 권력의 투쟁과 왕조의 흥망과 어떤 연관이 있었나? 시장은 어떻게 시작하고 성장했으며, 또 어떻게 지금과 같은 모습을 갖게 된 것인가? 은행, 증권, 보험 등의 금융 시장은 어떻게 시작되었고, 어떻게 변화 발전되어 왔는가? 금융 거품과 금융 위기는 왜 일어나는가? 기업의 본질과 기원은 무엇인가? 주식의 기원은 무엇이며, 주식회사는 어떻게 시작되고 발전되어 왔는가? 자본주의란 무엇이며, 그 특징은 어디에서 찾아야 하는가? 경제학과 경영학의 기원과 시각, 그리고 그 한계점은 무엇인가?

이상의 질문들에 대한 답을 추적하고 정리하면서 얻은 결론은 다음과 같다.

우선 기업, 시장, 금융의 역사적 발전 과정 자체가 무척 흥미롭다는 것이다. 지금 우리가 경험하고 있는 경제와 사회는 매우 역동적인 경로를 통해 형성되었다. 과거를 보지 않고 현재를 제대로 이해하기는 어렵다는 것을 다시 한 번 느끼게 된다. 다음으로는 지금 일반적으로 받아들이고 있는 경제와 경영 원리 가운데 상당 부분은 당연하지도 자연스럽지도 않다는 것이다. 그러나 그러한 부분이 교육과 제도를 통해 당연한 것으로 인식되고 있으며, 그러한 인식은 경제학과 경영학이 뒷받침하고 있다. 따라서 교육과 제도로 당연시되었던 부분을 제대로 이해한다면, 우리 경제와 기업 환경을 좀 더 잘 이해할 수 있을 것이다.

이 책을 쓰면서 가능한 한 일관성을 지키되 일상적인 용어를 사용해 쉽게 읽힐 수 있도록 노력했다. 일관성을 너무 강조하면 엄밀해지고 학술적인 것이 되어 독자들이 읽기에 피곤할 수 있다. 그에 반해 흥미 위주로만 가게 되면 일관성이 무너진다. 이 책은 그 중간쯤으로 쓰려고 노력했다. (오락가락하면서 기술되었다고 느낄지도 모르지만.) 다만 필자는 문학적 감수성이 좀 부족한 듯하여 글도 메마른 편이 아닐까 염려가 된다. 부디 이를 필자의 한계로 이해해 주기를 바랄 뿐이다. 경제학이나 경영학 지식이 없어도 그다지 어렵지 않게 읽을 수 있을 것으로 생각하지만, 그 주요 내용에 대해서는 책의 뒷부분에 부록으로 간단히 정리해 놓았으니 필요하면 참고하기 바란다.

이 책 내용의 대부분은 필자가 직접 연구한 결과가 아니라 2차 자료 즉, 다른 곳에 이미 나와 있는 자료들을 정리한 것이다. 다만 직접 인용을 하거나 필요한 경우가 아니면 출처를 일일이 밝히지는 않았다. 더 자세한 내용이 필요하면 인터넷 검색 사이트에서 적절한 검색어를 통해 찾을 수 있을 것이다. 필자의 의견이 들어간 부분은 우선은 어떤 내용을 뽑아 적었으나에 있다고 봐야 할 것이다. 세상에는 다양한 내용의 주장이 존재하는데, 필자의 생각에 맞는 내용을 추출해 기술한 것이니 전체적으로는 필자의 의도가 반영되어 있다고 할 수 있다. 또한 책의 끝 부분에 기술된 경제경영학에 필자의 의견이 별도로 정리되어 있다.

## 경영학에 질문을 던지다

경영학은 기업을 주요 연구 대상으로 하는 학문으로서 기업의 다양한 기능들을 중심으로 발전해 왔다. 경제학은 경영학의 근본이 되는 학문으로 경영학의 연구 대상인 기업뿐 아니라 시장, 금융, 거시 경제 등을 연구하는 학문이다. 참고로 이 책에서 경제학이라 함은 일반적인 경제학 원론에서 다루고 있는 주류 경제학을 의미한다.

　필자는 오랜 시간 경제학과 경영학을 공부하고 강의하면서 기업의 본질과 환경에 대해 시원하게 해결되지 않는 약간의 궁금증이 있었다. 그러한 궁금증을 해결하기 위해 이런저런 자료들을 찾아보게 되었고, 이 책은 그 결과를 정리한 것이라고 할 수 있다.

　필자의 궁금증은 기업 혹은 경영의 목표에서 시작한다. 기업의 경영자는 무엇을 목표로 일을 해야 하는가? 경영학에서는 이미 그에 대한 답이 제시되어 있다. 즉, 기업가치 혹은 주가를 극대화해야 한다는 것이다. 이 답이 너무나 자명해 보여서인지, 경영학 교과서에서는 이에 대해 제대로 논의되어 있지 않다. 기업의 목표가 경영학의 방향을 결정할 수도 있는 중요한 문제임에도 불구하고 제대로 논의된 적이 없다는 것은 그다지 반가운 일은 아니다. 경영학에서 정의되는 기업가치나 주가는 결국 자본가나 주주의 입장을 대변하는 것일 뿐 법인으로서의 기업 자체의 가치를 나타내는 것은 아니지 않는가? 또한, 개인의 의사 결정에는 재산의 화폐가치가 아닌 효용함수(소비에 따른 만족도를 표시하는 함수)를 도입해서 설명하는데, 기업의 목표에는 굳이 화폐가치를 사용하는 이유는 무엇인가? 경영학은 이러한 궁금증에 대해 함구하거나 매우 취약한 논리의 정당화만을 제공하고 있다는 게 필자의 느낌이다.

기업의 목표에 대한 궁금증은 기업 자체가 무엇인지에 대한 궁금증으로 연결되었다. 물론 경제경영학은 기업 이론을 제공해 주며, 어떤 것은 기업의 본질보다는 역할에 초점을 맞추고, 어떤 것은 본질 자체를 궁리하기도 한다. 기업 이론의 기본이 되는 한 이론에서는 기업이 시장과 경쟁하고 시장을 대체하는 존재로, 시장의 비효율성을 극복하고자 시장 거래가 아닌 권위에 의해 자원을 배분한다는 것이다. 흥미로운 주장이기는 하지만 상식에서는 약간 벗어난 듯한 느낌을 지울 수가 없었다. 기업은 여러 사람이 힘을 합쳐 일을 도모하기 위한 조직이 아니던가? 이러한 협동은 기업 이론의 어디에 들어가 있는가? 시장의 존재를 전제한 후에야 기업이 의미가 있다면, 협동이란 것이 시장 없이는 의미가 없다는 것인가? 이런 궁금증은 기업이 어떻게 시작되었는지 살펴본다면 더 잘 이해할 수 있게 되지 않을까 하는 생각으로 연결되었다.

물론 기업이 시장을 대체하든 시장 안에서 공급자 역할을 하든, 현대는 시장과 떼어 놓고 기업을 생각할 수는 없다. 따라서 현대 자본주의 기업을 이해하기 위해서는 시장을 이해해야 할 것이다. 그러면 시장은 왜 존재하는 것인가? 안타깝게도 경제학에서는 그 대답을 시원하게 들을 수가 없다. 왜냐하면 시장은 당연히 주어진 것으로 간주하기 때문이다. 경제학의 시조로 불리는 애덤 스미스는 시장 거래는 인간의 자연스러운 본성에서 나온다고 했으니, 더 이상의 질문이 필요 없을지도 모른다. 그러나 탄소 거래 시장이나 금융 파생상품 시장 등 새로운 시장이 계속해서 만들어지기도 하고, 어떤 경우는 거래가 부족해 시장이 사라지기도 한다. 인간의 본성 때문에 시장이 존재하는 것이라면 시장이 새로 생기거나 사라져서는 안 되지 않는가? 인간의 본성은 원래 시장을 원하지만, 시장을 유지하는 데 비용이 들기 때문에 시장이 존재하지 않을 수도 있다고 생각하면 되는 것일까?

어쨌든 현대에는 많은 시장이 존재하고, 그 시장에서 물건들은 화폐, 즉 돈을 매개로 거래된다. 또한 화폐는 기업의 이익이나 기업가치를 측정하는 수단이기도 하다. 자본주의 사회에서 화폐를 떼어 놓고 경제를 영위하는 것은 상상하기 어렵다. 그런데 한편으로 보면 화폐는 실질적인 가치를 지닌 것이 아니다. 합리적인 사람이라면 화폐 현상에 속지 않고 실질 가치를 볼 것이다. 애덤 스미스는 한 국가의 진정한 부는 화폐가 아니라 생산 능력으로 측정해야 한다고 했다. 다른 한편으로 애덤 스미스가 생산 활동에서 화폐의 중요성을 간파했던 것도 사실이다. 그런 연유에선지 경제학의 여러 분야에서 종종 화폐는 무시하고 실질 가치만을 기준으로 연구하기도 하지만, 또 다른 분야에서는 화폐의 역할을 중점적으로 다루기도 한다.

경제학 내에서 화폐를 보는 눈은 모순적이다. 현대 자본주의에서 화폐는 얼마나 중요한 것일까? 화폐는 단순히 거래의 매개체에 불과한 것일까 아니면 자본주의에 필수 불가결한 존재일까?

화폐와 더불어 금융 시장 역시 비슷한 경우다. 현대 자본주의 경제에서 금융 시장의 중요성을 무시할 수 없다. 무엇보다 금융 시장을 통해 화폐가 기업들에 자본으로 공급되어 기업들이 현대적 대규모 기업으로 성장하는 토대를 만들었다. 자본주의라는 말이 바로 여기에서 나왔듯이, 우리가 현재 경험하는 대규모의 기업과 대규모의 생산과 소비는 금융 시장의 역할 없이는 존재하기 어려워 보인다. 그럼에도 불구하고, 금융 자산 자체에 실질적인 가치가 있는 것은 아니다. 금융 자산이란 그저 실물 자산에 대한 청구권을 나타내는 증서다. 그러나 증서에 불과한 금융에 거품이 생기고 거품의 붕괴로 공황이 발생하면 많은 사람이 고통을 당하게 되는데, 이 고통은 불행히도 실질적인 것이다. 금융 시장은 자본주의와 기업에 어떤 실질적인 의미가 있는 것일까?

기업의 자본은 주로 부채와 주식의 형태로 조달된다. 부채와 주식에 대해 우리는 얼마나 많이 알고 있는가? 경제경영학에서 부채와 주식은 각자의 현금 흐름의 권리가 부여된 금융 계약으로 이해된다. 틀린 말은 아니다. 하지만 부채와 주식의 역사적 발전 경로를 살펴볼 수 있다면 단순한 금융 계약 이상의 의미를 발견할 수 있지 않을까? 그럴 수 있다면 기업에 대해 더 잘 이해할 수 있게 될 것이다.

필자의 이러한 궁금증은 경제경영학 안에서 시원한 답을 찾기 어려웠다. 아예 논의 대상에서 제외되거나 취약한 논리로 정당화를 하고 넘어가는 경우가 많다. 이 책은 궁금증을 해결해 줄 단서들을 경제경영학 안팎에서 살펴보고 정리한 것이다. 경제학과 경영학뿐 아니라 역사학, 사회학, 인류학 등에서 이러한 궁금증에 대한 단서들을 찾을 수 있었다. 이 책은 이러한 자료들을 이용하여 화폐, 시장, 자본주의, 부채, 주식, 보험 그리고 기업, 기업 이론과 경영학에 대해 살펴본다. 이렇게 얻은 직관과 논리로 경제경영학에 대한 재해석을 내리는 한편, 보다 친근한 경제경영학을 위한 제안도 함께 내리도록 한다.

# PART 1

# 돈
## 교환·가치·신용

# Chapter 1

# 화폐란 무엇인가

우리는 돈을 벌고 싶어 한다. 돈이 행복을 약속해 주지 않는다는 것은 알지만, 돈이 없는 가난의 고통을 바라지도 않는다. 돈을 모르는 갓난아기가 아니라면, 돈이 '왜' 필요한지 모르는 사람은 없을 것이다. 돈은 매일매일의 생활에 깊숙이 침투되어 있어, 돈이 없는 생활은 상상조차 하기 어렵다.

　개인적인 관심을 넘어서 기업의 경영에서도 얼마큼의 이익을 낼 것인지, 혹은 얼마큼의 기업가치를 만들어 낼 것인지, 혹은 효율성을 얼마나 올릴 수 있는지 등을 얘기할 때 궁극적으로 그 척도를 화폐가치, 즉 돈으로 표시한다. 이익, 가치, 효율성 등은 돈으로 환산된다. 국내총생산(GDP), 국민소득(NI) 등 나라 경제의 크기와 부를 측정하는 대표적인 측정치들 역시 돈으로 환산되고 비교된다.

　따라서 경제 현상과 기업 경영을 둘러싼 환경을 제대로 이해하기 위해서는 돈에 대한 이해가 필수적이다. 이렇게 쓰다 보니 너무 당연한 이야기인 듯하다. 돈은 이미 모든 사람이 알고 있으니, 더 얘기할 필요가 없을지도 모른다. 하지만 우리가 정말 제대로 알고 있는지는 점검해 볼 필요가 있다. 그래서 돈은 무엇인가라는 질문에서부터 이 책을 시작하고자 한다. 돈은 무엇이며, 돈은 언제부터 쓰였을까? 돈은 왜 만들어졌을까? 이에 대한 답은 어렵지 않게 할 수 있다. 학생 때부터 들어 오던 경제학적 상식을 기억하고 있기 때문이다.

화폐가 없다면, 사람들은 물건을 만들어 교환할 때 어려움을 느꼈을 것이다. 예를 들어, 갑돌이가 신발을 만들었는데, 이를 쌀과 바꾸고 싶은 경우를 생각해 보자. 화폐가 없다면 갑돌이는 신발을 들고 쌀을 파는 사람을 찾으러 다녀야 한다. 쌀을 파는 사람을 찾는 일은 쉽지 않을 수 있다. 시장은 바로 이러한 필요성 때문에 만들어졌다. 물건을 교환할 사람들을 한곳으로 모아 놓으면 서로 쉽게 찾을 수 있기 때문이다. 그런데 쌀을 파는 사람을 만난다 해도 그 사람이 신발이 필요 없으면 허사가 되고 만다. 갑돌이는 그냥 쌀장수를 만나야 하는 것이 아니라 신발이 필요한 쌀장수를 만나야만 한다. 갑돌이가 쌀만 필요한 게 아니라 솥도 필요하고 고기도 필요하다면, 교환의 상대방을 찾기 위해서 엄청난 발품을 팔아야 할 것이다. 이것이 바로 화폐 없이 물물교환을 하게 될 때의 어려움이다. 이러한 문제는 화폐를 사용하면 깨끗하게 해결된다. 갑돌이는 신발이 필요한 사람에게 돈을 받고 신발을 팔면 되고, 그 돈을 가지고 쌀장수, 솥 장수, 고기 장수에게 가서 각각 물건을 사면 되기 때문이다. 이리하여 화폐는 물물교환의 어려움을 해결하기 위하여 자연스럽게 만들어졌다.

그렇다. 화폐는 물물교환의 고통(비용)을 줄이기 위해서 인간의 독창성으로 만들어 낸 수단이다. 우리가 수업 시간 내내 들었던 이 이야기는 매우 자연스럽기 때문에 받아들이는 데 아무 어려움이 없다. 더욱이 화폐의 기원 자체보다 현재 주어진 경제경영 현상에 관심이 있다면, 더 이상 깊은 생각을 할 필요도 없을 것이다.

그런데 가끔은 옛날 일에 관심을 가지고 있는 사람도 있다. 역사학자나 인류학자는 먼 과거의 일에 많은 관심을 가지고 살펴본다. 과거는 현재를 설명해 주는 좋은 밑거름이 되고, 그 설명은 우리가 아는 것과 매우 다를 수 있다. 흥미롭게도 역사학이나 인류학에서는 이런 화폐에 대한 상식이 잘못된 것일 수 있다는 점을 지적하고 있다. 그래서 그들의 주장을 포함하여 돈에 대한 이야기를 해 보고자 한다. 우선은 경제학에서 일반적으로 언급되는 이야기로 시작해 보자.

## 화폐의 진화, 상품에서 신용으로

일반적으로 화폐라 하면 지폐(와 동전)를 연상한다. 물론 신용카드의 발전으로 카드를 이용한 신용 거래가 많아졌지만, 아직도 근간을 이루는 화폐는 지폐라고 볼 수 있다. 지금 우리가 쓰고 있는 지폐는 소위 불환지폐(不換紙幣, fiat money)로, 지폐의 가치를 정해 주는 본원 물체로 교환되지 않는 것으로서 태환지폐(兌換紙幣)의 상대 개념이다.

역사적으로는 1971년 전까지만 해도 금본위 제도, 은본위 제도 등이 종종 사용되었다. 이는 지폐 혹은 화폐의 가치를 금 혹은 은의 일정량과 동일시해 화폐를 금 또는 은으로 교환해 주는 제도였다. 이때의 화폐를 태환화폐(혹은 태환지폐)라고 부른다. 불환지폐란 태환지폐가 아니라는 뜻이다. 간단히 말하면, 불환지폐란 물적 가치가 없는, 믿고 사용하는 지폐라는 뜻이다. 믿는다는 것은 그 지폐에 표시된 가치를 '내'가 인정하고 '다른 사람' 역시 받아들인다는 의미다. 우리가 쓰는 지폐는 정부의 신용을 바탕으로 가치를 부여받았고, 그 가치를 서로 받아 주기 때문에 돈의 역할을 하는 것이다.

화폐는 오래전부터 사용되어 왔는데, 편의상 화폐의 종류를 자연화폐, 금속화폐, 신용화폐로 구분해 보자. 자연화폐는 자연에서 얻을 수 있는 조개나 쌀 등 물건이 화폐 역할을 하는 것을 말하고, 금속화폐는 금, 은, 동, 철, 구리 등 금속으로 화폐를 삼는 것을 말한다. 신용화폐는 지폐나 어음, 수표 등 신용에 기초한 화폐를 일컫는다. 그 자체의 가치를 지닌 물건이 화폐로서의 역할을 하는 경우를 상품화폐라 부르기도 하는데, 자연화폐와 금속화폐가 이에 속한다. 사실 모든 물건이 상품일 필요는 없으므로, 상품화폐보다는 물건화폐라는 표현이 더 맞을 듯하다. 상품화폐라는 용어는 모든 것이 시장 거래의 대상이라는 자본주의적인 인식이 반영된 것으로 보인다.

옛날에 쓰였던 화폐를 원시화폐라고 부른다. 옛날이라면 어느 시대를 말하는 것일까? 그 시점을 명확히 정하기는 어려우니 그냥 원시 시대의 화폐라고 해 두자. 원시 시대에는 지폐가 없었고 상품화폐를 상당 기간 사용했을 것이다. 물론 상품화폐가 원시 시대에만 사용된 것은 아니다. 조선 시대에는 쌀이 사용되기도 했으며, 2차 대전 중에는 포로수용소에서 담배가 화폐 역할을 하기도 했다. 우리는 기록이 남아 있지 않은 아주 먼 옛날에 쓰였던 화폐에 대해서는 잘 알지 못한다. 그저 원시화폐의 흔적을 찾아서 유추하거나 최근까지 원시 상태를 유지하는 세계의 부족들을 통해서 유추할 뿐이다. 이러한 일들은 인류학자나 역사학자의 몫이기도 하다.

인류가 사용했던 자연화폐의 예를 들어 보자. 아몬드(인도), 옥수수(과테말라), 보리(고대 바빌로니아), 카카오 씨(아스테카 문명), 차(몽골), 쌀(한국) 등 곡류와 식물류의 자연화폐가 있었고, 순록(시베리아), 물소(보르네오), 양(고대 히타이트), 소(그리스) 등 동물류의 자연화폐가 있었다. 소금, 조개껍데기, 옷감(비단) 등도 아시아나 지중해 지역에서 사용되었다(Weatherford, 1998).

하지만 자연화폐는 시장 거래의 수단이 되기에는 한계가 있어 보인다. 앞선 예에서 신발을 판 대가로 양을 받고, 받은 양으로 쌀을 산다고 생각해 보자. 이 두 번의 거래에서 갑돌이는 몇 가지 문제에 맞닥뜨리게 된다. 먼저 신발 한 켤레의 가치가 어느 정도냐는 것이다. 만약 양 반 마리의 가치만 있다면 양을 죽여서 반만 받아야 할 것인가 아니면 크기가 반인 작은 양 한 마리를 달라고 해야 할 것인가 하는 문제가 생긴다. 양 반 마리를 받고 신발을 팔았다고 가정했을 때도 두 번째 문제를 만난다. 쌀장수를 만나려면 갑돌이는 피가 뚝뚝 떨어지는 양 반 마리를 들고 부지런히 가야만 한다. 혹여 다른 일 때문에 며칠 동안 쌀을 사러 가지 못하면 양은 썩어서 아무도 화폐로 받아 주지 않을 것이다. 드디어 쌀장수를 만나 원하는 쌀을 살 때도 문제는 있다. 쌀값이 양 한 마리라면 갑돌이는 서로 다른 사람에게 신발 한 켤레씩을 팔아 만든 양 반 마리 두 개를 가지고 값을 지급하려 할 것이다. 갑돌이가 가지고 있는 죽은 양 반 마리 두 개는 살아 있는 양 한 마리와 같은 가치로 평가받을 수 있을까? 죽은 양은 시간이 흐르면 점차 부패가 심해질 것이며, 화폐로서의 가치는 점차 감소할 것이다.

이처럼 자연화폐는 작은 단위로 나누기 어려울 수 있고, 들고 다니기 어렵고, 그 가치가 감소할 수도 있다. 그나마 곡식 등 알갱이가 작은 것은 나누기 쉽고, 가치가 그런대로 오래 유지되기 때문에 시장의 교환 매개로서 좀 더 우월한 지위에 있었다.

바로 이런 점 때문에 금속화폐의 장점이 부각되었다. 금이나 은 등은 필요하면 작은 단위로 쪼갤 수 있고, 또 오랫동안 변하지 않아 부패의 위험에서 자유롭고, 보관도 편리하며, 가벼워 소지하기에 쉽다. 시장 거래의 매개체라는 관점에서 보면 금속화폐가 자연화폐에 비해 훨씬 더 적합하다고 볼 수 있다. 이 때문에 금속 제련 기술의 발전에 따라 자연화폐에서 금속화폐로 자연스럽게 이동했다.

**화폐의 언어적 유산**

현대의 언어에는 아직 자연화폐의 유물이 남아 있다. '금전적인'이라는 뜻의 영어 'pecuniary'의 어원은 가축으로 표시된 부를 의미하는 고대 라틴어 'pecuniarius'라고 한다. 급여를 뜻하는 'salary'는 소금을 뜻하는 라틴어 'salrius'에서 유래되었다. 소금은 화폐로 사용되었는데, 특히 로마 군인의 급료로 지급되었다고 한다. 여기서 파생되어 오늘날의 'salary'가 된 것이다.

화폐(貨幣)의 貨는 조개를 의미하며 幣는 비단을 의미한다. 돈이라는 말 대신에 전(錢)이 주로 사용되었고(조병수, 1993), 그 밖에 천포(泉布), 도(刀) 등의 호칭도 사용되었다. 문헌상 최초로 나타난 돈은 고조선의 자모전(子母錢, 기원전 957)으로, 전은 화폐의 대표적인 호칭이 되었다. 지금도 동전의 호칭에 전의 흔적이 남아 있다.

현재 우리가 쓰는 돈의 어원을 도(刀)에서 찾기도 한다. 도화(刀貨) 혹은 도환(刀環)이 변해서 돈이 되었다는 이야기다. 중국 전국 시대의 연(燕)나라 돈인 명도전(明刀錢)은 한반도에서도 많이 사용되었다. 도는 칼 모양으로 생겨서 붙은 이름으로, 도가 돈의 의미로 오랫동안 사용된 것을 고려하면 설득력이 있어 보이는 주장이기는 하다. 다른 설로는 무게를 재는 돈(돈쭝)에서 돈이 나왔다고도 하는데, 무게를 재는 단위인 돈 역시 도에서 유래한다고도 한다. 또 다른 설은 돌고 돈다는 의미에서 돈이 나왔다는 것이다. 사실 여부를 떠나 돌고 돈다는 해석은 돈의 본질을 꿰뚫어 본 혜안이 아닐 수 없다.

## 신용화폐

경제학에 따르면 화폐는 금속화폐에서 또 한 단계 나아가 발전한다. 금속화폐는 자연화폐에 비해서는 상대적으로 편리하지만 여전히 가지고 다니기 무겁고, 도난의 가능성까지 있었다. 조선 시대를 다룬 사극에서 엽전을 한 뭉텅이씩 들고 다니는 모습을 본 적이 있을 것이다. 한 단계 발전한 신용화폐는 이러한 불편을 해소할 수 있는 장점이 있다. 그저 종이 쪼가리에 금액을 적어 놓으면 되었기 때문이다. 유일한 문제는 이 종이에 적힌 금액을 다른 사람이 인정해 줘야 한다는 점이다. 만약 아무도 그 금액을 인정해 주지 않는다면, 그 종이는 그야말로 종이 쪼가리에 불과하기 때문이다. 따라서 종이가 화폐의 역할을 하려면 종이에 적힌 금액을 서로 믿고 사용해야 한다. 그것이 바로 신용이다. 신용화폐라 이름이 붙은 이유기도 하다.

신용은 꼭 국가에서 비롯되어야 하는 것은 아니었다. 예를 들어, 조선 시대의 어느 마을에 사는 내로라하는 만석꾼 갑부가 한 농부에게 쌀을 구입한 후 종이에 일정 금액을 적은 차용증을 주면서 나중에 돈으로 주겠다는 약속을 했다고 해 보자. 그 차용증이 갑부에게서 나온 것임을 마을 사람들이 다 알고 있고 그의 신용을 믿는다면, 차용증은 화폐의 역할을 할 수 있다. 그렇기 때문에 차용증을 받은 농부는 돈을 받기로 한 날까지 기다릴 필요 없이 차용증을 솥을 사는 데 돈 대신 지급할 수 있다. 솥 장수는 그것이 믿을 수 있는 갑부에게서 나온 것임을 알고 있기에 이를 거부할 이유가 없다. 솥 장수는 차용증을 받아 갑부에게 가서 돈을 받아도 되고, 아니면 필요한 경우 다른 물건을 구입할 때 차용증을 지급할 수 있다. 이런 절차에 의해 차용증은 화폐가 된다. 물론 차용증이 화폐로 사용되는 범위는 갑부의 신용도가 인정받는 지역에 한할 것이다.

현대에는 일반적으로 국가가 지폐의 발행을 독점하고 국가의 지배력이 미치는 범위 안에서 신용을 부여하고 있다. 은행의 수표도 지폐와 마찬가지로 사용할 수 있는데, 이는 수표 역시 그 은행과 정부에 의해 신용이 보장되기 때문에 가능하다.

### 야프 섬의 돌돈

자연화폐 가운데 매우 흥미로우면서도 의미 있는 경우가 미크로네시아의 야프(Yap) 섬에서 사용된 라이(rai) 또는 페이(fei)라고 하는 돌로 만든 돈이다. 돌돈의 재료인 돌은 옆의 섬 팔라우(Palau)에서 만들어져 보내진 것이라 한다. 야프 섬에는 각지에 돈의 역할을 하는 7000개가량의 크고 작은 돌들이 흩어져 있다. 조그마한 돌돈에서부터 지름 2미터가 넘는 돌돈이 있고 큰 돌일수록 값어치가 크다. 돌돈은 둥그런 모양을 하고 있으며 가운데 구멍이 나 있다. 부피가 큰 돌돈을 들고 다니는 사람은 아무도 없다. 그 돌돈이 누구의 소유인지 마을 사람들은 다 알고 있기 때문이다. 돈을 써야 할 때는 그저 소유권을 넘기고, 그 사실을 널리 알리면 되는 것이다.

더 재미있는 이야기는 이 섬에서 가장 큰 가치를 지닌 제일 큰 돌돈은, 아예 이 섬에 존재하지 않는다는 것이다. 그 돌은 운반 도중에 바다에 빠져 버렸기 때문이다. 바다에 빠져 버렸다는 것은 돈을 잃어버린 것이니 더 이

야프 섬의 돌돈

상 돈의 역할을 하지 않아야 하지만 야프 섬의 사람들은 돌이 바다에 빠졌다 해도 그 돌의 주인이 누구인지 알고 있었기에, 여전히 돈의 역할을 한다는 것이다. 그 돌은 바다에 빠져 더 이상 아무도 볼 수 없게 되었지만, 돈으로서의 가치는 보존되었다.

야프 섬의 돌돈 이야기는 얼핏 보면 원시적이고 유치해 보인다. 여기저기 흩어져 있는 하찮은 돌을 돈으로 여기며, 바닷속의 돌까지도 돈으로 간주한다니 말이다. 그러나 지금 우리가 돈이라고 생각하는 것 역시 이와 다르지 않다. 우리가 부(富)라고 생각하는 것은 은행이나 증권 계좌에 숫자로 표시되어 있다. 신용카드로 물건을 사면, 우리 계좌의 숫자가 줄고 판매자 계좌의 숫자가 는다. 손에 잡히지 않는 은행 계좌의 숫자와 야프 섬 앞바다에 빠져 있는 돌은 무엇이 다를까? 우리가 돈으로 사용하는 숫자가 적혀 있는 종이와 야프 섬에서 돈으로 사용하는 동그랗게 깎인 돌은 무엇이 다를까? 돌돈은 원시적인 자연화폐인가 아니면 현대적인 신용화폐인가?

## 화폐의 역할

화폐의 역할은 무엇일까? 일반적인 화폐의 역할은 크게 세 가지로 구분된다. 그것은 가치의 척도(unit of account), 교환의 매개(medium of exchange, 혹은 지급 수단), 가치의 저장(store of value)이다.

가치의 척도라 함은 화폐를 가지고 사물의 가치를 잰다는 뜻이다. 예를 들어, 쌀농사를 지어서 수확한 쌀의 가치를 재는 단위로 화폐를 사용하는데, 이것이 반드시 시장에서 팔 것을 전제로 할 필요는 없다. 이를테면 수확한 쌀을 동생 가족에게 주었을 때, 얼마만큼의 가치가 이전되었는지를 기록하는 회계 처리의 수단으로 사용될 수도 있다.

교환의 매개는 앞서 언급한 것처럼, 화폐를 가지고 상품 거래의 매개체로 사용하는 것을 의미한다.

가치의 저장은 화폐에 일정한 가치를 부여함으로써, 화폐를 가지고 있는 것이 그만큼의 가치를 가지고 있는 것임을 의미한다. 사실 이 기능이 없으면 교환의 매개체 역할을 하기도 어렵다. 이 가치가 변동이 심해지면 화폐의 역할을 하기 어려울 것이다. 예를 들어 극심한 인플레이션의 경우에는 화폐가 가치를 제대로 보전하지 못하므로 아무도 화폐를 보유하려 하지 않을 것이다. 교환의 매개체가 되려면 그 화폐가 안정된 가치를 가지고 있어야 한다.

## 돈과 거래

이런 질문을 한번 해 보자.

"자연화폐가 진짜로 일상적인 거래에 사용되었을까?"

얼핏 보기엔 엉뚱한 질문일 수 있다. 지금까지 자연화폐가 거래에 불편해서 금속화폐가 사용되었고 다시 이것이 지폐로 발전했다고 이야기했다. 좀 더 정확히 말하자면, 경제학의 일반론이 그렇다는 이야기다. 그러나 경제학의 모든 내용이 항상 옳은 것도 아니고, 때로는 별 근거 없이 그러려니 하고 넘어가는 경우도 있다. 사실, 경제학자들은 현재의 경제 상황에 대해 관심이 있지, 먼 옛날의 경제나 교환에 대해서는 그다지 관심을 가지고 있지 않다. 물론 경제의 역사를 공부하는 경제사 분야가 있기는 하지만, 이 또한 기껏해야 17, 18세기부터의 역사를 진지하게 연구할 뿐이다. 자 이제, 다시 한 번 옛날의 물물교환으로 돌아가 보자.

갑돌이는 쌀을 사기 위해 신발을 들고 쌀장수를 찾아 여기저기 다녔다고 했다. 그런데, 정말 그랬을까? 신발을 들고 무작정 쌀장수를 찾아다니는 일은 매우 어리석은 일이다. 옛날 사람들이 그 정도로 어리석었을까? 더욱이 옛날에는 삶의 공간이 그리 넓지 않았을 것이다. 살고 있는 마을의 범위를 벗어나는 일도 드물었을 것이다. 그렇다면 한 마을에 혹은 기껏해야 바로 옆 마을을 포함한 공간 내에서 물물교환을 위해 상대방을 찾아다녔을까? 옆집에 쌀이 있어서 갑돌이는 가장 먼저 옆집에 신발이 필요하냐고 물어봤을 것이다. 옆집에서 신발이 필요하다면 그 집에 갖다주었을 것이고, 그 집에서 쌀을 가져왔을 것이다.
그런데 옆집에서 신발이 필요 없으면 어떻게 했을까? 갑돌이는 쌀을 구할 수 없었을까? 마을 사람들은 갑돌이가 쌀을 구하지 못해 굶도록 그대로 놔뒀을까? 아마 갑돌이는 그냥 쌀을 가져왔을 것이다. 외상이라고 보아도 좋다. 쌀을 가져오면서 갑돌이는 옆집에 나중에 신발이 필요하면 얘기하라고 하면 된다. 언젠가 옆집에서 신발이 필요할 때, 갑돌이에게 와서 신발을 가져가면 되었을 것이다. 이런 일은 한 마을에서 오랫동안 유대 관계를 유지하며 살고, 서로에게 필요한 것이 무엇인지 알고 있기 때문에 가능하다. 마을에 필요한 물건들은 마을 사람 누군가에 의해 생산되어 자연스럽게 교환될 것이다.

처음에는 사유 재산의 구분이 없었을 것이며, 이때는 교환이라는 의미가 필요 없다. 각자가 분업 혹은 협업으로 생산 활동을 하고, 그 생산물을 공동으로 사용했을 것이다. 사유 재산의 개념이 생긴 후라도 유대 관계가 오래 지속된 상태에서 경제 활동이 유지된다면, 물건을 들고 다니면서 즉석에서 거래를 해야 할 필요는 없었을 것이다.

다시 말해, 신발을 들고 다니면서 신발이 필요한 쌀장수를 찾아다니는, 경제학이 상상하는 물물교환은 너무나 비효율적이기 때문에 일어나지 않는다.

여기서 또다시 의문이 생긴다. "설혹 비효율적이라서 일어나지 않았다 하더라도 그게 그리 중요한 일인가? 결국은 그 비효율성을 없애기 위해 화폐가 만들어진 것이 아닌가?" 얼핏 그럴듯하게 들린다. 그러나 비효율적이라서 그런 일이 일어나지 않았다면, 존재하지도 않은 비효율성을 극복하기 위해서 화폐가 만들어질 수 있는 것인가? 존재하지 않은 문제점을 없애기 위해 화폐가 도입되었다면, 아마 굉장한 상상력이 필요했을 것이다. 옆집에서 필요한 것을 가져오면 되는데 왜 굳이 화폐를 만들어야 했을까? 이때 화폐를 매개로 해야만 한다면, 오히려 더 비효율적인 것이 아닐까?

또 다른 가능성은 있다. 마을 사람들이 기존의 교환 방법인, 어떤 물건이 필요할 때 그것을 가져가는 것을 꺼리는 경우다. 예를 들어, 사람들이 원래부터 내 물건을 남에게 즉석에서 제값을 받고 파는 스폿(spot) 거래를 원하는 경우다. 스폿 거래에 비해 종전의 교환 방식은 시차를 두고 값이 치러지는 신용 거래(사실 거래라고 불러야 할지도 모호하지만 편의상 그렇게 부르자)라고 부를 수 있다. 즉, 사람들이 애초에 신용 거래보다 스폿 거래를 선호하는 경향이 있다면, 이를 구현하기 위해 화폐를 고안했을 수 있다. 그런데 이 설명도 좀 이상하다. 왜냐하면 사람들이 원래 스폿 거래를 원한다면, 신용에 의한 교환이 오랫동안 관찰되어서는 안 되기 때문이다. 그러나 인류학자들은 지금도 세계의 오지에서 신용 거래가 이루어지고 있음을 보고하고 있다.

옛날 사람을 만나서 물어볼 수 없으니 정확한 것을 알기는 어렵다. 그런데 한 가지 중요한 사실은 화폐의 사용 여부는 그 마을이나 사회의 사회적 관계나 질서와 밀접한 관계를 가질 것이라는 점이다. 마을 사람들이 기존의 방법에 익숙해져 있고 특별히 불편함을 느끼지 못한다면 새로운 방법이 생겨나기 어려울 것이다. 사회적 관계는 한 마을 내의 역학 관계와 유대 관계에 다름 아니다. 마을에서의 교환 방식을 물건의 교환에 국한해 따로 생각하기는 어렵다. 갑돌이가 옆집의 쌀을 가져온 것은 갑돌이와 옆집 사이에 오랜 유대 관계가 있기 때문에 가능하다. 만약 갑돌이와 옆집이 한 번 보고 말 남남이라면 이러한 교환 방식은 성립하기 어려울 것이다.

좀 더 일반적으로 말하면, 경제 활동은 사회 활동에 내재되어 있다고 할 수 있다. 칼 폴라니(Karl Polanyi)는 이러한 현상을 내재화(embeddedness)라는 용어로 설명하고 있다. 경제는 사회관계와 분리해서 설명할 수 없으며, 사회에 내재되어 있다는 것이다. 스티븐 구드먼(Stephen Gudeman)에

의하면, 생산한 것을 공동 사용하는 것은 하나의 공동체(community)임을 인정하는 것이며, 그 생산물은 그 공동체의 공유재(commons)로서 공동체의 기본 자산(base)을 형성한다. 얼핏 단순해 보이는 이 관찰은 경제학의 정설에 도전하는 꽤 중요한 점을 시사한다.

## 돈의 출발점

경제학의 정설은 화폐의 본질을 교환의 매개체라는 렌즈를 통해 바라본다. 화폐가 교환의 매개체 역할을 한다는 것은 부정할 수 없지만, 이 경제학적 관점에는 생각해 볼 문제들이 존재한다.

이러한 관점은 애덤 스미스(Adam Smith)의 『국부론*The Wealth of Nations*』에서 살펴볼 수 있다. 스미스는 책에서 사람들이 "교역, 물물교환, 거래하려는 성향(the propensity to truck, barter and exchange one thing for another)"을 가지고 있으며, 물물교환을 인간의 본성으로 묘사한다. 시장 거래의 기원을 인간 본성에서 찾는 것은 경제를 사회와 분리시키는 것이다. 스미스의 이러한 시각을 따르는 경제학은 시장 거래가 인간의 본성에서 나오는 당연한 것이라고 규정한다.

> 거래하기 위해서 물건을 들고 다녀야 한다. 그게 본성이니까. 물건을 들고 다니면 피곤하니 화폐를 발명하게 되고, 화폐도 점차 편리한 것으로 바뀌었다.

우리는 갑돌이의 마을에서 일어나는 일이 시장 거래가 아님을 알고 있다. 거래가 인간의 본성이라면, 어떻게 오랜 기간 동안 시장 거래에 의존하지 않는 경제가 존재할 수 있었던 것일까? 스미스의 관점은 앞에서 언급한 스폿 거래 이야기를 상기시킨다. 사람들은 원래 스폿 거래를 하고 싶은데, 오랫동안 참다가 마침내 화폐를 만들어 거래를 쉽게 만들었다는 말이다.

하지만 앞서 지적했듯이, 스폿 거래가 인간의 본성이라면 인류 문명이 시작하고 바로 스폿 거래가 일반적으로 나타나야 하지 않을까? 스미스의 인간 본성에 대한 견해는 경제학의 기본 사상으로 경제학을 지배해 왔지만, 이 사상이 고대 인류의 삶에 대한 발견과 배치된다는 생각을 떨쳐 버릴 수 없다.

그렇다면 애초에, 화폐는 교환의 편리성을 추구하기 위해 만들어진 게 아닐 수 있지 않을까? 거래에만 관심을 두고 화폐를 바라보면 물물교환이 자연스러워 보이지만, 거래가 본질적인 게 아니라면 화폐의 본질 역시 거래에서 출발한 게 아닐 수 있다는 것이다.

## 화폐 이론

화폐의 본질 혹은 탄생의 비밀에 대해서는 몇 가지 이론이 존재한다. 경제학에서 일반적으로 받아들여지는 이론은 카를 멩거(Carl Menger)의 인간 행위 이론(the praxeological theory of money)에 바탕을 둔 것이라고 할 수 있는데, 이 이론에서는 화폐가 시장 거래의 편리성을 위해 자연스럽게 만들어졌음에 주목한다. 즉, 물물교환의 불편함을 해소하기 위해 화폐가 만들어졌다는 것이다. 이는 이미 앞서 살펴본 경제학적 정설의 바탕에 깔려 있는 내용이다.

이외에 다른 이론도 있다. 그중 하나가 화폐를 금속의 가치와 동일시하는 금속 이론(the metallic theory of money, 혹은 금속주의metallism)이다. 경제학의 시조로 일컬어지는 애덤 스미스 시대인 18세기까지만 해도 한 국가의 부(富)는 그 국가가 소유하고 있는 금은의 양이라고 믿었다. 금속 이론이란 바로 이러한 시각을 일컫는다. 그러나 스미스는 『국부론』에서 국가의 부는 그 국가가 보유한 금과 은의 가치가 아니라 생산력에 달려 있음을 강조했다. 스페인이나 포르투갈이 남미에서 그 많은 금과 은을 퍼 갔으면서도 결국은 쇠락할 수밖에 없었던 이유는 생산 능력 향상이 아니라 그저 금은을 많이 보유하는 데서 부의 원천을 찾았기 때문이었다.

흥미로운 것은 아직도 많은 사람이 금이야말로 믿을 수 있는 진정한 화폐라고 생각한다는 점이다. 이러한 생각은 금의 가치 자체를 화폐의 본질로 여긴다기보다는, 역사적으로 금에 가치를 부여해 왔기 때문에 일어나는 현상일 것이다. 사실상 금의 가치를 어디서나 받아 준다면 금의 축적을 부의 축적과 동일시하는 것이 별로 이상하지는 않다. 스페인이 쇠락한 이유가 생산력의 부족에도 있지만 금을 계속 축적할 능력이 부족해서라고도 볼 수 있지 않을까? 금속 이론이 화폐의 본질을 설명해 주지는 못할 수 있으나, 금은의 가치가 인정되는 한, 현실을 설명해 주는 힘은 있어 보인다.

다른 이론으로는, 미첼 이네스(Alfred Mitchell-Innes)가 『은행법 저널 Banking Law Journal』(1914)에서 주창한 신용 이론(the credit theory of money)이 있다. 신용 이론에 따르면, 화폐의 본질은 신용이라는 것이다. 우리가 돈을 지급하고 물건을 산다는 것은 사실상 물건 값에 해당하는 만큼 빌린 것이며, 물건을 판 사람은 그 만큼의 가치를 빌려 준 것이다. 거래는 매번 이렇듯 대부와 차입의 관계를 발생시키며, 이러한 대차 관계는 두 사람이 각자 다른 사람과 거래를 함으로써 결과적으로 해소된다.

그런데 내가 남한테 빌려 줄 수 있는 것은 누군가로부터 그만큼 다시 받을 수 있어야 함을 전제로 한다. 따라서 이 관점은 자연스럽게 신용화폐와 연결된다. 우리가 지금 사용하고 있는 지폐는 상품화폐와는 달리 그 자체가 가치를 지닌 것이 아니라 제3자가 그것을 받아 줄 것을 보증하기 때문에 사용이 가능한 것이다. 제3자가 지폐를 받아 준다는 것은 그가 빚을 되갚아 줌을 의미한다.

또 다른 이론으로 게오르크 프리드리히 크나프(Georg Friedrich Knapp)가 주창한 화폐 국정론(the state theory of money)이 있다. 이 이론에 따르면 화폐란 국가나 왕이 의도적으로 국민들이 화폐를 통해 경제 활동을 하도록 만들었다는 것이다. 즉, 화폐는 국가 권력의 산물이며, 국가는 화폐를 관리하고 발권력을 갖추는 것이 중요해진다. 이 이론은 국가의 존재를 전제로 하고 있기에 화폐의 자연스런 발생을 설명해 주지는 못한다. 그러나 이는 현대적인 화폐 발행과 국가적 관리에는 중요한 시사점을 제공해 주는 이론이다.

금속주의 이외의 다른 이론들은 명목주의(nominalism)라고 부른다. 명목주의에서는 화폐의 본질을 금속의 가치가 아니라 화폐의 역할에서 찾는다.

* * *

이 장은 화폐에 대한 개략적인 얘기로 시작했다. 화폐의 역할과 기원에 대해서는 여러 이론이 존재한다. 인간 행위 이론, 금속 이론, 신용 이론, 화폐 국정론 등이다. 인간 행위 이론이 경제학에서 정설로 여겨지지만, 다른 이론들도 나름의 의미가 있다. 어느 이론이 더 의미가 있으며, 화폐가 어떤 과정을 통해 현재와 같은 역할을 하게 되었는지에 대한 궁금증을 해결하기 위해 이제 화폐의 역사를 다뤄 보기로 하자.

# Chapter 2

# 화폐의 역사
## 고대와 중세

이 장과 다음 장에서는 화폐의 역사에 대해서 살펴본다. 먼저 이 장에서는 메소포타미아 문명에서 시작하여 중세의 유럽, 중국과 인도, 그리고 이슬람 제국에 이르기까지 화폐의 주조와 역할에 대해 살펴보고자 한다. 〔아래 논의에서는 Bernstein(2012), Goetzman and Rouwenhorst(2005), Weatherford(1998) 등을 참조했다.〕

## 메소포타미아 문명

인류의 문명은 서아시아의 메소포타미아 지방과 북아프리카의 이집트 지역에서 시작되었다고 한다. 메소포타미아 지방의 역사는 다행히 해독할 수 있는 기록이 남아 있어서 옛 모습을 가늠해 보는 데 도움이 된다. 메소포타미아는 현재의 남부 이라크에 해당하는 지역으로 왼쪽에는 유프라테스 강이 흐르고, 오른쪽에는 티그리스 강이 흐르는 사이와 그 주변 지역을 의미한다. 메소포타미아라는 말 역시 '두 강 사이의 땅'이라는 그리스어에서 유래되었다. 이 두 강이 자주 범람한 덕분에 땅이 부드럽고 비옥해 기

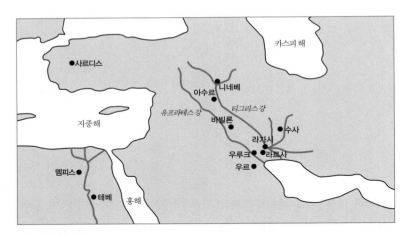

고대 메소포타미아 지도

원전 1만 년 정도부터 사람들이 정착했다. 그러나 강의 범람이 불규칙했기에 대규모 관개 치수 사업이 필요했다. 기록에 따르면 기원전 3000년경에 우루크(Uruk), 우르(Ur) 등 인류 최초의 도시들이 형성되었다고 한다. 이러한 초기 문명을 만든 종족은 수메르인이다.

수메르인들의 도시는 신전을 중심으로 형성되었으며, 신전 안에는 종종 지구라트(Ziggurat)라는 피라미드 모양의 건축물이 세워졌다. 신의 대리인이라 칭하는 사제들이 도시의 지배자들로 군림하여 신권 정치를 시행했다. 수메르인들은 처음에는 사물의 모양을 본뜬 상형문자를 사용하다가, 나중에는 쐐기문자를 사용했다. 쐐기문자는 갈대 같은 것으로 쐐기 모양의 글자를 새긴 것으로, 지금 서양 알파벳의 기원이라고 한다. 종이가 없던 당시에는 진흙으로 만든 지점토 판에 갈대 등을 눌러 글을 썼다. 또한 수메르인들은 위인과 신화 등에도 관심이 많아 지점토에 그런 내용의 글들이 남아 있다. 이 글이 해독되면서 당시의 상황이 알려지게 되었다.

그렇다면 이 메소포타미아 문명에서는 어떤 화폐가 쓰였을까? 현재 이스라엘에서 사용되는 화폐인 셰켈(shekel)이라는 화폐 단위가 이미 기원전 3000년경부터 사용되었다고 한다. 우리나라의 조폐공사에서 이 셰켈 동전을 제조한다고도 하니, 우리나라와도 인연이 전혀 없는 화폐는 아니다. 60셰켈은 1미나(mina), 60미나는 1탤런트(talent)에 해당한다. 재주나 연기자를 뜻하는 영어가 탤런트인 걸 보면, 예부터 탤런트는 돈과 연결이 되었나 보다.

고대 화폐의 단위는 측정 단위에서 비롯되는 경우가 많다. 셰켈도 원래는 보리의 무게를 재는 단위였다. 1셰켈은 보리 약 180그레인(grain, 8~17그램) 정도에 해당한다고 한다. 나중에는 은으로 화폐를 만들었다고 하니, 화폐로 보리와 은 등이 사용된 것으로 보인다. 경제학의 정통적 관점을 따르면, 보리는 자연화폐이고 은은 금속화폐로서 거래의 매개체 역할을 했을 것으로 생각하기 쉽다. 그러나 이 시대는 화폐가 없는 물물교환의 시대였다. 화폐가 없다는 주장은 화폐의 정의를 거래의 매개체에만 국한해서 생각한 것이다. 이 관점에 따르면, 거래에 사용되지 않았다면 이는 화폐가 아닌 것이고, 그 시기는 물물교환의 시대였다고 결론을 내리게 되는 것이다.

그렇다면 셰켈은 무엇인가? 화폐는 거래의 매개체뿐만 아니라 가치의 척도로도 사용할 수 있다. 보리나 셰켈 등은 거래의 매개체로서 만들어진 게 아니라, 그해 생산한 보리나 사육하는 양의 가치를 재는 측정 수단이었을지 모른다. 이 시기에는 신전을 중심으로 그 신전이 관장하는 지역 내에서 여러 가지 산업이 분업화되어 시행되었을 것이다. 일부는 보리나 밀 농사를 짓고 일부는 양을 사육했을 것이다. 그 물품들이 수확되면, 그 가운데 일부는 신전으로 전해졌을 것이다. 예를 들어, 수확량의 반은 농부가 가지고 나머지 반은 신전에 바치는 등과 같은 방법을 통해서 말이다. 신전은 들어온 물품 모두를 소비하지 않고 다시 관할 지역 내에 재분배(redistribution)했을 것이다.

하지만 셰켈이 거래의 매개체로 쓰이지 않았다고 해서 메소포타미아 문명기가 물물교환의 시대였던 것은 아니다. 신전을 중심으로 한 생산과 분배 시스템의 과정이 시장 거래를 통해서 이루어진 것이라 할 수는 없기 때문이다. 우선 내 것과 네 것의 구분이 명확하지 않았을 수 있다. 아마도 공동으로 생산하고 공동으로 소비하는 공산 사회의 모습을 떠올리는 것이 더 적합할 수도 있다. (그렇다고 모든 걸 공유화한 그런 사회는 아니다.) 어떤 형태의 사회라도 생산한 가치를 측정할 필요는 있었다. 올해 생산한 것의 총가치는 얼마일까? 10명의 가족이 있는 집에는 보리를 얼마큼 배분해야 할까? 올해는 풍년이 들었지만, 혹시 모를 흉년을 대비해 얼마큼의 여유분을 비축해야 할까?

모든 의사 결정을 위해서는 가치를 재는 단위가 필요하다. 결국 화폐는 거래를 위해서만 존재하는 것이 아니라 가치의 척도를 위해서 존재하는 것이 순서상 더 우선이 될 것이다. 거래의 매개체 역할은 시장 거래가 나타난 이후에야 의미가 있을 테니 말이다.

물론, 셰켈이 가치를 저장하고 있다면, 교환의 매개체로 사용되었을 수도 있다. 특히 다른 도시나 나라와의 무역에서는 교환의 매개체로서 유용한 역할을 했을 것이다. 메소포타미아 도시 국가들은 주로 보리 경작이나 양 목축, 그리고 그와 관련된 산업이 주 업종이었다. 그 밖의 다른 필요한 물품들은 외국에서 수입해야 했으며, 이를 위해 대상(隊商, caravan) 등을 이용한 무역을 시행했다. 외국과의 무역에 바로 이 세켈이 사용되었다. 외국은 한 도시의 관할 범위에서 벗어난다. 즉, 신전을 중심으로 한 분업과 재분배의 체계 밖에 존재하기 때문에 도시 내의 시스템이 적용될 수 없다. 메소포타미아의 도시와 외국은 별개의 공동체로 남남이다. 남남 사이에는 장기적인 유대 관계를 바탕으로 한 교환이 이루어질 수 없다. 따라서 이 둘 사이에는 스폿 거래를 통해 관계를 매번 청산하는 것이 편리하다. 바로 이럴 때 교환의 매개체로 화폐가 사용될 수 있다. 물론 이때의 화폐는 외국에서도 그 가치를 인정해야 한다. 이런 면에서 보리는 당연히 가치를 인정받았을 것이다. 그런데 은은 어떨까? 금이나 은은 아마도 그 반짝거리는 특징 때문에 보편적으로 사람들의 마음속에 가치 있는 금속으로 자리 잡았던 모양이다. 메소포타미아 지역에서 은은 무역의 매개체로 사용되었다.

한편, 시장 거래가 없다고 해서 사적 소유의 개념이 없는 것은 아니다. 예를 들어, 보리를 경작한 농부가 신전에 바치기로 한 보리의 양보다 수확량이 더 적으면, 이 농부는 다른 농부에게 보리를 빌리거나 내년에 더 바쳐야 했다. 어떤 경우든 이 농부는 채무자가 되며, 이때에는 이자도 부과되었다는 기록이 있다. 만약 흉년이 여러 해 계속되면 농부는 부채에서 벗어날 수 없게 된다. 농부가 가진 것을 다 주어도 빚을 갚지 못하면 채무 노예로 전락한다. 채무 노예가 늘어나면 사회적 불안이 야기되어 특단의 조치가 필요한 상황이 된다. 부채에 관련된 이야기는 차후로 미루고 여기서는 화폐 이야기를 더 해 보도록 하자.

## 화폐는 가치의 척도로부터

메소포타미아 문명의 예에서 알 수 있듯이, 인류 문명의 초창기 화폐는 교환의 매개체가 아닌 측정의 단위로 사용되었다. 그렇다면 양이나 물소 등 자연화폐 역시 가치 척도의 수단으로 사용된 것이 아닐까? 만약 양을 (교환의 매개체로서의) 화폐라고 한다면, 양을 몰고 다니면서 물건을 사고파는 모습을 연상해야 한다. 하지만 이는 매우 부자연스러운 모습일 것이다. 가치 척도로 사용하기 위해서는 친근하면서도 중요한 것이 좋다. 여기서 들고 다닐 때의 편리성은 중요하지 않다. 그 지역에서 양, 물소, 보리 등이 중요한 자원이라면 그것들을 가치 척도의 단위로 삼는 것은 하나도 이상할 게 없을 것이다. 또한 이러한 자원들은 자연스럽게 가치의 저장 역할도 했을 것이다.

또 다른 흥미로운 점은 인류가 반짝거리는 것에 대한 애정을 가졌다는 점이다. 조개껍데기나 구슬 그리고 금과 은 등은 모두 사람을 치장하고 권위를 상징하는 것으로 받아들여져 왔다. 따라서 이러한 반짝이는 것들 역시 가치를 나타내는 것, 즉 가치 척도의 수단이나 가치의 저장 역할을 하는 화폐로 사용되는 것이 이상할 게 없다. 그에 반해 조개껍데기를 들고 다니면서 물건을 사고파는 모습은 우스꽝스러울 것이다. 화폐의 본질을 교환의 매개체라는 렌즈로 바라보면, 자연화폐는 매우 부자연스럽고 우스꽝스러운 모습을 연출할 뿐이다.

## 반짝이는 돌

반짝이는 것에 대한 애정은 인류 역사 대부분 동안 금과 은(특히 금)에 대한 집착으로 이어져 왔다. 금과 은은 대표적인 화폐로 군림해 왔고, 지금도 누구나 소유하고 싶어 한다. 금이 화폐의 본원으로 작용하던 때가 지난 21세기에도 여전히 금은 사람들 마음속에 화폐로 여겨진다.

금은 오래전부터 치장과 과시 용도로 사용되었다. 금은 비활성 금속이어서 세월이 흘러도 변하지 않는다. 또 부드러워 길게 늘이거나 펴는 것도 쉽다. 이 때문에 수천 년 전에 캐낸 금이 지금까지도 어디에선가 빛을 내며 존재하고 있다. 금의 고대 영어는 gelo인데, 이는 노란색을 의미한다.

문명이 시작할 때 이집트나 중동 지역에서 이미 사용되었던 금은 가치 있는 금속으로 여겨졌다. 기독교 성경에도 400번 이상 금에 대한 언급이 나오며, 이집트 시바의 여왕은 솔로몬 왕을 방문할 때 무려 3톤의 금을 가지고 왔다고 한다(Bernstein, 2012). 물론 처음부터 금이 거래의 매개체로 쓰인 것은 아니다. 금은 애초에는 장식과 위엄을 보이기 위해 사용되었다. 그러다 거래를 위한 화폐로 쓰일 때 그 무게를 재어서 사용했으며, 값이 싼 일용품보다는 비싼 사치품에 주로 사용되었을 것이다. 무게를 재어서 사용했기 때문에, 금화라기보다는 금덩이라고 하는 편이 더 맞다.

화폐의 단위가 애초에 무게를 재는 데에서 나왔던 예를 앞서 언급했다. 금이 화폐로 쓰였을 때라면 금의 무게를 정확히 재는 것이 중요했을 것이다. 금의 순도 또한 중요하다. 높은 순도의 금은 낮은 순도의 금과 차이가 있기 때문이다. 금이 화폐 역할을 하기 위해서는 순도와 무게에 대한 지식이 필요했을 것이다.

## 미다스의 손
금하면 떠오르는 이름이 있다. 지금도 종종 황금의 상징이면서 동시에 비극적인 모습으로 그려지는 미다스(Midas)다. 그리스 신화에 '미다스의 손'으로 나오는 미다스는 기원전 8세기경 지금의 터키 지역인 아나톨리아의 프리지아(Phrygia) 왕 이름으로, 그의 아버지는 고르디오스(Gordios)다. 프리지아 왕실은 고르디오스와 미다스의 이름을 교대로 사용한 모양이었다. 왕이긴 했지만 가난했던 모양으로, 그리스 신화 내용은 다음과 같다.

> 미다스가 길을 잃은 사람에게 대접을 잘하여 보냈는데, 알고 보니 그 사람은 술의 신 디오니소스를 키웠던 실레노스였다. 이를 전해 들은 디오니소스는 미다스에게 소원을 하나 들어주겠다고 했고, 미다스는 자신의 손이 닿는 것은 무엇이든 황금으로 변하기를 원했다. 미다스의 소원은 이뤄졌다. 미다스의 손이 닿는 모든 것은 순식간에 황금으로 변했다. 음식을 먹으려고 손으로 짚는 순간 그 음식이 황금으로 변했고, 물을 마시려고 잔을 잡는 순간 황금으로 변했다. 심지어 자신의 딸조차 황금 동상으로 만들고 말았다. 자신의 소원이 얼마나 어리석었는지를 깨달은 미다스는 디오니소스에게 다시 원래대로 되돌려 주기를 간청했고, 디오니소스는 이를 허락했다. 미다스는 디오니소스의 지시에 따라, 팍톨로스 강에서 목욕한 후 원래대로 돌아올 수 있었다. 미다스가 목욕한 팍톨로스 강은 그 이후로 금이 많이 나오게 되었다고 한다.

미다스가 목욕했다고 전해지는 팍톨로스 강은 실제로 트몰로스 산에서 내려오는 사금(沙金)이 많이 섞여 흘렀다고 한다. 팍톨로스 강은 고대 도시인 사르디스[Sardis, 현 지명은 터키의 살리흘리(Salihli)]를 가로질러 흘러간다.

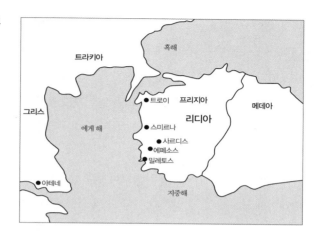

고대 아나톨리아 지도

## 주화의 제조 _ 화폐는 국가가 관리한다

기원전 7세기경에는 동아시아나 인도 그리고 서아시아를 비롯한 전 세계에서 주화(coin), 즉 동전이 만들어졌다. 중국은 춘추 전국 시대에 칼 모양의 동전인 도전(刀錢)이 사용되었고, 인도에서도 16대국 시대인 기원전 600년 전후에 주화가 사용된 것으로 보인다.

주화를 주조했다는 것은 단순히 화폐가 쓰였다는 것과는 좀 다른 얘기다. 이는 한 국가나 왕국이 의지를 가지고 국민이 사용할 수 있도록 체계적으로 돈을 관리하기 시작했다는 뜻이다. 주화를 주조한 기록이 가장 선명하게 남아 있는 곳은 리디아(Lydia)인데, 고대 그리스의 역사가 헤로도토스(Herodotos)의 『역사Historiae』에 의하면, 기원전 600년경 금으로 주화를, 즉 금화를 만들었다고 한다.

리디아는 어디에 있던 나라인가? 리디아는 미다스의 나라인 프리지아 바로 옆에 있었다. 프리지아는 사실상 리디아의 속국이나 마찬가지였다. 미다스가 몸을 씻었던 팍톨로스 강이 있는 사르디스가 바로 이 리디아의 수도였다. 미다스 때문이지는 모르지만 사금이 많이 나는 이곳에서 금화가 만들어진 것은 어쩌면 자연스러운 일일지도 모른다. 정확히 말하면 순수 금으로 만들어진 건 아니고, 금과 은의 자연 합금인 일렉트럼(electrum, 호박금)이라고 한다.

최초로 주화를 제조한 왕은 리디아 메름나드(Mermnad) 왕조 4대 왕인 알리아테스(Alyattes)로 알려져 있다. 점차 금화의 제조가 정교해져 원형으로 크기가 통일되었으며, 왕조의 상징인 사자 머리 모양의 인장을 찍어 발행했다. 리디아의 마지막 5대 왕인 크로이소스(Kroisos)에 오면서 금화는 가장 정교하게 제작되었다. 앞면에는 사자와 황소가 새겨지고, 뒷면에는 사각형 모양이 새겨져 동전의 가치를 나타냈다. 금화의 단위는 스타테르(stater)이며, 1/3, 1/6, 1/12등의 더 작은 단위로 세분되었다. 제국의 이름으로 표준 주화가 발행되면서 신뢰성이 높아져 왕국과 주변국에 널리 퍼지게 되었다. 리디아에서는 상업과 무역이 융성했고, 사람들은 매우 풍족한 생활을 누렸다고 한다.

리디아의 금화(기원전 6세기)

크로이소스가 재위했던 시기(기원전 560~기원전 546)의 리디아는 아나톨리아 지역을 지배하는 큰 왕국이었다. 영어에서 '갑부'라는 표현을 'rich as Croesus'라고 할 정도로 크로이소스는 부자의 상징으로 지금까지 알려져 있다.

그에 대해서는 페르시아와의 전쟁에 관한 일화가 전해진다. 부를 축적하여 자신감을 얻은 크로이소스는 옆에서 점차 영토를 확장하고 있는 페르시아가 눈에 거슬렸다. 당시 페르시아는 아케메네스 왕조(기원전 550~기원전 330)의 키루스 2세(Cyrus II, 기원전 559~기원전 529 재위)가 통치하고 있었다. 크로이소스는 페르시아와 전쟁을 치를 생각으로 이를 실천에 옮기기 전에 신탁에 자문하기로 했다. 여러 곳에 신탁을 물은 후 마침내 델포이에도 신탁을 물었는데, 델포이의 신탁 점에서 "큰 제국을 멸망시킨다"라는 결과가 나온 것이다. 크로이소스는 페르시아를 멸망시킨다는 신의 계시로 받아들이고 자신 있게 전쟁을 시작했으나, 결과는 리디아가 멸망했다. 큰 제국이란 페르시아가 아니라 리디아였다.

키루스 2세에게 잡힌 크로이소스가 화형에 처해졌을 때, 하늘에 대고 솔론(Solon)을 세 번 외쳤다고 한다. 솔론은 민주주의의 기초를 닦은 아테네의 현자로 솔론의 개혁으로 잘 알려진 사람이다. 크로이소스가 마지막 순간에 솔론을 외친 까닭은 무엇이었을까? 과거에 솔론이 리디아를 방문한 적이 있었는데, 그때 크로이소스는 솔론에게 누가 제일 행운이 있는 사람인지를 물어보았다. 솔론은 평범한 그리스의 시민이나 운동선수 등을 언급했다. 크로이소스는 내심 자신을 언급해 주길 바랐으나, 솔론의 입에서는 끝내 그의 이름이 나오지 않았다. 실망한 크로이소스가 결국 왜 자기 이름을 말하지 않느냐고 물었고, 솔론은 "사람은 죽을 때까지 기다려 봐야 행운을 가진 사람인지 아닌지를 판단할 수 있다"라고 대답했다. 크로이소스의 외침을 들은 키루스가 불을 끄게 한 후 그 이유를 물었고, 이유를 들은 키루스가 이야기에 감동해 크로이소스를 살려 주었다. 그 뒤로 둘은 친구가 되었다고 한다.

키루스는 페르시아 병사들이 리디아를 약탈하는 것을 보면서 크로이소스에게 "저들이 당신의 도시와 재산을 약탈하는군"이라고 하자, 크로이소스가 답했다. "그들이 약탈하는 것은 내 도시도 아니고 그들이 가져가는 것도 내 재산이 아닙니다. 왜냐하면 나는 더 이상 아무것도 가진 게 없기 때문입니다. 그들이 가져가는 것은 키루스 왕 당신의 것이오."

키루스 왕은 메소포타미아와 그리스 등지에서 이상적인 왕으로 존경받았다고 한다. 이민족에게 관대했으며 종교의 자유를 허용하고 노예를 해방했으며, 이민족의 문화를 적극적으로 수용하여 페르시아 제국이 융성하는 데 초석을 다진 인물이었다.

### 페르시아 · 그리스 · 마케도니아

리디아가 위치했던 지역은 흑해, 에게 해, 지중해로 둘러싸인, 그리스 바로 옆이다. 크게 보면 고대 그리스와 같은 문화권으로 볼 수 있다. 리디아의 서쪽 에게 해에 인접한 도시인 이오니아, 도리스 등은 그리스의 영향권으로 간주한다. 그리스의 솔론이 방문했던 것을 보면 그 교류의 정도를 짐작할 수 있다. 그래서 그리스의 여러 도시 국가로 리디아의 동전이 전해지는 것은 시간 문제였다.

그리스의 각 도시 국가들은 리디아를 따라 저마다 주화를 생산하기 시작했고, 오래지 않아 그리스 전역에 100개 이상의 조폐소가 만들어져 운영되었다. 그리스의 화폐 단위는 드라크마(drachma)로 원래 의미는 동이나 구리, 철 등 금속 막대기 한 줌에 해당하는 무게다. 드라크마는 주로 은화로 제작되었는데, 금은 가치가 크기 때문에 일상생활에서는 잘 이용되지 않았다.

리디아를 정복한 페르시아 역시 리디아의 주화 시스템을 따랐다. 페르시아의 동전은 영토 확장과 더불어 아프리카에서 인더스 강 지역까지 광범위하게 사용되었다. 다리우스 1세(Darius I, 기원전 521~기원전 486 재위) 대왕은 동전에 자기의 모습을 새겨 넣고, 이를 다릭(daric)이라고 불렀다. 이 이름은 다리우스에서 따왔다고도 하고, 혹은 금을 뜻하는 페르시아어인 자릭(zarig)에서 따왔다고도 한다. 페르시아는 또한 역사상 처음으로 실물이 아니라 동전으로 세금을 받은 나라였다. 리디아만 하더라도 금화는 장식품의 의미가 강했으나, 페르시아와 그리스를 거치면서 교환의 매개체로서의 역할이 커졌다.

기원전 330년 페르시아는 마케도니아의 알렉산드로스 대왕에게 함락되었다. 페르시아의 영토를 차지한 마케도니아는 서쪽으로는 발칸 반도와 이집트, 동쪽으로는 인더스 강에 이르는 광활한 영토를 차지했다. 이 영토에서 나오는 금과 은은 전쟁의 밑천이기도 했지만, 동전으로도 만들어졌다. 땅이 넓은 만큼 광산에서 새로 캐기도 했지만, 메소포타미아나 페르시아의 신전과 왕궁에 있던 막대한 양의 금과 은도 큰 몫을 차지했다. 한 기록에 의하면 페르시아의 수도인 페르세폴리스의 왕궁에서만 12만 탤런트(약 4300톤) 정도의 금을 얻었다고 한다. 금화와 은화는 군인들에게 후하게 지급되었다. 마케도니아 역시 페르시아에서와 같이 동전으로 세금을 받았으며, 이 동전은 영토의 확장에 따라 광활한 지역에서 받아들여졌다.

## 동아시아와 인도

리디아에서 동전이 제조될 무렵 아시아의 동쪽에서도 동전이 사용되었다. 주(周) 왕조가 수도를 서안에서 동쪽의 낙양으로 옮긴 이후인 동주(東

周) 시대에는 여러 제후국이 사실상 독립국 행세를 하며 서로 경쟁하고 명멸했다. 이 시기를 춘추 전국 시대라고 한다. 춘추 시대는 기원전 770~기원전 403년, 전국 시대는 기원전 403~기원전 221년까지다. 주나라에서는 제례 악기인 경(磬)의 모양을 청동으로 본떠 만든 화폐가 사용된 기록이 있다.

춘추 전국 시대에는 여러 동전이 만들어졌는데, 대표적인 게 포전(布錢)과 도전이었다. 포전은 농기구 모양을 본떠 만든 동전이며, 도전은 칼 모양을 본떠 만든 동전이다. 포전은 농경을 주로 했던 중원에 있는 나라(한, 위 등)에서 유통되었으며, 전국 시대 말기에는 모양이 매우 단순해졌다고 한다. 도전은 가장 많이 유통된 돈으로, 춘추 전국 시대에 가장 융성했던 제, 연, 조 등에서 만들어 유통했다. 이 가운데 명도전은 연이나 고조선 지역에서도 발견된 기록이 있다. 농기구와 상업이 발전했던 이 시기 중국의 동전은 리디아와는 달리 청동이나 철로 만들어졌다.

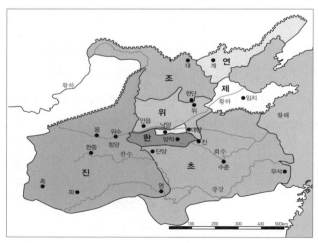

전국 시대 지도
(기원전 260년경)

비슷한 시기의 인도 역시 여러 나라가 난립해 대립했는데, 이를 16대국 시대라고 한다. 16대국 시대는 베다 시대의 후반부에 시작했다. 베다 시대는 기원전 1500년에서 기원전 500년까지로 힌두교 경전인 베다가 작성된 시기를 말한다. 초기에는 여러 도시 국가들이 난립하다 후기로 가면서 16개국만 남아 16대국 시대라고 부르는 것이다. 기원전 700년에서 기원전 300년 사이에 16개의 왕국과 공화국이 인도의 북부를 중심으로 할거했다. 16대국 시대는 산스크리트어로 마하자나파다스(Mahājanapadas)라고 불렸는데, 마

명도전 베이징 수도박물관 소장.

하는 '크다', 자나는 '부족', 파다스는 '영역'을 뜻한다. 마하자나파다스는 말 그대로 큰 나라들이 할거하던 시대라는 뜻이다. 16대국 가운데 코살라(Kosala)는 불교를 창시한 고타마 싯다르타(Gotama Siddhrtha)가 태어난 나라이며, 가장 강력했던 나라는 마가다(Magadha)였다.

기록으로 확인되는 인도 최초의 동전은 기원전 7~6세기경에 만들어졌는데, 은을 얇게 편 각진 모양의 동전이었다. 이 은화에는 해나 여러 동물의 문양이 새겨져 있었다. 이 은화들도 처음에는 민간에서 만들어졌으나 점차 국가가 발행하게 되었다.

마가다 왕국은 여러 왕조 가운데 마우리아 왕조(기원전 321~기원전 184) 때 가장 강성해져 인도를 통일하게 된다. 마우리아는 찬드라굽타가 군사

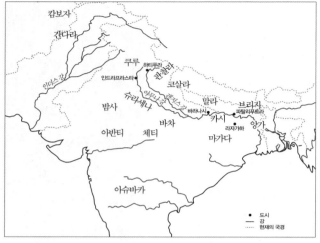

16대국 시대 지도
(기원전 600년경)

캄보자
간다라
쿠루
하티푸라
인드라프라스타
판찰라
코살라
슈라세나
말라
밤사
바라나시
카시
바차
브리지
파탈리푸트라
아반티
체티
라자가하
앙가
마가다

아슈바카

● 도시
— 강
⋯⋯ 현재의 국경

를 일으켜 세운 왕조로, 알렉산드로스가 인도의 서북부까지 침입했다가 물러간 뒤 혼란기를 틈타 세력이 약해진 영주들을 통합하고, 당시 북부를 장악하고 있던 난다 왕조를 무너뜨리며 인도의 대부분을 통일했다. 3대 왕인 아소카[Ashoka, 기원전 265(273)~기원전 238(232) 재위]는 영토를 더욱 확장해 인도의 거의 전역을 지배했으나, 전쟁의 참상을 본 후 무력 사용을 중지하고 불교를 받아들여 무력 대신 불법(dharma)으로 나라를 다스렸다고 한다.

인도의 중앙은행인 인도준비은행(Reserve Bank of India)에 따르면, 마우리아 왕조에서는 아데샤(adesha)가 상인들 사이에 사용되었다고 한다. 이는 제3자에게 금액을 지급하게 하는 환어음과 같은 것이다. 환어음은 직접적인 화폐 교환이 아닌 신용으로 거래하는 것으로, 화폐가 진일보한 형태라고 할 수 있다.

현재의 아프가니스탄과 파키스탄을 포함하는 인도의 서북부 지방은 당시 페르시아와 마케도니아 알렉산드로스의 영향 아래에 있었기에 페르시아나 그리스의 동전들과 비슷한 동전들이 만들어졌다. 동전에는 그리스 알파벳이 쓰이기도 했고, 신들의 모습이 새겨져 있기도 했다.

## 기축 시대

주화는 세계 각지에서 기원전 7세기 전후한 시기에 독자적으로 만들어져 사용되었다. 이 시기에는 주화가 만들어진 것 외에도 비슷한 일들이 더 일어난다. 철학자 카를 야스퍼스(Karl Jaspers)는 이 시대를 포함하여 기원전 800년에서 기원전 200년 사이를 기축 시대(機軸時代, Axial Age)라고 불렀다.

기축 시대란 인류 역사 발전의 중심축이 되는 시대, 혹은 중요한 전환점이 되는 시기라고 해석할 수 있다. 이 시기는 그리스, 페르시아, 인도 그리고 중국에서 인류 역사에 가장 큰 영향을 미치는 종교와 철학이 꽃피던 시기다. 춘추 전국 시대 중국에는 유가의 공자, 맹자, 순자, 묵가의 묵자, 도가의 노자, 장자, 법가의 한비자 등 제자백가 철학자들이 있었다. 16대국 시대 인도 역시 불교와 자이나교 등의 종교와 차나캬[Chanakya 혹은 카우틸리아(Kautilya), 기원전 약 350~기원전 283] 같은 철학자가 나타났다. 그리스에서도 다양한 철학이 꽃피었는데, 밀레토스파의 탈레스, 아낙시만드로스, 피타고라스파의 피타고라스, 소피스트인 프로타고라스, 그리고 우리에게 익숙한 소크라테스, 플라톤, 아리스토텔레스 등의 대단한 철학자들이 살았던 시대다. 페르시아에서는 조로아스터교가 나와 후대에 기독교와 이슬람교에 큰 영향을 끼치게 된다. 이처럼 기축 시대는 세계 곳곳에서 위대한 철학과 종교가 싹트고 전파된 시기였지만 전쟁의 시대기도 했다.

이 지역에서는 침략 전쟁이 끊이지 않았다.

기원전 3500년경부터 시작된 청동기 시대는 기원전 1200년을 전후로 막을 내리고 아나톨리아 지역을 시작으로 철기 시대로 진입한다. 청동기는 구리를 제련하여 청동을 만들어 사용한 데서 유래했다. 철기를 제련하는 데는 청동기보다 더 높은 온도가 필요하기 때문에 더 높은 수준의 기술이 요구되었다. 처음에는 제대로 쓰이지 못했지만 점차 기술이 발달하면서 강한 철기가 만들어졌다. 철기의 생산은 즉각 여러 분야에서 진보를 가져왔다. 특히 철제 농기구는 농업의 생산성을 크게 향상시켰고, 철제 무기는 강력한 전쟁 무기가 되었다. 더 강력해진 무기로 무장한 각 국가는 더욱 광범위한 침략 전쟁을 일으켰고, 더 많은 영토를 확보하기 위해 치열한 싸움을 벌였다. 향상된 농업 기술은 더 많은 군량을 제공하면서 전쟁을 보다 효율적으로 뒷받침해 줄 수 있었다. 기축 시대는 철제 무기가 전쟁터를 누비고 다니던 바로 그 시기와 일치한다.

철기와 전쟁 그리고 종교와 철학은 자연스럽게 연결된다. 막강한 무기를 바탕으로 한 전쟁에는 필연적으로 살상과 피해가 뒤따른다. 인류학자 데이비드 그래버(David Graeber)에 따르면, 이에 대응해 상반되는 두 가지 반향이 나타난다고 한다. 하나는 세속적인 처세술과 실용성, 물질주의에 대한 강조로, 혼란스러운 세상에서 살아남는 방편이 필요했다. 그리스 철학의 시초라고 하는 밀레토스파는 우주의 본질을 물, 공기 등의 물질에서 찾았다. 소피스트는 처세술과 토론술 등 실용적인 교육을 담당했다. 한편, 인도의 마우리아 왕국에서는 철학자 겸 정치가인 차나캬가 『아르타샤스트라Arthashastra』라는 책을 저술하는데, 이 책은 정치, 경제, 전쟁, 정책에 대한 책으로 인도의 정치학과 경제학의 효시라고 할 수 있다. 『아르타샤스트라』는 산스크리트어로 '실용의 과학'이라는 뜻이다. 춘추 전국 시대의 묵가나 법가 등에서도 실용적인 철학이 등장하여 시대를 풍미했다.

또 다른 반향은 완전히 반대되는 방향으로 인간의 본질에 대한 질문과 함께 행복과 구원에 대한 갈망, 도덕성의 강조를 기반으로 하는 종교와 철학이다. 조로아스터교나 불교는 사랑을 강조하고, 남에게 피해를 주면 언젠가는 그 죗값을 받게 된다고 강조한다. 중국의 노장 사상은 세속적인 이익 추구를 경계하고, 유교는 도덕성의 회복을 주장하며, 그리스의 소크라테스는 겸손함과 자기 성찰을 주문한다.

이제 주화의 역할을 생각해 보자. 이들 시대와 주화는 어떤 관련이 있을까? 지금도 그렇지만 전쟁이나 혼란기는 누군가에게는 새로운 기회를 가져다준다. 전쟁은 많은 군수품이 필요하고 농사를 제대로 짓기도 어렵다. 자연스럽게 물자와 식량 등을 생산하고 운송하는 일이 중요해지고, 기존의 공동체는 무너지기 쉽다. 전쟁을 수행하는 군인들이 평상시에는 일반 농민들이었기 때문이다. 한편, 농기구의 발달은 농업 생산의 효율성을 증대시켜, 전쟁과 관계없이 농사를 짓는 사람들은 더 많은 수확량을 올렸을 것이다. 이러한 시대의 변화는 재화의 교환을 재촉했다. 드디어 교환의 매개체로서 화폐가 중요한 의미가 있는 시점인 것이다.

중요한 이유는 또 있다. 알렉산드로스를 보자. 전쟁에 동원된 군인에게 금화나 은화로 월급을 줬다. 그들은 그 주화로 필요한 물건을 살 수 있었고, 이에 따라 막대한 양의 주화가 시장 거래를 통해 민간에서도 유통되었다. 페르시아나 마케도니아는 세금을 동전으로 받았기에, 민간에서도 동전을 축적해야 했다. 동전은 군인에서 민간으로 흘러가고, 민간에서 정부로 다시 흘러 들어온다. 이 동전은 새로운 전쟁에서 다시 군인에게 지급되며 순환 체계가 완성된다.

전쟁터를 따라 이동하는 군인들은 언제 죽을지 알 수 없다. 따라서 이들 군인과의 관계는 지속성을 전제로 하지 않는다. 앞에서 보았듯이, 고대의 경제 체제에서 물건의 교환은 지속적인 상호 관계를 전제로 이루어졌기에 교환의 매개체로서의 화폐의 의미는 크지 않았을 것이라 했다. 그러나 전쟁을 수행하는 군인과의 거래는 일회성을 전제로 이루어질 수밖에 없다. 이때의 거래에서는 기존의 체계가 더 이상 작동하지 않아 스폿 거래가 필요하다. 또한 군인들이 보리나 양 등을 짊어지고 전쟁터를 돌아다닐 수 없기 때문에 장식품의 의미가 강했던 금과 은이 드디어 거래의 매개체로 자리 잡게 되었다.

금과 은은 가볍고 가치가 나가는 것이기에 전쟁의 승리자들이 선호하는 약탈품이었다. 크로이소스와 키루스가 언덕에 앉아서 보던 장면이 바로 페르시아의 병사들이 리디아의 금과 은을 약탈해 가던 것 아니었던가? 크로이소스의 말대로 이미 금은은 정복자인 키루스의 것이었다. 그러나 그 약탈은 키루스가 병사들에게 지급하는 보너스와 같은 것이었다. 그렇게 지급된 보너스는 다음 전쟁에 참여하게 하는 인센티브로 작동할 것이다. 또한 그 보너스가 민간으로 흘러 들어가 세금으로 다시 걷히게 될 것이다.

이러한 주화의 순환 체계는 화폐 이론 가운데 하나인 화폐 국정론과 맥이 닿는다. 화폐 국정론의 주요 주장은 화폐는 국가나 법의 산물이라는 것이다. 즉 역사적으로 주화가 교환의 매개체 역할을 하게 된 데에는 국가의 의지가 중요한 역할을 했다. 기축 시대에 나라들은 다른 나라와 전쟁을 수행하면서 상대 병사나 국민을 노예로 삼으며 세력을 확장해 나갔다. 주화는 병사와 농민 그리고 전쟁과 시장을 이어 주는 연결 고리 역할을 했다.

데이비드 그래버는 기축 시대의 제국을 군사-주화-노예 복합체(military-coinage-slave complex)로 명명한다.

## 승자의 주화: 로마

기축 시대를 전쟁의 시대라고 하면 승자가 있기 마련이다. 그 승자는 강력한 무기를 바탕으로 광대한 지역을 지배한다. 지중해 지역의 로마, 서아시아 지역의 파르티아, 인도의 마우리아 그리고 동아시아의 진, 한 등이 그 승자들이다.

로마는 알렉산드로스 사후에 형성된 지중해 근처의 헬레니즘 제국들을 정복해 지중해를 내해로 만드는 강력한 제국을 건설했다. 로마 시대에도 금에 대한 사랑은 식지 않았다. 병사의 월급을 금화로 주었던 로마는 영토의 급속한 팽창과 맞물려 금에 대한 수요가 급증했다. 로마의 장군들은 정복지에서 금화를 제조하기도 해서 월급에 대한 수요를 맞춰 나갔다.

로마 카피톨리누스 신전의 3대 주신은 주피터(Jupiter), 주노(Juno), 미네르바(Minerva)다. 주피터는 그리스 신화의 제우스에 해당하는 최고신이며, 주노는 헤라에 해당하는 주피터의 여동생이자 부인이다. 미네르바는 아테나에 해당하며 지혜와 시의 여신이다.

그리스나 로마의 신들은 각기 관장하는 영역이 있는데, 주노는 매우 다양한 역할을 한다. 로마의 여자, 결혼, 출산을 돌보는 신이며, 나아가 로마와 로마 제국을 돌보는 여신이다. 주노에게는 그 역할에 따라 이름 뒤에 다양한 별명이 따라 붙는다. 로마를 돌보는 여왕의 신으로서 레기나(Regina), 결혼의 여신으로서 프로누바(Pronuba), 구제의 여신으로서 소스피타(Sospita), 로마를 지켜 주거나 병사를 보호하는 쿠리티스(Curitis), 출

산의 신으로서는 루치나(Lucina), 그리고 로마를 보호하고 돈을 관장하는 모네타(Moneta) 등의 별명이 그것이다.

우리의 관심은 모네타에 있다. 모네타는 원래 경고(警告)를 뜻한다. 로마 초기에 북쪽의 갈리아족이 침략하기 전, 주노 사원의 거위들이 시끄럽게 울어 대었다고 한다. 심상치 않은 거위들의 울음소리에 로마인들이 갈리아족의 침략을 알아차렸고, 그 덕에 그들을 물리칠 수 있었다. 이후 주노에게 모네타라는 별명이 붙었다고 한다. 주노 모네타는 돈의 주조를 관장하는 여신이기도 하다. 'money' 역시 모네타에서 나온 말이라고 하니, 돈의 어원은 곧 '경고'인 것이다. 화폐 주조를 뜻하는 영어 'mint' 역시 모네타에서 나온 말이고, 동전을 뜻하는 스페인어 'moneda', 독일어 'Münze' 등도 모네타가 어원이다.

로마는 상업이 발달한 제국이었다. 로마가 점령한 광활한 영토 안에 사통팔달 뚫린 도로들은 군사뿐 아니라 상품이 이동하는 길이기도 했다. 지중해의 바닷길을 통해 해상 운송이 발달했다. 등대가 설치되었고, 로마의 해군은 해상 안전을 지켰으며 해상 운송의 위험을 담보하기 위한 해상 보험도 개발되었다. 기원전 30년경 아우구스투스 황제 이후에 로마는 군인뿐만 아니라 정부 관료에게도 주화를 지급했다. 또한, 로마는 인도로부터 후추, 정향 등 향신료를 수입하고, 중국으로부터 비단을 수입하면서 그 대가로 금이나 은을 지급했다. 금과 은이 무역으로 유출되는 것을 보면서 티베리우스 황제(14~37 재위)는 "국가의 부가 해외로 유출된다"라고 한탄했다. 로마는 중국이나 인도에 특별히 팔 만한 물품이 없었기에, 금은을 주고 수입만 하는 처지였다. 결국 금은은 유럽에서 아시아로 흘러갔고, 후대에 학자들은 이러한 상황을 국제적 불균형(global imbalance)이라고 부른다. 21세기의 동아시아와 미국 사이에 존재하는 무역 불균형과 크게 다르지 않으며, 티베리우스의 한탄은 미국의 한탄과 별로 다르지 않다.

로마의 화폐 단위는 은화는 데나리우스(denarius), 금화는 아우레우스(aureus), 다음에는 솔리두스(solidus)가 쓰였다. 일상생활에서 많이 쓰인 은화 데나리우스는 로마 화폐의 대표 단위라 할 수 있다. 1아루레우스는 25데나리우스에 해당한다. 데나리우스는 기원전 211년 2차 포에니 전쟁 중 발행되기 시작했다고 한다. 아우구스투스 황제(기원전 27~기원후 14) 때는 순도 100퍼센트의 데나리우스가 주조되었다. 은화의 무게는 1/84 리브라(libra, 1리브라는 약 328.9그램)였는데, 리브라는 로마 파운드(Roman pound)라고도 불리며, 훗날 유럽의 화폐 단위에 많은 영향을 끼쳤다. 그러나 순도 100퍼센트의 은화는 오래가지 못했다.

폭군으로 유명한 네로(Nero, 54~68 재위)가 황제로 있던 64년 7월, 로마는 화염에 휩싸였다. 사실 그 원인이 명확히 밝혀진 것은 아니지만 네로가 궁전을 새로 지으려고 일부러 불을 질렀다는 얘기가 있다. 로마 대화재 이후 막대한 건축 사업이 진행되었는데, 네로는 이를 수행할 만한 충분한 돈이 없었다. 이에, 네로는 로마 최초로 화폐가치 절하를 단행했다. 로마의 은화를 거둬들여 무게와 순도를 줄이는 방법을 사용한 것이다. 은화에 포함된 은의 함량을 약 15퍼센트 정도 줄였고, 금화 역시 금의 함량을 12퍼센트 정도 줄여 다시 발행했다.

참신하다고 할 수 있는 네로의 이 발상은 후대에 계승되었다. 200여 년후 갈리에누스(Galienus, 260~268 재위)가 황제가 되었을 때에는 은화에 든은의 함량이 40퍼센트에 불과했다. 그러나 이에 만족하지 못한 갈리에누스가 함량을 더 줄여, 재임 말에는 함량 비율이 4퍼센트로 떨어지고 만다.

가치 절하의 결과는 은화로 표시된 가격의 인플레이션이다. 아우구스투스 때부터 갈리에누스 때까지 약 250년 사이에 매년 0.4퍼센트의 인플레이션이 있었다. 그러나 갈리에누스 이후 디오클레티아누스(Diocletianus, 284~305 재위) 때까지 30여 년 사이에는 매년 9퍼센트의 인플레이션을 경험하게 된다.

### 승자의 주화: 진한과 마우리아

전국 시대의 중국을 통일한 진(기원전 221~기원전 206년)은 화폐와 도량형을 통일하고자 노력했다. 여러 모양이었던 화폐를 원형방공(圓形方孔), 즉 청동으로 만든 원에 네모난 구멍을 내 '半兩'이라 새긴 반량전을 보급했다. 진의 뒤를 이은 한(기원전 206~기원후 220) 역시 진의 화폐 제도를 따랐다. 대표적인 것이 한 무제 때의 오수전(伍銖錢)이다. 동그란 모양에 네모난 구멍을 뚫은 동전은 근대화 전까지 중국 동전의 전형이 되었다. 오수전은 백제 무령왕릉에서도 출토되었다.

인도의 마우리아 왕조는 동전을 통일하고 사적인 주조를 금지했다. 차나캬의 『아르타샤스트라』에서는 은과 구리의 두 금속을 기준 화폐로 하는 복본위제(bimetallism)를 주장했다. 또 로마와 매우 비슷하게, 광산을 관리하고 동전을 찍어 냈으며 군인들에게 화폐로 월급을 지급했고, 시간이 흐름에 따라 은화의 가치를 절하하여 유통했다.

로마와 인도, 한은 비단길이나 바닷길을 통하여 활발한 무역을 했으며, 로마와 인도 사이에 위치한 파르티아는 중개 무역을 통해 이득을 얻었다. 상대적으로 은이 귀했던 고대 중국에서는 금과 은의 교환 비율이 약 1:5 정도였다. 이에 반해 로마에서는 약 1:10에서 1:15 정도의 교환 비율을 유지했다. 파르티아는 무역 중개와 금과 은을 이용한 차익 거래를 통해서 이익을 얻었다. 로마에 인도나 중국의 물건을 팔고 은으로 대금을 받아 이를 중국에서 금으로 교환한 후, 로마에서 다시 금을 은으로 바꾸어 교환 비율의 차이로 이익을 얻었던 것이다. 파르티아는 헬레니즘의 영향으로 은화인 그리스 드라크마를 화폐로 사용하기도 했다. 한편, 금의 수요가 많은 인도로 한번 들어간 금은 다시 로마로 돌아오지 않았다. 인도 전역에는 로마의 금화가 다량으로 축적되었고, 인도 남부의 왕들은 로마의 동전에 자신들의 이름을 새겨 다시 주조하기도 했다.


## 중세의 화폐

중세는 서로마 제국이 무너진 5세기부터 시작해 르네상스를 지나는 15세기까지의 시기를 말한다. 로마의 경제는 강력한 군사력의 뒷받침을 받은 상업, 화폐 그리고 노예에 바탕을 두었다. 서로마 제국이 멸망한 후에는 여러 종족이 저마다 세력을 넓히며 난립하는 시기여서, 로마 시대와 같이 안정된 상업 활동은 일어나지 않았다. 중세에는 상업과 화폐 경제 대신 일정한 지역을 중심으로 자급자족하는 공동체 형태의 사회로 복귀하는데, 이를 봉건 시대라고 부른다. 봉건 시대는 원래 중국 주나라의 왕이 제후에게 토지를 하사한 데서 비롯한 용어다. 유럽은 군주와 가신이 주종 관계 서약을 맺고, 가신은 군주로부터 땅을 하사받아 영주가 되어 봉토(장원)에 대한 지배권을 인정받는다. 봉토에서 생산을 담당하는 자는 농노다. 따라서 봉건 시대로 접어들면서 금은 교환의 매개체로는 쓰일 일이 별로 없어 장식용이나 가치 저장의 수단으로 사용되었다.

서로마 제국이 망한 이후에도 동로마 제국은 비잔틴 제국(330~1453)으로 1453년까지 존재한다. 비잔틴 제국에서는 금이 장식용과 화폐로서 중요한 역할을 했다. 장식용 금은 소피아 성당에서 그 예를 찾아볼 수 있다. 몇 번의 변란 때문에 불탔던 콘스탄티노플의 소피아 성당이 유스티니아누스 1세에 의해 537년 크게 재건되었다. 유스티니아누스 황제는 이스라엘의 솔로몬 신전을 능가하는 신전을 세우는 게 목표였다. 금 30만 파운드 이상을 사용해 신전을 완성한 후 "솔로몬이여, 내가 당신을 이겼노라!"라고 외쳤다고 한다(Bernstein 2012). 또 다른 금의 용도는 다른 나라에 주는 뇌물의 역할이었다. 군사적으로 그리 강하지 않았던 비잔틴 제국은 유럽의 여러 종족(불가르인, 게르만인, 롬바르드인)의 공격이나 동쪽 이슬람 교도의 공격에 자국을 보호하려고 금을 뇌물 혹은 용병의 대가로 지급했다. 또한 중국과 인도와의 무역이 계속되었기에 금의 수요도 이어졌다.

이를 위해 비잔틴 제국은 비잔트(bezant)라는 금화를 사용했는데, 이는 312년 콘스탄티누스 1세 때 발행하기 시작한 솔리두스(금화)의 별명이다. 10세기경까지 무게와 순도가 안정적인 가치를 유지하여 중세 유럽의 대표 금화로서 역할을 했으나, 아프리카의 금과 지중해 해상 무역의 주도권을 이슬람 제국에 빼앗기고 나서는 금의 부족에 시달려야 했다.

## 중국: 지폐의 시작

한 이후 중국은 또다시 혼란의 시대를 겪으면서 자국 화폐의 신뢰가 하락하고 해외의 각종 금은 화폐가 들어왔다. 당(618~907) 고조는 오수전을 폐하고 개원통보(開元通寶)를 주조했다. 당은 많은 금이 유입된 시기로, 흑룡강 일대에서는 금광 채굴이 성행했고, 인도, 동남아, 중앙아시아의 이슬람 제국으로부터 금이 유입되기도 했다. 은은 대외 지급 수단으로 사용되었다(왕양, 2010).

화폐의 역사상 중요한 사건이 9세기 초 당에서 일어났는데, 이는 지폐의 초기 모습이라고 할 수 있는 비전(飛錢)의 발행이다. 비전은 상인과 세금 징수원이 금은이나 동전 대신 사용한 종이 어음이었다. 어음 자체는 훨씬 전에도 이용된 수단이었지만 비전이 갖는 의미는 종이로 된 최초의 어음이라는 점이다. 비전이란 날아다니는 돈이라는 뜻이다. 어음이란 나중에 금화, 은화, 동전 등의 진짜 돈(경화, hard money)으로 바꿔 주기를 약속한 증서다. 이 증서가 제 역할을 하려면 발행자가 신용이 있어야 한다. 어음을 발행하고 난 뒤, 시간이 흘러 소지자가 돈으로 바꿔 달라고 찾아오면 그에 응해야 하며, 그러한 과정에 대해 믿음을 줘야 한다. 이러한 역할을 하는 사람은 신의와 신용이 있는 은행가라고 할 수 있다. 비전은 예를 들어 다음과 같이 이용되었을 것이다.

> 상인이 차(茶)를 변방 지역에서 팔고 대금으로 동전을 받았다. 상인은 그 동전을 가지고 수도인 장안까지 가야 한다. 변방 도시에서 장안까지의 길은 멀고 험하다. 지리적으로도 멀 뿐만 아니라 수많은 위험이 도사리고 있다. 상인은 동전을 변방 도시의 은행 점포에 맡기고, 그 증서로 비전을 받는다. 이 은행 점포는 물론 장안에도 네트워크가 있어 그곳에서 동전으로 교환하면 된다. 비전은 우선 종이 한 장이니 소지가 어렵지 않으며, 혹 도둑이 훔쳐 간다 해도 상대적으로 안전하다.

이는 현대의 약속어음이나 환어음의 역할과 다르지 않다. 처음에는 순수하게 어음의 의미로 사용되었을 것이다. 신용이 부여된 어음은 한 단계 업그레이드될 여지가 존재한다. 은행 점포에서 동전으로 교환해 줄 것이 보증되어 있다면, 이 상인은 장안까지 가는 도중 발견한 좋은 차를 돈 대신 이 어음을 주고 살 수 있을 것이다. 이렇게 어음이 대금 지급의 수단으로 사용된다면, 이를 화폐라 불러도 부족하지 않을 것이다. 비전은 지폐의 서막을 알리는 초기 형태다.

당은 무역이 성행하던 시기였던 만큼, 금은점(金銀店)에서 외환, 환전 업무를 담당했다. 화폐는 나라마다 다르기에, 금은점은 외환으로부터 상당한 이익을 얻었다고 한다. 무역업에서는 금화나 은화로 지급하는 게 관행이었으므로, 금은을 부의 축적 수단으로 보는 기존 인식에서 벗어나 거래의 매개체로 보기 시작한 시기이기도 하다.

당이 멸망한 후 혼란기를 거쳐 송(960~1279, 북송 960~1127, 남송 1127~

1279)이 중국 지역을 지배한다. 송은 군사력으로는 상대적으로 유약한 나라지만, 지폐를 처음으로 발행한 나라다. 송 초기에는 당나라에서 유래된 어음이 각 지방에서 독자적으로 이용되었다. 즉, 은행업자가 금은을 보관한 뒤 그 보관증으로 어음을 발행했고, 이 어음은 화폐처럼 사용되었다. 이러한 자치적인 어음 발행을 정부가 통제하면서, 1024년경 사천 지방에서 국가가 어음을 발행하기 시작한다. 동전을 만드는 데 필요한 구리가 부족한 것도 어음 발행의 한 이유가 되었다. 어찌 되었든, 이는 인류 역사상 최초의 지폐로 기록되었으며, 지폐 이름은 교자(交子)였다. 이는 교환에 사용되는 것이라는 뜻으로, 교환의 매개체임을 분명히 한 작명이다.

지폐의 효과에 확신이 없었던 송은 처음에는 소량을 발행하여 제한된 지역에서만 유통했다. 교자는 3년 만기가 지나면 경화로 바꿔 주거나 새 지폐로 교환해 줬다. 1160년 남송 시대에는 회자(會子)라는 지폐를 발행했는데, 전국에 유통된 최초의 지폐로 기록된다. 지폐를 찍기 위한 대규모 공장을 여러 도시에서 운영했으며, 지폐의 유통을 위해 세금을 지폐로도 일부 받았다. 이 결과 은행업도 성행하여 계좌 개설, 대출, 어음 발행, 환전 등이 이루어졌다. 초기 지폐는 경화로 교환될 수 있는 양만큼만 발행되었으나, 나

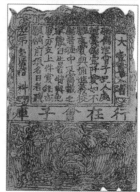

송의 지폐 교자(위)와 회자(아래)
중국사회역사박물관 소장.

중에는 마구 찍어 내어 인플레이션으로 연결되었다.

　남송 시기에 북쪽은 금(1115~1234)이 차지하고 있었다. 금은 강력한 군사력으로 송을 남쪽으로 밀어내었다. 금은 송을 본떠 보권(寶卷)이라는 지폐를 발행했다. 발행된 지폐는 전쟁 자금으로 사용되었으며, 이때도 과도한 지폐 발행이 문제가 되었다. 지폐의 남발은 남송보다 더 심해 고율의 인플레이션이 생기고, 사람들이 지폐를 거부하는 지경까지 이르렀다. 경제가 어려워지면서 실물 자산을 그나마 인플레이션이 덜한 남송으로 옮기는 경우도 많았다. 과도한 지폐 발행은 금의 국력이 쇠퇴하는 결과를 초래하여, 결국은 몽골에게 패망하게 된다.

　송과 금 시대의 무역에는 당연히 금과 은이 사용되었다. 특히 많은 은이 유입되었는데, 전통적으로 은이 금에 비해 유럽에서 상대적으로 가치가 낮고, 중국에서는 높았다. 송대의 금과 은의 교환 비율은 약 1:6 정도였고, 유럽에서는 1:12 정도였다. 이슬람 제국 역시 중국과 비슷한 비율이었다. 따라서 유럽은 수입품에 대한 대가를 은으로 지급하고 중국은 은으로 받는 것이 서로에게 유리했다. 그 결과 유럽의 은이 점차 이슬람 제국과 중국으로 유입되었다. 중국으로의 은 유입은 청대까지 이어졌다.

　금과 송을 멸망시킨 몽골은 원(1271~1368)을 세웠다. 이 제국은 중앙아시아, 서아시아와 러시아까지 관할하는 역사상 가장 광대한 영토를 지닌 나라였다. 따라서 종전에는 서로 다른 나라에서 시행하던 무역이 이제는 국내에서 이루어졌다. 원은 송과 금의 지폐 발행 전통을 이어 나갔다. 몽골 제국의 5대 칸이자 원의 초대 황제인 쿠빌라이 칸(Kublai Khan, 1260~1294 재위) 이후에 보초(寶鈔)라는 지폐를 발행했다. 연호를 따 중통초(中統鈔)가 발행되었으나, 과도한 지폐 발행에 따른 가치 저하로 이후에 지원초(至元鈔), 지대초(至大鈔) 등으로 대체되었다. 지금도 중국에서 지폐의 의미로 쓰이는 '초'는 뽕나무 껍질로 만든다고 한다. 은의 유입도 지속되어 은을 화폐의 기준으로 삼는 은본위제의 모습을 갖춰 나갔다. 송에서는 지폐와 함께 동전이 사용되었으나, 원에서는 지폐가 절대적인 화폐의 위치를 차지했다. 원의 학자 허형(許衡)은 지폐를 마술에 비유하면서, "벽돌이나 기와를 금으로 만들 수 있는 신선의 도술도 이에 비교할 바가 못 된다"라고 했다〔허형, 『허문정공유서(許文正公遺書)』, 왕양(2010)에서 인용〕.

그 시기에 원에 머물렀던 베네치아(Venezia) 출신 상인 마르코 폴로(Marco Polo)는 지폐의 사용에 놀라움을 금치 못했다고 한다. 훗날 베네치아로 돌아간 마르코 폴로는 당시 베네치아와 전쟁을 벌였던 제노바(Genova)에 포로로 잡혀 감옥에 갇히게 되었다. 이때 또 다른 죄수였던 루스티첼로에게 여행 중에 관찰한 것을 구술했고, 그 내용을 쓴 것이 『동방견문록(東方見聞錄)』이다. 『동방견문록』에는 원뿐 아니라 인도, 인도네시아, 페르시아를 여행하면서 경험한 내용이 담겨 있다. 당시 원에서 금이나 은이 아닌 종이를 화폐로 쓴다는 마르코 폴로의 말은 비웃음을 샀지만, 이 책은 유럽인들에게 아시아에 대한 많은 관심을 불러일으켰다. 훗날 제노바 출신인 크리스토퍼 콜럼버스(Christopher Columbus)에게도 많은 영감을 주었다고 한다. 마르코 폴로는 동쪽 끝에 있는 나라를 지팡구(Cipangu)라고 하고 이 나라에 황금이 풍부하다고 묘사했다. 콜럼버스는 중앙아메리카에 도착해 쿠바를 지팡구로 여겼다고 한다.

원 역시 무분별한 지폐 발행의 유혹에서 벗어나지 못했다. 지폐 발행분이 은의 비축분보다 많아지자 정부는 금과 은의 사용을 금지했고, 지폐는 태환되지 않았다. 지폐는 지속해서 가치 절하되고 새로운 지폐로 교체되었다. 지폐의 남발에 따른 경제의 교란에 더해 전쟁과 분열로 나라가 어지러워져, 결국은 농민의 반란으로 원이 멸망하고 명(1368~1644)이 건국되었다.

명도 처음에는 원에 이어 지폐를 발행해 지폐 남발과 인플레이션은 계속되었다. 원이 상인의 나라라면 명은 농민의 나라라 할 수 있다. 그러다 보니 상대적으로 상업 활동이 줄어들어 지폐의 효용도 줄어들었다. 고율의 세금과 부채로 유랑민이 된 농민들은 도적이 되거나 금은광을 찾아다녔는데, 그 덕분에 은이 많이 생산되었다. 명은 1455년 지폐 발행을 중지했다.

중국은 최초로 지폐를 발행했지만, 지폐의 남발과 그에 따른 지속적인 인플레이션을 감당하지 못해 중단하고 말았다. 명에서는 대신 은이 화폐로 이용되고, 세금 납부도 은으로 하면서 본격적인 은본위제를 확립했다. 당시 아메리카에서 채굴된 은이 유럽을 거쳐 대량으로 명에 유입되었는데, 이것이 은본위제를 유지하는 데 한몫했다. 은본위제는 청과 중화민국 시대까지 유지되었다가 1935년에 세계적인 추세를 좇아 금본위제에 합류했다.

## 이슬람 제국: 상업과 황금

이슬람교는 7세기 초에 형성된 종교로, 알라를 유일신으로 섬기고 무함마드(Muhammad)를 예언자로 여긴다. 이슬람교는 빠르게 전파되어 아바스 왕조(750~1258)에 이르러 황금시대를 열었다. 이슬람 제국은 이후 셀주크 제국, 오스만 제국 등으로 이어졌고, 그 밖에 이슬람교에 바탕을 둔 다양한 독립적인 국가들이 포함된다. 이슬람 제국은 유럽 서남부의 이베리아 반도, 북부 아프리카와 중동, 중앙아시아까지 넓은 지역을 관할했다.

이슬람 제국은 이슬람교의 경전인 『쿠란(Qu'ran)』에 바탕을 두고 통치를 했으며 정복 활동으로 영토를 넓혀 나갔다. 정복 전쟁으로 많은 노예를 확보하고, 이들을 다시 군인으로 활용했다. 무함마드가 상인 출신인 만큼 이슬람 제국에서는 상업이 발달했다. 주화는 7세기 말부터 금화와 은화로 만들어졌는데, 금화는 디나르(dinar), 은화는 디르함(dirham)이라 불렸다. 디나르는 비잔틴 제국의 금화 비잔트를 본떠 만든 것으로, 로마 화폐 데나리우스에서 유래한 말이다. 또한 디르함은 그리스와 헬레니즘 제국의 화폐 드라크마에서 나온 말이다.

이슬람 제국은 정복지와 아프리카에서 나오는 풍부한 양의 금 덕분에 금화를 주조하는 데 어려움이 없었다. 정복지에서 금을 획득하는 것은 역사가 오랜 일이지만 아프리카에서 금을 획득하는 것은 반드시 정복으로만 이루어진 것은 아니었다. 이슬람 제국은 서아프리카 지역을 전부 점령하지는 못했으나 오랫동안 상업적 거래를 통해 많은 양의 금을 확보할 수 있었다. 사하라 사막 이남 서아프리카의 중앙 부분에 위치한 라이베리아에서 나이지리아로 이어지는 해안선을 따라, 특히 중간쯤에 있는 가나 지역에는 금이 풍부하게 매장되어 있었다. 이 때문에 나중에 유럽인들은 이곳을 '황금 해안'이라고 불렀다. 아프리카인은 금의 대가로 소금을 받았다. 서아프리카의 금 생산 덕분에 나이저 강변의 도시인 말리의 가오(Gao)나 팀북투(Timbuktu)는 13세기 이후 문화와 교역의 중심지로 번영을 누렸다.

이 지역의 금에 관한 가장 극적인 사건은 말리 제국(13~17세기)의 만사

(Mansa, 황제) 무사 1세(Musa I, 1312~1337 재위)가 1324년에 떠나 1326년에 돌아온 하즈(메카 순례)이다. 이 하즈에서 만사 무사는 수천 명의 수하와 500명의 노예 그리고 많은 말과 낙타를 거느리고 떠났다. 노예가 각자 2킬로그램의 금괴를 들고 갔고 낙타 100여 마리에는 각각 130킬로그램 가량의 사금까지 싣고 갔다고 하니, 단순한 계산만으로도 총 14톤 정도의 금을 가지고 이동한 것이다. 무사는 순례길에 카이로와 메디나에도 들러 많은 물건과 노예들을 사느라 엄청난 양의 금을 지출했고, 가난한 사람에게 금을 나눠 주기도 했다. 어마어마한 양의 금이 풀리자 카이로, 메디나, 메카 지역의 금값은 폭락하고 금화로 표시된 물가가 치솟아 한동안 금값이 회복되지 못했다. 만사 무사는 말리로 돌아오는 길에 카이로에서 많은 양의 금을 높은 이자를 물고 빌려야 했다고 전해진다. 그 이유에 대해서는, 가지고 온 금을 다 써 버려서 빌렸다는 설명도 있고, 그 지역의 금값을 안정시키려는 노력의 일환이었다는 설명도 있다. 이 사건으로 서아프리카와 팀북투가 서아시아와 유럽에 알려졌고 일약 황금의 땅으로 각인되었다.

이슬람 제국은 상업이 발달했고, 당시 세계 경제의 견인차 역할을 했다.

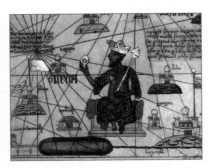

상업의 발달은 이슬람 시대의 이야기를 모은 『천일야화(아라비안나이트)』에서 잘 엿볼 수 있다. 대표적인 인물은 바스라 출신의 신드바드이다. 신드바드의 모험에서도 알 수 있듯이, 이슬람 제국은 바닷길을 통한 상업과 무역을 왕성하게 시행했다.

1375년 스페인의 세계 지도 속에 나타난 금덩어리를 들고 있는 만사 무사.

이슬람 제국의 배는 동아프리카에서 인도네시아와 동아시아까지 왕래했다. 서쪽으로는 아라비아 해의 아덴에서부터 동쪽으로는 인도네시아의 몰루카 제도가 중요 거점이었다. 몰루카는 이슬람 제국과 유럽의 중요 수입품인 후추와 정향 등 향신료의 산지로, 유럽에서 이 지역을 향신료 제도라고도 불렀다.

이슬람 제국은 유럽과 아시아와의 중개 무역으로 부를 누렸는데, 앞서 당에서 사용된 비전과 비슷한 수표와 어음을 개발하여 사용했다. 수표인 사크(sakk), 약속어음인 루카(ruq'ah), 환어음인 수프타자(suftajah) 등으로, 사크는 수표를 뜻하는 영어 'check'의 어원이다. 이러한 무역과 상업 활동은 신용을 바탕으로 이슬람 제국 전 지역에서 이루어졌다. 당시 이슬람 제국의 중심지였던 카이로나 바스라 등지에서는 은행업자가 어음 등을 발행했고, 상인들은 은행 계좌를 이용했다.

『천일야화』에서도 알 수 있듯이 모험과 탐험은 많은 위험이 따랐다. 이슬람 제국은 위험을 공유하고 분산시키기 위해 투자와 이익을 배분하는 파트너십(partnership) 제도도 발전시켰다. 이러한 제도는 나중에 이탈리아를 거쳐 유럽으로 건너가 주식회사의 성립에 중요한 역할을 하게 된다. 이슬람 제국의 상업 활동과 금융 혁신은 현대의 상업과 금융에 비해서도 손색이 없어 보인다.

이 시기의 이슬람 종교 철학자 가잘리(Abu-Hamid Muhammad al Ghazali, 1058~1111)는 『종교과학의 재생 *Ihya' Ulum al-Din*』에서 귀중한 것을 세 가지 부류로 구분했다. 첫째 그 자체의 가치로 중요한 것, 둘째 목적을 위한 수단으로서만 중요한 것, 셋째 둘 다로서 중요한 것이 그것이다. 이 중 수단으로서만 중요한 것으로 금과 은을 예로 들어, 금과 은이 그 자체로는 가치가 없는 것임을 명확히 하고 있다. 금과 은이 가치를 지니는 이유는 지급의 수단이기 때문이며, 그렇지 않다면 돌과 같다고 했다. 이러한 시각은 훗날 애덤 스미스의 『국부론』에서 다시금 발견된다. 애덤 스미스는 당시 금과 은을 국가의 부로 여기는 풍조를 비판했다.

## 중세 유럽

이슬람 제국의 활발한 상업 활동과는 대조적으로 중세 유럽은 장원 중심의 자급자족 시대가 이어졌다. 상업이 위축되기도 했지만, 금과 은은 이슬람 제국의 통제하에 있었기 때문에 유통량이 많지 않았다. 한편, 종교적 광기로 유발된 십자군 전쟁(1095~1272)은 약 200년 가까운 시간 동안 총 9차례에 걸쳐 일어났다. 이 전쟁의 명분은 기독교의 성지인 예루살렘의 탈환이었지만, 실제로 예루살렘을 지배했던 시기는 길지 않았다. 더욱이 4차 전쟁(1202~1204) 때는 예루살렘이 아니라 같은 기독교 국가인 비잔틴 제국의 콘스탄티노플을 점령하고 금은을 약탈하기까지 했다.

십자군은 1차 전쟁 후 한동안 예루살렘을 통치했는데, 이때 성전기사단이 조직되어 순례자와 성지를 보호했다. 이 성전기사단은 확고한 종교적 신념과 무력을 가지고 있었으며, 전리품으로 획득하거나 기부 받은 금과 부동산 등을 바탕으로 엄청난 부를 소유했다. 이를 바탕으로 유럽 내의 군주들에게 돈을 빌려 주는 등 은행업을 겸하게 되었다. 성전기사단은 유럽 영주의 부동산을 담보로 돈을 빌려 주었고, 이슬람 제국의 수프타자를 본떠 환어음을 발행하기도 했다. 유럽의 많은 군주와 영주는 전쟁 자금과 배상금 등으로 많은 돈이 필요했고, 상당 부분 성전기사단으로부터 차입했다. 특히, 프랑스의 필리프 4세(Philip IV, 1285~1314 재위)는 영국과의 전쟁 등의 이유로 프랑스 내의 성직자, 롬바르드 은행가 그리고 성전기사단으로부터 많은 돈을 차입했다. 필리프 왕은 돈을 갚는 대신 프랑스 내의 대부자들을 내쫓거나 그들의 재산을 몰수했다. 아비뇽 유수를 일으킨 장본인으로서 교황에 대해 힘의 우위를 가지고 있었던 필리프 왕은 더 나아가 성전기사단을 해체하고자 했다. 결국 배교, 우상 숭배와 동성애 등의 죄목으로 성전기사단을 잡아들였다. 필리프 왕의 체포 명령은 1307년 10월 13일 금요일에 내려졌고, 이 때문에 서구에서 13일의 금요일은 불길한 날로 간주한다.

* * *

인류 문명의 시작점인 메소포타미아에서부터 화폐의 기원을 찾아볼 수 있었다. 터키의 아나톨리아 지방은 철과 금이 풍부하여 철기를 생산하고 주화를 제조했다. 서양에서는 금과 은이 주로 주화의 재료로 쓰였다면, 중국에서는 동과 철이 많이 사용되었다. 이와 비슷한 시기에 전 세계에서 제작된 철기는 전 세계를 전쟁 속으로 몰아넣었고, 주화는 전쟁과 시장을 이어 주는 매개체 역할을 수행했다. 전쟁의 소용돌이 속에 철학과 종교도 발전했다. 중세에 들어 중국에서는 지폐가 사용되었다. 지폐의 사용은 획기적인 일이었으나 남발로 인한 인플레이션 문제를 극복하지 못하고 명나라에 들어서 발행이 중지되기에 이른다. 중세의 이슬람 제국은 아프리카에서부터 동아시아에 이르기까지 활발한 무역을 전개했다. 그 사이 유럽은 상대적으로 후진성을 면하지 못하고 있었으나, 이제 서서히 그 후진성을 벗어날 준비를 하게 된다.

Chapter 3

# 화폐의 역사
## 근현대와 한국

유럽은 비록 중세 시대에는 낙후된 지역이었으나 황금에 대한 욕망만큼은 다른 지역에 비해 절대 부족하지 않았다. 금은보화와 새로운 부를 얻으려는 욕망은 유럽인들에게 새로운 항로를 찾아내게 했고, 새로운 대륙에서 금광과 은광을 얻을 수 있게 했다. 그러나 그 반대급부로 많은 사람이 잔인하게 희생되었다. 이제 세계 정치와 경제의 주도권을 거머쥔 유럽에 의해 세계의 화폐 질서는 재편되어 갔다. 이 장에서는 근현대의 화폐 역사를 살펴보고, 한국의 화폐 역사를 간략히 살펴보고자 한다.


## 대항해 시대_금과 은을 찾아서

포르투갈은 이베리아 반도 서쪽 해안에 있는 나라로 예로부터 항해에 능했다. 항해 왕으로 불리는 엔히크(Henrique) 왕자는 15세기 포르투갈의 아프리카 탐험을 주도했다. 포르투갈은 이베리아 반도를 바라보는 북아프리카의 도시 세우타(Ceuta)에서 이슬람 무어인들을 물리쳤다. 세우타는 이슬람 상인들의 무역 거점 도시로, 서아프리카의 금이 모이는 곳이었다. 포르투갈은 서아프리카의 남쪽으로 더 내려가 금을 확보하기로 하고, 그 일을 엔히크 왕자가 맡았다. 그전까지는 항해를 해 본 적이 없었던 엔히크 왕자였지만, 이 일을 기회로 항해 왕이라는 별명까지 얻었다. 그의 동상은 리스보아(리스본)의 벨렘 지역 테주 강가에 부하를 거느리고 바다를 주시하는 모습으로 서 있다. 이 지역은 많은 포르투갈 항해가들이 출항한 곳으로, 이 조각상에는 엔히크 왕자뿐 아니라 바스쿠 다 가마(Vasco da Gama), 마젤란, 바르톨로메우 디아스(Bartolomeu Diaz) 등의 모습도 조각되어 있다.

엔히크 왕자의 후원을 받아 포르투갈인들은 서아프리카 해안을 따라 남하를 계속했다. 나이저 강에 이르러서야 거기서 생산된 금을 소금과 천 등을 주고 살 수 있었다. 1488년 디아스는 아프리카 남단의 희망봉까지 도달했다. 처음에는 폭풍이 심해 폭풍의 곶이라 불렀으나, 나중에는 희망봉(Cape of Good Hope)이라 부르게 되었다. 희망봉은 아프리카 최남단 근

테주 강가의 발견 기념비

처이므로(실제 최남단은 희망봉에서 동남쪽으로 150킬로미터 더 돌아 내려간 아굴라스 곶이다), 더는 아래로 내려갈 필요가 없었다. 당시 남쪽으로 계속 내려가면 무시무시한 괴물이 나온다는 이야기가 있었다. 희망봉을 돌아 동쪽으로 계속 항해하면 인도에 도착할 수 있었다. 바스쿠 다 가마는 유럽인으로는 최초로 1497년 포르투갈을 떠난 후 희망봉을 지나 이듬해 인도의 캘리컷[Calicut, 현재는 코지코드(Kozhikode)로 불린다]에 도착하면서, 유럽인에게 인도 항로를 열어 주었다.

비슷한 시기에 리스보아에 살고 있던 제노바 출신의 콜럼버스는 서쪽으로 항해하면 아시아로 갈 수 있다고 확신하고 항해 계획서를 포르투갈, 영국, 프랑스 등에 제출했다. 모두 퇴짜를 맞았지만, 스페인 이사벨(Isabel) 여왕의 후원을 받는 데 성공했다.

콜럼버스는 1492년 8월, 스페인 남부의 팔로스(Palos) 항에서 배 세 척을 이끌고 떠나, 현 바하마 제도의 산살바도르(San Salvador)에 도착했다. 콜럼버스는 죽을 때까지 그곳을 인도로 여겼다고 한다. 이름이 유사해 마르코 폴로가 지팡구로 여겼던 쿠바도 탐험했으나 원하던 만큼의 금은 나오지 않았다.

콜럼버스의 아메리카 도착 이후 스페인은 계속해서 사람을 보내 탐험을 이어 갔다. 금에 엄청난 갈증을 느끼고 있었던 스페인의 왕 페르디난드(Ferdinand)는 1511년 스페인의 아메리카 식민지에 보낸 편지에 다음과 같이 썼다(Bernstein, 2012).

금을 가져와라, 가능하다면 인간적으로. 그러나 그럴 수 없다면 수단 방법 가리지 말고 금을 가져와라!

에르난 코르테스(Hernan Cortes)는 멕시코의 아스테카 문명을, 프란시스코 피사로(Francisco Pizarro)는 페루, 에콰도르, 볼리비아의 잉카 문명을 파괴했으며, 원주민을 학살하고 노예로 삼아 금과 은을 약탈했다. 피사로는 기독교 개종을 거부하는 것을 빌미로 잉카의 왕 아타우알파(Atahualpa)를 인질로 잡고 금을 요구했다. 왕은 자신이 감금되어 있던 방을 금으로 채워 주었으나 약속은 지켜지지 않았다. 화형에 처하자 왕은 고통을 줄이려고 기독교를 받아들였고, 결국 단두대에서 처형되었다.

학살과 착취와 함께 유럽인들이 들여온 전염병(천연두)으로 많은 원주민(90% 이상이라는 주장도 있다)이 죽고 말았다. 금은을 채굴할 노예가 필요하자 유럽인들은 아프리카의 흑인을 데려와 금은을 채굴할 수밖에 없었다. 멕시코의 사카테카스(Zacatecas)와 볼리비아의 포토시(Potosí)에서 대규모 은광이 발견되었다. 1556년부터 1783년까지 포토시의 은광에서 스페인으로 보내진 은의 양은 4만 1000톤에 달했으며 이 가운데 약 8000톤이 스페인 왕실 소유가 되었다. 은의 채굴로 광산이 있던 산의 높이가 수백 미터 낮아졌다고 한다. 우리에게 잘 알려진 세르반테스의 『돈키호테 Don Quixote』에서도 포토시의 광산은 부의 상징으로 언급된다. 포토시라는 말은 지금도 스페인어에서는 부(富)를 나타내는 말로 사용된다. 스페인이 중남미로부터 가져온 금과 은의 가치는 지금 돈으로 환산하면 총 2조 달러가 넘을 것으로 추산된다. 멕시코, 페루, 볼리비아에서 약탈한 금과 은은 스패니시 메인(Spanish Main)이라 불린 지금의 카리브 해 연안 항구에 모아져 스페인 세비야(Sevilla)의 항구로 옮겨졌다.

16~19세기 사이에 전 세계 금 생산량의 70퍼센트, 은 생산량의 80퍼센트 이상이 아메리카에서 생산되었다. 금은 약 3000톤가량이 채굴되었고,

은은 약 15만 톤가량이 채굴되었다.

## 금은은 세계를 돌아

아메리카에서 들어온 막대한 금은이 단기적으로는 스페인에 부를 가져다 주었지만, 장기적으로는 독이 되었다. 금은은 무한히 얻을 수 있는 것이 아니었다. 게다가 급작스러운 부는 스페인 사람들에게 소비를 추구할 뿐 산업의 발달과 생산성 증대에는 신경을 쓰지 않게 했다. 결국 스페인은 다른 나라에 수출할 만한 것이 없고, 생활용품과 사치품을 수입에 의존하게 되어 금은은 해외로 유출될 수밖에 없었다. 당시 스페인에서는 금이 들어올수록 왕국은 더욱 가난해진다고 한탄하는 소리까지 있었다고 한다. 더욱이, 당시 선진 지식과 기술을 가지고 있던 고급 인력인 이슬람교도들을 나라에서 내쫓아 버리자 산업은 더더욱 황폐해졌다. 당시 스페인을 둘러본 여행자는 스페인에서는 은을 빼고는 모든 것이 비싸다고 했다.

스페인을 빠져나간 금은은 유럽으로 퍼져 나갔다. 상당수는 동양의 향신료와 차, 비단, 면직물 등 사치품의 대가로 아시아로 실려 나갔다. 당시 중국은 은본위제가 시행되던 터라 전 세계에서 생산된 막대한 양의 은이 중국으로 빨려 들어가는 형국이었다. 16세기 말 명은 매년 50톤 정도의 은을 수입했으며, 17세기 초에는 100톤 이상으로 증가했다. 이는 당시 전 세계 은 소비량의 90퍼센트 이상을 차지하는 막대한 양이었다. 이를 두고 명나라에서 은본위제가 시행되지 않았다면, 중남미의 은광 개발과 원주민과 노예에 대한 착취는 많이 줄었을 것이라고까지 말한다. 물론 이 말 자체에 동의하기는 어렵지만, 명의 은 수요가 전 세계에 영향을 미쳤음을 짐작하게 해 주는 말이다.

## 레알·페소·달러: 우리는 한 가족

스페인에서는 14세기 이후 레알(real)이라는 은화가 사용되었고 1566년에는 금화 에스쿠도(escudo)가 발행되었다. 1에스쿠도는 16레알에 해당한다. 이 단위는 새 스페인 에스쿠도를 거쳐 1868년 페세타(peseta)로 바뀌는데, 1페세타는 4레알에 해당한다. 페세타는 2002년 유로(Euro)로 전환되기 전까지 스페인에서 사용되었다. 포르투갈 역시 15세기 중반 이후 헤알(real)을 사용했으나, 1911년에 이스쿠두로 바뀐 후 2002년 유로로 전환되었다. 헤알은 포르투갈의 식민지였던 브라질의 화폐 단위로 아직 남아 있다. 서아시아의 여러 나라는 레알의 변형된 이름을 화폐로 사용하고 있는데, 이란, 오만, 예멘의 리알(rial), 사우디아라비아, 카타르의 리알(riyal) 등이다.

스페인에서는 1497년 화폐 개혁을 하면서 8레알에 해당하는 은화를 만들었다. 이것을 페소 데 오초(peso de ocho)라고 불렀다. 원래 페소(peso)는 무게를 재는 단위로 8레알에 해당하는 무게라는 뜻으로, 화폐 단위 페소가 여기서 유래한다. 특히 스페인의 아메리카 식민지에서 생산된 은으로 페소를 만들면서, 이를 멕시코 페소라고 불렀다. 페소는 스페인의 식민지 확대에 따라 전 세계로 퍼져 나가 필리핀, 중국 등 아시아 지역에서도 많이 사용되었으며, 지금도 멕시코, 아르헨티나, 칠레, 쿠바 등 중남미 국가들과 필리핀의 화폐 단위로 사용된다. 19세기 말 청에서는 이 멕시코 페소에 가치를 맞춘 은화를 제작하여 단위를 1원(圜)이라고 불렀는데, 이것이 현재 한국, 중국, 일본에서 사용되는 화폐 단위인 원, 위안, 엔의 원형이 되었다.

스페인이 페소를 만든 이유는 당시 독일 지방에서 만들어지던 은화 굴디너(guldiner)와 가치를 맞추기 위해서였다. 그 덕분에 페소 데 오초는 스페인 달러라고도 불렸는데, 굴디너가 탈러(thaler)로 진화하고 이 탈러가 훗날 달러(dollar)의 어원이 되기 때문이다.

지금은 '달러'라고 하면 미국 화폐를 떠올리지만, 달러는 미국에 영국 식민지가 세워지기도 전인 1606년에 셰익스피어(William Shakespeare)의 희곡 『맥베스*Macbeth*』에도 나오는 돈의 단위다. 1막 2장에 노르웨이 왕과 전쟁을 하면서 배상금으로 1만 달러를 요구하는 장면이 나온다. 달러의 기원은 16세기 초에 시작한다. 16세기 초 신성 로마 제국의 현재 체코의 보헤미아 지방의 야히모프(Jachymov)라는 도시의 계곡에서 은광이 발견되었다. 야히모프는 독일어로 요아힘스탈(Joachimsthal)이라고 하는데, 요하임은 성모 마리아의 아버지 이름이고, 탈(tal, thal)은 독일어로 계곡을 뜻하며, 요아힘스탈은 성 요아힘의 계곡이라는 뜻이다. 백작 슐리크(Schlick)가 야히모프를 소유하고 있었는데, 1518년 채굴된 은으로 자신의 동전 굴디너를 주조하기 시작했다. 이 동전은 계곡의 독일어 이름을 따서 요아힘스탈러라고 불렸고, 간단히 탈러(thaler)라고도 불렸다. 탈러는 종전의 굴디너보다 좀 작았는데, 탈러 9개의 무게가 유럽에서 많이 쓰이던 1쾰른 마르크와 무게가 일치하여 많이 유통되었다. 탈러의 인기와 성공으로 다른 지역에서도 탈러 혹은 변형된 이름으로 많은 은화가 유통되었다. 예를 들어, 네덜란드의 레이크스다알더(rijksdaalder), 덴마크의 리그스달러(rigsdaler), 스웨덴의 릭스달레르(riksdaler) 등이 있다. 스페인 동전 페소 데 오초의 별명도 스페인 달러였다. 은화 탈러가 지금은 유통되지 않지만, 이 용어는 미국에서 달러(dollar)라는 이름으로 바뀌어 현재까지 사용되고 있다. 달러는 미국뿐 아니라 호주, 뉴질랜드, 캐나다 등에서도 화폐 단위로

스페인 달러(멕시코 페소)

사용된다.

미국 내에서도 한동안 스페인 달러를 사용했으나, 1857년 화폐주조법(Coinage Act)을 제정하여 외국 동전의 사용을 금했다. 그러나 달러의 이름만은 살아남았다. 미국 달러의 기호는 $로, 기원이 같은 페소의 기호 역시 달러와 마찬가지로 $를 사용한다. 기호의 기원도 스페인 달러와 연결된다. 포토시에서 주조된 스페인 달러의 앞면에는 두 개의 기둥 사이에 원형 두 개가 겹쳐있는 세계지도가 있고 그 위에 왕관이 새겨져 있다. 그 아래쪽에는 포토시를 의미하는 PTSI가 겹쳐서 쓰여 있는데, 이 모습이 $와 매우 흡사하다고 한다. 또 하나의 설명은 스페인 달러가 8레알에 해당하는 것이므로, 아라비아 수 8에 세로줄을 그어서 만들었다고도 한다. 또 다른 이야기는 스페인 식민지에서 페소를 ps로 쓰기 시작하였는데, s를 밑으로 내려 겹쳐 쓰면서 지금의 $ 모양이 되었다고 한다. 기원에 대한 설명은 달라도 그 기원은 모두 스페인 달러에 두고 있다.

### 리브르와 파운드: 우리도 한 가족

8세기 후반 유럽의 중앙을 장악하기 시작한 샤를마뉴(Charlemagne, 768~814 재위)는 은화를 중심으로 하는 화폐 체계를 만들었다. 1파운드의 무게를 지닌 은화를 리브르(livre)라고 했다. 1리브르는 다시 20수(sou), 1수는 12드니에(denier)로 나뉘었다. 초기의 화폐 체계는 샤를마뉴가 800년에 건국한 카롤링거 왕국에서 이름을 따와 카롤링거 리브르(livre carolingien)라고도 부른다. 리브르 체계는 고대 로마의 무게 측정 단위인 리브라(libra)에서 유래한다. 화폐 단위는 대체로 무게를 재는 단위와 관계가 깊은데, 이는 무게를 달아서 가치를 계산해 왔기 때문이다. 또한 수와 드니에 역시 로마의 금화 솔리두스와 은화 데나리우스에서 따온 말이다. 이 리브르 체계는 1795년까지 프랑스의 측정 단위로 유지된다. 또한 이 체계는 유럽 내 다른 지역의 화폐 체계의 모델이 되었는데, 영국의 파운드(pound)와 이탈리아 리라(lira)가 그 예다. 레알을 쓰기 전 스페인의 디네로(dinero)나 포르투갈의 지녜이루(dinheiro)도 리브르 체계를 따른 것이었다.

영국의 파운드는 오파(Offa, 757~796 재위) 왕이 샤를마뉴의 리브르 체계를 본떠 만들었다. 파운드는 리브라의 무게를 뜻하는 라틴어 리브라 폰도(libra pondo)에서 나온 말이라 한다. 또한 영국 파운드를 £로 표시하는데, 바로 리브라의 L에서 따온 것이다. 영국의 파운드는 파운드 스털링(pound sterling)이라고도 부른다. 일설에 의하면, 스털링은 영어 고어로 작은 별이라는 뜻인데, 동전에 작은 별을 새겨 넣었기 때문에 붙은 별명이라고 한다. 은화 중심의 영국 화폐 체계는 1663년 로열 아프리칸 회사(Royal African Company)가 서아프리카에서 수입한 금으로 기니(guinea)라는 금화를 만들면서 금화 중심의 체계로 바뀌었고, 18세기에는 금본위제가 정착되었다.

### 해적: 외화 획득의 역군

스페인이 금과 은을 아메리카 식민지에서 들여오고 있을 때 영국, 프랑스,

네덜란드 등의 다른 나라들은 그런 특권을 누리지 못했다. 그럼에도 스페인의 금은은 이들 나라로 흘러 들어오게 된다. 물론 스페인과의 무역을 통해서 들어오기도 했지만, 다른 중요한 통로가 있었다. 바로 도적질이었다. 아메리카에서 스페인으로 오는 배를 적당한 길목에서 납치하여 자기 나라로 금은을 가져오는 해적질이 횡행했다. 특권을 누리지 못한 나라들이 본격적으로 대항해 시대에 끼어든 방식이었다. 영국의 왕은 이러한 해적질을 장려하기까지 했고, 나라에 공헌한 보답으로 작위를 수여하기도 했다. 이 시대를 배경으로 금은보석을 약탈하는 카리브 해적에 대한 영화나 소설이 만들어졌다. 해적은 어떤 의미에서는 왕의 군대를 대신해 통치력을 확대한 일종의 민병대 역할을 했다고 볼 수 있다. 왕의 통치력이 미치지 못하는 곳에서 민간인으로 구성된 해적단이 적군을 공격하여 보물을 획득했다. 작위를 받을 정도의 해적은 당연히 많은 보물을 자신의 왕에게 바쳤을 것이다. 해적은 영국이나 네덜란드에는 외화 획득의 역군이었다.


## 가격혁명

유럽의 가격혁명(price revolution)은 15세기 후반에서 17세기 전반까지 유럽의 물가가 지속적으로 많이 오른 현상을 일컫는다. 약 150여 년에 걸쳐 물가가 약 6배 정도 올랐다고 하니, 복리 계산으로 보면 매년 약 1.2퍼센트 물가가 상승한 꼴이다. 지금 기준으로는 많이 오른 것이라 할 수 없지만, 가격혁명 전에는 물가의 상승이 거의 없었기에 이 정도의 지속적인 물가 상승만으로도 가격혁명이란 이름이 붙은 것이다.

이 시기에 가격이 상승한 이유로는 유럽 내 은광의 발견, 인구의 증가(14세기 중반 흑사병 이후), 도시와 상업의 발달 그리고 아메리카에서의 금은 수입 등이 거론되지만 명확하게 설명된 것은 아니다. 아마도 이런 이유들이 조금씩은 기여했으리라 생각하는 것이 옳다. 가격혁명이 명확히 설명되지 않는 이유는 금은의 증가와 인플레이션이 연결되지 않기 때문이다. 밀턴 프리드먼(Milton Friedman)과 같은 통화론자들의 관점에서 보면 인플레이션은 통화량의 증가와 관련이 있어야 한다. 그런데 아메리카에서 막대한 양의 금은이 유럽에 들어왔지만, 그중 상당량이 유럽에 머물지 않고 중국과 인도 등으로 흘러갔다. 따라서 금은의 증가와 인플레이션의 관계는 그다지 명확하지 않다.

이에 대해 데이비드 그래버와 같은 인류학자들은 경제학자와는 다른 설명을 한다. 가격혁명 시기의 유럽에서는 금은을 이용한 시장 거래가 그다지 활성화되지 않았다는 것이다. 금은은 무역이나 왕의 몸값 등을 지급할 때 사용되었지, 일상생활에서는 외상이나 어음 등 신용 거래 위주로 거래가 이루어졌다. 이런 경우 금은의 유입은 그저 금은의 가격을 떨어뜨릴 뿐이지 다른 물건값을 올릴 이유는 없는 것이다. 더욱이 아메리카에서 오는 금 가운데 유럽 내에 남아서 유통되는 양은 얼마 되지 않았고 중국과 인도로 흘러갔으니, 금은의 유입을 현대의 통화 발행량 증가(통화 증발)와 같은 역할을 한 것과 연결 지을 수는 없다는 것이다.

그렇다면 왜 인플레이션이 일어났을까? 금은은 원래 인플레이션과 관계가 없어야 하지만, 이 시기에 왕과 은행가들이 물가와 금은을 연결하기 시작했기 때문에 금은의 유입은 여전히 중요했다. 즉, 금은으로 세금을 받고, 거래의 지급 수단으로 금은을 사용하도록 강요하여 상관이 없어야 할 물가를 금은과 연결했다. 이때 유럽에 유입되어 사용되는 금은의 양은 직접적으로 중요하지 않았다. 은행가들은 자신들을 거쳐 간 금은을 기초로 신용을 창출했다. 즉, 금은을 담보로 어음을 발행했으며, 정부는 상인과 은행가로부터 차입했고[예를 들어 프랑스 정부가 리옹의 은행가로부터 받은 대출인 대(大) 리옹 차입금(Grand Parti de Lyon)], 어음은 거래에 사용되었다. 또한 동전에 들어 있는 금은의 함량을 줄이는 전통적인 방법도 사용되었다. 금은이 지급 수단으로 중요해지고 물건 가격이 금은으로 매겨지고, 금은을 바탕으로 한 화폐의 양이 증가하면서 인플레이션이 일어났다. 이 이야기에 따르면, 가격혁명은 단순히 금은의 양과 관련이 있는 게 아니라 금은을 근거로 한 화폐의 창출과 정부의 강제적인 화폐 유통의 결과라는 것이다.

가격혁명은 자본주의와 밀접한 관계가 있다. 가격혁명 시기에 도시와 상업이 확대 발달했고 농산물 가격은 상승했다. 영국에서 농산물 가격의 상승은 '울타리 치기(enclosure)' 현상을 유발하여, 자급적인 농업 생산을 상업적인 생산으로 바꾸는 기폭제 역할을 했다. 그 결과 몰락한 농민이 도시의 노동자로 변모하여 자본주의가 발전하는 계기가 된다.

### 영국의 '위대한 재주화'

금화나 은화는 주어진 교환 가치로서 화폐 역할을 한다. 그러므로 화폐의 가장자리를 조금 깎아서 사용해도 겉으로는 큰 표가 나지 않는다. 이런 식으로 조금씩 금이나 은을 모으면 그 또한 가치를 지니게 된다. 금화나 은화가 제 가치를 지니고 안정되게 화폐 역할을 하려면 무게와 순도가 일정해야 한다. 앞에서 과거 로마 제국 시대에 황제들이 은화에 들어가는 은의 함량을 줄여 자신의 이익을 챙기려는 술수를 쓴 것을 언급했다. 그 뒤에도 많은 왕이 그 방법을 따라 했고, 그에 따라 금화나 은화의 가치는 요동을 쳤다. 황제가 자신의 힘을 이용해서 금은의 함량을 줄였다면, 일반인도 나름대로 금화나 은화의 가장자리를 깎아 내 자신의 이익을 챙기곤 했다.

17세기 영국에서는 은의 가치가 높은 아시아와 다른 유럽 나라들로 은이 유출되면서 은화가 부족했고, 거래되는 은화 중 상당한 양이 가장자리가 깎이거나 위조된 채 사용되었다. 은화의 훼손 정도가 심해서 17세기 말 은화의 가치를 재정립할 필요성이 대두했다.

영국 정부가 훼손된 은화를 새로 제조된 은화로 교환하기로 하면서, 훼손된 은화의 가치를 어떻게 정하느냐에 대한 논란이 일어났다. 첫째 안은 훼손된 가치를 반영하자는 것이었다. 옛 은화가 액면가 대비 약 20퍼센트가 훼손되었으니, 새 은화에는 같은 액면가의 동전에 은을 20퍼센트 정도 적게 넣어 발행하자는 안이 라운즈(William Lowndes) 등에 의해서 제시되었다. 이 안에 따르면 새 은화는 과거 로마의 황제가 했듯이 은 함량을 줄여 발행하는 것이다. 이는 은의 (은화로 표시된) 가격을 상승시키는 효과가 있을 것이다. 이럴 경우 은의 해외 유출을 줄일 수 있다.

그러나 이 안은 곧 반대에 부딪혔다. 대표적인 반대론자는 자유주의 사상가로 잘 알려진 존 로크(John Locke)였다. 로크는 국가의 화폐는 신용이 중요하므로 훼손된 옛 은화라도 액면 가치로 평가하여 새 은화로 교환해 줘야 한다고 주장했다. 로크는 당대의 유력한 정치인이었던 만큼 영국 정부는 로크의 의견을 받아들였다. 그 대신 훼손된 은화는 시중에서 사용하지 못하게 했고, 세금이나 정부와의 계약에만 사용할 수 있도록 하여 훼손된 은화를 회수했다. 이를 1696년의 '위대한 재주화(Great Recoinage)'라고 부른다.

로크의 안에 따라 국가 화폐의 신뢰도는 유지할 수 있었지만, 은 가격이 상승하지 않아 은이 유출되는 것을 막을 수 없게 되었다. 은과 은화의 부족은 결국 디플레이션, 즉 가격 하락으로 이어졌다. 가격 하락은 당시 가장 중요한 상품인 농산물의 가격을 떨어뜨렸다. 또한 가격 하락은 대부자(貸付者)에게는 유리하지만 차입자(借入者)에게는 불리한 상황을 만드는데, 당시 많은 농민이 지주로부터 돈을 빌린 차입자의 위치에 있었다. 따라서 국민의 대다수를 차지하던 농민들은 소득 하락과 부채 압박의 고통에서 한동안 벗어나지 못했다. 반면 이 안을 낸 장본인인 로크는 노예 무역에 한 투자와 은행업으로 큰돈을 벌었다.

## 뉴턴의 실수로 시작된 금본위제

역사적으로 금과 은은 인류가 사랑한 금속이면서 동시에 화폐로도 사용되어 왔다. 서양에서는 금은이 동전으로 만들어져 화폐의 역할을 했고, 동양에서는 화폐보다 귀금속으로 더 압도적으로 사용되어 동전은 철이나 동으로 만들었다. 금을 중요시하긴 했어도 가치가 높았기 때문에, 일상적인 거래에서는 아무래도 은화의 역할이 더 중요했다. 중세에 비잔틴 제국 정도가 금화 비잔트를 유럽 전역에 유통시켜 금화 중심으로 화폐를 운영했다고 할 수 있으나, 중세 이후 유럽의 일상 거래에서는 은화가 더 중요한 역할을 했다. 따라서 유럽은 전체적으로는 금과 은을 모두 중시한 복본위제(bimetallism)에 가깝다고 할 수 있다.

근대적인 금본위제(gold standard)는 영국에서 시작된 것으로 알려졌다. 1704년 영국 여왕 앤(Anne)의 명령에 따라 카리브 해의 영국 서인도 제도 식민지에서 먼저 시행되었는데, 스페인의 2에스쿠도에 해당하는 금화 도

블론(doblon)을 바탕으로 했다. 1717년 이후를 실질적인 금본위제가 시행된 때로 간주하는데, 이때 중요한 역할을 한 사람은 바로 수학자인 아이작 뉴턴(Isaac Newton)이었다. 당시 영국의 조폐국장이었던 뉴턴의 주도하에 영국 정부는 금화 1기니를 은화 21실링으로 못 박았다. 그런데 중국과 인도로 은이 유출되어 실제 은값은 더 비쌌기 때문에 은화는 같은 양의 은에 비해 상대적으로 과소평가되었고, 그에 따라 은화 대신 금화로 거래를 하게 되고, 결국 은화는 자취를 감추었다. 이는 과대평가된 화폐만 시중에서 사용된다는 그레셤의 법칙(Gresham's Law)이다. 그 이유는 간단하다. 화폐로 과소평가된 금속은 화폐로 사용되기보다는 녹여서 금속의 가격을 받으면 더 높은 가격을 받을 수 있다. 또 이는 차익 거래(arbitrage)의 기회를 제공한다. 예를 들어 은을 갖고 있는 사람이 시중에서 은을 금으로 교환한 후 그 금을 조폐소에 가져가서 금화로 만들고 이를 다시 정부의 공시 교환 비율대로 은화로 바꾸는 경우를 생각해 보자. 은화는 실제 은에 비해 과소평가되어 있으므로 새로 바꾼 은화에 들어 있는 은의 양은 처음의 양보다 많아질 것이다. 이제 이 은화를 녹이면 처음의 은보다 많은 양의 은을 확보할 수 있다. 이러한 차익 거래는 복본위제 시스템을 교란시킨다. 뉴턴은 금화와 은화의 교환 비율이 시간이 흐르면 제자리를 찾을 것으로 예측했으나, 실제로는 은화는 사라지고 금화만이 사용되는 결과를 낳았다. 이를 두고 혹자는 영국의 금본위 제도는 잘못된 예측에 기반을 둔 정책 실수로 시작되었다고 한다.

영국이 금본위제를 시행했으나, 유럽의 다른 나라들은 여전히 은화 중심이거나 금은 중심의 복본위제가 운용되었다. 중국은 명나라 이후 은본위제가 유지되었고, 인도 역시 은본위제가 유지되었다. 영국 역시 실질적인 금본위제는 1717년 이후 시행되고 있었으나, 공식적으로 금본위제를 선언한 때는 나폴레옹 전쟁 이후인 1819년이다. 미국에서는 19세기 중엽에 금광과 은광이 발견되면서 금은의 교환 비율이 혼란을 겪었다. 복본위제일 경우에는 금과 은의 산출량에 따라 교환 비율이 바뀌기 때문에, 이를 안정적으로 유지하는 데에 어려움이 따른다. 또한 산업혁명 이후 영국의 국력이 강해졌고 영국과의 교역이 증가하면서 영국의 금본위제를 따라하는 것이 편리했기 때문에, 독일, 프랑스 등 유럽 여러 나라와 미국이 영국을 좇아 1870년대에 금본위제로 옮겨 갔다.

그러나 아시아의 중국이나 인도 등은 아직 은본위제를 유지하고 있었다. 이 당시의 금본위제는 금화를 발행하여 운영되었기에 금화본위제(gold specie standard)라고 부른다. 그렇다고 금화만으로 운영된 것은 아니고, 은행권 지폐도 같이 발행되었다. 독일의 경우에는 영국에 대한 경쟁심이 금본위제를 채택하게 한 중요 원인이었다고 한다. 영국과 독일이 금본위제를 채택하면서 은을 방출하자 주변국에서는 은의 가치가 정부가 정한 교환 비율보다 떨어졌다. 그러자 시중에서 금으로 은을 낮은 가격으로 사서 조폐소에 가서 은화로 제조한 후 정부의 고시 비율대로 다시 금화로 교환하는 차익 거래가 성행했다. 그러다 보니 이런 사태에 직면한 국가는 금본위제로 전환하지 않으면, 금은의 교환 비율을 계속 조정해야 했다. (사실, 금본위제란 복본위제에서 화폐로서의 교환 비율에 은의 가치를 0으로 놓는 것이다.) 결국 많은 나라가 추세를 따라 금본위제로 전환했다.

미국은 애초에 스페인 달러를 기준으로 하는 은본위제를 채택했으나, 차차 금과 은의 교환 비율을 정해 사실상 복본위제를 운용했다. 그런데 교환 비율이 은화를 과대평가하도록 설정되자 그레셤의 법칙대로 금화가 빠져나갔다. 이에 부족한 금을 찾아다니는 현상이 일어났는데, 이것이 1849년의 캘리포니아 골드러시(gold rush)의 배경이었다. 골드러시로 많은 금이 발견되었으나, 오래지 않아 네바다 주에서 은광이 발견되면서 은의 가치가 떨어졌다. 그 후 복본위제와 금본위제를 놓고 정치적 다툼이 이어졌는데, 1873년 화폐주조법으로 은화를 동전으로 사용하는 것을 금지했고, 1900년에는 공식적으로 금본위제를 채택하게 되었다.

그러나 금본위제는 지속적으로 운용되기 어려웠다. 1차 대전이 발발해 전쟁 자금이 부족해지자 각국은 통화를 증발하여 금 보유량보다 훨씬 많은 지폐가 발행되었다. 결국은 통화를 금으로 교환하는 태환이 중지되고 금본위제에서 이탈한다. 통화가 늘어나면서 고율의 인플레이션이 유발되고, 이에 대한 해결책으로 영국과 영연방을 중심으로 짧은 기간 동안(1925~1931) 금본위제로 복귀했다. 이때의 금본위제는 금지금본위제(金地金本位制, gold bullion standard)라고 부른다. 금지금본위제는 금화를 발행하는 대신 금의 가치를 근거로 하여 지폐를 발행한다. 그러나 영국은 충분한 양의 금을 확보하지 못한 상태에서 금본위제로 복귀했기 때문에, 경기 불황과 투기 세력의 공격으로 1931년 금본위제를 다시 포기할 수밖에 없었다.

1929년 발발한 대공황으로 각국은 화폐 절하 경쟁을 하면서 금본위제로부터 멀어졌다. 하지만 2차 대전 후 브레턴우즈 체제(Bretton Woods system, 1944~1971)를 통해 미국을 중심으로 금본위제로 복귀했다. 경제사학자 배리 아이켄그린(Barry Eichengreen)은 당시 미국이 전 세계 금의 70퍼센트를 가지고 있었다고 한다. 이 금본위제는 미국의 중앙은행에 예치된 금을 바탕으로 금 1온스당 35달러의 비율로 달러를 발행하고, 다른 나라는 미 달러에 환율을 고정하는 금환본위제(金換本位制, gold exchange standard)의 형태였다. 금환본위제는 19세기 말 은본위제였던 인도(루피 rupee, 루피는 산스크리트어의 은을 뜻하는 raupya에서 기원한다)와 필리핀(페소)에서 영국과 미국의 통화에 환율을 고정하는 방식으로 시행된 적이 있다. 브레턴우즈 체제로 미국의 달러는 영국의 파운드를 제치고 기축 통화로 사용하게 되었다.

브레턴우즈 체제에서 일반인은 지폐를 금으로 교환할 수 없었고, 각국의 중앙은행만 미국의 중앙은행에 금으로 교환해 줄 것을 요구할 권리가 있었다. 그러나 브레턴우즈 체제도 오래가지 못했다. 베트남 전쟁과 세력 확장에 필요한 자금을 조달하기 위해 미국이 달러를 증발하면서 금과 달러의 교환 비율을 유지할 수 없게 되었기 때문이다. 1971년 8월 15일 닉슨 대통령은 금태환 정지를 선언하고, 결국 각국의 환율이 고정 환율제에서 변동 환율제로 이동하면서 브레턴우즈 체제는 붕괴했다. 이로써 금본위제는 그 막을 내리게 되었다.

금본위제가 더는 시행되고 있지 않지만, 현재도 각국 중앙은행은 가치 저장의 수단으로 금을 보유하고 있다. 세계금위원회(World Gold Council)에 따르면, 2012년 1월을 기준으로 각국 중앙은행의 금 보유고는 미국이 8133톤 이상, 그 뒤를 이어 독일이 3400톤이다. 한국은 54.4톤으로 43위를 차지하고 있다. 그 후로 한국은행은 금 매입을 지속하여 2013년 1월에는 84.4톤으로 36위로 순위가 상승했다. 지금까지 채굴된 금의 총량이 약 170만 톤을 넘는데, 이 가운데 약 18퍼센트가 현재 각국 중앙은행에 있다. 미국의 연방준비제도(Federal Reserve System)가 보관하고 있는 금의 상당 부분이 뉴욕 준비은행이 있는 맨해튼 땅 밑과 켄터키 주의 포트 녹스에 각

각 7000톤과 4500톤 이상이 보관되어 있다. 뉴욕 준비은행의 지하실에 보관된 금 대부분은 미국 소유가 아니라 다른 나라 중앙은행이 보유한 금이다. 두 나라의 중앙은행이 금을 거래하면, 저장실에 있던 금은 그 위치만 살짝 이동하여 이름표를 바꿔 달게 된다. 거래를 끝낸 중앙은행들이 그 금을 실제로 보지도 않은 채 숫자상으로만 금 보유고가 변경된다. 금을 구매한 나라의 금 보유고는 늘어나고 판매한 나라의 금 보유고는 줄어든다. 미크로네시아의 야프 섬에서는 바닷속에 빠져 보이지 않는 돌돈이나 숲 속의 커다란 돌돈이 화폐의 기능을 했다. 지하실 안에 있는 금괴의 소유권이 바뀌는 것이나 바닷속에 있는 돌돈의 소유권이 바뀌는 것은 거의 차이가 없어 보이지 않는가.

### 오즈의 마법사

17세기 말 영국에서 있었던 농민과 은행업자와의 갈등은 19세기 말 미국에서 재연되었다. 1873년 화폐주조법으로 미국은 은화의 사용을 금지하고 금본위제로 향해 나아갔다. 금본위제는 외국, 특히 금본위제였던 영국과의 무역을 쉽게 만들었기 때문에 상인과 은행가의 지지를 받았다. 그에 앞서 1871년 독일도 금본위제를 채택했기 때문에, 유럽과 미국에서는 은화의 공급이 급감했다. 이에 따라 상품 가격이 내려가고 1873년부터 1879년까지 경기 불황이 이어졌다. 이 불황은 1930년대의 대공황(Great Depression)이 일어나기 전까지 대공황으로 불렸을 만큼 극심한 경제 침체였다.

노동자나 농민의 수입은 감소했고, 차입자로서의 고통도 떠안게 되었다. 17세기 말의 영국과 비슷한 상황이 반복되었다. 이에 노동자와 농민은 은화를 금화와 같이 사용하는 종전의 복본위제로의 복귀를 원했다. 이 복본위제의 상징적인 인물은 세 번(1896, 1900, 1908년)이나 민주당 대통령 후보로 나온 윌리엄 제닝스 브라이언(William Jennings Bryan)이다. 브라이언을 유명하게 만든 것은 1896년 민주당 전당대회에서 한 연설이었다. "인류를 황금십자가에 못 박게 놔두지는 않겠다." 그의 이 연설은 황금십자가 연설(cross of gold speech)이라고 불리며, 미국 정치 역사상 위대한 연설 가운데 하나로 뽑힐 정도로 명연설이었다. 그러나 브라이언은 끝내 대통령에 당선되지는 못했다. 미국은 브라이언을 선택하지 않았고 복본위제의 꿈은 사라졌다.

『오즈의 마법사The Wonderful Wizard of Oz』는 소설가 프랭크 바움(L. Frank Baum)이 1900년에 출판한 동화다. 동화의 줄거리는 다음과 같다.

동화의 주인공 도로시는 캔자스의 농장에서 회오리바람에 의해 오즈의 땅에 떨어진다. 집으로 되돌아오기 위해 에메랄드 도시로 오즈의 마법사를 만나러 가는데, 마법의 힘이 있는 은으로 만든 신발을 신고 노란 벽돌이 깔린 길을 걸어간다. 가는 길에 뇌가 없는 허수아비, 마음이 없는 깡통 나무꾼, 겁쟁이 사자 등을 만나 함께 모험한다. 마지막에는 각각 원하던 것들을 얻고 도로시 역시 집으로 돌아오게 된다.

「오즈의 마법사」 표지.

많은 사람이 이 동화 속의 인물과 성격이 당시의 복본위제를 둘러싼 갈등을 은유적으로 표현하고 있다고 생각한다. 허수아비는 남부의 농민을, 깡통 나무꾼은 북부의 공장 노동자를 나타내며, 겁쟁이 사자는 브라이언을 의미한다는 것이다. 노란 벽돌 길은 금본위제를 나타내며, 마법의 은신발은 은화를 상징한다. 오즈(Oz)란 뜻 역시 금을 재는 무게 단위 온스(ounce)의 줄임말이어서, 이 동화가 금본위제라는 악을 물리치고 복본위제라는 선을 성취하는 과정을 묘사한다는 것이다. 그러나 이런 해석이 그리 맞는 것은 아니다. 동화의 저자 바움이 금본위제를 주장한 후보인 윌리엄 매킨리(William McKinley)를 지원했기 때문이다. 물론 작가의 정치 성향과는 상관없이 이야기의 동기를 복본위제와 관련된 갈등에서 얻었을 수는 있을 것이다. 어찌 됐든, 이러한 해석 자체가 금을 마법과 같은 것으로 여겨 왔던 오랜 전통을 반영한 것인지도 모른다.

## 미국: 지폐의 재발견

미국에서는 1690년대 초반, 현재의 보스턴 지역인 매사추세츠 만 식민지(Massachusetts Bay Colony)에 정착한 영국인들에 의해 지폐가 발행되기 시작했다. 이를 근거로 경제학자 존 갤브레이스(John K. Galbraith)는 "정부에 의한 지폐 발행은 미국에서 시작되었다"라고 말했다. 지폐는 중국에서 제일 먼저 발행되고 오랫동안 사용되었기에 갤브레이스의 말 자체는 틀렸지만, 명에서 지폐 발행이 금지되었으니 근대 이후로 국한하면 그리 틀린 말도 아닐 듯하다. 18세기 들어 미국 내 13개의 영국 식민 지역에서는 각자의 지폐가 발행되었다. 지폐 발행을 적극 주장했던 인물로 미국 건국의 아버지 중 한 명인 벤저민 프랭클린(Benjamin Franklin)이 있으며, 그는 현재도 100달러 지폐에 남아 있다. 또한 18세기 프랑스에서 지폐 발행을 주도 했던 인물로 존 로(John Law)가 있다(존 로에 대해서는 뒤에서 다시 살펴본다).

미국 독립혁명 기간(1775~1783)에 독립전쟁을 이끌었던 대륙의회(Continental Congress)는 전쟁 자금을 조달하기 위해 대륙통화(Continental currency)라 불린 지폐를 발행했다. 지폐가 많이 발행되기도 했고(약 2억 4000만 달러), 영국의 위조지폐 투입, 미 의회에 대한 불신 등으로 지폐 가치 가 하락하여 결국 돈의 역할을 하지 못했다. 전쟁 이후 1790년대에 미 의회 의 의결에 따라 지폐 액면가의 1퍼센트로 미 재무성 채권과 교환되었다.

미국은 1861년에서 1865년까지 내전(남북전쟁)을 겪게 된다. 남부의 11 개 주가 주 연합체인 연방(United States)에서 탈퇴하여 독자적인 미 남부 연합(Confederacy)을 구성하고, 북부 중심의 나머지 주와 갈등을 겪으면 서 이들 사이에 내전이 일어났다. 북부와 남부는 각자의 지폐를 발행하여 전쟁 자금을 모았는데, 북부는 약 4억 5000만 달러를, 남부는 약 1조 달러 이상을 발행했다. 북부는 국가은행법(National Banking Act, 1863·1864)을 제정해 국가가 정한 표준적인 지폐를 발행했다. 초기 북부 지폐의 뒷면이 초록색을 띠어서 그린백(greenback)이라는 별명을 얻었다. 이 그린백은 더 이상 발행되지 않지만 지금도 미 달러의 뒷면은 여전히 초록색을 띠며 그 린백으로 불리곤 한다. 북부와 남부는 각각 인플레이션을 경험하는데, 북 부는 전쟁 전보다 약 75퍼센트의 물가 상승이 있었고, 남부는 100배 정도 가 올랐다. 내전 이후 미국(북부)은 남발된 지폐를 액면가에 해당하는 금 은으로 바꿔 주지 못하다가 1879년이 되어서야 가능하게 되었다.

남부는 전쟁 자금의 20퍼센트 정도를 정부 부채의 형태로 조달했는데, 이에는 당시 금융 중심지 역할을 한 뉴올리언스(New Orleans)의 기여가 컸다. 목화채권(Cotton bonds)이 영국 파운드와 프랑스 프랑으로 유럽에서 판매되었는데, 이 채권은 남부에서 생산되는 목화로 교환할 수 있는 옵션이 붙어 있었다(현대 금융 용어로 합성증권이라 할 수 있다). 내전으로 목화의 값이 오르자 이 채권의 인기도 올라갔으나, 1864년 주요 목화 재배지이자 교통의 요충지였던 조지아 주 애틀랜타에서 남부가 패배하자 목화채권의 가치는 급락하여 끝내 회복하지 못했다.

## 지폐를 더 찍어 내라!

지폐는 금화나 은화보다 발행 비용이 비교할 수 없을 만큼 저렴하다. 금화는 그 가치에 맞는 금의 양이 들어 있어야 하지만, 지폐는 그저 정부나 왕이 원하는 숫자를 적으면 그만이다. 그러니 그만큼 증발의 유혹도 떨쳐 버리기 어렵다. 정확한 함량이 들어 있어야 하는 금화나 은화도 그 함량을 줄여서 이익을 챙기려 했던 역사를 보면 지폐의 경우는 더 말할 필요가 없을 것이다. 지폐가 처음 발행된 중국 송에서는 너무 많은 지폐를 발행해 인플레이션을 겪었고, 남송과 대치한 금 역시 과도하게 지폐를 발행해 군사력이 우월한데도 결국 힘 한 번 제대로 써 보지 못하고 결국 몽골에게 패망했다. 몽골 제국의 원에서도 지폐의 남발이 이어졌고, 명은 지폐의 발행을 중지했다.

처음에 지폐는 화폐 발행용으로 보관하던 금에 바탕을 두고 그에 해당하는 가치만큼만 발행해 다시 금으로 교환해 주는 태환지폐로서 시작했으나, 지폐의 증발로 인해 금으로 교환할 수 없어졌다. 원의 쿠빌라이 칸은 태환을 정지시켰고, 금은이 화폐로 거래되는 것을 금지해 모든 거래는 지폐로만 이뤄져야 했다.

지폐의 발행과 태환을 정지하는 현상은 서구에서 지폐가 사용되면서 다시 발견된다. 대표적으로 국정 화폐로 지폐를 사용한 영국은 나폴레옹 전쟁과 1차 대전 당시 전쟁 자금 등으로 대량의 지폐를 발행했고, 이 지폐에 약정된 대로 교환해 줄 만큼의 금을 가지고 있지 못했기에, 태환 정지는 자연스럽게 따라왔다. 미국에서도 남북전쟁이 일어났을 때 동일한 수순을 밟았다. 1971년 닉슨의 금 태환 정지 선언은 베트남 전쟁 등으로 발행된 막대한 양의 지폐를 금으로 바꿔 줄 수 없었기에 나온 것이다. 닉슨의 선언으로 금본위제는 최후를 맞았다. 그 후로는 과거 쿠빌라이 칸이 금은으로의 교환을 금지시키고, 지폐로만 거래를 하게 했던 때와 비슷한 상황이 되었다. 지폐는 다른 사람이 종이에 적힌 가격을 받아 준다는 믿음만으로 가치가 부여되는 것이다. 그 믿음은 몽골 제국에서는 왕의 힘에서 나왔고, 지금은 정부의 힘, 더 나아가 미국의 힘, 즉 경제와 군사력에서 나온다는 차이가 있을 뿐이다. 이는 신용이 업그레이드된 버전이라고도 볼 수 있지만, 한편으로는 경제가 그만큼 취약한 기반을 바탕으로 이루어져 있다는 것도 동시에 보여 준다.

물론 경제를 주도했던 나라들에서만 인플레이션이 일어나는 것은 아니다. 인플레이션은 수요의 증가나 원재료 가치 증가 등으로도 일어나지만, 가장 중요하게는 정부 지폐에 대한 믿음 부족과 지폐 남발 때문에 일어나므로, 근래에는 후진국이나 약소국에서 더 자주 목격된다. 인플레이션율이 높아 걷잡을 수 없는 지경이 되면 하이퍼인플레이션(hyperinflation)이라고 부르는데, 역사상 가장 높은 하이퍼인플레이션은 헝가리(1945~1946)와 짐바브웨(2007~2008)에서 일어났다. 헝가리에서는 2차 대전 이후 소련군이 주둔하면서 많은 지폐를 찍어 냈는데, 약 1년 동안 일일 평균 인플레이션율이 207퍼센트였으며, 15시간마다 물가가 2배가 되었다고 한다. 1946년 7월에는 가장 고율의 인플레이션을 경험하는데, 그 한 달의 인플레이션율은 $4.19 \times 10^{16}$퍼센트였다고 한다. 당시 헝가리의 지폐는 펭괴(pengő)라고 불렸는데, 1926년에는 액면가 단위로 5, 10, 20, 50, 100펭괴가 발행되었다. 그러나 인플레이션이 발생하자 액면가가 높은 펭괴를 발행할 수밖에 없었다. 유통된 최고의 액면가는 1000만 밀펭괴(milpengő)로, 이는 $10^{20}$펭괴에 해당한다. 미 달러와의 환율은 1927년 1달러당 5.26펭괴에서 1946년 7월에는 1달러당 $4.6 \times 10^{29}$펭괴가 되었다. 1946년 8월 헝가리는 화폐 개혁을 단행하여 펭괴를 폐하고 과거 오스트리아-헝가리 제국 시절의 화폐 단위인 포린트(forint)를 다시 사용하게 되었다. 포린트는 이탈리아 피렌체의 화폐 플로린(florin)에서 유래되었다.

짐바브웨의 하이퍼인플레이션은 최근에 일어났다. 최고조에 달한 2008년 11월의 인플레이션율은 $7.96 \times 10^{10}$퍼센트에 이르렀다. 일일 평균 인플레이션율은 98퍼센트였고, 매 25시간 물가가 2배로 뛰었다. 1차 대전 이후 막대한 배상금 압박에 몰렸던 독일에서도 화폐 증발이 일어났고, 이는 하이퍼인플레이션으로 연결되었다. 1922년에서 1923년 사이에 가장 심했는데, 1923년 10월 인플레이션율은 2만 9000퍼센트를 넘었다. 일일 평균 인플레이션율이 21퍼센트 정도였고, 3~4일마다 물가가 2배로 뛰었다. 1922년 최고의 액면가는 5만 마르크(Mark)였으나, 1923년에는 최고 액면가가 $10^{14}$마르크를 기록했다. 미 달러와의 환율은 1921년 초 1달러당 60마르크 정도를 유지했으나, 1923년 12월에는 1달러당 $4.2 \times 10^{12}$마르크에 달했다.

## 파우스트와 지폐

지폐의 위험은 요한 볼프강 폰 괴테(Johann Wolfgang von Goethe)의 희곡 『파우스트*Faust*』에 잘 표현되어 있다. 『파우스트』는 두 개의 부로 구성되어 있는데, 1부는 1808년에 발표되었고 2부는 그로부터 20년이 지난 1831년에 발표되었다. 파우스트라는 독일 전설 속의 인물이 주인공으로, 악마인 메피스토펠레스에게 영혼을 파는 대신 무한한 지식과 쾌락을 얻는 계약을 한다는 내용이다. 1부가 파우스트의 개인적인 일을 다루고 있다면, 2부는 사회적인 문제들도 다루고 있다. 2부에는 지폐의 위험을 나타내는 내용이 있다. 메피스토펠레스는 재무적 곤경에 처한 황제에게 가서 '하늘이 보낸 잎사귀'를 발행하도록 유혹한다. 1막 4장(쾌락의 정원)에서 장관은 황제의 칙령을 읽어 나간다.

> 모든 관계자에게 고한다. 이 종이 한 장은 천 크로네에 해당하는 것이다. 그 가치는 제국의 땅속에 안전하게 묻혀 있는 막대한 양의 금에 의해 담보된다.

이 내용은 지폐에 대해 많은 것을 생각하게 해 주는 문장이며, 지폐의 위험성을 정확하게 지적하고 있다. 땅 밑에 있는 금은 미래에나 파게 될 것이다. 지폐를 발행한다는 것은 미래에 채굴될 금을 담보로 지금 소비하는 것이나 마찬가지다. 교환의 매개체인 화폐로서 지폐를 본다면 이는 그리 문제 될 것이 없다. 어차피 화폐는 신용이 중요하기 때문이다. 모든 사람이 이 말을 믿고 지폐를 사용한다면, 이 지폐는 충분히 화폐의 역할을 할 수 있다. 하지만 지폐의 발행 자체만으로는 나라의 부가 증가하거나 생산성이 향상하지는 않는다. 오히려 과하면 경제는 인플레이션을 경험할 것이다. 오직 황제만이 그 새로 발행된 지폐를 이용해서 부를 누릴 것이다. 한편 황제가 지금 누리는 부는 황제의 후손에게 귀속되어야 할 금을 미리 꺼내 쓰는 것이라 할 수 있다.

『파우스트』에서는 최소한 지폐가 금을 근거로 하여 발행되었다. 왕국에는 금이 묻혀 있고, 그 금은 황제의 것이었다. 그에 비해 현대의 지폐는 아무런 근거 없이 발행된다. 지폐의 증발 혹은 부채를 통해 정부가 소비하는 것은 결국은 미래의 세금으로 채워져야 한다. 『파우스트』에서는 황제 자신의 후손에게 귀속될 금을 담보로 황제가 지금 소비했지만, 현대 국가에서는 온 국민의 후손이 가져야 할 부를 담보로 현재의 소비를 늘리는 것이다. 지금의 상황에 비하면 메피스토펠레스는 오히려 순진한 편이었는지도 모른다.

다른 한편, 이 메피스토펠레스의 아이디어는 현대 금융 산업에도 계승되어 수많은 자산담보부증권(Asset-Backed Security, ABS)을 탄생시켰다. 자산담보부증권이란 자산이나 미래의 수익을 담보로 돈을 빌리고 발행하는 증권인데, 대표적으로 주택담보부채권(Mortgage-Backed Security, MBS)을 보자. 은행은 주택 구입자에게 그가 구입할 집을 담보로 주택 구입 비용을 대출해 준다. 차입자는 다가올 10년에서 30년 동안 원리금을 상환해야 한다. 은행의 입장에서 보면 차입자가 주택을 구입할 때 목돈을 빌려주고, 오랫동안 상환금을 받게 된다.

은행은 이 미래의 원리금 상환을 담보로 해서 채권을 발행할 수 있는데,

이게 바로 주택담보부채권이다. 이 채권을 제3자에게 팔면, 은행은 원리금이 상환되는 기간을 기다릴 필요 없이 채권 대금으로 목돈을 빨리 챙길 수 있다. 그뿐만 아니라 원리금 상환의 위험에서도 벗어날 수 있다. 채권의 투자자는 차입자가 원리금을 상환함에 따라 채권으로부터 수익을 챙기게 된다. 주택담보부채권을 발행하면서 은행이 미래에 들어올 부를 담보로 지금 돈을 챙긴다는 것은 파우스트의 황제가 지폐를 발행하는 행위와 별반 다르지 않다. 자산담보부채권을 20세기의 중요한 금융 혁신의 하나로 간주하지만, 그 방법은 이미 오래전부터 알려져 있었다. 다만, 그것을 악마의 속임수로 간주했다. 그래서였을까? 서브프라임 대출과 주택담보부채권에서 비롯된 2008년 금융 위기는 악마의 장난처럼 전 세계를 혼돈의 세상으로 만들었다.

### 유로: 금본위제의 추억

EU(유럽연합, European Union)는 오랜 논의를 통해 1993년 마스트리히트 조약(Maastricht Treaty)을 체결하면서 공식적으로 설립된 유럽 국가들의 연합체다. 현재 EU는 경제 통합을 이루고 정치적 통합을 향해 나아가고 있다. EU는 경제 통합의 하나로 1999년 단일 화폐 유로(euro)를 도입하여 기존에 각국에서 사용하던 화폐를 대체했다. 유로 지폐와 동전이 발행된 것은 2002년부터로, 표식은 €로 나타낸다. 이는 euro의 첫 글자 e에 해당하는 그리스어 알파벳 ε(epsilon)에서 따왔고, 가로 두 줄은 안정을 의미한다. 유로는 독일 프랑크푸르트에 있는 유럽중앙은행(ECB, European Central Bank)에서 관장한다. 유럽중앙은행은 EU의 중앙은행 역할을 하는데, 주된 의사 결정은 6명의 집행위원회(Executive Board)와 EU 내 유로 사용국의 중앙은행장으로 구성된 운영심의회(Governing Council)에서 내려진다.

각국이 자국의 통화를 포기하고 유로를 사용한다는 것은, 사실상 각국의 통화 사이의 교환 비율, 즉 환율을 고정하는 것과 차이가 없다. 물론 환율이 고정되어 운영된다 해도 그 나라가 맘먹으면 언제든지 바뀔 수 있지만, 자국의 통화가 존재하지 않으면 그것이 아예 불가능하거나 훨씬 어렵다. 따라서 유로의 사용은 각국이 통화 정책을 완전히 포기한다는 것이기도 하다. 이는 사실상 금본위제의 환생이다. 금본위제하에서 한 나라의 통화량은 그 나라가 보유한 금의 양에 따라 결정된다. 마찬가지로 자국의 화폐를 포기하고 유로를 선택하면 그 나라의 통화량은 유로의 양에 따라 결정된다. 어느 경우나 한 나라의 통화 조절 능력은 사라진다. 금본위제하에서는 금으로, 유로 체제하에서는 유로로 그 능력이 넘어간다.

2008년 금융 위기 이후 경제적으로 취약한 유럽의 나라들은 심각한 경제 위기를 맞고 있다. PIIGS라 불리는 포르투갈, 이탈리아, 아일랜드, 그리스, 스페인 등 EU 내 여러 나라가 금융 위기와 재정 위기 등으로 갈등을 겪고 있다. 하지만 이런 결과는 이미 예견되었다. 화폐는 경제의 크기와 관련이 있다. 경제가 발달하면 그를 뒷받침하기 위해서 더 많은 돈이 필요하다. 그러나 금에 근거하여 화폐를 발행하면 화폐량은 금의 양에 의해 정해지기 때문에 경제 발전과는 무관하게 된다.

경제의 규모에 비해 화폐량이 부족하면 물가 하락으로 이어지기 쉽다. 반대로 금광의 발견 등으로 금의 양이 경제 규모보다 갑자기 증가하면 물가 상승으로 이어진다. 적절한 물가 상승은 경제에 활력을 주어 경제 발전에 도움을 주지만, 물가 하락은 경제 침체를 불러오기 쉽다. 경제가 침체하면 정부는 이자율을 낮추거나 화폐를 증가시켜 경제를 활성화하는 정책을 쓰곤 한다. 그런데 엄격하게 자국의 통화를 다른 것에 묶어 놓으면 이러한 금융 정책을 사용하지 못한다. 물론 정부가 통화 공급에 자유로우면 지폐 증발의 유혹에서 벗어나기도 어렵기에 지폐 발행권은 마치 양날의 칼과도 같다.

금융 위기 이후 어려움을 겪고 있는 남부 유럽은 경기 침체를 벗어나기 위해서 화폐의 추가 공급이 필요하다. 그러나 이는 EU의 다른 나라와 마찰을 일으킨다. 여러 나라가 같은 화폐를 사용하기에 한 나라만을 위한 무분별한 통화 증발은 다른 나라에 피해를 주기 때문이다. 대표적인 예가 금융 위기 이후의 독일과 그리스다. 독일은 견실한 재정 지출과 경제 성장을 이루고 있는 반면 그리스는 경제 파탄을 맞고 있다. 그리스에 구제 금융을 실시하기 위해 화폐를 증발하면 독일이 피해를 입게 될 것이기 때문에, 구제 금융 결정 과정은 국가 간의 갈등을 표면화하게 되었다. 여기서 다시한 번 경제는 정치와 분리할 수 없음을 확인할 수 있다. 만약 독일과 그리스가 한 나라라면 갈등과 대립은 지금처럼 심하지 않았을 것이다.


## 한국의 화폐

한국에서는 중국과 마찬가지로 금은이 직접 화폐로 사용되기보다는 대체로 철이나 동으로 주조된 화폐가 사용되었다. 고조선에서는 자모전이 사용되었다는 기록이 있고, 춘추 전국 시대 연나라의 명도전이 발견되었기에 금속화폐가 사용되었다고 추정할 수 있다. 중국의 『한서 지리지(漢書地理志)』에는 고조선의 팔조금법(八條禁法)이 나온다. 이는 우리나라 최초의 법령이라 할 수 있다. 그 내용은 다음을 포함한다.

사람을 죽인 자는 사형에 처한다.
남에게 상해를 입힌 자는 곡물로써 배상한다.
도둑질한 자는 그 집의 노예로 삼는 것이 원칙이나, 배상하려는 자는 50
만 전을 내놓아야 한다.

이 법 조항을 통해 당시에 사유 재산, 노예제, 화폐가 있었다고 해석된
다. 그러나 화폐가 거래의 수단으로 쓰였는지는 확실하지 않다. 중국 화
폐인 도전 등이 실제 거래에 사용되기에는 불편하고, 제사나 행사 등에서
더 중요하게 쓰였다는 주장도 있다. 앞에서 화폐가 거래의 수단보다는 가
치의 척도나 저장 수단으로 더 먼저 쓰였다고 했다. 그러니 노예의 가치가
50만 전에 해당하는 가치라는 것이지, 시장 거래가 활성화되었다는 뜻은
아닐 수 있다.

신라에서도 금은으로 무문전(無文錢)을 사용했다는 기록이 있으나, 실
물이 현존하지는 않는다. 고려 6대 왕 성종 15년(996)에 건원중보(乾元重
寶)라는 철전을 주조했다는 기록이 있고 실물도 존재한다. 건원중보는 당
에서 주조했던 동전과 이름이 같아서 이와 구별하기 위해 동전 뒷면에 동
국(東國)이라 적었다. 이에 따라 '건원중보 배(背) 동국철전'이라고도 불린
다. 건원중보는 가운데에 네모나게 구멍을 뚫은 원형의, 전형적인 동전이
다. 동전의 액면가가 비싸고 상업이 발전하지 않아 잘 쓰이지 않고 일상에
서는 쌀이나 포(베)를 사용했다. 고려 15대 왕 숙종 때는 의천대사와 윤관
의 주장을 받아들여 동전을 주조하고 본격적으로 통용시켰는데, 동전은

1101년에 설립된 주전도감(鑄錢都監)에서 주조되었다. 숙종은 동전과 더불어 은화도 주조했는데, 고려의 모양을 본뜬 은병(銀瓶)이 그것이다. 은병 하나에 은 1근 정도가 들어갔다. 가격이 비싸 주로 뇌물용으로 사용되었으며, 조선에 들어와 유통이 금지되었다. 고려에서는 그 뒤로도 동전이 제조되어 동국통보, 동국중보, 해동통보, 해동중보, 삼한통보, 삼한중보 등이 사용되었다. 후기에는 몽골의 지폐인 중통초나 지원초도 사용되었고, 공양왕은 1391년 자섬저화고(資贍楮貨庫)를 설치하여 지폐인 저화(楮貨)를 발행했다. 고려는 동전을 주조했으나 세금은 현물로 받았다. 따라서 개경 시장 등 상업이 활발한 곳 외에는 동전이 많이 사용되지 않았다. 시장의 발전을 사회의 발전으로 보는 관점에 따르면, 화폐 사용이 활성화되지 않았다는 점을 사회의 후진성으로 생각하기 쉽다. 하지만 고려는 송, 일본, 여진, 거란, 몽골뿐 아니라 이슬람 제국과도 교류가 활발했다. 다만 정부가 정복 전쟁이나 세금 등으로 동전 사용을 적극적으로 강요하지 않은 것이다.

조선에 들어서도 정부는 금속화폐를 주조한다. 1423년(세종 5)에는 조선통보(朝鮮通寶), 1464년(세조 10)에는 전폐(箭幣)라는 금속화폐를 주조했다. 전폐는 화살촉 모양이어서 유사시에 화살촉으로 사용할 목적이었다고 한다. 태종은 고려가 망한 뒤 사라졌던 지폐 저화를 다시 발행하고, 관료의 녹봉으로 일부 저화를 지급했으나 널리 사용되지는 않았다. 조선 초기에는 상업이 발달하지 않아 시장이 활성화되지 않았다. 따라서 화폐가 거래의 수단으로 사용되지 않았고, 고려와 마찬가지로 쌀이나 포(베, 면)가 주로 사용되었다.

17세기 이후 조선 후기에 두 번의 큰 전쟁을 겪으면서 사정이 달라졌다.

전쟁은 사람들을 남남으로 만들고 장
기적인 유대 관계가 어려운 상태로 몰
아넣는다. 따라서 기존 체계에 기반을
둔 종전의 농업 시스템은 혼란을 겪고,
스폿 거래의 상업이 발달하면서 화폐

상평통보 앞면
(선혜청 주조)

상평통보 뒷면
(선혜청 주조)

의 역할이 중요해진다. 1633년(인조 11) 인조는 김육과 김신국 등의 주장을
받아들여 상평청을 설치하고, 항상 형평을 맞춰 통용되는 돈이라는 뜻의
상평통보(常平通寶)를 발행했으나 곧 중지했다. 1678년(숙종 4)에 숙종은 영
의정 허적과 좌의정 권대운 등의 건의를 받아들여 상평통보를 다시 주조하
고 유일한 법정 화폐로 정했다. 이후 상평통보는 상업, 공업, 광업의 발달
과 더불어 전국에서 유통되었으며, 두 세기에 걸쳐 사용되어 조선을 대표
하는 동전이 되었다.

상평통보는 여러 관청에서의 주조가 허락되어 총 3000종 정도가 있다
고 한다. 상평통보의 기본 단위는 문(文)이며, 문(푼)-전(錢, 돈)-냥(兩)-관
(貫)이 사용되었다. 이는 명, 청의 화폐 단위를 따른 것이다. 문은 지금은
화폐 단위로 사용되지는 않지만, '이문(利文)을 남긴다'라는 표현에 남아 있
다. 푼-돈-냥-관은 무게 단위기도 하다. 1푼은 0.375g 정도이고, 10푼은
1돈, 10돈은 1냥, 10냥은 1관이었다(중국에서는 1000문이 1냥이었다). 상평
통보는 개당 2돈의 무게로 발행되어 당이전(當二錢)이라고 불렸고, 당이전
100개(문)는 은 1냥과 바꿀 수 있었다.

흔히 동전을 엽전(葉錢)으로도 불렀다. 이는 나뭇잎 모양으로 생긴 거푸
집에서 여러 개의 동전을 동시에 주조해서 생긴 말이라고 한다. 『파우스
트』에서 지폐를 나뭇잎으로 묘사했는데, 금속으로 만든 동전도 나뭇잎이

라 불린 것이 우연이긴 하지만 재미있는 일이다.

18세기에는 동전의 유통량이 상품의 유통량에 비해 매우 부족했다. 따라서 시중에 돈이 잘 융통되지 않았는데, 이를 전황(錢荒)이라 불렀다. 전황이 일어나는 이유로는 우선 시장 경제의 성장을 들 수 있다. 성장에 맞춰 동전이 증가하면 괜찮지만 사정은 그렇지 못했다. 우선은 화폐 역할을 일부 해 오던 은이 부족해졌다. 청으로 은이 유출되었고, 일본이 조선을 통해 하던 중국과의 교역을 직접 하면서 은 유입이 줄어든 것도 원인이었다. 부족해진 은의 역할까지 동전이 보충해야 했으나 유통되는 동전은 부족했다. 동전 자체가 부족했다기보다는 양반이나 대상인이 재산의 축적이나 고리대의 수단으로 사용하기 위해 동전을 유통하지 않고 축적했기 때문이었다. 더욱이 동전을 주조할 동의 양도 충분하지 못했다. 전황은 1820년대 이후 일본에서 동을 수입하고, 갑산동광(甲山銅鑛) 등이 개발되면서 일부 해소되었다. 돈의 부족과 경기 침체는 가난한 농민들을 부채에 허덕이게 한다. 18세기 실학자 이익이 화폐를 금지하자는 폐전론을 펼친 이유도 이러한 고리대 등으로 농민의 피해가 컸기 때문이다.

상평통보의 무게는 구리의 부족 등으로 점차 가벼워져 2돈 5푼에서 1돈 2푼까지 줄어들었다고 한다. 이렇게 무게가 줄어든 동전은 당이전의 반 정도 무게밖에 되지 않아 당일전(當一錢)이라고 불렀다. 조선 후기에 새 상평통보가 주조되는데, 1866년(고종 3)에 대원군이 경복궁을 중건하기 위한 자금으로 당백전(當百錢)을, 1883년(고종 20)에는 개혁 정책을 시행하기 위한 자금으로 당오전(當伍錢)을 발행했다. 당백전, 당오전은 당일전의 100배와 5배의 가치를 지녔지만, 실제로 들어간 동의 무게는 5배와 3배 정도에 불과했다. 이들 화폐는 가치가 높은 동전들이어서 인플레이션을 유발했고, 동의 함량과 액면 가치의 차이가 커서 기존의 화폐 질서가 문란해졌고, 곧 폐지되었다.

고종은 조폐 기관인 전환국(典圜局)을 세워 1888년 최초의 신식 주화를 발행했다. 이 신식 주화는 가운데 구멍이 없는 원형으로 은화와 적동화(赤銅貨)가 발행되었다. 1892년에는 은본위제에 맞춰 1냥과 5냥의 은화, 적동화, 백동화(白銅貨), 황동화(黃銅貨) 등이 제조되었다. 1냥의 은화는 국내용으로, 5냥의 은화는 무역용으로 주조되었으나, 곧 5냥 은화는 1원(圓)으로 고쳐 불렀다. 이 이름은 지금 사용하고 있는 화폐 단위로 이어진다. 이때부터 문 대신 냥이 화폐 단위로(원도 병행되어) 1902년까지 사용되었다.

1894년 갑오개혁에 이르자 신식화폐발행장정(新式貨幣發行章程)에 따라 일본의 은본위제를 본떠 공식적으로 은본위제를 채택하고는, 더 이상 상평통보를 주조하지 않게 된다. 이후 1901년 러시아의 도움으로 화폐조례(貨幣條例)를 통해 금본위제로 전환했다. 하지만 백동화는 보조 화폐로 계속 사용했으며, 다른 동전에 비해 월등하게 많이 발행되었다. 1892년부터 1904년까지 발행한 화폐의 약 80퍼센트가 백동화였다. 그러나 위폐의 증가로 백동화의 가치가 심각하게 하락하자 시중 거래에서 백동화가 받아들여지지 않는 사태까지 일어났다. 1905년부터 1909년까지 일제의 주도로 화폐 정리 사업이 진행되었는데, 이는 금융을 통제하려는 조치의 하나로 조선의 화폐를 없애고 일본의 다이이치(第一) 은행이 발행한 화폐로 교환해 준 사업을 말한다. 상평통보와 백동화가 이때 회수되어 폐기되었는데, 백동화의 경우 가장 낮은 가치로 분류되어 교환 없이 폐기 처분되었다. 이에 백동화를 가지고 있던 상인들은 파산하고, 일제는 대한제국의 금융과 상권을 통제하기 시작했다.

1902년부터 1910년 사이에 대한제국은 화폐 단위를 냥(兩)에서 원(圓)으로 바꾸었는데, 현재 사용되고 있는 우리나라 화폐 이름의 공식적인 시작이라고 할 수 있다. 1905년 이후 일본 다이이치 은행이 지폐를 발행했고, 합병 이후 중앙은행인 조선은행이 지폐를 발행하고 돈의 단위는 조선엔(円)이라고 불렀다. 일제가 물러간 후에도 같은 이름으로 계속 사용되었는데, 1953년 화폐 개혁인 2차 긴급통화금융조치에 따라 단위가 환(圜)으로 바뀌었다. 100원이 1환으로 대체되었던 이때의 화폐 개혁은 한국전쟁에 따른 통화 증발로 인한 인플레이션에 대처하기 위해 명목 절하를 단행한 것이다. 1962년 3차 긴급통화금융조치로 다시 화폐 개혁이 단행되었고, 단위가 원으로 바뀌면서 10환이 1원으로 대체되었다. 이때의 원은 한자를 사용하지 않고 한글로만 표기하여 종전에 쓰던 단위 원과 구분했다. 화폐 개혁은 당시 군사 정권이 집권하면서 퇴장 자금(은행에 넣어두지 않고 금고에 쌓아 두고 있던 잉여 자금)을 끌어내어 산업 자금으로 이용할 목적으로 단행되었다. 이때부터 현재까지 원은 우리나라의 화폐 단위로 사용되고 있다. 한편, 전(錢)은 원보다 더 작은 단위를 계산하기 위한 보조 단위로 사용되는데 100전이 1원에 해당한다.

한국의 화폐 단위는 중국의 것을 따랐는데, 상평통보의 단위 문은 중국의 웬(文, wen)에서 따온 것이다. 일본도 몽(文, mon)이라는 화폐 단위를 19세기 말까지 사용했다. 19세기 말 청은 당시 많이 유입되었던 멕시코 은화 페소의 가치에 해당하는 동그란 은화를 주조하여 위안(圓, yuan)이라고 이름을 붙였다. 일본 역시 멕시코 페소를 본떠 엔(円, yen, 円은 圓의 약자)을 만들었고, 1871년 이후엔 엔을 공식 단위로 채택했다. 대한제국의 원도 이를 따라 만든 것이다. 중국은 1948년 이후 인민폐(人民幣, 런민비)

라는 화폐를 공식적으로 발행하는데, 이 화폐의 단위를 위안으로 정했다. 위안의 한자는 圓이나 약자로 元을 사용한다. 우리나라의 원, 중국의 위안, 일본의 엔은 은화인 멕시코 페소와 인연이 깊으며, 모두 동전의 동그란 모양에서 나온 말이다.

우리나라의 어음 사용에 대한 자세한 초기 기록은 없으나, 고려 말에 저화라는 지폐가 발행되었다는 점을 생각해 보면 이미 그전에 어음이 사용되었을 것으로 여겨진다. 빈번히 거래를 하는 상인들이 무거운 동전을 주고받는 것은 불편했을 것이다. 어음은 환간(換簡), 수표(手標) 등으로도 불리며 사용되었다. 특히, 송상(松商)이라 불리던 개성상인들은 사개송도치부법(四介松都治簿法)이라는 복식 부기를 개발해 사용할 정도로 상업과 금융업에 밝았다. 이 장부는 봉차(奉次, 자산), 급차(給次, 부채), 이익, 손해의 4종류로 이루어져 있어 사개라고 불린다. 고려의 수도인 개성(개경)은 중세에 무역과 상업이 번성했던 국제 상업 도시였다. 어음과 환간이 개성상인들을 중심으로 발전했으며, 조선 시대에 들어서 다양한 신용 거래를 발전시킨 기록이 보인다.

개성상인들이 발전시킨 또 다른 중요한 금융 제도는 시변제(時邊制)라는 신용 대출 제도다. 이는 환도중(還都中)이라 불리는 금융 중개인을 통해서 차입자에게 자금을 단기 대출해 주는 제도다. 금융 중개인이 보증을 서고 대출자는 차입자를 보지 않고 대출을 해 주었는데, 채무자가 부채를 갚지 않는 일은 거의 일어나지 않았다고 한다. 이자는 연리 약 12퍼센트 정도였다. 개성상인들은 차인제(差人制)라는 경영 방식을 이용했는데, 이는 상인이 차인을 고용하여 경영을 담당하게 하는 제도이다. 차인은 개성상인의 전국 지점인 송방(松房)에서 전문 경영인의 역할을 했다. 또한 고리대금업자인 재주(財主)는 자금을 대고 차인이 대부업을 직접 경영하는 경우도 있었는데, 이럴 경우 수익은 일정 비율로 나눠 가졌다. 이는 파트너십의 합자회사 형태와 유사하다고 하겠다. 재주가 차인에게 자금 융통을 위해 빌리는 경우도 종종 있었는데, 이를 의변(義邊)이라 했다. 현대 용어로 표현하면, 차인제란 자본과 경영이 분리된 경영 조직 형태이며, 차인은 전문 경영인에 해당한다.

부도와 파산 제도도 운용되었다. 어음이나 환간은 종이에 적힌 금액을 지급하면 거래가 완료되는 것인데, 퇴(退)자를 써서 보내면 지급 거부를 의미하여 부도 처리가 되었다. 파산 제도는 판셈이라 불렸는데, 판셈이라 함은 채무 이행에 실패한 채무자의 재산을 채권자들이 나눠 갖는 것을 말한다(이성주, 2005). 일단 채권자가 판셈에 참여하고 나면 채무자는 그 채권자에게 더 이상 채무를 지지 않았다. 이는 파산한 주식회사의 재산을 채권자들이 나눠 가지고, 주주에게 추가적인 채무 이행을 요구하지 못하는 현대의 파산 제도와 비슷하다. 이러한 제도들이 있었으나, 일제의 지배 등으로 단절되어 현재로 이어지지 못했고, 지금 우리나라의 제도는 서구에서 따온 것들이다.

\* \* \*

화폐의 근현대사는 유럽이 아메리카에서 금과 은을 채굴해 가기 시작한 이후 전 세계가 경제적으로 밀접하게 엮여 가는 과정이기도 하다. 자본주의와 무역이 발전하면서 상인과 자본가는 화폐가치의 안정성을 도모하게 되고, 이는 금본위제의 확립이라는 형태로 나타났다. 또 다른 중요한 특징은 지폐 발행이 보편적으로 자리 잡아 갔다는 것이다. 금본위제는 금의 양에 따라 화폐가치가 변하기 때문에 어느 나라의 화폐라도 매우 안정적인 가치를 지닌다. 그러나 한편으로 금본위제는 국가의 통화 정책을 묶어 놓기 때문에, 전쟁이나 경기 침체 시에는 유지되기 어려웠다. 화폐의 안정을 목적으로 했던 금본위제는 안정적으로 운영되지 못하다가 결국은 1971년에 폐기되었다.

지폐가 최초로 발행되었던 중국에서는 지폐의 남발 때문에 명나라 때 발행이 중지되었다. 역설적이지만 몽골 제국의 지폐 사용을 비웃던 유럽은 지폐의 매력에 빠져들었다. 다시 살펴보겠지만, 지폐의 발행과 유통 역시 자본주의와 밀접한 관계가 있다. 금본위제가 금의 보유량을 기준으로 국가의 통화 정책을 제약하는 문제가 있다면, 국가에 의한 지폐 발행은 반대로 남용될 소지가 있었다. 금본위제하의 지폐 발행도 예외는 아니었다. 족쇄가 채워진 화폐는 경기 침체를 일으켜 서민이 궁지에 내몰리고, 고삐 풀린 화폐는 인플레이션을 일으켜 또다시 서민을 힘들게 만든다. 안정적인 통화에 대한 기대는 EU의 유로 통화로 다시 재현되고 있지만, 안타까운 것은 안정된 통화와 자율적 통화 정책 둘 다를 가질 수는 없다는 점이다. 나아가 더욱 안타까운 것은 둘 중 어느 것을 국가가 갖든 가난한 자는 늘 고통을 받아 왔다는 점이다.

# PART 2

# 빛과 위험
## 은행·부채·보험

# Chapter 4

# 은행

지금까지 화폐의 역사에 대해 간략히 살펴보았다. 화폐의 역사와 분리할 수 없는 것이 바로 은행의 역사이며, 부채의 역사 또한 떼어 낼 수 없는 관계에 있다. 여기서는 은행가와 중앙은행을 중심으로 은행 역사의 단면을 살펴보자.

화폐의 흔적은 인류 문명의 시작인 메소포타미아 문명에서부터 발견된다. 또한 그 흔적에는 채권 채무 관계도 남아 있다. 돈을 빌려 주는 사람을 은행가로 간주한다면 이때 이미 은행가가 존재했다고 볼 수 있다. 재산이 예치되고 보관되는 좀 더 조직적인 은행업을 생각해 본다면, 메소포타미아 문명의 신전을 초기 은행으로 간주할 수 있다. 신전은 재산을 보관하고 보관료를 받았으며, 필요한 자금을 빌려 주고 이자를 받았다. 물론 자금은 금이나 은일 수도 있고, 보리나 밀의 씨앗일 수도 있다. 사원은 풍부한 자금을 바탕으로 은행의 역할을 했는데, 후대의 불교 사원이나 기독교 교회도 마찬가지였다.

인도의 베다 시대(기원전 1500~기원전 500)에 이미 부채에 대한 기록이 나오고, 마우리아 왕조(기원전 321~기원전 184)에서는 상인들 사이에 아데샤라는 환어음이 사용되었다. 환어음은 은행가 없이는 활성화되기 어렵다. 동아시아에서도 부채의 역사는 유구하며 불교 사원과 부유한 상인들이 은행가 역할을 하곤 했다. 지폐의 원형이라고 할 수 있는 종이 어음인 비전이 9세기 초 중국의 당에서 사용되었던 점도 은행업의 발전을 짐작하게 한다. 당과 외국의 무역이 성행했음은 비단길에서 알 수 있으며, 금은점이 외환과 환전 업무를 담당하며 은행업을 했다. 어음과 지폐는 당 이후 송, 금을 거쳐 원에서 활발하게 사용되었으나, 그 뒤 명과 청에서 지폐가 금지되고 은본위제가 확립되었다. 지금 우리가 사용하는 은행(銀行)이란 단어는 이 은본위제의 유산이라 할 수 있다. 당의 금은점이 금은행이나 금행으로 바뀌지 않고 은행으로 바뀐 이유는, 은행이 금이 아니라 은을 취급하는 점포였기 때문이다. 한편, 행(行)이라는 글자가 점포의 뜻으로 쓰이면 '항'이라고 발음되어, 은행의 원래 발음은 은행이 아니라 은항이라고 한다(주경철, 2009).

중세 유럽은 자족적인 농업 위주의 사회였기에 상업이 발달하지 못했다. 그러나 한편으로는 왕과 군주들이 끊임없이 전쟁을 하던 시기여서 금융의 필요성이 증대되는 시기이기도 했다. 병사들을 먹이고 보상을 해 주거나 전쟁 패전국이 되어 배상금을 지급하는 경우, 포로로 잡힌 왕이나 군주의 보상금 등으로 금은이 필요했다. 십자군전쟁 중 성전기사단은 이러한 금융의 필요를 충족시켜 주는 은행 구실을 했고, 이슬람 금융을 모방하여 환어음을 발행하기도 했다.

은행업은 역사적으로 전 세계에서 다양하게 발전해 왔으나, 현대적인 은행의 시발점은 보통 14, 15세기의 이탈리아 은행에서 찾는다. 이것은 정확한 역사적 사실이라기보다는 서구적인 시각을 반영한 것이다. 왜냐하면 당시 이탈리아 은행은 선진적인 이슬람 제국의 은행을 모방했기 때문이다. 이슬람 제국의 은행은 아시아의 은행과 서로 영향을 주고받았을 것이다. 어찌 되었든, 현대의 은행업은 유럽을 중심으로 발전되어 온 결과임은 부정할 수 없다. 따라서 유럽의 은행을 중심으로 살펴보는 것 자체에 큰 의의가 있을 것으로 생각한다. 자, 이제 그 여행을 시작해 보자.

## 이탈리아 은행업의 탄생

이슬람 제국이 무역으로 번성할 때, 이슬람 제국과 유럽을 중개한 곳은 이탈리아 지역이었다. 북부 이탈리아 지역의 베네치아, 제노바, 피렌체 등은 중개 무역으로 번영을 누리던 도시들이었다. 또한 십자군전쟁 중에는 십자군을 실어 주어 이익을 챙겼고, 돌아오는 길에는 이슬람 제국에서 인도와 아시아의 향료, 사치품을 수입하여 유럽에 되팔아 이익을 챙겼다. 축적된 부와 금은 금융업의 발달로 이어졌다. 이들은 직접적으로는 이슬람 제국으로부터, 간접적으로는 아시아의 선진 문명과 금융업을 접할 수 있었다. 이를 바탕으로 북부 이탈리아에서 유럽 근대의 은행업이 꽃을 피우기 시작한 것은 놀라운 일이 아닐 것이다.

처음에는 은행업자들이 길거리의 벤치에 앉아서 손님과 금융 거래를 했다고 한다. 벤치를 이탈리아어로 방카(banca)라고 하는데, 이 말이 은행의 영어 단어 뱅크(bank)의 어원이 되었다. 한편, 축적된 부를 바탕으로 이 지역들은 저마다의 금화를 발행했는데, 제노바는 제노인(genoin), 피렌체는 플로린(florin), 베네치아는 두카트(ducat)였다.

베네치아는 갤리(galley)선을 이용한 항해술이 발달해 지중해 지역을 누

〈은행가와 부인〉

마리뉘스 판 레이메르스발러 (Marinus van Reymerswale) 그림(16세기). 프랑스 발랑시엔 미술관 소장.

비며 해상 무역과 크레타 섬 등 정복 활동을 했다. 갤리선은 지중해 지역에서 오래전부터 사용하면서 발전된 배의 종류로, 범선이긴 하지만 주로 노예들이 노를 저어 항해하는 배였다. 고대 그리스나 로마의 해상 전투에서도 사용된 배로 지중해 무역에는 별 무리가 없었으나, 16세기 이후 장거리 항해 시대에는 적합하지 않아 세계 무역의 무대에서 도태되었다.

셰익스피어가 16세기 말에 쓴 희곡 『베니스의 상인 *The Merchant of Venice*』에서 당시의 무역업과 은행업을 엿볼 수 있다. 무역상 안토니오는 유대인 대부업자 샤일록에게 친구의 결혼식을 위해 돈을 빌리고, 무역을 하러 떠난 자신의 배가 항구에 돌아오면 돈을 갚기로 한다. 안토니오의 대화에는 분산 투자를 통해 위험을 줄이려는 위험 관리의 측면이 보인다. 이 희곡에는 유럽인이 본 유대인 금융업자의 철면피한 모습도 묘사되어 있다. 샤일록이 안토니오에게 빌려 준 돈은 베네치아의 금화인 두카트였다. 두카트는 매우 안정적인 가치를 유지하여 나폴레옹이 베네치아를 점령하기 전(1797)까지 유럽 전역에서 사용되었다.

피렌체는 은행업뿐만 아니라, 유럽의 근대를 여는 르네상스를 주도한 대표적인 도시다. 14세기에는 페루치(Peruzzi)가가 은행업의 발전을 주도했고, 15세기에는 메디치(Medici)가가 주도했다. 이들은 유럽 각지에 지점 혹은 사무소를 개설해 대부와 환어음, 신용장 업무를 수행하며 많은 이익을 얻었다. 페루치가는 피렌체 본부에서 중요한 의사 결정을 내리는 체계를 유지했고, 각 지점의 경영자는 정해진 봉급을 받았다. 이 시기에는 유럽의 군주들이 전쟁 자금과 배상금 등으로 많은 돈을 차입했는데, 페루치가가 그 대부자의 역할을 했다. 군주에게 돈을 빌려 주는 것은 안전해 보이기도 하지만, 동시에 매우 위험한 것이기도 하다. 돈을 빌려 준 군주가 전쟁에서 승리하면 돈을 되돌려 받을 수 있지만, 전쟁에서 지면 돈을 받아 낼 길이 없기 때문이다. 또한 고의로 돈을 갚지 않는다면 그 돈을 받아 내기는 난감할 것이다. 한 예로 페루치가는 프랑스와 백년전쟁을 치른 영국의 에드워드 3세의 부도를 감내해야 했다. 북부 이탈리아 도시들 사이에도 많은 전쟁이 있었는데, 1343년 정세가 불안해지자 예금주들이 돈을 빼면서 페루치가의 은행업은 마감되었다.

피렌체 은행업의 2세대라고 할 메디치가는 15~16세기에 명성을 날렸다. 메디치가는 상인이었던 조반니 디 비치 데 메디치(Giovanni di Bicci de' Medici, 1360~1429)가 은행을 만들어 금융업을 시작했다. 처음에는 은행가, 나중에는 정치인 가문으로서 이름을 높이게 되어 피렌체와 투스카니 대공국을 1737년까지 통치하게 된다. 페루치가와 달리 메디치가는 각 지점의 자율권을 확대하여 독립적인 파트너십으로 운영했다. 로마, 베네치아, 밀라노, 피사 등의 이탈리아 지역뿐 아니라 제네바, 아비뇽, 런던 등에서도 운영되었으며, 이는 위험을 분산시키는 효과가 있었다. 파트너십으로 운영되었던 만큼 이익 분배에 인센티브제가 활용되었으며, 그에 따른 책임이 부과되기도 했다. 페루치가의 실패를 교훈 삼아 메디치가는 처음에는 군주들에게 대출해 주는 것을 꺼렸으나, 결국은 그 유혹에서 벗어나지 못했다. 영국의 왕과 영주에게 돈을 빌려 준 런던 지점은 장미전쟁 (1455~1485, 영국 랭카스터 왕가와 요크 왕가 사이의 왕위 계승 전쟁) 중 에드워드 4세에게 돈을 돌려받지 못해 결국 파산하고 말았다.

메디치가의 로렌초 데 메디치(Lorenzo de' Medici, 1449~1492)는 피렌체 지역을 지배하고 르네상스 시대의 예술을 후원해 '위대한 로렌초'로 불리며 칭송을 받았다. 그러나 그의 사후에 프랑스의 샤를 8세(Charles VIII)가 피렌체를 함락하면서, 1494년 메디치가는 은행가로는 문을 닫고 피렌체

**로렌초 데 메디치**

피렌체의 산타 트리니타 성당에 그려진 성 프란치스코의 일대기 벽화의 일부. 그림 오른쪽 아래 검은 머리 남자가 로렌초 데 메디치다. 도메니코 기를란다요(Domenico Ghirlandajo) 그림.

에서 추방당했다. 그로부터 20년 후에 다시 돌아와 교황을 배출하고 왕가와 결혼하는 등 세력을 유지하게 된다. 메디치가는 16세기와 17세기 초까지 4명의 교황과 2명의 프랑스 왕비를 배출했다.

페루치가나 메디치가는 은행업뿐만 아니라 상업 활동도 겸했다. 이슬람 제국의 향신료, 지중해 지역의 올리브기름, 영국의 양털 등이 주 교역품이었다. 이들의 상업 활동은 은행업과 맞물려 상승 작용을 했다. 예를 들어, 영국의 교회가 로마 교황청에 기부금을 보낼 때 런던에 있는 은행 지점에 기부금을 예치하면 은행은 어음을 내준다. 로마의 교황청은 그 어음을 가지고 로마의 지점에 가서 기부금을 받으면 되었다. 한편, 런던 지점은 예치된 기부금으로 영국의 양털을 사서 유럽의 다른 지역에 판매해 추가적인 이익을 얻을 수 있었다.

메디치가는 은행업으로 얻게 된 부를 인문과 예술 분야에 적극적으로 지원해 르네상스를 이끈 가문으로 평가받는다. 건축가 필리포 브루넬레스키(Filippo Brunelleschi), 화가인 도나텔로(Donatello), 미켈란젤로(Michelangelo), 산드로 보티첼리(Sandro Botticelli), 레오나르도 다 빈치(Leonardo da Vinci) 등 르네상스의 대표적인 예술가들이 메디치가의 후원을 받았다.

메디치가가 몰락한 후 은행업의 주도권은 중부 유럽으로 옮겨 간다. 독일 남부 아우크스부르크(Augsburg)는 신성 로마 제국(962~1806) 시대의 자유도시로 상업 활동이 왕성했다. 자연스럽게 많은 은행가와 상인이 나왔으며, 대표적인 은행가가 푸거(Fugger)가였다. 푸거가는 메디치가의 자산을 인수하면서 성장했는데, 15~16세기에 걸쳐 유럽 전역에 영향력을 행사했다. 비슷한 시기에 거대 은행가인 벨저(Welser)가와 회흐스테터

(Höchstetter)도 아우크스부르크를 기반으로 활동했다. 이제 상업과 금융이 서서히 이탈리아 반도를 넘어 유럽 전역으로 퍼지기 시작했다.

유럽에만 국한해 본다면, 베네치아와 피렌체의 은행가들은 금융 혁신을 통해 근대 금융과 기업의 선구자 역할을 했다고 볼 수 있다. 유럽 최초로 복식 부기를 사용했고, 주식회사와 비슷한 기업 조직을 운영했으며, 환어음과 은행업을 통해 유럽의 금융 발전에 중요한 역할을 했다. 이를 근거로 근대적 금융 혁신이 북부 이탈리아에서 시작했다고 말하는 이들도 있다. 하지만 시각을 더 넓혀 보면 이는 사실이 아니다. 북부 이탈리아 지역에서 이루어진 금융 혁신은 사실은 이슬람 제국이 이미 이용하고 있었다. 이슬람 제국에서는 이미 수표, 어음, 환어음이 사용되었고, 주식회사와 비슷하게 금융을 통해 위험을 분담하는 기업 형태 역시 사용되었다. 베네치아 상인들이 십자군을 실어 주며 맺은 거래도 이슬람 상인들에게서 배운 파트너십 계약에 불과했다. 상인은 자본(배)을 대고 십자군은 모험을 하여 그 결과로 얻은 이익을 둘이 나누는 계약은 이슬람 상인들이 투자와 이익을 공유하던 바로 그 방식이었다.

상대적으로 뒤떨어진 지역이던 북부 이탈리아 지방은 이슬람 제국과 가깝다는 이점으로 선진 이슬람 문명을 받아들여 발전시켰다. 물론 이슬람 제국에서 사용한 금융 제도는 상당 부분 중국과 한국을 포함한 동아시아의 제도에서 영향을 받았을 것이다. 예를 들어 12세기 고려의 개성상인들이 사용한 복식 부기 사개송도치부법을 생각해 보자. 고려는 당시 이슬람 제국과도 활발한 무역 활동을 했던 만큼 직간접적으로 북부 이탈리아와 영향을 주고받았을 것이며, 복식 부기 역시 그중 하나였을 가능성을 배제할 수는 없을 것이다.

# 근대 유럽 은행의 금융 혁신

근대에 들어서면서 상업의 발달로 수표와 환어음이 중요한 지급 수단으로 사용되었다. 특히 유럽 각지의 중요 도시에서 일반 상품 시장과 견본 시장(상인들의 최신 상품을 선보이는 박람회)이 열렸고, 이들 시장에는 유럽 전역으로부터 많은 상인이 모여들었다. 이곳의 지급 수단이 바로 은행가들이 발행한 환어음이었다. 유럽의 다양한 나라들이 서로 다른 통화 단위를 사용했기에 시장에는 항상 은행가들이 있었고, 환전과 환어음 발행을 중개했다.

## 암스테르담 환전은행: 자금 이체

환어음을 발행한 은행이 약속을 지킨다는 믿음만 있다면, 그 환어음이 지폐처럼 지급의 수단으로 쓰였다. 두 은행이 환어음을 서로 발행하고 상대방 환어음을 예치했을 경우, 두 환어음의 가치가 서로 같으면 대차가 상쇄되어 둘 사이에는 주고받을 것이 없다. 그러나 이 환어음의 가치가 항상 같을 수는 없기에 이따금 모여서 청산 정리를 해야 할 필요성이 생겼다. 16세기 말부터 결제 청산 시스템이 운영되었는데, 1609년에 암스테르담 시가 세운 암스테르담 환전은행(Amsterdamsche Wisselbank)이 가장 대표적이다. 당시 암스테르담은 유럽에서 가장 번화한 상업과 금융의 중심지였다. 또한 조그만 나라들이 연합하여 네덜란드 연합체를 형성하고 있었으나, 나라마다 서로 다른 화폐를 사용하다 보니 환전의 필요성이 컸다. 그에 더해 유럽 여러 나라의 화폐도 환전해 주어야 했다.

암스테르담 환전은행에서는 고객에게 각국 화폐 사이에 정해진 환율에 따라 수표 발행과 고객 간 자금 이체 시스템을 구축했다. 고객 간 자금 이체 시스템이란 다른 사람에게 송금할 때 송금인의 계좌에서 금액이 차감되고, 수취인의 계좌에 금액이 더해지는 현재의 것과 같은 시스템을 말한다. 당시에는 예금주가 수표를 발행해 다른 사람에게 지급하고, 받은 사람이 수표를 은행에 가져가면 예금주의 계좌에서 자금이 이체되는 형태를 띠었다. 또한, 고객들 사이의 거래에는 총액에 해당하는 금은이 이동하는 대신 그 차액만큼의 금은만 이동했다.

한편, 계좌에 보유한 금은을 기반으로 예금주에게 은행돈(bank money)이라는 증서를 발행해 주었는데, 이는 동전보다 훨씬 편리하고 안전하여 거래에 많이 사용되었다. 이 은행이 뒤에 출현하게 될 중앙은행처럼 국가의 화폐를 발행하거나 관장하지는 않았으나, 그 전신 격이라 할 수 있다. 암스테르담 환전은행은 원래 예금액의 거의 100퍼센트를 은행 내에 유보하고 있었으며, 대출을 통한 신용 창출은 하지 않았다. 은행의 수익은 보관료와 수수료 등으로 충당했고, 은행돈은 예치금에 해당하는 증서로 발행되었다. 그러나 나중에는 은행돈을 예치금 이상으로 발행하는 것이 밝혀졌는데, 네덜란드 동인도회사에 많은 대출을 해 주었고, 특히 18세기 말 벌어진 영국과의 전쟁으로 자금이 필요해진 암스테르담 시에도 많은 대출을 해 주었다. 그 결과 예금주들은 은행을 신뢰하지 못하고 예금을 인출하기 시작했으며, 결국 1819년에 문을 닫았다.

### 스톡홀름 은행: 지급준비금

현대의 은행은 암스테르담 환전은행과는 달리 예금액을 100퍼센트 보관하지 않으며, 일부만 보유하고 나머지는 대출하여 이익을 얻는다. 이렇게 예금의 일부만을 보유하는 방식을 부분지급 준비금(fractional reserve) 방식이라고 하는데, 이 방식을 공식적으로 사용한 최초의 은행은 1657년에 세워진 스웨덴의 스톡홀름 은행(Stockholms Banco)이었다. 이 은행은 예금주가 예금한 동전을 타인에게 대출해 주는 데에 사용하고, 은행 내부에는 예금액의 일부만을 보유했다.

부분지급 준비금 제도는 은행의 주요 수익원이 되기도 하지만 불안정성의 근본 원인이 되기도 한다. 예금주가 자기 돈을 찾으러 왔을 때 은행에 그 돈이 남아 있지 않을 위험이 바로 그것이다. 만약 모든 예금주가 한꺼번에 돈을 찾으러 온다면 부분지급 준비금 제도에서는 그 요구를 다 만족시킬 수가 없다. 남들보다 먼저 돈을 찾는 예금주는 자기 돈을 찾아갈 수 있지만, 은행의 돈이 고갈되고 난 뒤에 돈을 찾으러 오는 예금주는 한 푼도 건지지 못할 것이다. 따라서 예금주는 남들보다 조금이라도 빨리 돈을 찾으러 가려 할 것이며, 이는 많은 사람이 동시에 예금을 찾으려는 대량 예금 인출(bank run) 사태로 이어질 수 있다. 대량 예금 인출의 위험은 부분지급 준비금 제도가 보편화한 현대의 금융 시스템에서 주요 위협 요소로 작용해 왔다.

이 위험은 스톡홀름 은행에 현실로 다가왔다. 예금주가 자신이 예탁한 돈을 찾으러 왔을 때 그 돈이 이미 다른 사람에게 대출된 뒤라 예금주의 요구를 들어주지 못하게 되었다. 이에 스톡홀름 은행은 궁여지책으로 다음에 갚기로 약속한 증서인 은행권(banknote)을 발행했다. 이것은 유럽 최초의 은행권 발행으로 기록되는데, 은행권은 지폐의 역할을 하게 되었고 이는 현대 지폐의 전형이라고 할 수 있다. 이때가 스톡홀름 은행이 세워진 지 겨우 4년 만인 1661년이었다. 이 은행권은 동전을 대신하여 사용되었으나, 이 역시 남발되어 결국 은행 신용의 급락으로 이어졌다. 은행의 운영권은 1661년 의회로 넘어갔으며, 이후 중앙은행으로 변신하여 현재의 스웨덴 중앙은행(Sveriges Riksbank)으로 이어진다. 이는 현존하는 가장 오래된 중앙은행으로 기록된다. 스톡홀름 은행 시절 겪은 은행권 문제로 18세기 전까지는 다시 은행권이 발행되지 않았다.

**영국은행: 근대적 중앙은행**

도시의 범위를 넘어서 한 나라의 지폐를 독점 발행하는 현재의 중앙은행 모델은 1694년에 설립된 영국의 영국은행(혹은 영란은행, Bank of England)에서 시작된다. 중앙은행이긴 하지만 민간이 설립한 은행인 영국은행은 일반인의 거래에 사용되는 은행권을 독점 발행했다. 당시 영국은 1688년 명예혁명 이후 네덜란드에서 건너온, 오렌지 공이라 불린 윌리엄 3세와 부인 메리 2세가 공동으로 집권하고 있었다. 윌리엄 왕은 개신교를 전파하려고 가톨릭 국가인 프랑스와 수차례 전쟁을 치렀다. 루이 14세(Louis XIV)가 지배하던 프랑스와의 전쟁은 많은 자금이 필요했다. 윌리엄 왕은 세금이나 톤틴(tontine)이라는 연금 방식의 국채 등으로 자금을 조달하려 했으나 충분한 자금을 모으는 데는 실패했다.

이에 네덜란드 은행에서 보았던 방식을 도입하여 자금을 조달하려는 계획을 세웠다. 그 결과 런던과 스코틀랜드의 부유한 상인 40명이 연합하여 단 12일 만에 전쟁 자금 120만 파운드가 모였고 이를 윌리엄 왕에게 빌려 주었다. 상인들은 그 대가로 영국은행을 설립하고 은행권의 독점 발행을 인가받았다. 채권자들은 정부로부터 받은 채권은 은행에 넘기고, 그 대신 은행의 주식을 받아[현대 금융 용어로 스왑(swap)이다] 영국은행의 주주

**영국은행의 시작**

영국은행 인가서를 봉인하는 모습을 묘사한 그림. 아래 왼쪽부터 초대 행장 존 호블런 (John Houblon), 존 소머스 (John Somers), 마이클 고드프리(Michael Godfrey).

가 되었다. 정부 채권 120만 파운드는 연리 8퍼센트의 이자를 지급하게 되어 있는데, 이를 근거로 지폐(은행권)를 발행해 일반인에게 대출하는 데 사용했다. 이는 유럽 최초의 국정 지폐라 할 수 있다. 18세기에 정부는 더 많은 돈을 빌리게 되고 이렇게 빌린 돈은 나랏빚(National Debt)이라 불렸는데, 영국의 해군력을 증강하는 데 쓰여 국력 향상에 중요한 공헌을 하게 된다.

이러한 과정에서 영국은행은 정부에 돈을 대출해 주고 받은 채권을 바탕으로 일반인에게 은행권을 발행하는 지폐 발행 모형을 구축했다. 이 모형은 사회학자 막스 베버(Max Weber, 1864~1920)에 의해 왕(국가)과 자본가 사이의 '기념비적 동맹'으로 묘사되며, 자본주의의 중요한 시발점으로 여겨진다(Weber, 1978; Gudeman, 2001). 영국은행은 영국 내의 유일한 주식회사 은행으로 시작했지만, 1946년에 국유화하여 현재에 이른다.

## 기타 주요 은행

### 프랑스의 방크 로얄르: 실패한 중앙은행

프랑스도 영국을 따라 중앙은행을 만들었다. 스코틀랜드 출신의 존 로 (John Law)가 이를 주도했다. 스코틀랜드는 당시 상업이 번창하고 금융과 자본주의가 꽃피던 곳으로, 관련된 중요 인물들이 많이 배출된 곳이다. 근대 경제학의 원조인 애덤 스미스도 스코틀랜드 출신이다. 지폐의 발행이 경제를 발전시킬 것임을 확신하고 프랑스에서 뜻을 관철시킨 존 로는 훗날 '지폐의 아버지'라 불렸다. 1716년 루이 15세 때 존 로가 방크 제네랄 (Banque Generale)을 설립했고, 이는 곧 왕의 직접 통제 아래로 들어가면서 방크 로얄르(Banque Royale)로 이름이 바뀌었다. 방크 로얄르는 금을 기준으로 하여 지폐를 발행했다.

그러나 프랑스는 영국과는 달리 지폐 발행이 엄청난 소용돌이를 일으키며 파국을 맞았다. 방크 로얄르의 은행장이었던 존 로는 미시시피 회사 (Mississippi Company)의 설립 운영자이기도 했다. 미시시피 회사는 프랑스의 북미 식민지인 프랑스령 루이지애나(French Louisiana)를 독점적으로 개발 투자하는 회사였다. 은행이 발행한 지폐는 무분별하게 발행되어 미시시피 회사 주식 투기 열풍을 부채질했고, 이는 최초의 주식 시장 거품인 미시시피 거품(Mississippi Bubble)으로 이어졌다(미시시피 거품에 대해서는 8장에서 좀 더 자세히 살펴본다). 1720년 거품이 꺼진 프랑스는 엄청난 후유증을 겪었고, 그 여파로 은행의 설립과 지폐 발행을 한동안 금지했다. 이로 인해 산업과 경제를 발전시킬 기회를 놓치고 과거의 체제를 지속하게 되면서, 영국에 주도권을 넘겨주는 결과를 초래했다. 이 상태를 일반적으로 앙시앵 레짐(Ancien Régime, 구체제)이라고 부르는데, 이때 고통받은 사람은 가난한 시민, 노동자, 농민이었다. 구체제하의 내부적 갈등은 훗날 프랑스혁명(1789~1794)으로 폭발하게 된다. 프랑스 중앙은행(Banque de France)은 1800년에 가서야 나폴레옹이 세우게 된다.

## 로스차일드

은행업에서 19세기는 로스차일드(Rothschild, 독일어로는 로트실트) 가문의 시대이다. 1760년대 독일계 유대인 출신인 메이어 암셸 로스차일드(Mayer Amschel Rothschild)가 프랑크푸르트에서 은행업을 시작한 후 사업이 번창하여 그의 다섯 아들을 유럽 주요 지역에 보내 프랑크푸르트, 빈, 런던, 나폴리, 파리 총 5개 지역에서 지점을 운영했다. 로스차일드가는 국제적 명성을 얻으며, 오스트리아와 영국으로부터 귀족 작위를 받았다. 로스차일드가의 문장에는 5개의 화살을 주먹으로 꽉 쥔 손이 보이는데, 이는 다섯

**로스차일드가 문장**

아들의 협력을 상징한다.

로스차일드 가문은 런던 지점에서 일어났던 일을 계기로 널리 알려졌다. 런던 지점은 셋째 아들인 나탄 메이어 로스차일드(Nathan Mayer Rothschild)가 운영하고 있었다. 영국 주도의 연합군과 프랑스의 나폴레옹 군이 전쟁(1803~1815)을 치르고 있었고, 로스차일드 은행은 영국에 전쟁 자금을 지원하고 있었다. 나폴레옹 군과 연합군은 1815년 6월 워털루(Waterloo)에서 맞붙게 되었는데, 연합군이 패할 것으로 예상했다고 한다. 그런데 예상과 달리 나폴레옹 군이 패했고, 이 과정에서 로스차일드가가 막대한 이익을 챙기게 되었다. 그런데 여기에는 서로 다른 두 가지 이야기가 있다.

알려진 이야기 가운데 첫 번째 버전이 좀 더 흥미롭다(쑹훙빙, 2008). 언제나 그렇듯이 금융 시장에서 제일 중요한 것은 정보이다. 영국군의 승리가 런던의 금융 시장에 알려지는 데는 시간이 걸렸다. 당시 로스차일드가는 영국 정부보다 더 빠른 정보망을 갖추고 있어, 영국군의 승리를 정부보다 하루 일찍 알 수 있었다. 로스차일드가 마치 영국군이 패한 것처럼 영국 채권을 팔기 시작하자, 이를 지켜보던 다른 투자자도 앞을 다퉈 가지고 있던 채권을 팔기 시작했고, 이는 국채 가격의 하락으로 이어졌다. 때를 기다렸던 로스차일드가는 하락한 국채를 다시 사들이기 시작했고, 연합군의 승리 소식이 금융 시장에 전해졌을 때 국채 가격의 폭등으로 막대한 이익을 얻었다. 이 이야기에 따르면 로스차일드가는 자신의 영향력을 이용하여 가격이 내려갈 것을 암시하는 행동을 함으로써 거짓 정보를 유통해서 이익을 본 셈이다.

또 다른 이야기는 다음과 같다(Ferguson, 2009). 로스차일드가 역시 워털루 전투의 승리에 충격을 받았다. 영국이 패할 것을 염두에 두고 많은 금을 사 놓았는데, 영국의 승리로 금값이 내려갈 것이기 때문이었다. 그러나 로스차일드가는 한발 먼저 그 금으로 국채를 더욱 매집했다. 그 이유는 전쟁의 종식으로 정부는 채무를 줄여 나갈 것이고, 이는 이자율을 떨어뜨려 채권 가격을 올릴 것이기 때문이었다. 결국 2년 후 40퍼센트의 이익을 남기며 국채를 처분했다고 한다.

혹자는 첫 번째 버전을 음모론으로 보고, 다른 이는 두 번째 버전을 로스차일드가가 퍼뜨린 거짓 소문이라고 한다. 어느 경우든 로스차일드가는 나폴레옹 전쟁이 끝나고 난 뒤 채권에 투자해 가격 상승으로 돈을 벌었다.

로스차일드가는 유럽 전역에서 금융업을 장악했다. 전쟁이나 금융 공황 등으로 전 세계가 혼란을 겪을 때마다 로스차일드가는 오히려 돈을 벌었다. 미국의 남북전쟁 때에는 남과 북 모두에게 자금을 대 주었고, 러일전쟁 때에도 런던 지점은 컨소시엄을 구성해 일본에 총 1150만 파운드의 자금을 빌려 주었다. 1893년 미국 금융 공황으로 미국의 금 보유량이 바닥이 났을 때, 모건(John P. Morgan, 1837~1913)과 함께 350만 온스(약 99톤)의 금을 미 정부에 제공하고, 높은 이자의 미 국채를 받아 가기도 했다. 이 사건은 금본위제를 확립하는 데 일조하는 한편, 미국 농민들의 반감을 사는 사건이 된다. 그 뒤 1896년의 대통령 선거에서는 미국의 화폐 제도에 대한 격돌이 일어났다.

로스차일드가는 은행 금융업(로스차일드 그룹)뿐 아니라 보험(Royal & Sun Alliance), 광산업(Rio Tinto Mining Co., De Beers), 포도주, 그림, 정원 등 다양한 분야에서 활동하고 있다. 미국 연방준비제도의 설립에도 주된 역할을 하여 뉴욕 연방은행의 지분을 가지고 있다고도 전해진다(Mullins,

1993). 메이어 로스차일드는 다음과 같이 말했다고 한다. "내게 한 나라의 돈을 찍고 통제할 권한을 준다면, 누가 그 나라의 법을 만들든지 상관하지 않겠다." 이에 화답이라도 하듯이 아들인 나탄 로스차일드는 훗날 다음과 같이 말했다. "나는 어느 꼭두각시가 영국의 왕관을 쓰고 해가 지지 않는 제국을 통치하든 상관하지 않는다. 영국의 화폐 공급을 통제하는 이가 대영 제국을 통제하는 것이고, 내가 바로 그 영국의 화폐 공급을 통제하는 사람이다."

　로스차일드가의 이름이 지금은 그다지 크게 들리지 않지만, 여전히 미국 연방준비제도와 관련된 음모론의 중심에 서 있기도 한 이름이다.

## J. P. 모건

19세기 말과 20세기 초 미국 산업과 금융에 막대한 영향을 끼친 은행가가 있었는데 바로 모건이다. 모건은 1893년 금융 공황 때 로스차일드와 함께 미 정부에 금을 빌려 준 금융가다. 1907년 금융 공황이 다시 일어났을 때, 월가의 주가는 반 토막 났고, 대량이 예금 인출이 일어나 많은 은행과 신탁회사들이 파산했다. 특히, 뉴욕 시에서 세 번째로 큰 신탁회사였던 니커보커 트러스트(Knickerbocker Trust)가 문을 닫는 사태가 일어났다. 이때에도 모건은 필요하면 자신의 돈을 긴급 자금으로 쓰겠다고 선언했으며, 다른 은행들도 그 뒤를 따랐다. 또한, 모건이 통제하고 있던 유에스스틸(U.S. Steel)이 다른 철강 회사인 TCI(Tennessee Coal, Iron and Railroad Company)의 주식을 인수하게 하여 TCI의 주식을 담보로 차입했던 증권사의 파산을 막음으로써 금융 위기를 진정시키는 데 중요한 역할을 했다. 두 번의 금융 공황 시기에 모건은 사실상 중앙은행의 역할을 한 셈이었는데,

이는 미국에 중앙은행이 존재하지 않았기 때문이기도 했다. 이런 일을 겪으면서 미국은 중앙은행의 필요성을 느껴 1913년에 연방준비제도가 설립되었다.

19세기 말과 20세기 초에는 기업이 합병을 통해 대형화, 독점화를 이루게 되고 이를 트러스트(trust)라고 하는데, 대표적인 예가 록펠러(John D. Rockefeller)의 스탠더드 오일(Standard Oil)과 카네기(Andrew Carnegie)의 유에스 스틸이었다. 유에스 스틸은 모건의 주도로 카네기의 철강 회사를 다른 철강 및 광업회사와 합쳐 하나의 거대 기업으로 만든 것이었다. 거대 기업은 규모의 경제(생산량이 늘어나면서 단위당 생산 비용은 줄어드는 효과)로 이점을 얻을 수 있었고, 영국이나 독일 기업과의 경쟁에서 우위를 점할 수 있는 장점이 있었으나, 국내에서는 시장을 지배하는 독점 기업으로서 불공정 관행과 시장 통제를 통해 소비자로부터 폭리를 취하는 단점도 있었다. 모건과 뉴욕 은행들의 기업 지배력은 '금융 트러스트(money trust)'로 불렸다. 트러스트의 문제점을 조사한 1913년의 푸조 위원회(Pujo Committee)의 보고서를 보면, 모건과 금융 트러스트는 112개 산하 회사에

341명의 이사를 파견하여 총 22조 달러 이상의 자산을 지배한다고 밝히고 있다. 이는 미시시피 강 서쪽 22개 주의 모든 자산을 합친 가치에 비견된다. 이러한 인식은 1914년 클레이턴 반트러스트법(Clayton Antitrust Act)의 제정으로 이어졌다. 모건은 한편으로는 금융 위기를 벗어나게 한 천사의 모습도 있었지만, 다른 한편으로는 독점을 통해 소비자를 착취한 악마이기도 했다.

## 미국의 중앙은행

현재 미국의 연방준비제도는 미국의 중앙은행으로서 미국뿐 아니라 전 세계에 막대한 영향력을 행사한다. 그러나 미국의 중앙은행 설립은 순탄하지 않았다. 독립전쟁 말기에 북미은행(Bank of North America)이 설립되었으나 중앙은행의 역할을 하지 못하고 곧 문을 닫았다. 그 후 초대 재무장관인 알렉산더 해밀턴(Alexander Hamilton)의 주도로 연방정부의 인가를 받은 미연방 제1은행(First Bank of the United States)이 1791년 설립되었다. 그러나 미국 지폐의 20퍼센트 정도만을 발행하고, 나머지는 각 주 은행에서 발행했다. 많은 사람이 중앙은행의 설립을 반대했는데, 중앙은행이 모델로 삼은 영국은행에 대한 부정적인 정서, 중앙 정부로의 권력 집중에 대한 반감, 투기와 부패를 우려했기 때문이었다. 대표적인 반대론자가 토머스 제퍼슨(Thomas Jefferson)이었다. 영국은행을 모방한 제1은행은 주식회사로 설립되어 의회로부터 정기적으로 운영권을 인가받아야 했다. 그러나 1811년 의회는 인가를 거부했고, 은행은 결국 문을 닫게 되었다.

그로부터 5년 후에 미연방 제2은행(Second Bank of the United States, 1816~1836)이 제1은행을 본떠 다시 설립되었으나, 이 역시 치열한 정쟁을

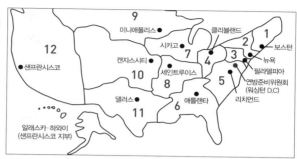

12개 관할 지역과
연방준비은행 소재 도시

거쳐 문을 닫는다. 그 후 자유은행 시대(Free Banking Era, 1837~1862)가 열리는데, 이 시기에는 연방은행은 없고 주 정부의 인가를 받은 은행들만이 존재했다. 은행들은 금과 은을 기반으로 지폐를 발행했고, 각 주는 엄격한 관리를 했다고 하나, 주기적인 금융 위기를 피할 수는 없었다. 이 시기 은행의 평균 수명은 5년 정도이고 은행의 반 정도가 문을 닫았다.

남북전쟁(1861~1865) 이후 미국은 10년이 멀다 하고 대량 예금 인출 사태가 발생하여 금융 위기를 경험하게 된다(1873, 1893, 1907년 금융 공황). 예금이 대량으로 인출되면, 부분지급 준비금 제도하의 은행들은 망할 수밖에 없다. 또한 몇몇 은행이 대량 인출로 어려움을 겪게 되면, 다른 은행의 예금주도 불안해져 대량 인출의 가능성이 커진다. 이를 전염 효과(contagion effect)라고 하는데, 은행 산업 전체와 더 나아가서는 경제 전체에 그 여파가 퍼지는 시스템적 위험(systemic risk)을 낳는다. 1893년과 1907년의 금융 공황은 경제 불황으로 연결되어, 다시금 중앙은행의 설립을 고려하게 만들었다. 결국 1913년 우드로 윌슨(Woodrow Wilson) 대통령은 연방준비법(Federal Reserve Act)을 승인하여 분권화된 중앙은행을 설립했다. 미 중앙은행은 영국은행을 모델로 만들어졌으며, 원칙적으로 민간 은행이다. 이 중앙은행은 지폐의 발행과 금융 정책을 집행하고, 다른 은행들을 감독하는 역할을 한다. 또한, '최후의 대부자(lender of last resort)'이기도 하다. 현재 뉴욕 시, 샌프란시스코 등 12개 지역의 연방준비은행(Federal Reserve Bank)으로 구성되어 있고, 워싱턴 D.C.에서 연방준비위원회(Federal Reserve Board)가 중요 의사 결정과 운영을 총괄한다.

## 한국은행

우리나라의 중앙은행인 한국은행(Bank of Korea)의 기원은 대한제국 시절로 거슬러 올라간다. 1905년부터 1909년 사이 일제가 대한제국에서 화폐 정리 사업을 벌여 백동화와 상평통보를 정리하고 일본 다이이치 은행이 발행한 은행권으로 교체하면서, 다이이치 은행 조선 지점이 화폐 발행과 국고 관리를 맡아 사실상 중앙은행 역할을 했다. 그러다가 1909년에 한국은행 조례에 따라 자본금 1000만 원으로 주식회사 한국은행이 문을 열고, 다이이치 은행 조선 지점을 승계하여 한국은행권을 발행했다. 출자금 중 일본인 지분이 68퍼센트를 차지했다. 그러다가 1910년 일제가 대한제국을 병합한 후, 1911년 조선은행법을 제정해 조선은행을 설립하고 한국은행을 대체시켰다. 조선은행은 조선은행권을 발행했고, 예금과 대출의 상업적 업무도 병행했다. 또한, 전쟁 자금과 식민 통치 자금을 조달하는 데 앞장섰다.

  1948년 대한민국 정부가 수립된 후 자주적인 중앙은행의 필요성이 대두했다. 1950년 5월 한국은행법이 제정되어 6월 12일 한국은행이 설립되고, 조선은행은 해산되었다. 설립 직후 발발한 6·25전쟁 중에는 전쟁 자금 조달과 인플레이션 억제에 힘을 쏟았고, 전쟁 후에는 경제 재건을 위한 원활한 금융 흐름에 역점을 두었다. 1960년대에는 정부 주도의 경제 발전 계획을 적극적으로 지원했다. 한편으로는 한국은행의 정책이 정부의 영향을 크게 받아 정부에 종속되는 형태를 띠었다. 이러한 정부 종속적인 모습이 후대에 와서 많이 바뀌긴 했으나, 여전히 한국은행의 독립성을 중요시하는 이들로부터 비판을 받고 있다. 대부분의 다른 나라 중앙은행과 마찬가지로 통화의 발행, 이자율 조절 등의 금융 정책을 담당하고, 최후의 대부자 역할을 하고 있다. 일반적으로 중앙은행은 물가 조절을 목표로 삼고 있지만, 최근에 금융 위기를 겪으면서 금융 안정화도 중요한 목표로 인식되고 있다. 금융통화위원회는 한국은행의 정책 결정 기구로서 중요한 통화 신용 정책을 심의 의결한다. 금융통화위원회는 한국은행 총재가 의장을 맡고 있고 총 7명으로 구성된다.

* * *

북부 이탈리아의 도시들에서는 이슬람 제국과의 무역과 십자군전쟁 등을 거치면서 은행업이 발전하기 시작했다. 그리하여 14, 15세기에는 유력한 은행가가 나타났으며, 이들의 재력은 르네상스를 꽃피우게 했다. 16세기 이후 무역과 경제의 주도권이 서쪽으로 옮겨 가면서 은행업의 주도권 역시 유럽 내륙으로 옮겨 갔다. 또한 이 시기는 아메리카의 금은이 유입되면서 유럽의 상업이 발전한 때였다. 특히 17세기에는 은행과 금융에 대한 다양한 혁신이 일어났는데, 자금 이체 제도, 부분지급 준비금 제도와 중앙은행 제도가 그것이다. 그러나 동시에 금융 혼돈이 시작된 시기이기도 하다. 17세기에는 최초의 금융 거품인 튤립 거품이 네덜란드에서 일어났으며, 18세기에는 최초의 주식 시장 거품이 프랑스와 영국에서 일어났다.

금융의 혼돈은 금융 혁신에도 기인하는데, 부분지급 준비금 제도와 중앙 은행 제도가 이러한 금융의 혼돈에 한몫을 담당했다. 이러한 점은 지금도 크게 달라지지 않았다. 20세기 후반부터 발달해 온 증권화와 금융공학 등의 금융 혁신이 없었다면 2008년의 금융 위기는 일어나지 않았을 것이다.

금융의 혼돈은 은행업과 금융의 발달과 더불어 일어나는 일이지만, 더 크게는 자본주의가 확대되는 과정에서 일어난 일이라고도 할 수 있다. 뒤에서 주식 시장이라는 새로운 금융 시장이 어떻게 금융 혼돈으로 이어지고, 자본주의가 어떻게 이들과 연결되는지도 살펴볼 것이다.

# Chapter 5

# 부채와 이자

## 서아시아와 유럽

인류가 공동생활을 하면서부터 문명이 발전했다. 공동생활을 한다는 것은 서로의 협력이 필요하다는 것이며, 이는 서로에게 의지하고 도움을 받는다는 것이다. 집을 짓거나 곡식을 수확하고 사냥을 할 때 여러 사람이 힘을 합하면 훨씬 능률적으로 일을 해낼 수 있다. 남에게서 도움을 받으면 언젠가 필요할 때에 도와줄 의무를 느끼고, 실제로 도움을 주게 된다. 도움을 받으면 결국 빚을 지는 것이다. 우리나라에서도 오래전부터 계라는 조직을 통해 상부상조의 전통을 이어 왔다.

이런 관점에서 인류가 공동생활을 시작한 이후는 협력과 부채의 역사라고 해도 과언이 아니다. 물론, 이 부채는 우리가 일반적으로 얘기하는 금전적인 부채와는 다르다. 그런데도 인류의 역사 곳곳에서 이 마음의 빚이 금전적인 빚으로 바뀌면서 끊임없는 갈등을 일으켜 왔다.

'빚'은 무슨 뜻이었을까? 중세 국어에서 빚은 '빋'으로 쓰였는데, 지금과 같은 부채의 의미가 아니라 가치의 의미로 쓰였다(홍윤표, 2004). '값' 역시 비슷하게 가치의 뜻으로 쓰였다. 가치(價値)에서 가(價)는 값, 치(値)는 빋에 해당한다. 값은 물건을 팔 때의 가격, 즉 판매가에 가깝고, 빋은 소비자의 관점에서 물건 가치라는 뜻에 가깝다고 한다. 소비자 입장에서 물건 가치라는 받에서 지급해야 할 가치인 빚으로 변환된 것이다. 빚을 진다는 것은 지급해야 하는 가치를 짊어지는 것을 말한다. 참고로, 높은 가격을 나타내는 '비싸다'라는 단어는 받과 싸다가 합쳐진 것으로, 가치(빋)가 제값을 한다(싸다)는 의미다. 빚의 뜻이 가치에서 채무로 바뀐 것은 다분히 역설적이다. 가치는 가지면 좋은 것이지만, 채무는 가지면 나쁜 것이 아닌가?

한자로 부채(負債)는 부(負)와 채(債)로 쪼개 볼 수 있다. 부는 짊어진다는 뜻이고, 채는 빚을 의미해 '빚을 짊어짐'을 말한다. 그런데 부는 사람 인(人)과 조개 패(貝)를 합한 말로, 사람이 재물을 끌고 가는 모양이라 한다. 채(債)는 사람 인(人), 가시 자(朿), 조개 패(貝)로 나누어지는데, 사람이 재물 때문에 가시에 묶여 속박된 것을 말한다. 사람 인을 빼면 책(責)이 되는데, 이는 '꾸짖다', '강제로 빼앗다'라는 의미가 내포되어 있다. 결국 부채란 재물을 짊어지고 그에 속박된 것을 나타내며, 결국에는 강제로 빼앗기기도 하는 것이다.

영어로 빚은 'debt'인데, 이는 라틴어로 빚을 뜻하는 debitum에서 나온 말이다. 한편 debitum의 동사는 debeo(빚지다)로, de와 habeo의 합성이다. 여기서 de는 away(떼어 놓음)를 뜻하고, habeo는 have(가짐)를 뜻한다. 즉 '빚지다'의 원형은 사람으로부터 어떤 것을 떼어 놓는 것에서 비롯되었다. 한자의 부채와 같이 서구에서도 빚은 결국 뺏기는 것으로 인식되었다.

정부나 회사가 자금을 빌리고 발행한 증권을 채권(債券)이라고 부른다. 영어로 채권을 bond라고 하는데, 이는 묶여 있음을 뜻한다. 빚은 사람을 속박하는 것이다. bondage는 농노, 노예 상태를 의미하는데, 이는 농노나 농노의 재산을 의미하는 중세 라틴어 bondagium에서 유래되었다. 여기서 재미있는 것은 bondage의 기원을 중세 유럽어인 bonda나 bondi에서도 찾을 수 있다는 것이다. 이 말들은 가장(家長)이나 자유로운 자작농을 나타내는데, 말뜻이 변하여 어느 순간 자작농이 농노로 변한 것이다. 이와 비슷한 반전은 빚지다의 또 다른 영어 표현인 owe에서도 찾아볼 수 있다. owe의 중세 영어는 agan인데, 이 단어 역시 소유하다는 뜻이었다. 그런데 agan에서 agan to geldanne이 나왔고, 이는 갚기 위해 소유하다는 의미였다. 12세기 후반에는 이 말이 다시 agan으로 줄여져 사용되어 현대 영어의 owe로 변하게 되었다. 그 대신 소유하다는 의미로는 own이 사용되었다. 처음에는 소유하고 있던 것이 결국은 빚을 갚기 위한 것으로 바뀌었다.

빚과 owe가 유사한 반전을 보이고 있음은 흥미로운 발견인데, 여기서 우리는 불편한 역사적 진실과 마주하게 된다. 가치와 소유가 채무로 전락했다는 것은 자작농이 농노로 전락했다는 것과 다르지 않다. 그렇게 자작농을 얽어맨 굴레는 부채였다. 부채란 내가 가지고 있던 것을 남에게 빼앗기는 것이다. 자작농은 부채를 통해 속박당하고 결국 노예로 전락했다. 이제 자작농과 농노는 별반 차이가 없고, 소유와 빚이 차이가 없게 되었다. 뒤에서 이러한 역사와 끊임없이 마주치게 될 것이다.

부채와 뗄 수 없는 것이 이자다. 이자(利子)에서 이(利)는 이익이라는 뜻으로, 벼(禾)와 칼(刀)의 합성어이다. 곡식을 칼로 베는 것을 말하며 곡식을 수확하면 이익이 되는 것이다. 또한, 칼은 고대 중국에서 화폐의 의미로도 사용되었기에 이익의 뜻과 잘 어울린다. 자(子)는 물론 새끼(자식)를 뜻한다. 이자를 이식(利息)이라고도 쓰는데, 식 역시 새끼라는 뜻이다. 흥미롭게도 유럽에서도 이자는 새끼라는 의미로 사용되었다. 메소포타미아 문명의 수메르어 마스(mas)나 그리스어 토코스(tokos)는 모두 가축의 새끼를 뜻하는 말인데, 이자의 의미로도 사용되었다. 한편, 영어의 이익은 interest이다. 이 단어는 라틴어 인테레세(interesse)에서 파생된 것이라 한다. 인테레세는 원래 사이(inter; between)에 존재(esse; essence)하는 것을 의미했는데, 차이를 만들어 내는 것 혹은 중요한 것이라는 뜻이었다. 그러다가 중세에 법률 용어로 손해에 대한 보상을 뜻하다가 16세기에 이자라는 뜻으로 사용되었다.


## 메소포타미아의 노예 해방

빚에 대한 최초의 기록은 문명의 시작에서 발견된다. 지구라트 신전을 중심으로 사회가 이루어졌던 메소포타미아 문명기에 정부는 수확된 보리를 세금으로 받아 다시 사람들에게 배급해 주는 중앙 배분 시스템을 가지고 있었다.

날씨나 재난 등으로 수확량이 충분하지 못한 경우, 정해진 세금 양만큼 납부하지 못하는 경우가 발생했다. 그럴 경우 두 가지 방법 가운데 하나를 택했다. 첫 번째는 다음 해에 더 많이 내는 것으로 연체하는 방법이었다. 두 번째는 수확량이 충분한 다른 농부에게 빌려서 내고, 다음 해에 수확해서 빌린 것을 갚는 것이다. 사실 두 경우는 큰 차이가 없다. 앞의 경우는 정부에게 빌리는 것이고, 뒤의 경우는 다른 농부에게 빌리는 것이다. 이렇게 생긴 빚에는 이자를 물렸다. 채무자 이름과 보리 채무액에 대한 기록이 기원전 24세기경의 점토판에 쐐기문자로 남아 있다. 당시에는 점토판에 부채 내용을 적어 채무자의 인장을 찍은 후 채권자가 보관했다고 한다. 현대의 차용증과 사실상 같은 방법이다.

수메르어로 이자는 마스(mas)라고 하는데, 이는 원래 새끼 양(lamb) 혹은 송아지(calf) 등을 뜻하는 말이다. 양을 빌렸다가 갚는 경우에, 새로 태어난 가축의 새끼를 덧붙여 주는 관행에서 이자라는 뜻으로 새끼 양이 사용되었다고 한다. 이자는 결국 대출금이 낳은 새끼에 해당하는 것이다.

현존하는 가장 오래된 법전은 점토판에 기록된 수메르인의 우르남무(Ur-Nammu) 법전이다. 우르 제3왕조(기원전 2112~기원전 2004)의 왕 우르남무 혹은 그의 아들인 슐기(Shulgi) 때에 작성된 것으로 추정되는 이 법전은 총 57개 항으로 되어 있으며, 살인, 상해, 결혼, 노예 문제 등에 대한 벌과 벌금에 대해 기술되어 있다. 이후 메소포타미아 지역을 지배한 바빌로니아 왕국(기원전 1894~기원전 539)은 함무라비 (Hammurabi) 법전[6대 함무라비 왕의 재위 기간(기원전 1792~기원전 1752)에 만들어진 법전]을 남겼다. 총 282개 조항으로 구성된 함무라비 법전은 돌기둥과 점토판에 적힌 내용이 전해진다. 돌기둥의 윗부분에는 왕이 신으로부터 휘장을 전해 받는 듯한 모습이 부조되어 있다. 함무라비 법전은 우

**함무라비 법전 돌기둥**
루브르 박물관 소장.

**함무라비 법전 점토판**
루브르 박물관 소장.

르남무 법전보다 내용이 한층 더 정교하다.

함무라비 법전에는 잘 알려진 내용이 나온다. 바로 196조와 200조에 나오는 "이에는 이, 눈에는 눈"이라는 탈리오 원칙[lex tallionis, 동해보복(同害報復) 원칙]이다. 탈리오 원칙은 동일한 상해를 가하는 복수를 허용함으로써 정의를 실현하겠다는 것으로, 훗날 기독교 성경에도 같은 내용이 전해진다. 일반적으로 정의의 개념이 원시적인 보복의 개념에서 후대에 배상이라는 개념으로 발전한다고 생각한다. 그런데 재미있는 사실은 함무라비 법전보다 3세기 전에 만들어진 우르남무 법전에서는 복수의 원칙이 아니라 배상의 원칙을 적시하고 있다는 점이다. 우르남무 법전에서는 눈을 상해하면 은화 1/2미나(30세켈)로 배상하고, 이를 부러뜨리면 2세켈로 배상하라고 되어 있다.

함무라비 법전에는 그 밖에도 계약과 상업에 대한 조항도 다수 존재한다. 45조와 46조에서는 임대(차)료에 대한 규정이 나온다.

〈45조〉밭의 소유자가 정액의 임대료를 받고 자신의 밭을 경작자에게 임대했으나, 날씨가 나빠 흉작이 되었다면 그로 인한 손해는 경작자가 진다.

〈46조〉밭의 소유자가 정액의 임대료 대신, 수확량의 반 혹은 1/3을 받는 정률의 임대료를 받기로 했다면, 수확량은 경작자와 소유자가 비율에 맞춰 나눠 가진다.

이자율에 대한 규정도 여러 곳에서 명시되어 있다.

〈88조〉 상인이 곡식을 빌린 경우에는 1구르(gur)당 100실라(sila)의 이자를 받을 수 있다. 만약 은으로 빌렸다면, 1셰켈당 1/6셰켈 6그레인의 이자를 받을 수 있다.

〈90조〉 만약 상인이 이자를 1/6셰켈 6그레인 이상으로 올려 받는다면, 빌려 준 것을 몰수당한다.

〈100조〉 차입자는 빌린 돈의 이자를 계약이 종료될 때 상인에게 갚아야 한다.

88조를 해석하면 이자율은 곡식으로 빌리면 33.33퍼센트이고, 은으로 빌리면 20퍼센트이다. 90조는 이자 상한제 조항이라 할 수 있다. 은 대출 기준으로 20퍼센트가 이자의 상한선이다. 100조는 차입자의 이자 지급 의무를 명시하고 있다.

법전은 또한 보험과 채무의 면제에 대한 조항도 있다.

〈48조〉 빚을 지고 있는데 폭풍이나 가뭄 등으로 곡식 수확량이 준 경우, 그 해에는 빚을 갚지 않아도 된다. 그의 부채가 적힌 점토판을 물에 씻고 아무런 임차료를 지급하지 않아도 된다.

〈102조〉 상인이 대리인에게 투자 목적으로 자본을 기탁했는데 그 대리인이 손실을 입으면, 그는 상인에게 자본을 돌려줘야 한다.

〈103조〉 그러나 만약 여행 도중 적을 만나 가진 것을 뺏겼다면, 그 대리인은 신에게 맹세한 후 채무에서 자유롭게 된다.

함무라비 법전의 주요 정신과 목적은 서문에 나타나 있다.

(나, 함무라비는) 이 땅에 정의의 법칙을 정착시키고 사악한 자와 악행을 저지른 자를 파멸시키고자 한다. 그리하여 강한 자가 약한 자를 괴롭히지 못하게 하며, 내가 신과 같이 백성을 다스리고 이 땅을 계몽시켜 만백성의 안녕을 증진하기 위함이다.…… 정의를 실천함으로써 억압받는 자들에게 안녕을 가져다준다.

함무라비 법전은 단순히 왕이 나라를 통치하기 위한 수단으로서의 법령이 아니었다. 서문에 나온 대로 해석하자면, 이 법은 약하고 억압받는 백성들을 위한 것이다. "눈에는 눈, 이에는 이"로 알려진 함무라비 법전을 복수를 용인하고 엄격한 처벌을 강요한 비인간적인 법으로 오해하기 쉽다. 그러나 이 법은 강한 자로부터 억압받는 백성을 보호하기 위한 것이다. 이때 억압받는 약자는 남에게 상해나 피해를 본 자이고, 또 하나 중요한 약자는 바로 채무자다. 운이 나쁘거나 날씨가 좋지 않아 농사를 망친 농부는 돈을 빌릴 수밖에 없으며, 원금과 이자를 물어야 했다. 그러나 다음 해라고 해서 농사가 잘되리란 보장은 없다. 공교롭게도 몇 해 동안 농사가 잘 안 되면, 농부는 부채를 갚을 길이 없어진다. 더구나 원금뿐만 아니라 이자까지 불어나는 부채는 갚을 가능성이 없어진다. 이런 지경에 이르면, 농부는 가지고 있는 모든 재산과 가족을 채권자에게 볼모로 잡혀 사실상 노예와 같은 상태로 전락한다. 이를 채무 노예(debt peon)라 부른다 (Graeber, 2011).

원칙적으로 부채를 다 갚으면 노예 상태를 벗어날 수 있지만, 부채는 감소하기보다는 증가하기 마련이라 채무 노예에서 벗어나기 어렵다. 그러므로 시간이 흐를수록 점점 더 많은 사람이 채무 노예로 전락한다. 부는 소수에게 집중되고, 사회는 불안정해진다. 만약 지배층이 이들 노예를 강압적으로 짓누르는 데 성공하면 노예는 현재의 위치를 신분으로 받아들이고 그대로 정착할 것이다. 만약 그럴 수 없다면, 그들의 부채를 탕감해 주고 자유인으로 해방해 줘야 한다.

최초의 부채 탕감은 기원전 2400년경 메소포타미아 지역에서 강성했던 라가시(Lagash)의 엔테메나(Entemena) 왕이 기록한 점토판에 나와 있다. 점토판에는 적힌 글귀는 다음과 같다.

> ……(엔테메나는) 라가시를 채무로부터 자유롭게 해 준다. 어미를 아이에게로, 아이를 어미에게로 보내 주고, 이자가 있는 곡식 채무에서 자유롭게 해 준다.

부채를 탕감하고 채무 노예를 해방시켜 주었다는 기록이 함무라비 법전이 만들어지기 이미 600년 전에 나왔다. 엔테메나 이후 50년이 지난 기원전 2350년경에는 라가시의 왕 우루카기나(Urukagina)는 대대적인 개혁 정책을 펼쳤다. 이런 사실은 그를 찬양하는 시에 담겨 있다.

> 우루카기나는 과부나 고아에게는 세금을 면제해 주었으며, 강자가 약자의 것을 강제로 뺏거나 사지 못하게 했고, 관리가 가난한 자의 밭을 강탈하지 못하게 했다. 또한 세금, 곡식 지급, 도난, 살해 때문에 채무자로 전락한 라가시의 시민과 채무 노예를 위해 그들의 채무를 말소해 주었다. 우루카기나는 약자와 과부를 힘 있는 자에게 예속되지 않게 하겠다고 신에게 맹세했다.

메소포타미아 지방에서는 세금과 채무 때문에 계속해서 사회 문제가 발생했다. 채무는 비단 농민들만의 문제는 아니었다. 메소포타미아 지방의 도시 국가들은 다른 나라와 무역을 했는데, 정부, 신전, 부자는 무역을 수행할 상인들과 상업적 계약을 맺었다. 계약은 상인들이 대리인이 되어 다른 나라로 가 물건을 교역해 오는 것이었다. 이때의 무역은 짐을 싣고 오랫동안 건조한 지역을 이동해야 하고 항상 적과 도적으로부터 위협받는 위험한 여행이었다. 이를 위해 자금이 필요하면 물건 주인이 자금을 빌려 주었다. 물건 주인은 상인이 제대로 물건값을 받고 빌린 돈을 갚게 하려고 상인의 가족을 볼모로 잡곤 했다. 그러나 상인은 여행 도중 적이나 도적을 만나 물건을 빼앗기고 빈털터리가 되기 쉬웠다. 그럴 경우 상인은 자기의 가족이 채무 노예로 전락하는 것을 막을 수 없었다. 바로 이러한 채무 노예의 문제를 메소포타미아의 왕들은 개혁과 법의 제정을 통해 해결하려 했다.

훗날 메소포타미아 지방과 서남아시아를 지배한 페르시아 제국(아케메네스 왕조)도 부채의 문제를 해결하려 노력했다. 페르시아의 키루스 왕이 위대한 왕으로 칭송받은 이유가 단순히 영토를 확장해서만은 아니었다. 기원전 539년경 바빌로니아를 정복하고 작성한 것으로 알려진 키루스 원통(Cyrus cylinder)이라는 원형의 점토판에는 키루스 왕의 업적을 칭송하는 쐐기문자가 쓰여 있다. 여기에는 멍에를 짊어진 자들을 자유롭게 해 주고, 바빌로니아에 잡혀 온 노예들을 자기들의 집으로 돌려보낸다는 내용이 들어 있다. 이때 바빌론 유수(고대 유대인이 바빌론에 노예로 잡혀간 것을 말함)로 바빌로니아에 잡혀간 유대인들이 집으로 되돌아갈 수 있었다. 키루스 원통은 이란 정부에 의해 최초의 인권 선언문으로 주장되었고, 그 사본이 뉴욕의 유엔(United Nations) 본부에 보관되어 있다. 원본은 영국박물관이 소장하고 있다.

일반적으로 백성을 채무에서 해방시키려는 이유는 단순히 그들을 불쌍하게 여겨서가 아니다. 자유인이 노예가 되면 다시 신분을 회복하기 어려워 농사를 열심히 지을 인센티브가 없어지고 농업의 생산성이 떨어진다. 또한 노예는 전쟁에 동원되어도 열심히 싸울 이유가 없으며, 오히려 반란을 일으킬 소지가 많다. 노예가 되는 것을 피해 산속이나 이웃 나라로 도망가는 것 역시 국가에 도움이 되지 않는다. 게다가 유력한 세력가가 많은 노예를 거느리면, 왕이나 다른 세력가의 입장에서는 위협을 느낄 수도 있다. 따라서 국가 권력을 잡은 왕이나 세력가의 입장에서는 채무 노예의 해방이 자신들의 입지를 강화하는 중요한 수단이 될 수 있다. 따라서 왕이 가난한 백성을 불쌍히 여겨서든 자신의 세력을 확보하기 위해서든, 부채 문제를 해결하려는 노력은 메소포타미아 문명기뿐만 아니라 후대에서도 동서고금을 막론하고 반복되어 나타난다.

## 고대 그리스와 로마의 부채

### 솔론의 개혁

솔론(Solon, 기원전 약 638~기원전 558)은 리디아의 왕 크로이소스가 전쟁에 져 화형에 처해지자 이름을 불러 죽음을 면한 바로 그 아테네의 현자다. 솔론은 고대 그리스 민주주의의 기초를 닦은 인물로 솔론의 개혁으로 잘 알려져 있다. 당시 아테네는 귀족과 평민의 갈등이 심각했는데, 당시의 드라콘법은 평민에게 무척 가혹했으며 사회적으로는 빈부의 양극화가 심했다. 가난한 평민의 가족은 부자의 노예가 되었고, 채무를 갚지 못한 자들 역시 부자의 노예로 전락했다. 이러한 사회적 갈등을 해결하기 위해 기원전 594년 솔론을 집정관으로 뽑아 귀족과 평민의 갈등을 중재할 역할을 맡겼으며, 여기서 나온 개혁안을 바탕으로 새로운 법을 제정했다.

솔론의 개혁에서 가장 중요한 것은 정치 개혁과 부채의 해소다. 우선 기존에 귀족들에게만 있던 참정권을 평민들에게까지 확대했다. 이 참정권은 전쟁에 참여할 권리가 있는 자만이 누릴 수 있는 권리였다. 아무나 전쟁에 참여할 수는 없었는데, 원칙적으로는 무기를 스스로 만들 만한 재력이 있어야만 가능했다. 기본적인 논리 근거는 나라의 운명을 보존할 능력이 있는 자만이 나라의 참정권을 갖는다는 것이었다. 결과적으로 가난한 자들은 정치 참여에서 제외되었다. 솔론의 개혁안은 평민에게 재산의 정도에 따라 차별적이긴 하지만 참정권을 부여하는 것이었다. 연 소득을 기준으로 시민을 4등급으로 나눠 차등적으로 정치에 참여할 권리를 부여했고, 전쟁 참여 시에도 등급에 맞춰 역할을 나눴다.

또 다른 솔론의 주요 개혁은 채무 노예를 해방시키고 부채를 말소, 경감시킨 것이다. 당시 가난한 농부는 자기 자신이나 가족을 담보로 빚을 지고 노역을 통해 되갚기도 했다. 이는 메소포타미아 문명 시대와 별 차이가 없었다. 빚을 갚지 못하면, 자신의 땅을 채권자에게 바치고 농노로 전락하여 경작하고 생산량의 약 1/6을 바쳐야 했다. 총부채가 재산을 넘어서면 농부나 가족이 사실상 노예로 전락했다. 이렇듯 양극화와 채무 노예 문제는 사회 갈등의 요소가 되었다. 솔론의 개혁은 이런 부채 계약을 무효로 하고 사람을 담보로 빚을 지지 못하게 했으며, 노예가 된 모든 시민을 해방시켰다(이러한 점은 기원전 330년경에 아리스토텔레스가 지은 『아테네 헌법Athenaion Politeia』에 명시되어 있다). 이러한 개혁 조치는 무거운 짐을 덜어 낸다는 뜻의 세이삭테이아(Seisachtheia)로 불린다.

솔론의 개혁법은 귀족과 평민의 요구를 적당히 섞어 누구도 흡족하게 하지는 못했지만, 솔론의 동의 없이는 10년간 바꾸지 못하게 못을 박았다고 한다. 솔론은 그 뒤 10년 동안 해외로 떠돌았는데, 그 이유가 법을 바꾸지 못하게 하기 위해서라고 한다. 자신이 아테네에 있으면 사람들이 법을 바꾸라고 종용할 것이니, 차라리 10년간 사라지겠다는 것이다. 그는 이집트와 리디아 등으로 여행했는데, 이때 크로이소스 왕을 만나게 되었다.

솔론의 개혁이 일어났던 상황은 매우 흥미롭다. 그로부터 2000년 전에 메소포타미아 지역에서 일어났던 상황이 그리스에서 그대로 재현되었고, 그 해결책 역시 비슷했다. 부채를 없애고 채무 노예를 해소하는 강력한 정책이었다. 2500년 후인 지금도 이 문제는 해결되지 못했다. 솔론의 개혁을 지금에 빗대면, 이를테면 가난한 사람들의 주택 저당 부채를 말소해 주는 것과 비슷할 것이다. 이 정책을 지금 사용한다면 사유 재산과 계약의 자유에 대한 침해, 도덕적 해이 조장 등의 이유로 많은 경제학자로부터 비판을 받을 것이다. 솔론의 개혁은 고대 그리스 민주주의의 초석을 다졌다. 민주주의는 사유 재산의 부정과 도덕적 해이의 조장과 더불어 시작되었다.

## 아리스토텔레스와 이자

솔론은 크로이소스에게 돈이 행복을 가져다주는 것이 아님을 역설함으로써 리디아보다 아테네가 더 우월하다는 것을 강조하고 싶었는지 모른다. 그러나 현실은 리디아에서 시작된 주화가 그리스로 퍼져 나갔다. 돈이 돌기 시작하면서 시장이 번성해졌으며 돈으로 부채를 얻는 시대가 되었다. 지금도 그렇지만 돈은 돈이 있는 사람이 더 벌게 되어 있다. 돈이 돌면서 상업은 융성해졌지만, 부채 문제는 수시로 다시 발생했다. 솔론으로부터 200여 년이 지난 후 아리스토텔레스는 『정치학Politika』에서 이자 대부업을 혐오하는 글을 남겼다.

돈을 버는 방법에는 두 종류가 있다. 하나는 가정 경영이고, 다른 하나는 상업 거래다. 가정 경영은 필요하고 훌륭한 것이지만, 상업 거래는 적절한 감시가 필요한 교환이다. 왜냐하면 그것은 부자연스러운 것이고, 다른 사람으로부터 이득을 챙기기 때문이다. 그중에서도 가장 혐오스러운 것이 대출 이자인데, 이는 돈 자체로부터 이득을 챙길 뿐이고, 자연스러운 사용으로 이득을 얻는 것이 아니기 때문이다. 돈은 교환의 매개로 쓰고자 만들어진 것이지 이자 증식을 위해 만들어진 것이 아니다. 이자라는 단어는 돈이 돈을 낳는 것으로, 돈이 낳은 새끼를 의미한다. 돈 버는 모든 방법 가운데 가장 부자연스러운 것이다.

메소포타미아 문명에서 이자는 가축의 새끼에서 나온 말이었다. 그리스어에서도 마찬가지로 이자를 뜻하는 토코스(tokos)는 새끼를 의미하는 말이기도 했다. 아리스토텔레스는 이자를 돈의 새끼로 정의하고, 이는 매우 부자연스러운 것으로 혐오스럽다고 표현했다. 가정 경영이라는 말은 한 가족의 집과 관련된 모든 일을 경영하는 것을 의미하는데, 예를 들어 어떻게 하면 가축을 잘 키우고 농사의 수확을 높일 수 있는지 등을 포함한다.
　가정 경영이란 당시 용어로 오이코노미코스(oikonomikos)로 '오이코

(oiko)'가 가정을 의미하며, 지금 우리가 사용하는 경제학(economics)의 어원이다. 오이코노미코스는 집안일이나 기업을 경영한다는 뜻이었는데, 지금의 경제학은 국가, 시장, 기업의 경영에 초점을 맞춘다. 크세노폰은 책 『오이코노미코스』에서 가정 경영, 농업, 남녀 관계 등에 대한 이야기를 소크라테스의 입을 빌려 전개하고 있다.

이자는 돈이 낳은 새끼로, 이는 가장 혐오스럽고 부자연스러운 일이라는 아리스토텔레스의 이 발언은 훗날 매우 큰 영향을 끼친다. 이는 화폐는 새끼를 낳지 않는다는 화폐 불임설(貨幣不姙說, theory of the sterility of money)로 불리는데, 스콜라 철학과 이슬람 철학에도 영향을 미친다. 그리하여 중세 교회와 이슬람교에서 이자를 금지하는 기본 이론으로 작용하게 된다.

### 로마

로마의 부채 문제는 초기 공화정 시대부터 사회적 문제였다. 채무 노예는 넥숨(nexum)이라고 불렸는데, 넥숨 혹은 넥서스(nexus)는 함께 묶여 있는 것을 의미했다. 현대 영어에서도 넥서스는 같이 묶여 있다는 결합의 의미로 사용된다. 채무 노예는 기원전 326년에 포이텔리우스법(Lex Poetelia Papiria)에 의해 원칙적으로 폐지되었다. 이 법은 채무의 담보로 사람을 쓰지 못하고 재산만을 이용할 수 있게 했다. 그러나 부채 때문에 벌어지는 양극화를 막지는 못했다. 이는 계속되는 정복 전쟁과 해외와 속주에서 들어오는 값싼 농산물 때문에 자작농인 평민들이 곤궁해져 갔기 때문이었다. 그에 비해 귀족들은 정복지 노예의 노동을 이용한 대농장 라티푼디움(Latifundium)을 건설하여 부를 불려 나갔다. 원래 정복지의 토지는 국유화하는 것이 원칙이지만, 힘 있는 권력자들은 많은 토지를 사유화했다. 전쟁에 참전했다 돌아온 평민들의 농지는 생산력이 떨어졌고, 그에 따라 평민들은 더 가난해지고 결국은 농지마저 빼앗기게 되었다. 채무 노예의 상태로 전락한 평민들의 상황을 개혁하기 위해 기원전 2세기에 그라쿠스(Gracchus) 형제가 농지 개혁을 시행했으나 귀족의 반발로 실패했다. 또한 기원전 1세기에는 카틸리나(Catilina)가 부채 개혁을 주장했으나 이 역시 실패했다. 갈등으로 내전이 발생하고, 훗날 공화정이 무너지고 제정으로 바뀌는 한 원인이 된다. 기원후 2세기에는 인구의 1/4이 채무 노예가 되었다고 전해진다.

## 중세 유럽

중세 유럽의 사상을 지배했던 스콜라 학파의 대표적인 신학자 토마스 아퀴나스(Thomas Aquinas, 1225~1274)는 아리스토텔레스의 시각을 받아들여 이자를 반대했다.

> 돈은 교환의 수단일 뿐 목적이 아니다. 돈을 빌려 주고 이자를 받는 것은 존재하지 않는 것을 파는 것이며, 이는 정의에 반한다. 포도주를 돈을 받고 팔았는데 포도주를 사용하는 것(마시는 것)에 대해서 또 돈을 받는다면, 이는 두 번 돈을 받는 것이며 자신에게 존재하지 않는 것을 팔고 돈을 받는 것이다. 그와 마찬가지로 돈을 빌리는 것은 돈을 사용하기 위한 것인데, 이자를 요구하는 것은 사용에 대해 또다시 돈을 받는

것과 같다.

이들의 철학은 가난한 소작농과 도시의 빈민들이 돈을 빌린 후 이자를 갚지 못해 죽임을 당하거나 감옥에 보내지는 상황에 대한 반응이기도 했다. 아퀴나스의 철학은 중세 유럽을 지배했던 기독교 철학의 밑바탕이 된다. 나중에 로마의 라테란 궁에서 열린 종교 회의인 제5회 라테란 공의회(1512~1517)에서는 '그 사용으로부터 아무것도 생산하지 못하는 것으로 아무런 노력이나 비용 혹은 위험을 감수하지 않고 얻는 이익'을 고리대(高利貸, usury)로 정의했다. 따라서 이자를 받는 대부는 고리대다. 현대에서는 높은 이자를 받는 것을 고리대로 정의하지만, 중세에서는 돈을 빌려 주면서 이자를 받으면 그 자체가 고리대가 된다. 한편, 이 정의에 따르면 위험을 감수하면 고리대가 아니라는 의미이기도 하다. 이것은 고리대 금지를 우회할 수 있는 실마리를 제공한다. 예를 들어 환어음이나 연금의 방법을 활용하면 확정 이자 지급을 회피하면서도 부채 거래가 가능하다.

기독교의 이자에 대한 금지는 메소포타미아 지역의 채무 노예로까지 그 근원을 찾을 수 있다. 부채와 이자 때문에 고통을 받은 것은 이 지역에서 살던 유대인도 예외가 아니었다. 유대인들의 역사를 기록한 구약성경을 보면 여러 곳에서 고리대를 금지하고 있음을 알 수 있다.

도움이 필요한 이웃에게 돈을 빌려 줄 때에는 그에게 이자를 물려서는 안 된다. (출애굽기 22:25)

그들에게 이자를 받거나 이익을 챙기지 말고, 너의 신을 두려워하라. (레위기 25:36)

그는 이자를 받고 이익을 챙겼다. 그런 사람이 살 수 있을까? 그럴 수 없
다! 그는 이 모든 가증스러운 일을 했기에 죽임을 당할 것이다. 그의 피
가 머리 위에 흐를 것이다. (에즈겔 18:13)

같은 유대인에게 이자를 받지 마라. 돈이든 음식이든 이자가 붙을 수 있
는 그 어떤 것이든. (신명기 23:19)

너희는 이방인에게는 이자를 물릴 수 있으나, 같은 유대인에게는 안 된
다. (신명기 23:20)

신약성경에는 구약성경만큼 명시적이지는 않지만, 예수의 환전상에 대
한 분노가 나타난다.

예수께서 성전에 들어가, 그곳에서 장사하는 자들을 쫓아내시고, 환전
상들의 탁자와 비둘기 장수들의 의자를 뒤엎으셨다. 그리고 그들에게
말씀하시길, '나의 집은 기도의 집이 될 것이다'라고 기록되어 있는데 너
희는 이곳을 강도의 소굴로 만들어 버렸다. (마태 21:12-13)

성경에 명시된 고리대의 금지는 한편으로는 당시에 고리대가 만연해
있음을 방증하는 것이기도 하다.

너는 내 돈을 고리대금업자에게 맡겼어야 했다. 그랬으면 내가 돌아왔
을 때 나는 내 돈에 이자를 덧붙여 받았을 것이다. (마태 25:27)

이러한 시대적 상황은 중세에 이르러 이자 수취를 죄악시하는 제도로 정착

했다. 그리하여 고리대금업자가 사형에 처해진 경우도 있었다. 중세 유럽의 분위기는 이탈리아 피렌체 출신인 단테(Dante Alighieri, 1265~1321)의 서사시 『신곡La Divina Commedia』에 잘 나타나 있다. 『신곡』에서는 사후 세계로 지옥(Inferno), 연옥(Purgatorio), 천국(Paradiso)을 묘

〈단테의 신곡〉(1465)

도메니코 디 미첼리노(Domenico di Michelino)의 프레스코화. 피렌체 산타마리아 델 피오레 성당의 천장에 그려져 있다.

사하고 있는데, 지옥은 총 9개로 나누어져 있다. 단테는 로마의 시인 베르길리우스의 안내를 받고 지옥을 여행한다. 「지옥 편」 17절은 일곱 번째 지옥을 묘사한다. 지옥에는 폭력을 행사한 자들이 머무는데 이는 다시 세 부분으로 나뉜다. 제일 바깥쪽에는 남과 남의 재산에 폭력을 행사한 자들이, 중간에는 자살한 자들이, 제일 안쪽에는 신과 자연에 폭력을 행사한 자들이 있는데, 여기에는 신성 모독자, 동성애자 그리고 고리대금업자가 그들이다. 불타는 사막인 이곳에서 이들은 하늘로부터 떨어지는 불 조각을 맞는다.

> 비탄이 그들의 눈에서 솟구쳐 나오고 있었다. 이쪽저쪽에서 그들은 불꽃과 불타는 먼지를 손으로 털어 내고 있었다. 그들은 벼룩과 파리에 물려 주둥이와 발로 뿌리치려고 하는 한여름의 개와 다름이 없었다.

## 인도와 이슬람 제국 _종교와 이자

### 인도

고대 인도에도 채무 문제에 대한 언급이 있다. 기원전 1000년경, 베다 시대의 성현 바시슈타(Vasishtha)의 저서로 알려진 『아리아의 신성한 법』의 2장에는 다음과 같이 언급되어 있다.

> 브라만과 크샤트리아는 이자를 받고 돈을 빌려 주면 안 된다. 물건을 싸게 얻고 그것을 높은 가격에 팔면 그것은 고리대이며, 이는 베다를 낭송하는 이로부터 저주를 받게 된다. 브라만을 죽인 자의 죄와 고리대금업자의 죄를 비교하면, 브라만을 죽인 자의 죄는 가볍고 고리대금업자의 죄는 무겁다.

베다에 기초를 둔 초기 힌두교는 이렇게 이자를 금하고 있다. 불교에서도 부처의 전생을 우화로 얘기한 『본생경(本生經)』에는 '부채 없는 대상의 우두머리처럼 다니라'는 칭송을 하고, 부채의 고통을 얘기한다. 그러나 불교는 상대적으로 이자에 관대한 모습을 보인다.

기원후 2세기경부터는 사회 통념상 받아들여지는 것 이상의 이자를 고리대로 받아들였다. 2세기까지 완성된 인도 최고(最古) 법전인 마누 법전(Manusmriti, 마누는 인류의 조상이라는 뜻)은 계급, 종교, 도덕, 의례뿐만 아니라 우주의 개벽 등도 기술하고 있다. 인도인의 생활 전체를 규정한 법전으로 총 12장 2684조로 구성되었다. 8장에 대부에 대한 내용이 실려 있는데, 대부를 통해 이자를 받는 것을 허용하며(140조), 카스트 계급에 따라

한 달에 2~5퍼센트까지의 이자를 허용했다(141, 142조). 법에서 정해진 것 이상의 이자 수취는 고리대로 규정해, 그것은 무효가 되었다(152조). 이자를 포함한 총부채가 원금의 5배를 넘지 못하게 규정했다(151조). 유럽이나 이슬람 제국과는 달리 이자를 받는 것 자체를 금지하지는 않았으나, 과도한 부채로 고통받지 않도록 채무 조정과 상한선에 관해서 규정했다.

힌두교나 불교가 이자에 대해 관대한 입장을 보이는 것은 살생을 금지하는 교리 때문에 활성화한 상업에서도 일부 기인한다. 마우리아 왕국의 아소카 왕은 불교를 국교로 받아들이면서 살생을 금하고 스스로 채식주의자가 되었다. 짐승을 사냥하는 것도 중지시켜 사냥꾼과 어부도 고기 잡는 일을 그만두었다고 한다. 초기 불교 경전 중 하나인 『증지부(增支部, Anguttara Nikaya)』의 5권 177조에는 종사해서는 안 되는 사업의 범주 5개를 명시하는데, 무기, 노예, 고기, 마약과 독약에 관련된 사업이 그것이다. 살생과 관련된 일을 하지 못하면서 자연스레 농업이 아니면 상업이 제일 무리 없는 일이 되었다. 그렇게 불교는 왕과 상인의 후원 아래 발전한 종교다.

불교는 지배층의 후원으로 발전했기에, 일반인들에게는 그다지 지지를 얻지 못했다고 한다. 일반인들은 베다를 중심으로 한 종교와 생활인 브라만교(훗날 힌두교로 발전)에 익숙해 있었다. 원래 불교는 엄격한 신분 제도와 다신(多神)을 바탕으로 하는 브라만교에 반하여 평등한 사상과 무신(無神)을 바탕으로 만들어진 종교였다. 그러다 점점 브라만교에 흡수되어 굽타 왕국 시대에는 불교가 아닌 힌두교를 국교로 삼았다. 굽타 왕국 이전인 마우리아 왕국과 쿠샨 왕국(30~325)에서는 불교가 융성했다. 불교의 간다라 양식은 쿠샨 왕국에서 가장 번성했다. 이때에는 또한 상업도 같이 발달했다. 쿠샨 왕국의 문명은 헬레니즘 문명의 영향을 많이 받았다. 서로마 제국의 멸망(476)과 더불어 쿠샨 왕국의 상인 계층이 위축되면서 불교의 위축도 가속화되어 농촌 중심의 힌두교가 불교를 흡수했다. 굽타 왕조에 들어서는 민족 전통적인 힌두교를 중요시했고, 마누 법전이 크게 영향력을 끼치기 시작했다. 훗날 이슬람교가 확장되면서 불교는 더욱 쇠퇴했다.

## 이슬람 제국

기독교와 같은 뿌리를 지닌 이슬람교에서도 이자는 금지되었다. 이슬람 율법은 샤리아(Shariah)라고 불리는데, 이를 구성하는 여러 요소 가운데 가장 중요한 것이 알라신의 말씀인 『쿠란』이다. 그다음으로 중요한 것이 예언자 무함마드의 말과 행동인 『하디스(Hadith)』이다. 『쿠란』과 『하디스』를 바탕으로 유추 해석한 키야스(Qiyas)와 이슬람 율법학자들이 회의를 거쳐 결론을 내린 이즈마(Ijma) 등이 샤리아를 구성한다.

샤리아에서 금지하는 것들을 아랍어로 하람(haram)이라 부르는데, 상업 및 금융 계약 관계에서 금지된 것은 다음과 같다(Swiss Re, 2008).

첫째, 이자 수취의 금지다. 이자는 리바(riba)라고 하는데 돈을 빌려 주고 이자를 받는 것은 금지되었다. 이자 수취 자체가 고리대로 간주되었다. 비록 이자는 받을 수 없어도 수수료를 받는 것은 가능했다.

둘째, 과도한 불확실성이나 불명확한 계약 조건의 금지다. 이는 불확실한 사업을 하지 말라는 것이 아니다. 일방에게 확정적인 수익을 보장하는 것은 다른 일방에게 과도한 불확실성을 부과하는 것이기 때문에 금지하는 것이다. 이자 수취 금지도 넓게 보면 이 조항에서 도출된다고 볼 수 있다. 이 조항의 적용으로 외환의 선물 거래도 금지되는 것으로 해석된다.

셋째, 과도한 위험 부담(risk-taking)이나 도박(maisir)은 금지된다.

넷째, 금지된 사업에 대한 투자도 금지된다. 금지된 사업의 예는 고리대, 게임, 술, 무기 등 부도덕하다고 판단되는 사업을 말한다. 이슬람 율법을 따르는 금융 기관들은 이들 사업에 투자해서는 안 된다.

이것들은 현재의 이슬람 국가에도 적용되고 있다.

『쿠란』에서는 이자 수취를 다음과 같이 금하고 있다.

수라 알 바카라(Sura Al-Baqarah, 소에 대한 장)

[2:275] 그들이 말하기를 "상업은 이자와 같다". 그러나 알라는 상업은 허용하고 이자는 금지했다.

[2:276] 알라는 이자를 파괴하고 자선금을 증대시킨다. 그리고 알라는 죄를 지은 모든 불신자를 싫어한다.

[2:279] 만약 네가 참회하지 않으면, 알라와 그의 사자로부터 고통을 받을 것이다. 만약 네가 참회한다면, 너는 이자를 제외하고 원금만을 가질 수 있다. 그러면 너는 죄를 짓지 않을 것이다.

수라 알리 임란(Sura Ali Imran, 임란의 가족에 대한 장)

[3:130] 믿음을 가진 그대여, 이자를 취하지 마라. 알라를 믿으면 너는 번창할 수 있을 것이다.

무함마드의 말과 행동인 『하디스』에서도 이자를 금지하고 있다.

서로 주고받는 거래가 아니면 금과 금의 교환은 이자다. 서로 주고받는 거래가 아니면 은과 은의 교환은 이자다. 서로 주고받는 거래가 아니면

밀과 밀의 교환은 이자다. 서로 주고받는 거래가 아니면 보리와 보리의 교환은 이자다. 서로 주고받는 거래가 아니면 대추야자와 대추야자의 교환은 이자다.

똑같은 양이 아니면 금을 대가로 받고 금을, 은을 대가로 받고 은을 팔면 안 된다. 그 어느 것도 같은 것을 대가로 받고 더 적은 양을 팔면 안 된다. 지금 존재하지 않는 것을 대가로 받고 존재하는 것을 팔면 안 된다.

『하디스』에는 단순히 이자를 금지한 것뿐 아니라 좀 더 심오한 의미가 내포되어 있다. 서로 주고받는 거래가 아니면 금과 금의 교환은 이자라는 것은 무슨 뜻인가? 존재하지 않는 것과 존재하는 것의 교환은 무슨 뜻인가? 이자는 현물 거래가 아니다. 오늘 돈을 빌리면 미래에 그 돈을 갚는 것이다. 이자는 즉석에서 교환되는 것이 아니다. 나중에 교환되는 것을 금지하는 것은 부채 거래의 본질을 짚고자 했던 것인지도 모른다. 지금 존재하지 않는 것 역시 비슷한 해석이 가능하다. 지금 가지고 있지 않은 돈을 빌려서 미래에 갚는 것의 대가를 지급하는 것, 그것이 바로 이자다.

그런데 이자를 금지했다고 해서 상업이 발전하지 못하는 것은 아니다. 이자라는 확정된 이익을 얻지는 못하지만, 공동으로 이익을 나누는 투자는 장려되었다. 일방에게 과도한 위험을 부과할 수는 없지만, 위험을 공유하는 것은 장려되었다. 『천일야화』에서 상인의 모험이 칭송되었음을 기억하자. 모험과 탐험은 이슬람 제국에서는 자랑스럽고 영예로운 것이었다. 그러한 모험은 항해할 배가 있어야만 가능했고 그 배에는 무역에 필요한 물품들이 실렸다. 이러한 항해와 무역에는 투자자가 있어, 투자자는 돈을 대고 상인은 모험을 한 후 수익을 나눠 가졌다. 투자자는 일정한 이자를 받는 부채 계약이 아니라, 수익을 나눠 갖는 지분 계약을 했다. 부채 계약보다 지분 계약은 위험을 공유하는 기능을 지닌다. 지분 계약하에서는 무역에서 실패하여 빈털터리가 되어도 상인은 투자자에게 빚진 것이 없다. 부채 계약이었다면, 상인은 돈을 갚지 못할 경우 채무 노예의 위치로 전락했을 것이다. 이슬람교의 이자 금지는 투자자와 상인 사이에 위험을 적절히 배분함으로써 상인에게 안전망을 제공했고, 이는 상업의 발달로 이어졌다.

흥미로운 것은 이슬람의 시각이 현대 금융 자본주의의 시각과는 다른 측면을 보았다는 점이다. 예를 들어 현대 금융에서는 선도(forward)나 선물(futures) 거래를 위험을 줄이는 헤징(hedging, 금융에서 투자 위험을 줄이는 것을 말함)의 방법으로 생각한다. 선도 선물 거래는 미래의 거래 가격을 미리 정해 놓는 계약이므로, 미래 가격의 변동성, 즉 위험으로부터 보호받을 수 있는 계약이다. 그런데 선도 선물 거래를 살펴보면 사실 거래의 일방에게는 위험을 헤징하는 것이지만, 상대방은 위험에 노출되는 것이다. 다행히 거래의 일방이 판매가를 고정하고 싶어 하고 상대방은 구매가를 고정시키고 싶어 하면 동시에 위험이 헤징되겠지만, 항상 그렇지는 않다. 많은 경우에 위험을 감수하는 투기자(speculator)가 있어야 위험 헤징의 기능이 원활히 돌아간다. 즉, 한쪽의 위험이 다른 쪽으로 전가되는 것이다. 상대방에 대한 과도한 위험 전가는 이슬람교의 시각에서 보면 금지해야 할 근거가 될 것이다.

또 다른 흥미로운 예는 보험이다. 보험 역시 위험을 줄이는 수단으로 인식된다. 그러나 이 또한 보험을 제공하는 보험자의 입장에서는 위험을 안는 것으로, 위험이 증가되는 것이다. 더욱이 그 위험은 보험자와는 직접적인 관계가 없는 위험이니, 보험자의 입장에서는 도박에 가까운 것이라 할 수 있다. 따라서 이슬람교의 시각에서는 금지할 여지가 있는 것이다. 자본주의 사회의 보험 주식회사 형태는 이슬람 율법에 어긋나는 형태다. 한편 보험의 순기능이 무시되지는 않기에, 위험을 공유한다는 정신이 있으면 허용되어 사회보험이나 상호회사 형태의 보험은 용인된다. 그런데 보험을 도박으로 보는 입장은 이슬람권뿐만이 아니라 로마와 중세 유럽에서도 발견된다. 보험이라는 도박이 심해져 사회적 문제가 됨에 따라 생명보험 판매를 금지하는 경우도 있었다.

## 이자의 부활

중세 유럽의 고리대 금지는 16세기에 이르러 언어는 물론이고 종교개혁이라는 시대적 흐름에서도 허물어지기 시작했다. 이자(interest)의 어원인 중세 라틴어 '인테레세'는 법률 용어로서 이자가 아니라 손해에 대한 보상이라는 의미로 사용되었다. 예를 들어 채무자가 정해진 기한까지 돈을 갚지 못하면, 그 이후에 발생하는 손실에 대해 보상한다는 의미였다. 이자는 교회법으로 금지되었기에 이자라는 용어를 사용할 이유가 없었다. 그러다가 전통적인 교회의 힘이 무너지는 16세기에는 보상의 의미가 확대되면서, 돈을 빌려 쓰고 갚아야 하는 이자의 의미로 바뀌었다.

한 걸음 더 나아가 인테레세는 사람이나 국가의 덕성을 묘사하는 말로 사용되면서 사랑이라는 의미로도 쓰였다. 그 효시로 피렌체의 정치가인 프란체스코 귀치아르디니(Francesco Guicciardini, 1483~1540)를 든다. 마키아벨리의 친구이기도 했던 그는 "사람은 이기적이며, 이기심 때문에 명예를 유지하고 찬양받을 일을 한다"라며 이기심과 공공의 이익을 연결했다. 이는 훗날 애덤 스미스가 『국부론』에서 강조한 이기심 찬양과 별반 다르지 않다. 귀치아르디니는 비록 긍정적인 이기심과 부정적인 이기심을 구분하여 사용했으나, 그 뒤로 이기심(self-interest)은 자기 사랑(self-love)과 혼동되어 사용되었다(Weststeijn, 2010).

이자를 뜻하는 interest와 사랑을 뜻하는 love가 혼용되어 쓰인다는 것은 기존 기독교의 가르침에서는 상상할 수 없는 일이었다. 이자는 지옥을 의미했고, 사랑은 천국을 의미하는 것 아니었던가? 지옥과 천국을 같다고 여길 수 있단 말인가? 이런 극적인 변화는 16세기에 있었던 큰 변혁과 무관하지 않다. 그 변혁은 다름 아닌 종교개혁이었다.

중세 교회의 고리대 금지는 16세기 종교개혁과 함께 무너지기 시작했다. 종교개혁은 1517년 독일의 마르틴 루터(Martin Luther)가 로마 기독교회의 부패를 비판하는 95개조 반박문을 발표하면서 시작되었다. 당시 교회는 죄를 지은 사람에게 신의 형벌을 면하게 해 준다는 면죄부를 강제로 팔기까지 했다. 스위스 지역에서는 울리히 츠빙글리(Ulrich Zwingli)와 그 뒤를 이어 장 칼뱅(Jean Calvin)이 기존의 기독교를 비판했다. 이리하여 기존의 기독교인 로마 가톨릭과는 차별을 둔 새로운 기독교인 개신교(Protestantism)가 만들어졌으며, 성경과 복음을 중시했다. 칼뱅에서 비롯된 칼뱅주의는 개신교의 주류로 자리 잡는다.

성경에서 금지하는 이자 수취는 개신교의 지도자들로부터도 부정당한다. 루터는 「거래와 고리대에 대해서(Von Kauffshandlung und Wucher)」 (1520)에서 고리대를 비판했다. 루터는 당시 독일에서 이용되던 친스카우프(Zinskauf)라는 금융 기법에 대해 비판했다. 친스카우프는 구매자가 판매자에게 구매 가격으로 일정한 돈을 지급하고, 판매자는 반대급부로 구매 가격의 일정 비율을 매년 환급해 주는 계약이다. 이 일정 비율을 친젠(Zinsen)이라고 했는데, 현대 독일어에서 이자의 뜻으로 쓰인다. 친스카우프는 일종의 연금 계약이다. 구매자는 연금 가입자가 되는 셈이며, 판매자는 연금을 지급해 주는 금융 회사로 생각할 수 있다. 구매 가격은 납부금(일시납 보험료)으로 볼 수 있다. 친스카우프는 또한 대부의 한 형태로도 생각할 수 있다. 판매자는 구매자로부터 돈을 빌리고 무한히 조금씩 갚아 나간다. 무한히 지급되는 연금에서 매년 지급되는 부분인 친젠은 이자에 해당한다. 루터는 친스카우프를 거래를 가장한 고리대로 규정하고, 기독교에 위배된다고 비난했다. 그런데 루터가 교회법이 용인하는 4~6퍼센트의 이자는 허용한다고 쓴 걸 보면, 당시에 이미 약간의 이자는 허용이 된 듯하다. 어찌 됐든 성경과 중세 교회가 금지했던 이자가 허용되고, 6퍼센트 이상의 이자만을 고리대로 봤다는 점은 중요한 사고의 전환이다.

칼뱅은 1545년 친구인 제네바 은행가 클로드 드 자킨(Claude de Sachin)에게 보낸 편지에서 이자를 금지하는 성경 구절은 상황에 따라 다르게 해석되어야 한다며 이자 수취를 옹호했다. 아리스토텔레스의 화폐 불임설에 대해서도 반대 뜻을 나타냈다. 그는 5퍼센트 정도의 이자는 용인되어야 한다고 주장했다. 물론 돈이 절실히 필요한 사람에게는 이자 없이 빌려줘야 하며, 가난한 사람을 착취하는 것에 대해서는 반대했다. 칼뱅이 고리대를 옹호한 것은 아니었으나, 이자 자체를 고리대를 보았던 과거와는 달리 과도한 이자만을 고리대로 보았다. 이는 보다 현실적인 시각이라 할 수 있으며, 이제 유럽은 고리대를 허용하는 세상으로 한발 다가간 것이었다.

칼뱅주의는 네덜란드, 스코틀랜드, 영국으로 전파되었으며, 영국에서 미국으로 건너간 청교도 역시 칼뱅주의를 따르는 신교다. 훗날 자본주의가 발달하는 곳이 바로 이들 지역임을 생각하면 칼뱅주의가 자본주의와 관계가 있음을 짐작하게 해 준다. 이것이 막스 베버(Max Weber)가 『개신교 윤리와 자본주의 정신Die Protestantische Ethik und der Geist des Kapitalismus』 (1904~1905)에서 주목했던 점이다. 개신교, 특히 칼뱅주의는 시간과 돈의 가치 그리고 직업윤리와 이익 추구에 대한 종교적 근거를 제공했다. 바로 자본주의가 필요로 하던 것들이었다. 베버는 청교도 정신이 자본주의와 어떻게 결합했는지를 보여 주는 예시로 미국의 벤저민 프랭클린(Benjamin Franklin)의 격언과 글을 인용했다.

시간은 돈이다. 하루에 10실링을 벌 수 있는 사람이 반나절을 일하지 않고 허비하면서 6펜스를 쓴다면, 그가 쓴 6펜스만 비용이 아니다. 반나절 동안 벌지 못한 5실링 또한 그가 쓴 비용이다.······ 신용은 돈이다. 만약 내가 어떤 이로부터 돈을 빌리고 기한이 넘게 갚지 않는다면, 이는 마치 내가 그로부터 그 기간에 해당하는 이자를 받고 있는 것과 같다.······ 돈은 점점 더 번성하는 성질이 있다. 돈은 돈을 낳고 그 돈은 더욱 많은 돈을 낳는다.

이 프랭클린의 말은 지금의 경제경영학이 늘 사용하여 친숙한 내용이다. 현대 경제경영 용어로 바꾸면, 벌지 못한 5실링은 기회비용(opportunity cost)이며, 돈을 빌려 주면 그 기회비용은 시간의 가치(time value)이고, 이는 이자로 계산된다. 시간이 흐르면 이자는 복리(compound interest)로 계속 불어난다.

프랭클린의 말은 성서와 중세 교회가 가르쳤던 말과 정확히 반대다. 성서와 중세 교회에서는 이자를 받아서는 안 되고, 돈은 새끼를 낳지 않는다고 했다. 이제, 개신교의 시각에서 이자가 당연시되고 돈이 새끼를 낳기 시작했다. 루터와 칼뱅의 이자에 대한 재해석은 유럽으로 번져 나갔다.

영국의 철학자 프랜시스 베이컨(Francis Bacon)은 그의 『수상록Essays』, 「고리대에 대한 수필(Of Usury)」(1625)에서 고리대를 허용해야 한다고 주장했다.

> ……몰인정함을 근거로, 고리대는 허용되어야 하는 것이다. 돈은 빌려 주기도 하고 빌리기도 해야 하는데, 사람들은 몰인정해 공짜로 돈을 빌려 주지 않으므로 고리대는 허용되어야 한다.…… 돈이 필요한 사람이 이자를 지급하면 돈을 쉽게 빌릴 수 있으나, 이자가 없어서 돈을 아예 빌리지 못하면 그 사람은 큰 곤경에 처할 것이다. 이자는 그 사람을 조금씩 갉아먹긴 하지만, 돈을 빌리지 못할 경우에는 그는 재산을 처분해야 할 것이며, 그러면 시장은 그를 집어삼킬 수 있다.

애덤 스미스도 『국부론』에서 고리대를 옹호했다.

> 이자는 차입자가 돈을 빌려 씀으로써 얻을 수 있었던 이익으로부터 대출자에게 지급하는 보상이다. 이익의 일부는 당연히 위험을 감수하고

돈을 빌려 쓴 차입자에게 돌아가지만, 이익의 또 다른 일부는 그런 이익
을 얻을 기회를 제공한 대출자에게도 돌아간다.

영국의 철학자 제러미 벤담(Jeremy Bentham)의 『고리대 옹호*Defense of Usury*』(1787)는 애덤 스미스에게 보낸 편지를 모은 것인데, 다음과 같이 고리대를 옹호한다.

고리대는 법이 허용하는 것 이상이거나 혹은 일반적인 경우보다 높은 이자를 받는 것을 말한다. 순진한 사람은 돈을 빌리는 경우보다 물건을 사는 경우에 더 자주 사기를 당한다. 5퍼센트의 이자율은 일반적으로 허용하자.

기막힌 반전이 일어났다. 고리대는 사람을 착취하는 사악한 것이었고 빚을 갚지 못한 사람은 보호해야 하는 대상이었으나, 이제는 고리대를 주지 않으면 나쁜 사람이 되고 빚을 갚지 않는 사람은 남의 돈을 빼앗는 사람이 되었다. 그렇게 자본주의의 시대가 열렸다. 17세기 초 네덜란드와 영국에서 주식회사가 첫 선을 보였는데, 이 회사에 투자한 채권자들은 이자를 약속받았다.

## 부채와 지폐

지폐의 기원은 어음이다. 어음은 지급을 약속한 부채 증서다. 9세기 초 당

에서는 상인과 세금 징수원이 비전이라는 어음을 가지고 다니면서 지급의 수단으로 사용했으며, 중세 시대의 이슬람 제국에서는 환어음과 수표 등의 어음이 화폐 역할을 했다. 북부 이탈리아의 피렌체와 베네치아 등의 도시들도 환어음을 발행했다. 우리나라도 고려 말 저화라는 어음을 사용했다. 사실 어음은 상인들 사이의 거래가 빈번해지면 자연스럽게 나오는 것이다. 거래가 빈번해지고 거래량이 많아지면, 무거운 동전을 주고받는 것보다 간단히 종이에 적어서 채권 채무 관계를 표시하면 더 편하고 안전하기 때문이다.

유럽의 경우 환어음은 고리대의 비난을 회피하는 수단으로도 사용되었다. 특히, 환어음에서 다른 나라 통화로 지급하도록 하고 환전 수수료를 받음으로써 이자 수취를 우회할 수 있었다. 이 수수료는 환위험(다른 나라의 통화가 환율 변화에 따라 가치가 변하는 위험을 말함)을 떠안아야 하는 것에 대한 대가였으므로 이자로 간주하지 않았다. 이런 의미에서 보면 이슬람 제국과 중세 유럽의 이자 금지는 상업의 발전을 저해했다기보다는 환어음의 발행과 상업의 발달에 기여했을지도 모른다.

지폐는 그렇게 부채에서 시작되었다. 돈을 빌리고 발행한 차용증이나 돈을 보관하고 발행한 보관증은 화폐의 역할을 했다. 물론 화폐의 역할을 하기 위해서는 하나의 조건을 더 충족시켜야 했는데, 그건 바로 신용이었다. 언제든지 그 발행인에게 가서 보여 주면 진짜 돈을 받을 수 있다는 신용. 이 신용이 부여되면 그 차용증이나 보관증은 지폐로 사용되었다.

한 나라에서 가장 큰 신용을 갖는 존재는 정부다. 결국 정부가 지폐를 발행하고 독점하기 시작했다. 근대적 국정 지폐 발행의 원형이 되는 영국의 경우, 정부는 영국은행으로부터 차입하고 국채를 발행했다. 영국은행은 이 국채를 근거로 지폐를 발행하고, 그 지폐는 대출되어 시중에서 화폐로 순환된다. 은행은 지폐의 소지자에게 그 가치만큼을 갚아 주어야 하는 채무를 안는다. 이러한 초기 영국은행의 방식은 현재의 미국 연방준비제도에서 이어진다. 중앙은행이 정부 기관인 경우에 정부가 별도로 차입하는 절차를 따를 필요는 없지만, 지폐가 중앙은행의 부채로 기록되는 것은 마찬가지다. 중앙은행의 부채인 지폐는 은행이나 정부를 통해서 일반인에게 흘러가 지폐의 소지자는 중앙은행에 대한 채권자가 된다. 그런데 이 지폐에는 이자가 없다. 정부가 발행하는 화폐 채무에는 이자 금지라는 중세의 가르침이 지켜지고 있다. 사실상 이 부채는 이자뿐 아니라 원금도 갚을 필요가 없다. 원금을 갚으면 더 이상 화폐 역할을 하지 못한다. 지폐란 원금과 이자 모두 갚을 필요가 없는, 이상한 부채인 것이다.

## 부채와 연금

국가 혹은 정부의 부채인 국채(國債)는 전쟁과 깊은 관련이 있다. 많은 정부의 빚이 전쟁 자금을 조달하기 위해 생긴 것이기 때문이다. 국채의 기원은 명확하지 않지만, 13세기 베네치아에서 전쟁 자금을 모집하기 위해서 시민들에게 강제로 채권을 판매한 데서 기원했다고 한다(Goetzman and Rouwenhorst, 2005). 이때의 국채는 정부가 시민들로부터 세금을 미리 받는 형태로 인식되었고, 미리 받는 대가로 5퍼센트의 수수료를 지급했다고 한다(이자는 아니므로 교회법에 위배되지 않았다). 이렇게 형성된 국채 발행과 국채 시장은 유럽 전역으로 확대되었다. 베네치아 국채는 세금을 미리 받는다는 개념이었으나, 영국은행의 설립 과정에서 볼 수 있듯이 나중에는 정부가 실제로 돈을 빌린다는 개념으로 변모했다.

한편, 국가가 연금의 형태로 차입금을 갚는 방법이 쓰이면서 공적 연금이 시작되는 계기가 되었다. 고리대를 금지하는 교회법은 의도하지 않게 연금의 발전을 촉진했다. 교회법 때문에 중세의 유럽 정부는 일반인에게 이자를 지급할 수 없어 돈을 빌리는 게 쉽지 않았다. 이를 우회하는 방법이 바로 연금의 형태로 차입금을 갚는 것이었다. 연금은 일정한 금액을 사망 시까지 받는 계약으로 원래 보험의 한 종류다. 연금은 사망 시점을 알 수 없고 또한 사망할 때까지의 소득에 대한 불확실성이 있기에 그 소득 위험을 보상해 주는 것이다. 위험을 감수하면 교회법에서 금지하는 고리대에 해당하지 않기 때문에, 연금의 형태로 돈을 갚아 나가면 원금보다 더 높은 금액이 지급되어도 이자로 간주하지 않는다. 이렇게 시작한 정부의 연금 제도는 나중에 공적 연금으로 발전하게 된다. 우리나라 국민연금의 기원도 따져 보면 여기에서 비롯된 것이라 볼 수 있다.

그런데 연금이든 일반적인 보험이든 그 가격을 제대로 결정하기는 쉽지 않다. 그 어려움의 원천은 바로 불확실성이다. 보험은 본질적으로 위험을 대비하는 것이기에 위험을 가치에 반영해야 한다. 그러기 위해서는 확률과 통계 지식이 필수적이다. 그러나 확률과 통계는 17세기 중반 이후가 되어서야 수학적으로 정립되기 시작한다. 따라서 그전에 존재한 연금이나 보험의 가격은 그저 주먹구구식이었다. 보험이나 도박이 큰 차이가 없었던 것이었다.

17, 18세기 당시 유럽 정부의 연금 부채 중 흥미로운 방식으로 톤틴 (tontine)이라는 것이 있다. 톤틴은 이 방식을 개발한 이탈리아의 은행가

인 로렌초 데 톤티(Lorenzo de Tonti)의 이름을 따서 붙인 이름이다. 톤티는 1653년 프랑스 정부에 이 방식을 제안했다가 퇴짜를 맞았다. 톤틴 연금이란 이자(연금) 총지급액을 정해 놓고, 이 금액을 채권자 중 이자 지급 당시 생존해 있는 사람에게 나눠 주는 방식이다. 따라서 생존해 있는 연금 수급자 수가 적을수록 한 사람당 더 많은 이자를 받는다. 예를 들어 총 100억 원의 부채를 연리 8퍼센트에 100명한테 각각 1억씩 빌렸다고 가정해보자. 그러면 매년 총이자는 8억 원이 되는데 채권자가 100명 모두 생존해 있으면 각 채권자는 800만 원을 받지만, 단 한 명만 생존해 있으면 그 사람이 8억을 다 받는 구조다. 따라서 다른 연금 수급자가 빨리 죽을수록 생존자는 더 많은 연금을 받게 되기 때문에, 도덕적 해이와 사회적 위화감을 조성하기도 했다. 그 결과 18세기 말이 되면서 국가의 차입 방식으로는 쓰이지 않게 되었다. 당시에는 앞으로 생존 기간이 제일 길다는 이유로 대여섯 살 여자아이가 연금 수급자로 인기가 있었다고 한다.

톤틴 방식은 1670년대 네덜란드에서 처음 채택되었고, 곧이어 프랑스와 영국에서도 이용되었다. 1689년 프랑스 왕 루이 14세는 군대 양성과 전쟁 자금을 조성하려고 톤틴 방식으로 국채를 발행했다. 영국 왕 윌리엄 3세도 1693년 프랑스와의 전쟁 자금으로 톤틴 방식의 국채를 발행했으나, 신용이 낮아 충분한 자금을 빌리는 데 실패했다. 이 실패는 결국 영국 은행을 설립하는 계기가 되었다.

톤틴 방식의 연금이 도덕적 해이와 사회적 위화감을 조성하는 문제가 있음에도 18세기까지 정부의 자금 조달 방법으로 사용된 이유는 정부의 입장에서 어느 정도 불확실성을 줄여 주는 장점이 있기 때문이었다. 즉 지급해야 하는 이자 총액이 마지막 한 명이 죽기 전까지는 사전에 확정된다는 것이다. 불확실성을 측정하는 보험 수리 방법이 제대로 개발되지 않았기에 이런 방식은 나름의 장점이 있었다.

* * *

　인류가 공동생활을 했을 때부터 사람들은 누군가에게 마음의 부채가 있었다. 사유 재산의 개념이 생기면서 이 마음의 부채는 금전적 부채로 전환되었다. 금전적 부채 관계는 내 것과 남의 것을 구분하는 나와 남 사이의 관계다. 인류의 역사에서 금전적 부채가 점점 더 중요한 역할을 하게되었다는 것은 사람들이 우리에서 남남으로 점점 더 멀어진다는 뜻일 수도 있다. 다른 한편으로는, 폭력적인 관계를 순화시키는 면이 있을 수도 있다. 남의 것을 가지려고 폭력으로 빼앗을 수도 있으나, 부채 관계가 그러한 폭력을 대체해 왔던 측면이 있을지 모른다. 부채는 가까운 우리는 남으로 만들었지만, 원래 남이었던 사람과의 폭력은 줄여 주었던 것일까?
　비록 부채가 직접적인 폭력을 쓰는 것을 막는 방편일 수는 있으나, 다시 생각해 보면 그것은 빛을 제대로 갚을 수 있다는 전제에서만 그러하다. 인류의 역사에서 가난한 농민과 시민은 언제나 부채에 시달려 왔고, 그 결과는 폭력과 별반 다르지 않았다. 직접적 폭력이 합법의 옷을 쓴 폭력으로 바뀌었다고 고통이 사라지는 것은 아니다. 많은 경우 부채는 폭력을 행사하기 위한 정당화의 방편으로도 쓰였다. 그래서인지 부채 문제는 전쟁과 폭력의 시기에 더욱 심각했다. 아마도 폭력이든 부채 문제든 그 본질에는 인간의 욕망이 있기 때문에 발생하는지도 모른다. 폭력과 부채를 분리하는 것이 별 의미가 없을지도 모른다.
　인류는 문명의 태동기부터 부채 문제를 해결하고자 노력했고, 이는 정치, 종교, 철학을 통해서 반영되었다. 그러나 지금 우리가 사는 자본주의는 그러한 노력을 부정하면서 세상에 등장했다. 자본주의란 시장과 부채의 확대를 추구한다. 시장과 부채는 공통점이 있다. 둘 다 남남 사이의 관계라는 것이다. 따라서 자본주의가 확대되어 시장과 부채가 더 광범위하게 적용된다는 것은 더 많은 사람이 남남이 된다는 것이다. 지금은 부채가 없는 것은 능력이 없는 것으로 간주하기까지 한다. 예전에는 돈이 없어 돈을 빌렸으나, 지금은 더 많은 돈을 벌기 위해 돈을 빌린다. 예전에 자본가는 돈을 대출해 주는 사람이었으나, 이제는 자본가가 더 많은 부채를 지고 자랑스러워한다. 경영 대학에서는 부채가 많아야 세금을 덜 내어 가치를 올릴 수 있다고 가르친다. 이제는 부채 문제를 해결하기 위해서 부자의 부채와 서민의 부채를 구분할 필요가 있을지도 모른다.

자본주의는 처음부터 부채를 기반으로 쌓아 올린 제도다. 영국은행의 경우가 그 효시로, 자본가가 정부에게 자금을 빌려 주고 그를 바탕으로 독점적인 지폐를 발행하면서 본격적인 자본주의가 시작되었다. 부채를 바탕으로 부채를 발행한 것이다. 『파우스트』에서는 미래에 채굴할 땅 밑의 황금을 담보로 지폐를 발행해 돈을 빌렸다. 우리는 지금 미래에 얻게 될 소득을 담보로 돈을 빌려 그 돈으로 집을 사고 필요한 비용에 충당한다. 경제는 그렇게 부풀려진 신용을 바탕으로 돌아가고 가격 역시 그에 맞춰 형성된다. 역으로 이것이 의미하는 것은 부채가 없으면 생활하기 힘들다는 것이다. 부채가 없이 적절한 집을 살 수 있는 사람이 몇이나 될 것인가? 부채 없이 사업을 하는 것 또한 어렵다. 더욱이 부채에 대한 의존도는 금융 혁신을 통해 가속화되고 있다. 2008년 금융 위기의 실마리가 되었던 주택담보부증권과 같은 금융 혁신(증권화)은 미래의 현금 흐름을 담보로 증권을 발행해 그 금액을 미리 챙기는 수단이다. 이러한 방법은 더 많은 부채를 발행하고 시장에 뿌리는 결과를 가져온다. 결국 금융 혁신은 더 많은 부채와 더 많은 시장 거래를 지향하는 자본주의적 수단이다.

지금 우리가 유지하고 있는 부채 제도하에서는 누군가는 부도가 나게 되어 있다. 화폐 부채는 이자를 포함하여 화폐로 갚아야 한다. 만약 총화폐량이 이자만큼 증가하지 않는다면, 원칙적으로 누군가는 부도를 낼 수 있다. 화폐량이 이자 이상으로 증가한다고 해도 그 화폐가 골고루 분배되지 않으면 역시 누군가 부도를 낼 것이다. 빚을 갚지 못하는 사람을 능력이 모자라거나 과욕을 부렸다고 욕할 수 있다. 사실 그럴 수도 있다. 그러나 문제는 아무리 노력해도 누군가는 부도를 낸다는 점이다. 경마장에서 경주하는 말이 열심히 달리지 않아서 꼴찌를 할 수 있다. 그러나 근본적인 문제는 아무리 모든 말이 열심히 달려도 누군가는 꼴찌를 한다는 것이다. 부채는 부도를 필연적으로 수반한다. 『파우스트』에서 지폐 발행의 담보였던 황금이 땅 밑에 진짜 존재한다는 보장이 없고, 미래 소득이 예상대로 벌릴 것이란 보장도 없다. 현재의 경제가 부채를 기반으로 돌아가고 있고 점점 더 확대된다는 사실은, 누군가는 채무 문제로 곤경에 처해 있고, 또 언제든 경제와 금융의 위기가 다시 일어날 것이라는 점을 시사한다.

Chapter 6

---

# 부채와 세금

## 동아시아

---

부채 문제는 동서고금을 막론하고 왕조나 국가의 존립을 위협하는 요소로 작용했다. 가난한 사람들의 채무는 그들과 가족을 채무 노예로 전락시켜 비참한 생활을 하게 만들었으며, 이런 사람이 많아지면 사회는 불안해졌다. 부채 문제는 노예 해방이나 채무 말소 등의 방법으로 해결하거나, 중세 유럽이나 이슬람 제국에서 보듯이 이자 금지라는 처방이 내려지기도 했다. 이에 비해 동아시아에서는 토지 제도와 조세 제도를 중심으로 정책이 시행되었고, 이자가 적극적으로 금지되지는 않았다. 주요 정책과 수단의 차이는 있으나 동아시아 역시 심각한 부채 문제가 발생했으며, 그 해결 노력도 큰 틀에서는 서아시아나 유럽과 별 차이가 없었다.

## 중국: 왕조의 흥망을 가르는 부채

중국 역사에서 부채와 양극화는 언제나 왕조의 흥망을 가르는 최대 문제였다. 이 문제는 또한 중국의 토지 제도 및 세금 제도와 궤를 같이한다. 중국이 전통적으로 이상형으로 삼는 토지 제도는 정전제(井田制)인데, 이는 유교에서 이상적인 나라로 여기는 주(周)에서 시행한 제도다. 『맹자』「등문공(騰文公)」편에는 등문공과 맹자가 정전제와 조세 제도에 대해 문답을 한 내용이 나온다. 이에 따르면 정전제는 토지를 우물 정(井)자 모양으로 나눠, 가장자리의 여덟 조각에 해당하는 땅은 각자 농사를 짓고, 가운데 부분은 공동으로 경작하여 정부에 세금으로 바치는 제도였다. 정전제는 원칙적으로 토지를 공유하는 기초 위에서 작동하는 제도이다.

이러한 공유제는 춘추 전국 시대에 와서 무너지기 시작한다. 특히 전국 시대는 철기가 무기 제조와 농업에 사용되면서 전쟁이 심해지고, 농업과 상업이 발전하는 시기이기도 했다. 전쟁과 농업의 발전은 토지의 사유화를 심화시키고 상공업의 발달로 이어졌다. 씨족 중심의 공동체가 해체되고 가족 중심의 사유 재산 체제로 옮아가게 되었다.

한(漢)에 들어서는 토지에 부과하는 전조(田租, 생산량에 비례해서 부과함)가 있었고, 사람마다 부과하는 인두세, 재산에 부과하는 재산세가 있었다. 한은 상업을 억제하는 정책을 써서 상인들에게는 무거운 재산세를 부과했다. 그러나 농민층은 세금과 부역 등으로 피폐해졌고, 상인의 고리대까지 겹쳐 몰락을 부추겼다. 토지는 귀족층과 대지주인 지방 호족의 소유로 편중되었다. 왕망(王莽)이 세운 신(新, 8~23)은 유교에 바탕을 둔 개혁을 하는데, 정전제를 따른 왕전제(王田制)를 실시했다. 왕망은 모든 토지를 국가 소유로 하고 이를 백성에게 고루 분배하고자 했으나, 귀족들의 반대에 부딪혔다. 또한 노예의 매매를 금지해 농민이 노예가 되는 것을 막으려 했다. 하지만 왕망의 개혁은 귀족과 호족의 반대로 실패하고, 곧 후한(後漢)이 세워진다. 후한 시대에는 호족의 세력이 점차 강해져 토지가 집중되면서 농민은 더욱 몰락한다. 몰락한 농민들은 황건적(黃巾賊)이라는 도적

떼로 세력화하여 결국 한이 멸망하는 기폭제가 되었다.

수(隋)와 당(唐)에서는 북위(北魏)에서 시작된 균전제(均田制)가 시행되었다. 균전제란 토지를 백성에게 균등하게 나눠 준다는 뜻으로, 모든 토지는 국가 소유이며 대토지의 소유는 억제된다. 세금 제도는 조용조(租庸調)라는 대표적인 고대 제도가 정착된다. 조(租)는 토지에 대해 부과하는 세금으로 곡식으로 내는 전세(田稅)인데 요즘의 소득세에 해당한다. 용(庸)은 나라를 위한 부역을 의미하고, 조(調)는 가구당 부과하는 호세(戶稅)로서 일종의 재산세인데 특산물 등을 바치는 공납을 말한다. 균전제와 밀접한 관계를 지닌 제도가 부병제(府兵制)인데, 농번기가 끝나면 농민들은 군사 훈련을 받았고 유사시에는 전쟁에 참여했다. 농민들은 농지를 받고 그 대가로 세금 납부와 병역의 의무를 지는 체계였다.

그러나 당의 제도는 인구 증가, 상업 발달, 정치 혼란 등으로 문란해졌다. 귀족들이 농민의 토지를 겸병하여 사유화했고, 많은 농민이 소작농이 되면서 균전제는 무너졌다. 자작농에 바탕을 두었던 부병제 또한 무너지게 되어 모병제로 바뀐다. 안사의 난(755~763) 이후 조용조는 결국 폐지되고, 소유 재산에 따라 세금이 부과되는 양세법(兩稅法)으로 단일화되었다. 상인에게는 매출액에 따라 세금이 부과되었고, 세금은 돈으로 냈다. 양세법은 여름의 하세(夏稅)와 가을의 추세(秋稅)로 두 번 납부했기 때문에 붙은 이름으로, 오랫동안 유지되어 명까지 이어졌다.

명도 기본적으로는 양세법을 유지했는데, 여름과 가을에 현물인 농산물로 세금을 냈고, 여기에 여러 부역이 복잡하게 덧붙었다. 이후에 이를 간소화하여, 두 번의 세금은 은화로 환산하여 토지에 일괄 부과되었고, 부역 역시 장정의 수에 맞춰 은화로 환산되어 부과되었다. 이를 일조편법(一

條鞭法)이라 했으며, 세금은 동전이나 은화로 납부했다. 이 제도는 청에서도 시행되다가 지정은제(地丁銀制)로 바뀐다. 일조편법하에서 장정의 수에 맞춰 부과하던 세금이 지정은제하에서는 토지에 부과하는 형태로 바뀐 것이다. 이로써 토지만이 과세의 대상으로 바뀌었다. 명이나 청이 토지 중심으로 세제를 바꾼 이유는 귀족들의 횡포와 더불어 세금과 부역 부담이 늘어나자 농민들이 집을 버리고 떠돌거나 호구 조사를 피하여 정부의 세수가 줄어들었기 때문이다. 이러한 세제의 변화는 기득권의 반발이 동반되었다. 모든 세금이 토지를 기준으로 하면서 대토지를 소유한 귀족이나 대지주에게 많은 세금이 부과되었기 때문이다.

중국 주요 왕조의 몰락은 농민층의 반란과 연관이 있다. '왕후장상의 씨가 따로 있나'라는 말로 유명한 진승(陳勝)과 오광(嗚廣)의 난은 진(秦)을 무너뜨린 계기가 되었다. 한은 황건적(黃巾賊)의 난으로, 당은 황소(黃巢)의 난으로, 원은 홍건적(紅巾賊)의 난으로, 명은 이자성(李自成)의 난, 청은 태평천국(太平天國)의 난으로 무너져 갔다. 현재의 중국을 건설한 중국 공산당의 기반 역시 농민이었다. 시대는 달라도 농민층 반란의 근본 이유는 비슷하다. 귀족, 호족, 부자들은 권력과 재산을 이용하여 토지를 늘린다. 일반 농민은 과중한 세금, 부채와 고리대 때문에 토지를 잃고 소작농으로 전락하거나 농사를 포기하고 산속에 들어가거나 도적 떼가 되거나 반란 세력에 합류한다.

농민이 땅을 포기하는 데는 고리대가 중요한 역할을 했다. 각 왕조마다 이자를 제한하는 법을 마련하곤 했으나, 큰 실효를 거두지는 못했다. 청의 예를 보면, 이자는 연 20~24퍼센트가 보통이었고, 연 120퍼센트의 고리대도 있었다고 한다(Isett, 2006). 물론 청에도 이자 제한법은 존재했다. 이자는 한 달에 3퍼센트(연 36퍼센트)를 넘지 않아야 하며, 이자 총액이 원금보다 크면 안 되고, 폭력에 의한 대출 회수를 금했다. 그러나 이 법을 실행에 옮기는 것은 어려웠다. 건륭제(乾隆帝, 1735~1795 재위) 시기의 기록에 따르면 법을 어기는 자가 너무 많아서 관청에서 다 다룰 수 없었다. 이러한 현상은 이전 왕조인 원과 명에서도 비슷하게 전개되었다.

부의 양극화는 농민의 이탈을 불러와 사회 불안을 야기하며, 정부의 세수 감소를 초래한다. 정부는 이러한 문제를 해결하기 위해 단기적으로 세금을 올리거나 세제를 개편하고자 노력한다. 그러나 전자는 농민의 이탈을 가속화하고, 후자는 기득권의 반발을 사게 되어 나라는 더욱 불안해지기 쉽다. 그 결과 농민의 반란이나 귀족, 호족의 반란 등이 일어나고 왕조는 멸망한다. 새 왕조는 토지 개혁을 통해 토지를 귀족에게서 몰수하여 국가에 귀속시킨 후 백성에게 나눠 줌으로써 새롭게 시작한다. 농민의 과중한 채무는 말소되며, 이는 새 왕조의 이해관계와도 일치한다. 기득권의 세력을 줄이는 것이 왕권을 강화하는 데 도움이 되기 때문이다.


## 한국: 파란만장 조세 제도


한국의 토지 제도는 역사적으로 중국의 제도를 본받아 시행했다. 고구려와 백제에 대한 기록은 자세히 나와 있지 않지만, 고려 시대 이전에 조용조를 기반으로 한 조세 제도가 시행되기 시작한 것으로 보인다. 중국『수서(隋書)』의 「동이전(東夷傳)」에 따르면 고구려의 조세 제도는 농민에게 전세(田稅) 다섯 석과 공세(貢稅) 포 다섯 필이 부과되었다는 기록이 있다(김륜희 외, 2011). 이를 바탕으로 보면 균전제와 같이 정부가 토지를 농민에게 분배했을 것으로 추정된다. 삼국에서 비슷하게 시행된 제도로 식읍(食邑)과 사전(賜田)의 제도가 있다. 식읍은 귀족이나 장수에게 공헌도에 따라 토지의 수조권(收租權)과 통제권을 주던 제도이다. 토지의 소유권은 정부가 가지고 있으나, 귀족은 식읍에서 나오는 조세를 얻고 노동력을 징발할 수 있었다. 이에 비해 사전은 토지의 소유권을 주는 것으로 소유권 이전과 세습이 가능했다. 사전이 커지면서 토지가 일부 대지주에게 집중되는 현상이 나타났고, 많은 농민이 소작농으로 전락하는 상황이 발생했다.

통일 신라 시대에는 식읍과 더불어 녹읍(祿邑)을 지급했다. 녹읍은 관료에게 지급하던 것인데, 식읍에 비해 토지에 대한 지배권은 약하고 일정한 수조권만 갖는 것이었다. 식읍이 영토 확장과 전쟁의 공을 인정하여 나눠 준 것이라면, 녹읍은 관료에게 녹봉 대신 지급된 것이다. 그런데 관료들이 녹읍으로 받은 것을 마치 식읍처럼 지배권을 행사하려 해 이를 감시하는 관청까지 두어야 했다. 삼국 통일 이후 신문왕은 687년 녹읍을 폐지하고 관료전(官僚田)을 지급했다. 이는 관료의 수조권을 박탈하고 정부가 직접 조세를 받아 관료에게 지급하는 것으로, 왕권이 강화되었음을 보여 준다. 이러한 조치는 녹읍과 고리대를 바탕으로 농민을 곤궁에 빠뜨린 귀족층의 기반을 무너뜨리고 농민을 보호하기 위한 정책이었다.

그러나 관료전은 귀족의 반발로 오래가지 못하고, 757년 경덕왕 때 녹읍이 부활했다. 녹읍제의 부활로 귀족의 농민에 대한 수탈은 더 심해졌다. 722년 성덕왕 때 일반 백성에게 정전(丁田)이 지급되었다는 기록이 있는데, 이를 두고 왕권이 강화되어 백성에게 땅을 나눠 주는 균전제로 보는 시각과 농민이 소유하던 토지를 추인해 조세의 기초로 삼기 위한 것이라는 시각이 존재한다. 정전에 대한 세제는 조용조를 바탕으로 전세, 부역, 공납의 의무가 있었다. 전세는 10퍼센트였으나 통일 신라 말에는 30퍼센트까지 올랐고, 흉년에는 면제해 주었다. 8세기 후반 귀족과 호족 등 대지주의 토지 집중이 심해져 농민이 몰락하고 농민 반란으로 이어져 통일 신라는 쇠락했다. 초적(草賊)이라 불린 농민 집단이 지배층에 대항하는데, 북원의 양길, 명주의 궁예, 완산의 견훤이 이끄는 초적 무리들이 후삼국 시대를 열게 된다.

『삼국유사(三國遺事)』에 따르면 통일 신라 경주에서 살았던 부유층의 집을 뜻하는 35 금입택(金入宅)이라는 이름이 나온다. 말 그대로 금을 입힌 집이라는 뜻인 금입택에는 김유신의 가문도 포함된다. 『신당서(新唐書)』「신라전(新羅傳)」에 따르면, 이들은 노비 3000명과 사병을 거느리고 곡식을 고리로 빌려 주고 못 갚으면 노비로 삼아 농장을 경작시키고, 그를 통해 사병을 훈련시켰다는 기록이 남아 있다(김륜희 외, 2011). 이 금입택은 사찰에 막대한 헌금을 해 사찰과 불상 제조에 일조했다. 사찰은 그 자체로도 광대한 토지의 소유자였는데, 이에 더해 왕실과 귀족으로부터 막대한 토지를 시주받았으며, 많은 농민과 노비를 부렸다.

고려를 세운 왕건(王建, 907~918 재위)은 전세를 30퍼센트에서 10퍼센트로 낮췄다. 지방 성주의 기득권을 인정했던 왕건의 중앙 집권력은 강하지 않았다. 중앙 집권은 4대 왕 광종(949~975 재위)에서 6대 왕 성종(982~997 재위)에 이르러 확립되었다. 광종의 대표적인 개혁법은 과거제와 더불어 실시한 노비안검법(奴婢按檢法)이다. 956년에 공표된 노비안검법은 전쟁 노예와 채무 노예를 해방시켰다. 호족들의 노예를 없앰으로써 사병의 수를 대폭 줄일 수 있었고, 이는 왕권 강화에 도움이 되었다. 또한 평민으로 승격된 농민들로부터 세금을 걷을 수 있게 되어 재정이 확충되는 효과도 가져왔다.

976년 5대 왕 경종(975~981 재위) 때에는 토지 제도로 전시과(田柴科)를 시행한다. 전시과란 전지(田地)와 시지(柴地)를 관료의 품계에 따라 녹봉으로 나눠 주는 제도다. 전지는 농사를 짓는 땅이며, 시지는 땔감을 얻을 수 있는 땅이다. 소유권은 국가가 가지고 수조권만을 부여하는데, 퇴직하면 절반을 회수하고 사망하면 나머지 반을 회수했다. 그러나 이러한 회수 원칙은 귀족의 반발로 잘 지켜지지 않았다. 전시과는 문관과 무관에게 차별 지급했는데, 이는 훗날 무신의 난의 한 원인이 되었다. 전시과는 하급 장교에게 주는 군인전(軍人田), 하급 관리와 군인 유가족을 위한 구분전(口分田), 정부 관청에 지급한 공해전(公廨田), 사찰에게 주어진 사원전(寺院田) 등이 지급되었고, 5품 이상의 귀족에게는 공음전(功蔭田)이라는 상속 가능한 토지를 지급하여 사실상 토지를 사유화했다.

조세율은 태조가 10퍼센트로 정했으나, 성종 때에는 25퍼센트까지 증가한다. 다만, 토지의 비옥도에 따라 차등하여 조세를 매기게 되어 이러한 차등 조세는 조선 시대에까지 이어진다. 정부가 수조권까지 가지고 있던 공전(公田)의 경우에는 무려 50퍼센트의 조세율도 보인다.

고려 후기로 오면서 귀족과 호족의 토지 사유화와 장리(長利)라고 불리던 고리대의 폐해가 심해졌다. 귀족 소유의 토지는 소작농이 경작하고 수확량을 소유주와 반씩 나누는 병작반수제(竝作半收制)의 형태를 띠었다. 사찰은 세금과 부역을 면제받는 특혜를 누렸는데, 귀족과 왕실의 시주와 고리대를 통해 토지와 노비를 늘려 나갔다. 사찰의 고리대 행태는 통일 신라 때부터 성행했다. 고려 성종 때 최승로는 시무 28조의 6조에서 사찰의 고리대를 금지할 것을 건의하고 있다. 하지만 사찰의 고리대는 후대로 가면서 더욱 심해진다.

토지를 뺏긴 농민들이 많은 소송을 제기하여, 이를 해결하기 위해 1269년 원종은 전민변정도감(田民辨正都監)을 임시로 설치하지만 제대로 된 해결을 하지 못하고 고려 말까지 이어진다. 『고려사(高麗史)』에 의하면, 충렬왕 21년(1294)에 세자가 길을 가는데, 백성이 길을 막고 억울함을 호소하며 상소를 올렸다고 한다. 그 상소를 보니 세력가가 토지를 부당하게 빼앗고 백성을 노예화했음에도 해당 관청에서 소송을 제대로 처리하지 못했다는 것이었다. 전민변정도감은 충렬왕(1274~1298 재위)과 공민왕(1351~1374 재위) 때에도 다시 설치되었다. 고려 후기에 시행된 전민변정사업(田民辨正事業)은 부당하게 얻은 사전을 환수하고 세금을 부과하며 빼앗긴 토지를 원주인에게 돌려주어 고리대를 제한하는 것이었다. 그러나 고려는 세력가들의 수탈을 근본적으로 개혁하지 못했고 결국 망하게 되었다.

고려의 농민과 노비의 봉기는 특히 무신정권 시대에 일어났다. 예를 들어, 공주 천민 마을 명학소의 망이·망소이의 난(1176), 서북 농민 봉기(1177), 김사미·효심의 난(1193), 만적의 난(1198), 진주 농민 봉기(1200), 탐라의 난(1202) 등의 반란이 있었다.

조선은 고려 말의 모순을 해결하고자 토지 개혁을 시행하는데, 과전법(科田法)이 바로 그것이다. 사실 과전법은 고려 말 공양왕 때(1391) 처음 시행되었다. 과전법은 전시과의 기본 취지로 돌아가자는 것으로, 토지를 국가의 소유로 명시하고 수조권을 정부 부처와 관리에게 나눠 주는 것이었다. 다만, 전시과에서 지급했던 시지는 지급하지 않았다. 중앙 관리에게는 현직자와 한량에게 경기도 땅을 당대에 한해 지급했고, 지방의 한량에게는 과전을 지급하지 않는 대신 군전(軍田)을 지급하고 군역을 부담케 했다. 고려 말에 성행했던 병작반수제를 금지하고 10퍼센트의 조세율을 시행하여 논 1결에서는 조미(租米) 30두, 밭 1결에서는 잡곡 30두로 정했다. 국가가 아닌 수조권자는 1결당 2두씩을 다시 국가에 내야 했다. 또한 답험법(踏驗法)을 실시하여 기후가 나빠 흉작이 되었으면, 그 손실 정도를 고려해 세액을 낮추었다. 1444년 세종은 답험법을 폐지하고 토지의 비옥도와 기후 불순에 따른 수확량의 변동에 등급을 각각 6등급과 9등급으로 매겨 조세를 조정했는데, 전자를 전분육등법(田分六等法), 후자를 연분구등법(年分九等法)이라고 한다. 이는 1634년 인조 때에 지역별 표준으로 고정된 세율을 내게 하는 영정법(永定法)으로 바뀌었는데, 이는 상대적으로 좋지 않은 땅을 가진 농민들에게 불리한 정책이었다.

조선 초기의 과전법은 관리의 증가와 세습 등으로 토지 부족에 직면하게 되었다. 이에 1466년 세조는 과전법을 폐지하고 직전제(職田制)를 시행하여 현직 관료에게만 토지를 지급했다. 직전제의 시행으로 관리의 경제력은 약화되고 왕권은 강화되는 결과를 가져왔다. 1471년 성종 때는 수조권을 국가에 귀속시켜 농민들로부터 직접 조세를 받아 이를 녹봉으로 관리에게 지급하는 관수관급제(官收官給制)를 시행했다. 이는 수조권자의 농민 착취에 대한 대응이기도 한데, 이로써 농민을 국가가 직접 지배하게 되었고, 이후 토지를 관리에게 나눠 줄 이유가 없어져 직전제는 1557년 명종 때 폐지되었다.

임진왜란(1592~1598)과 병자호란(1636~1637)을 거치면서 토지 제도는 문란해졌다. 조상 대대로 이어진 세습, 국가가 부여한 사전(賜田)의 세습

등과 더불어 군역 기피를 위한 토지 포기, 전쟁 후 개간한 황무지의 사유화 인정 등으로 토지는 사유화되었다. 또한 전쟁 이후 화폐를 사용하고 토지는 상품화되었다. 이로 인해 자연스레 고리대와 토지 소유의 집중화가 심화되고 자작농의 소작농화가 진행되었다. 지주와 소작농 사이에는 조선 초 금지되었던 병작반수제가 다시 살아나게 되었다.

조선 후기의 대표적인 개혁법에는 대동법(大同法)이 있다. 조세에는 크게 세 종류가 있었다. 토지에 부과하는 전세와 부역 그리고 공세(貢稅)가 그것이다. 공세는 지역 특산물을 정부에 바치는 것으로 관리와 중간 상인의 폭리와 농간 때문에 농민이 입는 폐해가 심했다. 대동법은 농민에게 특산물 대신 쌀로 받고 정부가 직접 필요한 물건을 사들이는 제도였다. 이 제도는 임진왜란 이전에 이이가 주장한 대공수미법(代貢收米法)에서 비롯되었는데, 1608년 광해군 때 대동법이란 이름으로 경기도에서 시행되었다. 17세기 조선은 가히 대동법 논쟁의 시기라고 할 수 있다. 관료와 중간 상인들의 반대에도 불구하고 한백겸, 이원익, 조익, 김육 등의 적극적인 추진으로 서서히 확대 시행되다가 숙종 때(1677)에 이르러 전국에 시행되었다. 토지 1결당 쌀 6말씩 봄가을로 두 번 냈는데, 불가피한 경우에는 포(대동포)나 동전(대동전)으로 대신 냈다.

대동법 때문에 가구별로 부과되었던 공세가 토지 면적에 따라 부과되면서, 토지가 많은 부유층은 더 많은 세금을 내야 했지만 반대로 가난한 농민의 부담은 줄어들었다. 또한 정부가 직접 물건을 사는 체계로 바뀌었기 때문에 상업, 운송, 공업이 촉진되어 화폐의 유통이 촉진되었다. 이는 농민층을 분화시키고 상인과 공인 계층이 성장하는 계기를 마련해 주었다. 그리하여 조선 후기에는 대규모 상인 집단인 상단(商團)이 출현했는데, 경상(京商, 경기, 충청), 송상(松商, 개성), 만상(灣商, 의주) 등이 바로 그들이다.

조선 후기 상업과 시장의 발전은 1791년 정조가 좌의정 채제공(蔡濟恭)의 주장을 받아들여 실시한 신해통공(辛亥通功)을 통해서 촉진되었다. 신해통공은 자유 경쟁 촉진 정책이라고 할 수 있다. 조선은 건국 이후에 서울 종로 길에 대규모 시장을 개설하여 수백 개의 시전(市廛, 점포)을 입점시켜 정부 물품을 조달받았는데, 이들을 경시전(京市廛)이라고 불렀다. 이 가운데 비단, 명주, 면포, 마포, 어물, 종이 등을 취급하는 중요한 여섯 종류의 시전을 육의전(六矣廛)이라 불렀다. 정부는 경시전과 육의전에 독점권을 허용하고 일반 상인들(난전)이 장사를 하지 못하게 하는 금난전권(禁亂廛權)을 부여했다. 이 때문에 생활용품이 독점되어 서민들은 고통을 겪었다. 신해통공은 이러한 고통을 덜려는 조치로 육의전을 제외한 경시전의 금난전권을 박탈했다. 훗날 개항 이후 외국 상인과 물품 때문에 육의전의 독점권도 유명무실해졌으며, 1894년 갑오개혁으로 완전히 사라졌다.

이러한 상공업 발전 시기는 실용성을 강조하는 실학(實學)의 발전 시기와 상당 부분 겹친다. 물론 이는 우연한 결과가 아니라 시대적인 요구였으며, 정조의 정치적 뒷받침이 있었기 때문에 가능했다. 실학은 토지와 세금 정책을 중요시하는 학파(유형원, 이익, 정약용 등), 상공업의 발달을 중요시하는 학파(유수원, 박지원, 박제가 등)를 포함한다. 특히 후자에 속하는 이들은 북학파(北學派)라고 불리는 인물들이 중심이 되어 상공업의 발전과 청과의 물적, 인적 교류 등을 주장했다. 북학파라는 이름은 박제가가 지은 『북학의(北學議)』에서 비롯되었는데, 이 책은 상공업 발전을 위한 제도 개혁과 기술 발전을 강조했다. 또한 소비의 중요성을 강조하여, 재물은 우물과 같아 순환하지 않으면 썩고 비단옷을 입지 않으면 비단옷을 짜는 사람이 없어져 경제가 후퇴한다고 했다. 이는 애덤 스미스가 『국부론』에서 돈을 모아 둔다고 부가 증가하는 게 아니라고 강조한 것과 같은 내용이다. 『북학의』가 쓰인 때와 『국부론』이 쓰인 때가 시기적으로 일치하는데, 지구 반대쪽의 두 학자가 같은 시기에 같은 주장을 한 것이다.

두 번의 전쟁 이후 조선 후기는 농민층이 분화되어 상공인 계층이 성장하면서 화폐 시장 경제가 발전하고 지주제가 확대되었다. 그 와중에 양극화는 심해졌는데, 조선 말 가난한 농민을 더욱 괴롭힌 것은 삼정(三政)의 문란이었다. 삼정이란 전정(田政), 군정(軍政), 환정(還政)을 말하는데, 전정과 군정은 조세 제도로 전세와 군역을 의미한다. 전정과 군정의 문란이란 관리와 양반의 횡포 때문에 백성이 내야 할 전세나 군포(軍布)의 부담이 증가한 것을 말한다. 예를 들어 전세를 규정 이상으로 징수하거나 토지가 없는 곳에 세금을 부과하는 경우, 군포의 부과 대상이 아닌 어린이나 죽은 사람에게 부과한 경우 등이다. 환정(혹은 환곡)은 조세와는 다르다. 춘궁기에 가난한 농민에게 쌀이나 곡식을 빌려주고, 가을에 수확하면 되받는 제도로 빈민을 구제하는 구휼 제도다. 환정은 조선 시대 들어 시행되었는데, 전쟁 때문에 빈민이 증가하자 1626년 인조는 상설 제도로 정착시켰다. 애초에는 무이자로 빌려 주었으나, 나중에는 10~20퍼센트의 이자를 받았다. 중앙 관청인 의창(義倉)에서 담당했고, 각 지방 관청에 보조 기구인 사창(社倉)을 두어 관할지의 구휼 제도를 담당하게 했다. 그러나 조선 후기에는 구휼의 의미가 퇴색하고, 이자 획득이 주목적으로 변질한다. 그것을 촉진한 정책이 명종 대(1554)의 일분모회록(一分耗會錄)과 인조 대(1637)의 삼분모회록(三分耗會錄)으로, 이는 이자의 10퍼센트나 30퍼센트를 구휼 목적이 아니라 관청의 재정으로 사용할 수 있게 한 정책이었다. 그 결과 관청에서는 재정 확충을 위해 불법과 강압적인 방법으로 백성들에게 이자를 부담하게 했다. 이게 바로 환정의 문란으로, 삼정의 문란 가운데 제일 정도가 심했다고 한다. 정조와 대원군이 개혁하려 했으나 실패했고, 갑오개혁 때에는 사환미(社還米)로 명칭을 바꾸고 이자를 낮춰 시행하다가 1917년에 폐지되었다.

농민에 대한 수탈이 점점 더해지자 결국 봉기로 이어졌다. 19세기 전국에서 농민 봉기가 일어나는데, 대표적인 것이 1811년 순조 때 평안도에서 일어난 홍경래의 난이다. 1862년 철종 때 경남 진주에서 시작한 진주 민란은 전국으로 번졌다(임술 농민 항쟁). 1894년 고종 때에는 전라도에서 시작한 동학 농민 전쟁이 일어났다. 농민들의 봉기와 함께 조선은 그 명을 다해 가고 있었다.

## 구휼 제도와 자모정식

농민의 구휼 제도는 고대에서부터 이어져 왔다. 『삼국사기(三國史記)』에 따르면, 194년 고구려 고국천왕 때 재상 을파소가 진대법(賑貸法)을 시행했다고 한다. 진대법은 춘궁기에 곡식을 농민에게 주고, 가을에 되돌려 받는 것이었다. 진(賑)은 구휼을, 대(貸)는 대여를 뜻한다. 즉 진대법은 곤궁한 백성을 구휼하기 위한 대여 제도로, 구휼이 목적이었기에 대체로 무이자였을 것으로 추정된다. 신라에도 비슷한 정책이 있었다. 『삼국사기』에 보면, 669년 문무왕 때 세 군의 백성이 굶주려 이들을 진휼하고 부채 탕감과 이자 면제의 정책을 시행했다는 기록이 있다. 783년 헌덕왕 때에도 농민 구휼의 기록이 남아 있다. 백제에도 구휼 제도가 있었다. 2008년 부여에서 발견된 목간(木簡, 나무 책자)에는 좌관대식기(佐官貸食記)라는 제목이 적혀 있었는데, 이는 좌관직의 관리가 백성에게 곡식을 빌려 준 기록을 말한다. 여기에는 관청에서 구휼용으로 곡식을 빌려 주고, 이자를 50퍼센트 받았다는 기록이 적혀 있다. 신라나 백제에서는 원칙적으로 이자를 받았던 것으로 여겨진다.

고려 태조 때에는 진대법을 계승한 흑창(黑倉)을 두어 빈민 구휼을 했다. 이를 986년 성종 때 의창(義倉)으로 바꾸어 전국에 설치했다. 의창 제도는 조선에도 계승되는데, 나중에는 환정으로 이름이 바뀌었다.

고려에서도 고리대를 제한하려 노력한 모습이 있다. 경종 때의 기록에는 이자율 33.3퍼센트를 상한선으로 정해 놓고, 그 이상의 고리대는 금지했다. 982년 성종 때에는 이자가 원금을 초과할 수 없다고 명했다. 이를 자모정식(子母停息)이라 한다. 즉, 자(이자)가 모(원금)에 이르면 증식이 정지된다는 뜻이다. 1043년 정종은 차입자가 사망하면 그 부채도 소멸된다고 하여 자식에게 부채가 상속되는 것을 방지했다. 1047년 문종은 성종 때의 정책을 일부 완화하여 자모정식법을 제정했다. 이에 따르면 1년에 이자 33.3퍼센트씩 3년이 지나 원리금(원금과 이자의 합)이 원금의 2배가 되면 4년째에는 이자가 정지된다. 5년이 되면 3배를 받되, 6년 이후에는 이자 증식이 금지되었다.

자모정식의 정신은 조선에도 이어진다. 일본일리(一本一利)라고 불리기도 하는데, 이는 원금이 하나면 이자도 하나를 초과하지 못한다는 자모정식과 같은 내용이다. 1432년 세종 때는 상정소(詳定所)의 건의로 이자 제한법이 시행되는데, 일본일리에 덧붙여 연리 10퍼센트를 초과할 수 없고, 월 이자는 3퍼센트를 초과하지 못하게 했다. 흥미로운 것은 이자 자체를 금지할 수는 없다고 언급한 점이다. 이자를 법으로 금지하면 가난한 자가 돈을 빌릴 수 없게 된다는 것을 이유로 들었다. 이는 배경은 다르지만, 훗날 베이컨의 수필에서 되풀이되는 대목이다.

* * *

우리나라의 역사를 살펴보면 끊임없이 부의 집중과 고리대의 폐단이 나타나 사회적 불안 요소로 작용했음을 알 수 있다. 이러한 사회적 불안정은 귀족이나 호족의 득세와 왕권의 약화를 초래했다. 이에 대해 왕들은 토지와 조세, 고리대를 개혁하는 것으로 대처했으나, 왕조 말기에 이르면 개혁은 제대로 이루어지지 않고, 농민 봉기와 사회적 동요로 결국 새 왕조가 열리게 된다. 새 왕조가 처음 하는 일 역시 토지, 조세, 고리대의 개혁을 통해 구질서를 해체하고 새로운 질서를 확립해 나가는 일이었다. 이는 중국 역사도 비슷하게 반복한 것으로, 한국의 역사는 중국 역사와 대동소이한 모습을 보인다. 서양 역사와의 차이는 이자가 완전히 금지되지는 않았다는 점이다. 세종 때 상정소의 말처럼 이자의 완전한 금지는 가난한 농민을 더욱 힘들게 하기 때문이었다. 이자에 대해서는 서양보다 좀 더 실용적인 접근을 한 셈이다. 이자가 금지된 중세 유럽과 이슬람 제국에서도 이를 우회하는 방법으로 사실상 이자를 받았다는 점을 생각해 보면 상정소의 견해는 훨씬 현실적이라 할 수 있다.

흥미로운 제도는 자모정식 또는 일본일리와 같은 이자 제한법이다. 고려와 조선에서는 매년 받는 이자에 대한 제한뿐 아니라 총이자에 대한 제한도 있었다. 요즘 우리는 가끔 사금융의 대출 이자가 너무 높아 이를 제한해야 한다는 얘기를 하곤 한다. 현재 이자는 법에 따라 연 34.9퍼센트로 제한되어 있다. 이자 제한에 반대하는 경제학적 논리는 이자율을 제한하면 필요한 사람이 돈을 빌리지 못해 오히려 해가 된다는 것이다. 이 말이 완전히 틀린 것은 아니다. 상정소도 이미 알고 있던 논리였다. 그러나 그 논리가 이자 제한을 철폐할 이유가 되지는 못한다. 더욱이 지금의 이자 제한법은 총이자가 아니라 그저 연리만을 제한하는 것이다. 이에 비하면 원금 이상의 이자를 받을 수 없다는 자모정식은 매우 강력한 제도라 할 수 있다. 채권자의 측면에서 보면 자모정식은 이자 수입이 무한히 증가하는 것을 막는다(물론 채권자는 이를 우회하는 방법을 쉽게 찾을 것이다). 자본주의는 이자를 금지하는 교회법을 부정하며 탄생했고, 금융의 무한한 확장성을 그 특징으로 한다. 자모정식은 바로 그러한 자본주의적 성격을 정면으로 부정하는 제도이다.

Chapter 7

---

# 보험

---

일반적으로 3대 금융권이라 하면 은행, 증권과 더불어 보험 분야를 떠올린다. 보험이 금융으로 분류되고 금융 시장에서 중요한 역할을 담당하는 것은 사실이지만, 본질적인 면에서 은행이나 증권과는 좀 다르다. 은행이나 증권의 핵심은 돈의 흐름이다. 은행은 돈을 발행하고 돈을 시장에 유통시킨다. 증권 시장에서도 채권이나 주식 등의 증권을 통해 자금이 흘러간다. 그러나 보험의 핵심은 위험이다. 돈의 흐름은 위험에 대처하는 방편으로 따라올 뿐 그 자체가 핵심은 아니다. 이에 반해 은행이나 증권의 경우에는 위험이 중요한 요소이긴 하지만, 돈의 흐름에 따라오는 부차적인 요소일 뿐이다.

그런 차이를 반영하듯, 보험을 연구하는 학문인 보험학은 금융을 연구대상으로 하는 경제학이나 (경영학의 한 분과인) 재무학과는 다른 경로를 거쳐 왔다. 보험학은 위험을 이해하고 위험과 관련된 행태를 연구하고 위험을 관리하거나 대처하는 방법 등을 연구하는 학문이다. 보험학은 경제 현상에서 시작한 게 아니라 위험과 도박에서 시작했다. 따라서 보험학은 경제학이 아니라 수학에서 시작했다.

그렇다고 보험의 발전 과정이 금융과 연관성이 없다는 것은 아니다. 보험은 금융과 서로 영향을 주고받으면서 발전해 왔다.

## 위험이란

위험은 한자로 위태로울 위(危)와 험할 험(險)을 합한 글자이다. 위와 험 모두 좋지 않은 상태를 의미하는 말인 만큼, 둘을 합한 위험은 뭔가 좋지 않은 일이 생길 우려가 있을 때 사용하는 말이다. 경제경영학에서 위험이라는 단어는 좀 다른 뜻으로, 불확정적이거나 변동성을 뜻하는 말이다. 이때에는 좋지 않은 일이 생길 수도 있지만, 좋은 일이 생길 경우도 포함한다. 그저 미래의 결과가 불확실하다는 의미이지, 나쁜 방향의 결과가 나올 가능성만을 일컫는 것은 아니다. 영어로 전자의 의미는 danger나 downside risk(하방 위험)에 해당하고, 후자의 의미는 risk에 해당한다. 위험의 뜻이 이중적인 관계로 후자의 의미로 사용할 때에는 따로 번역하지 않고 '리스크'라고 한다. 중국어권에서는 이 둘을 구분해서 사용한다. 좋지 않은 일이 생기는 '위험'은 웨이셴(危險)으로 쓰고, 불확정성을 나타내는 '리스크'는 펑셴(風險)을 사용한다.

위험과 연관된 단어로 위기(危機)가 있다. 이는 위험한 고비나 때를 나타내는 말로, 영어로는 crisis로 번역된다. 종종 위기를 위(危)와 기(機)로 나누어 위는 위험으로, 기는 기회(機會)로 해석하여, 위기를 위험과 기회가 공존하는 것으로 해석한다. 그러나 기는 위험이라는 의미를 내포하는 단어이지 기회를 의미하는 것은 아니다(사실 기회 역시 미리 낌새를 알아차려야 잡을 수 있긴 하다). 그럼에도 불구하고 위험 속에서 기회를 모색해야 함을 강조하는 것이 그리 나쁜 일은 아닌 듯하다.

위험과 불확실성(uncertainty)을 구별하기도 한다. 이 둘을 구별할 때에, 위험은 확률분포(우연히 일어날 사건과 그 사건이 일어날 확률의 조합)를 알고 있는 경우의 불확실성을 의미하고, 불확실성이라 할 때에는 확률분포를 알 수 없을 정도로 큰 불확실성을 의미한다. 예를 들어 주사위를 던질 때 나오는 수는 각각 1/6의 확률을 가지고 있으므로, 이는 위험에 해당한다. 하지만 새로운 혁신이 일어나거나 10년 후의 주식 가격 등은 확률분포를 알 수 없을 만큼 불확실성의 정도가 심하다. 이런 경우가 불확실성에 해당한다. 최근에는 불확실성을 더 세분하여 확률분포에 어느 정도 정보가 있는 경우와 아예 알 수 없는 경우를 구분하기도 한다. 전자의 경우는 불확실성이라 부르고, 후자의 경우는 무지(無知, ignorance)라고 부른다. 혹은 위험이란 용어를 사용하여 확률분포를 아는 위험은 알려진 위험(known risk), 불확실성은 모르는 위험(unknown risk), 무지는 알 수 없는 위험(unknowable risk)이라고도 표현하기도 한다(Diebold, Doherty and Herring, 2010).

## 보험의 시작

보험의 기능은 인류의 조상들이 모여 살면서부터 시작되었을 것이다. 인간은 생로병사의 과정을 거치는 나약한 존재로 서로에게 의지하고 도움을 받기 위해 모여 살았다. 그래서 어려움에 처한 사람들을 서로 도와주는 상부상조가 존재했다. 이 상부상조야말로 보험의 본질이다. 사람들은 금융이 생기기 이전부터 공동생활을 했을 것이므로, 보험은 금융이 존재하기 전부터 그 역할을 수행했을 것이다.

그러다가 인류의 문명이 발전하면서 계약이나 부채의 기능이 도입되었고, 보험 역시 단순한 상부상조에서 벗어나 좀 더 복잡한 양상을 띠기 시작했다. 앞서 메소포타미아 문명의 화폐와 부채에 대해서 살펴보았다. 부채 문제는 문명과 더불어 시작된 고질적인 사회적 문제이기도 하다. 그런데 보험의 시각에서는 그 부채 문제에 대해 또 다른 설명이 가능하다.

메소포타미아 지역에서 농부가 돈이나 곡식을 빌리고 갚지 못해 채무노예로 전락하는 경우가 있었다. 중개 상인들 역시 무역을 하다가 도적을 만나거나 상품을 분실해 상품의 주인에게 제대로 이익을 지급하지 못해서, 상인이나 그의 가족이 노예로 전락하는 경우도 있었다. 이러한 채무노예 문제는 사회 문제로 비화했다.

채무 노예가 발생한 이유는 부채 계약의 담보로 사람이 사용되었기 때문이다. 담보가 바로 보험이라 할 수 있다. 현대의 은행들이 돈을 빌려 주면서 집이나 건물을 담보로 잡는 것 역시 채무 불이행을 대비한 보험과 같다. 즉 채무 노예의 문제는 단순한 부채의 문제가 아니라 보험의 문제였다.

메소포타미아의 왕들은 이들 채무 노예를 해방하려고 정책을 폈다. 왕은 단순히 노예를 해방하는 것을 넘어서, 직접 사적 계약에 개입하여 채무의 면제를 강요하기도 했다. 이러한 왕 혹은 국가의 부채 탕감이나 노예 해방은 채무자에게 국가가 제공하는 보험이라 할 수 있다. 채무자는 사적 보험의 결과로 노예로 전락했으나, 공적 보험의 결과로 평민으로 복귀할 수 있었다. 채무자는 사적 보험의 경우에는 (자의든 타의든) 보험자의 역할을 했으나, 공적 보험의 경우에는 보험 수혜자의 역할을 했다고 볼 수 있다.

인류 문명기부터 사적 보험과 공적 보험이 서로 대립한 것을 보면 현재 민영 건강보험과 사회보험인 건강보험의 갈등이 새삼스러운 것은 아닐 것이다. 더 나아가 사회복지나 보험 정책과 가진 자들 사이의 갈등 역시 오래된 것임을 알 수 있다. 또 하나 보험과 관련된 중요한 사실은 보험은 양날의 칼과 같다는 것이다. 누군가에게 보험은 위험을 대비한 담보 역할을 하지만, 그 상대방은 그 위험을 안게 되기 때문이다. 즉 일방에게는 보험인 것이 상대방에는 도박이 될 수 있다. 보험과 도박은 일란성 쌍둥이와 같다.

페르시아 제국(아케메네스 왕조)에서는 정부의 공적 보험이 선물 교환과 혼용되어 사용되었다. 새해 초가 되면 각 지역의 수장이 정부에 공물을 바치고 그 금액을 장부에 기록했다. 다음에 그 기증자에게 큰돈이 필요하면 정부가 장부에 기록된 금액을 근거로 기증 금액 이상의 돈을 하사했다고 한다. 이러한 정부의 기능은 마치 보험료를 미리 내고 나중에 자금이 필요할 때 보험금을 받아 가는 모습과 흡사하다.

한편, 공물을 바치고 보답을 받는 과정은 원시 부족들 사이에서 자주 관찰되는 관습이다. 원시 부족들 사이의 교환 관습을 근거로 인류학자 마르셀 모스(Marcel Mauss, 1872~1950)는 선물은 공짜가 아니라 상호성에 의해 교환되는 것으로 보았다. 선물 교환의 과정은 재화의 재분배 과정이면서 유대감을 만들어 주는 것이기도 하지만, 안전망을 제공하는 보험의 기능도 같이 하는 것이다. 부족 사이에 받은 것보다 더 많은 것을 주려는 모습은 자신의 권위와 위세를 보여 주는 것인 동시에 침략하지 않겠다는 약속을 하는 것이기도 하다.

메소포타미아 지역에서 이루어졌던 육로 무역 계약의 보험 기능은 후대로 오면서 페니키아나 그리스의 해상 무역으로도 확대된다. 즉 모험대차(冒險貸借, bottomry)로 알려진 방법인데, 해상 무역에 필요한 배를 담보로 돈을 빌려 주고 무역을 마치고 무사히 귀환하면 이자를 포함하여 돈을 받되, 풍랑으로 배가 침몰하면 채무를 면제해 주는 것이다. 이 모험대차는 해상보험의 기원으로 알려졌다.

로마 시대에는 이러한 해상보험의 기능과 더불어 손해보험이나 생명보험의 기능도 활성화되었다(Trenerry, 1926). 풍랑이나 적의 침공으로 배나 화물이 손실되었을 경우 보상해 주거나, 물건의 안전한 인도를 보장하기도 했다. 또 해상 위험이 아닌 다른 위험으로 발생한 손실에 대해서도 보상해 주는 계약이 있었다. 도박과 비슷한 성격의 보험 계약도 발견되는데, 이를테면 배가 침몰할 경우 미리 약정된 정액의 보상을 받는 계약도 있었다고 한다. 이때 약정된 금액이 배의 가치와 상관없이 크게 정해진 경우는 도박에 가깝다고 볼 수 있다. 이러한 도박성 보험 계약은 나중에는 금지되었다고 한다.

로마의 생명보험은 콜레기움 푸네라티치움(collegium funeraticium)이나 콜레기움 테누이오룸(collegium tenuiorum) 등으로 알려진 일종의 장묘(葬墓) 단체에서 발견된다. 이 단체는 그리스에 기원을 두고 있는데 원래는 종교적인 단체로 시작했다고 한다. 회원은 입회비와 정기적인 회비를 내고 단체의 규칙을 따라야 했는데, 사람이 죽으면 장례식을 치러 주고 비용을 지급했다고 한다. 유족에게도 일정한 금액을 지급했다. 이는 생명보험의 원형으로 여길 만하다.

한편, 3세기경 로마에서 사용된 생명표(life table)가 법률가 울피아누스(Ulpianus, 170~228)의 재판 기록에 나온다. 생명표란 사람이 나이에 따라 얼마나 더 살고 죽는지에 대해 기록한 표를 말한다. 따라서 생명표는 현대의 생명보험과 연금에서도 없어서는 안 될 만큼 중요하다. 이를 기초로 사망 위험을 계산하고 보험료와 보험금이 계산되기 때문이다. 울피아누스의 생명표는 단순하긴 하지만, 당시에 생명보험이나 연금이 상업적으로 이용되었을 가능성을 보여 준다.

로마 시대에는 아누아(annua)라고 불리는 금융 계약이 있었는데, 이는 목돈을 내고 정해진 기간 동안(죽을 때까지도 포함) 매년 돈을 받는 계약이었다. 이것은 현대의 연금과 기본적으로 차이가 없다. 아누아란 매년 지급되는 금액을 뜻한다. 연금을 뜻하는 영어 단어인 'annuity'도 여기에서 나온 것이다. 이렇듯 해상보험, 생명보험이나 연금 등은 중세 시대를 거치면서 지속적으로 시행되었다.

12~13세기경 북부 이탈리아의 도시 국가인 제노바, 베네치아, 피렌체 등에서는 전쟁 때문에 시민들에게 돈을 빌렸다. 돈을 갚는 방법은 연금 형식으로 이는 공공 부채의 효시라고 할 수 있다. 연금의 형태를 띠면 교회의 고리대 금지를 우회할 수 있었기 때문에 이 방식은 상당 기간 유럽에서 유행했다. 이는 현재 많은 나라에서 시행하는 공적 연금의 효시이기도 하다.

중세 시대의 보험은 때로는 도박 요소를 지니고 있어 이따금 금지되기도 했다. 예를 들어 16세기 중반 네덜란드에서는 아이들을 대상으로 한 생명보험이 금지되었고, 때로는 어른에 대한 생명보험도 금지되었다. 왜냐하면 생명보험을 목숨에 대한 도박으로 간주했고 도덕적 해이 문제도 있었기 때문이었다.

대항해 시기 이후 상업과 자본주의의 시대로 들어가면서 유럽에서 근대적인 보험이 시행되었다. 이는 은행과 증권 등의 금융이 이때에 비약적으로 발전하는 것과 궤를 같이한다. 근대 보험의 주요 발전은 17~18세기 유럽에서 일어난다. 보험학의 시작 역시 그즈음이다.

## 화재보험과 해상보험

근대적인 화재보험과 해상보험은 모두 1680년대 영국 런던에서 시작되었다. 1666년 9월 2일에서 5일까지 4일 동안 런던에서는 큰불이 났는데, 이를 '런던 대화재(Great Fire of London)'라고 부른다. 이 불 때문에 당시 런던 시의 2/3 이상이 탔다. 1만 3200여 채의 집이 불에 탔으며, 총 8만 명의 런던 시민 중 7만 명의 이재민이 발생했다. 그로부터 14년이 흐른 1680년 니컬러스 바번(Nicholas Barbon)이 화재 사무실(Fire Office)을 열고 화재보험을 팔았던 것이 근대적 화재보험의 효시이다.

한편, 해상보험은 1688년경에 로이즈 커피하우스(Lloyd's Coffee House)에서 시작했다. 에드워드 로이드(Edward Lloyd)가 타워 가(Tower Street)에서 운영하던 곳으로, 이곳에 선주들과 선장들이 많이 모여들었다. 당시는 동인도회사 등이 동양까지 무역선을 운영하던 시기이다 보니 해상무

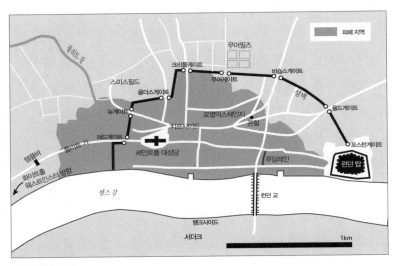

런던 대화재(1666)

역의 위험을 담보하는 보
험을 커피하우스에서 거
래했다고 한다. 그로부
터 100여 년 뒤인 1774년
에 79명의 회원으로 조직
된 로이즈 협회(Society of
Lloyd's)가 결성되어 전문
적으로 보험의 기능을 담
당했다.

로이즈 협회의 명맥은
현재까지 이어지는데, 지
금은 로이즈(Lloyd's) 혹은
런던의 로이즈(Lloyd's of
London)로 불린다. 로이

로이즈 건물의 외부와 내부

즈는 화재보험, 해상보험
이나 특수보험 영역에서 중요한 역할을 담당하고 있다. 일반적으로 로이
즈를 보험회사의 한 종류로 생각하기 쉽지만, 사실 로이즈는 회사 조직은
아니다. 로이즈는 보험자의 역할을 하는 회원들의 단체로서, 회원들 각자
가 보험자의 역할을 할 뿐이다. 과거에 로이즈 커피하우스가 보험자와 보
험 구매자를 맺어 주는 시장 역할을 했듯이, 현재의 로이즈 역시 보험자와
보험 구매자를 연결해 주는 시장 역할을 했다.

18세기에 들어서 주식회사 형태의 보험회사들이 설립되기 시작했다.
그런데 이들은 보험의 근대적 모습을 갖추기는 했으나, 치명적인 약점을 가지고 있었다. 그것은 바로 제대로 된 보험 가격 결정을 하지 못했다는 것이다. 보험은 가격에 해당하는 보험료를 받고 사고가 나면 발생한 피해액을 보험금으로 보상해 주는 계약이다. 일반 상품처럼 원가가 발생한 이후에 가격이 매겨지는 구조가 아니라, 가격을 먼저 받고 나중에 원가가 발생하는 구조다. 그러니 제대로 된 가격을 정하려면 미래에 지급될 보험금을 계산할 수 있어야 하는데, 이는 확률과 피해액 등에 대한 분포를 알고 그것을 현재의 가치로 계산할 줄 알아야만 가능하다. 이러한 가격 결정 방식을 보험 수리적 가격 결정(actuarial pricing)이라고 부르는데, 이를 위해서는 확률과 통계 지식이 필수적이다. 이 지식은 17세기 중반에야 수학자들이 개발하기 시작한 기법들이었기에, 초창기의 보험자들이 이용하는 것은 불가능했다. 보험 수리적으로 가격이 결정되지 않았다는 것은 가격이 주먹구구식으로 정해졌다는 것이고, 이에는 도박적인 요소가 더 많이 들어가게 된다는 의미이기도 하다.

**생명보험과 연금**

로마 시대에는 생명표가 존재했고, 중세 시대의 북부 이탈리아의 도시들은 연금 형태의 공공채권을 발행했다. 16, 17세기를 거치면서 북부 이탈리아 지역의 선진 기법들이 유럽으로 퍼져 나가기 시작했는데, 네덜란드, 프랑스와 영국에서도 연금 방식의 공공채권이 발행되었다. 영국의 경우에는 1693년 연금 방식 자금 조달에 실패하면서, 그 돌파구로 영국은행을 설립하기에 이른다.

그러나 아직 제대로 된 연금의 가격 결정은 불가능했다. 앞서 국가 부채와 연관 지어 살펴보았던 연금 방식인 톤틴이 17세기에 유행했던 것은 정부 측에서 보면 지급의 불확실성을 줄여 주는 장점이 있었기 때문이다. 톤틴 연금에서는 지급해야 하는 이자 총액이 마지막 한 명이 죽기 전까지는 확정되어 있기 때문에 불확실성에 대해 계산을 하지 않아도 되었다.

사실상 연금이나 생명보험의 경우는 제대로 된 생명표 없이는 가격 결정을 하는 것이 불가능하다. 더욱이 당시에는 보험 수리(보험 대상이 되는 위험을 분석하고 보험료를 계산하는 수학적 방법)가 제대로 발전하지 않은 상태였다. 생명보험과 연금의 가격 결정은 생명표와 보험 수리라는 두 가지 요소가 갖춰져야만 가능하다. 정확한 가격 결정을 위한 노력은 17세기 후반 이루어진다.

사망률이나 사망 원인 혹은 지역별 인구 증감 등에 대한 정보는 보험 측면만이 아니라 정치적인 면에서도 매우 중요한 사항이다. 통계학의 영어 단어는 'statistics'인데 이는 국가(state)에 대한 자료 연구라는 의미에서 나온 말이라고 한다. 통계학은 인구에 대한 자료에 국가가 관심을 가지면서 시작했다고 해도 과언이 아닐 것이다.

영국인 존 그랜트(John Graunt)는 정치나 수학과는 거리가 먼 상인이었는데, 1662년에 『사망 자료에 근거한 자연적, 정치적인 관찰*Natural and Political Observations Made upon the Bills of Mortality*』이라는 책을 발간했다. 그랜트와 윌리엄 페티(William Petty)가 같이 연구한 결과인 이 책은 17세기 전반부 동안 런던 시민의 탄생과 사망에 대한 기록을 실었으며, 전염병에 의한 사망 기록 등 사망 원인도 기록했다. 책의 내용은 국가 정책에 중요한 정보를 제공해 줄 수 있는 자료로, 최초의 근대적인 생명표이자 근대적인 인구통계학의 시작이라고도 할 수 있다.

비슷한 시기에 네덜란드 수상을 역임했고 수학자이기도 했던 얀 더빗

(Jan de Witt)은 1671년에 『상환 가능 채권 대비 종신연금의 가치*Waardije van Lyf-renten naer Proportie van Los-renten*』라는 책을 출간했다. 이 책에서 더빗은 사망 위험에 따른 연금 지급의 불확실성을 확률 개념을 이용해 측정하고 이를 이용해 가격 결정을 시도했다. 특히 종신연금의 가치를 확정적 연금의 가치에 사망 확률로 가중치를 준 기댓값으로 계산했다는 점에서 중요하다. 그러나 아직은 사망률에 대한 자료가 부정확하고 계산 방법도 정확하지 못했다.

좀 더 과학적인 방법으로 접근한 사람은 영국의 에드먼드 핼리(Edmund Halley)다. 핼리는 75년마다 지구를 찾아오는 핼리 혜성의 발견자로 잘 알려진 천문학자이자 수학자다. 핼리가 이용한 자료는 현재 폴란드의 브로츠와프(Wrocław)인 당시의 브레슬라우(Breslau) 시민의 탄생과 사망 자료였다. 브레슬라우는 시민의 탄생과 사망에 대한 정확한 자료를 가지고 있었으며, 핼리는 이 자료를 가지고 사망률과 확률을 계산해 이를 토대로 연금 가치를 계산했다. 핼리는 나이별로 사망률을 계산하고 이를 토대로 미래의 기대 연금 지급액을 현재 가치로 할인하여 연금 가치를 계산한 결과를 1693년 논문으로 발표했다. 이 방법은 현대의 보험 수리적 방법과 근본적으로 차이가 없어서 보험 수리 역사상 중요한 공헌으로 여겨진다. 이후 영국 정부는 핼리의 방법을 토대로 나이별로 연금 가치를 계산하여 종신연금을 판매할 수 있게 되었다고 한다.

핼리에 의해 개발된 보험 수리 연금 계산은 생명보험에도 적용되었다. 보험 수리 방식으로 최초로 보험료를 계산한 생명보험은 1743년의 스코틀랜드 과부 펀드(Scottish Widows Fund)라고 한다. 이 펀드는 스코틀랜드 지역의 목사들을 대상으로 한 생명보험인데, 목사의 사망 후 유족들에게

| 나이 | 인구 | 나이 | 인구 | 나이 | 인구 | 나이 | 인구 | 나이 | 인구 | 나이 | 인구 |
|---|---|---|---|---|---|---|---|---|---|---|---|
| 1 | 1000 | 8 | 680 | 15 | 628 | 22 | 585 | 29 | 539 | 36 | 481 |
| 2 | 855 | 9 | 670 | 16 | 622 | 23 | 579 | 30 | 531 | 37 | 472 |
| 3 | 798 | 10 | 661 | 17 | 616 | 24 | 573 | 31 | 523 | 38 | 463 |
| 4 | 760 | 11 | 653 | 18 | 610 | 25 | 567 | 32 | 515 | 39 | 454 |
| 5 | 732 | 12 | 646 | 19 | 604 | 26 | 560 | 33 | 507 | 40 | 445 |
| 6 | 710 | 13 | 640 | 20 | 598 | 27 | 553 | 34 | 499 | 41 | 436 |
| 7 | 692 | 14 | 634 | 21 | 592 | 28 | 546 | 35 | 490 | 42 | 427 |

| 나이 | 인구 | 나이 | 인구 | 나이 | 인구 | 나이 | 인구 | 나이 | 인구 | 나이 | 인구 |
|---|---|---|---|---|---|---|---|---|---|---|---|
| 43 | 419 | 50 | 346 | 57 | 272 | 64 | 202 | 71 | 131 | 78 | 58 |
| 44 | 409 | 51 | 335 | 58 | 262 | 65 | 192 | 72 | 120 | 79 | 49 |
| 45 | 397 | 52 | 324 | 59 | 252 | 66 | 182 | 73 | 109 | 80 | 41 |
| 46 | 387 | 53 | 313 | 60 | 242 | 67 | 172 | 74 | 98 | 81 | 34 |
| 47 | 377 | 54 | 302 | 61 | 232 | 68 | 162 | 75 | 88 | 82 | 28 |
| 48 | 367 | 55 | 292 | 62 | 222 | 69 | 152 | 76 | 78 | 83 | 23 |
| 46 | 357 | 56 | 282 | 63 | 212 | 70 | 142 | 77 | 68 | 84 | 20 |

핼리의 생명표

생활비 등을 지급해 주는 것이었다. 스코틀랜드 에든버러 지방의 성직자인 로버트 월리스(Robert Wallace)와 알렉산더 웹스터(Alexander Webster)가 만들었다(Ferguson, 2009). 이 펀드는 1815년에 스코틀랜드 최초의 상호회사(mutual company, 이에 대해서는 뒤에서 설명한다)로 변경 발족했으나, 2000년에 주식회사로 변경한 뒤 현재는 로이즈 은행 그룹(Lloyds Banking Group)의 자회사로 편입되었다. 이 펀드 보험료의 계산에는 수학자 콜린 매클로린(Colin Maclaurin)의 도움을 받았다고 하는데, 보험료 계산이 매우 정확하여 다른 보험사들이 이 방법을 따라 했다고 한다. 특히 1762년 설립된 영국의 이퀴터블 생명보험회사(Equitable Life Assurance Society)는 최초의 상호회사로 알려졌는데, 최초로 보험 계리인(actuary)이라는 명칭을 사용하여 이들을 임명하는 등 보험의 과학화에 중요한 공헌을 했다.

## 도박과 확률, 그리고 보험

근대적인 보험학의 시작은 수학자들이 확률의 개념을 발견하던 때로 거슬러 올라간다(본문의 논의는 Bernstein(1998)과 Ferguson(2009) 등을 참조했다). 확률은 영어로 'probability'라고 하는데, 이는 '사실일 것 같은 것' 혹은 '믿을 만한 것'이라는 뜻의 중세 라틴어 'probabilitas'에서 나온 말이다(Bernstein, 1998). 그러다가 17세기 이후 수학자들이 일어날 가능성을 측정하는 개념으로 사용하면서 현재의 의미로 사용되었다. 확률(確率)은 일본식 조어인데, 한자 자체의 뜻은 확실성의 정도를 나타내는 비율로 측정의 개념이라 할 수 있다.

확률을 '일어날 수 있는 가능한 경우에 대비한 비율'로 표현한 사람은 16세기 이탈리아의 수학자 제롤라모 카르다노(Gerolamo Cardano)라고 한다. 카르다노는 상습적인 도박꾼이기도 했는데 도박에 대한 관심이 확률의 개념을 찾게 했다. 확률의 개념은 그의 책 『기회의 게임에 대한 책*Liber de Ludo Aleae*』에 소개되었다. 이 책은 1525년에 쓰였지만 실제로 출판된 것은 그의 사후인 1663년이다. 기회의 게임이란 다름 아닌 도박을 말한다.

카르다노의 책이 출판되기 전인 1654년경에 철학자이자 수학자인 블레즈 파스칼(Blaise Pascal)과 수학자 피에르 드 페르마(Pierre de Fermat) 역시 확률의 개념을 도입해 계산법을 발견한다. 경우의 수를 계산하는 '파스칼의 삼각형'이 사용된 것도 이때다(파스칼의 삼각형은 이미 아시아와 이슬람의 학자들이 오래전부터 알고 있었던 내용이라고 한다). 이들이 확률 문제에 관심을 두게 된 것은 파스칼의 친구인 도박꾼 슈발리에 드 메레(Chevalier de Mérée)가 파스칼에게 도박 문제를 문의했기 때문이었다.

메레는 파스칼에게 중단된 도박에서 상금을 어떻게 나눠 가져야 하는가라는 '점수의 문제(problem of points)'를 문의했다고 한다. 이 점수의 문제의 기원은 150년 전에 투스카니 지역의 수도사이자 수학자였던 루카 파치올리(Luca Pacioli)의 저서 『산술, 기하, 비율과 비례 법칙에 관한 총론 *Summa de Arithmetica, Geometria, Proportioni et Proportionalita*』(1494)으로 거슬러 올라간다. 점수의 문제는 다음과 같다.

주사위를 던져 높은 수가 나오는 사람이 이기는 걸로 하고, 5번 먼저 이기는 사람이 최종적으로 승리하여 총상금을 가져가는 내기를 생각해 보자. 그런데 한 사람이 4번 이기고, 다른 사람은 3번 이긴 상태에서 내기가 중단되었다면, 이 두 사람에게 상금을 어떻게 나눠 주어야 하는가?

점수의 문제를 푸는 현대적인 방법은 내기 참가자 각각의 최종 승리에 대한 확률이나 기댓값을 계산하고 그에 비례하여 상금을 나누는 것이다. 우리가 지금 이와 같이 계산할 수 있게 된 것이 바로 파스칼과 페르마에서 시작되었다. 파스칼과 페르마는 각자의 방법으로 문제를 풀어서 서신으로 교환했다.

파스칼과 페르마의 확률에 대한 연구 결과를 알게 된 네덜란드의 크리스티안 하위헌스(Christiaan Huygens)는 곧바로 1657년에 『기회의 게임에서의 추론에 대하여*De Ratiociniis in Ludo Aleae*』라는 책을 출판했다. 이는 최초로 출판된 확률 이론 책이다.

확률의 개념과 계산법은 소개되자마자 곧바로 보험에 적용되었다. 17세기 후반에는 연금의 가격 결정에 확률 이론이 적용되었고, 그 뒤로도 확률과 통계의 발전은 곧바로 보험학으로 연계되었다. 확률통계학과 보험학이 구분되지 않고 같이 발전한 것은, 보험이 구조상 도박과 차이가 없음을 생각하면 당연하다. 도박에 대한 연구는 그대로 보험에 대한 연구라 해도 과언이 아니다.

보험학의 중요한 개념인 대수의 법칙(Law of Large Numbers)은 스위스 수학자 자코브 베르누이(Jacob Bernoulli)가 발견했다. 베르누이는 『추측의 기술*Ars Conjectandi*』에 그 내용을 적었으며, 책은 그가 죽은 지 8년 후인 1713년 조카인 니콜라우스 베르누이(Nicolaus Bernoulli)에 의해서 출간되었다. 대수의 법칙이란 간단히 말해 다음과 같다. 우선, 전체 집단(모집단)에서 일부의 데이터(표본)를 무작위로 뽑아내 그 데이터의 평균을 구한다. 같은 수의 데이터를 뽑는다 해도, 평균은 어떤 데이터가 뽑혔느냐에 따라 다른 값이 나올 것이다. 평균 자체가 불확정적이고 일정한 (확률)분포를 갖게 된다. 그다음 뽑는 데이터의 수를 늘리면서 평균을 구해 나가면, 그 평균값은 점점 더 전체 집단의 평균값으로 접근하여 평균값이 확정적으로 된다는 것이다(Seog, 2010).

대수의 법칙은 보험 산업에서 보면 마치 구세주와도 같은 존재다. 보험은 도박이 되기 쉽다. 이 이유를 보험 구매자와 보험자로 나눠서 다시 살펴보자. 보험이나 도박은 우연에 의해 돈을 번다는, 같은 구조를 갖고 있다. 그러나 보험 구매자의 입장에서는 도박의 누명에서 벗어날 소지가 있는데, 자신에게 피해가 있을 때만 피해액에 대해 보상을 받기 때문이다. 물론 보험료가 제대로 정해지지 않거나 피해액 이상으로 보험금을 받는 다면 보험 구매자에게도 도박으로 간주될 소지가 있다. 그러한 경우만 아니라면, 보험 구매자에게 보험은 도박이라기보다는 피해 구제나 위험 관리의 의미로 인정받을 수 있다.

그런데 보험자의 입장은 좀 다르다. 자신과 상관없는 남에게 일어나는 우연성에 따라서 돈을 벌거나 잃기 때문에, 이는 도박과 다를 게 없다. 이 때 대수의 법칙은 보험자에게도 보험이 도박이 아님을 보여 주는 중요한 근거가 된다. 대수의 법칙이 성립하면, 보험 구매자당 지급해야 할 보험금 (이것이 데이터의 평균이다)이 확실해져서 더는 도박이 아니라고 주장할 수 있다. 물론 현실적으로 대수의 법칙이 이론대로 성립하는 것은 아니지만, 보험 구매자가 많아질수록 평균적으로 위험 요소가 줄어드는 것이 사실이고 도박 요소가 줄어든다. 이제 보험 산업은 도박이라는 누명에서 벗어날 수 있게 되었다. 이는 실제로 보험회사를 경영하는 입장에서도 매우 중요한 결과다. 보험회사의 이익이 어느 정도 안정될 수 있음을 의미하기 때문이다.

보험학과 통계학에서 빼놓을 수 없는 또 하나가 정규분포(normal distribution)다. 정규분포는 평균을 중심으로 좌우 대칭으로 종의 모양을 한 확률분포를 말하는데, 수학자들이 발견한 확률분포 중에서 가장 중요하다. 이는 프랑스 수학자인 아브라함 드무아브르(Abraham de Moivre) 가 발견했다. 드무아브르는 베르누이와 하위헌스의 확률 이론을 더 발전시킨 『기회의 원칙Doctrine of Chances』을 1718년 출간했다. 그 두 번째 판이 1738년 출간되었는데, 여기에 이항분포(binomial distribution)를 근사(近似)

하는 분포로 정규분포의 개념이 나온다. 이는 통계학에서 중심극한정리 (Central Limit Theorem)로 알려진 내용의 한 예로 볼 수 있다.

중심극한정리는 대수의 법칙과 마찬가지로 전체 집단에서 데이터를 뽑아 그 평균을 생각한다. 대수의 법칙에 따르면 데이터를 점점 더 많이 뽑으면 그 평균이 전체의 평균과 가까워져 점점 더 확실해진다. 그러나 데이터를 많이 뽑는다 해도 데이터 평균이 전체의 평균과 완전히 같아지지는 않아, 결국 확실하지 않은 불확실성을 여전히 갖게 된다. 이때 데이터 평균의 불확실성이 일정한 정규분포를 따른다는 것이 바로 중심극한정리의 내용이다. 이 정리로 정규분포의 중요성이 나타난다. 전체 집단이 원래 어떤 분포를 가지고 있든지 간에, 뽑은 데이터의 평균은 정규분포를 따른다는 것이다. 중심극한정리는 나중에 피에르 시몽 라플라스(Pierre-Simon Laplace)가 지은 『확률의 분석 이론*Théorie Analytique des Probabilités*』(1812)에서 더욱 확장 발전된다.

드무아브르는 또한 핼리의 연금에 대한 연구를 발전시킨 『생존연금 *Annuities upon Lives*』이라는 책을 1724년 출판한다. 여기에서 드무아브르는 사망률의 분포에 정규분포를 적용하여 생명표를 작성했다.

정규분포는 독일의 수학자 카를 프리드리히 가우스(Carl Friedrich Gauss)가 좀 더 발전시켜 다듬었는데, 이는 1809년에 출간된 천체물리학 책인 『천체운동 이론*Theoria Motus Corporum Coelestium in Sectionibus Conicis Solem Ambientum*』에서 나온다. 이런 연유로 정규분포는 가우스 분포라고도 불린다. 책에는 최소자승법(Least-square method)도 같이 소개되어 있는데, 가우스가 1795년에 발견했다고는 하지만 1806년 프랑스 수학자 앙드리앵 마리 르장드르(Andrien-Maire Legendre)에 의해서 처음 발표되었다.

그 밖에 의사 결정론에서 빼놓을 수 없는 '베이즈 정리'는 새로운 정보를 반영하여 사전적 확률을 사후적 확률로 변환시키는 방법으로, 1763년에 영국의 왕립학회(Royal Society)가 발표했다. 베이즈 정리는 영국의 수학자이자 성직자 토머스 베이즈(Thomas Bayes)가 발견했다. 왕립학회에서 발표된 때는 베이즈가 죽은 지 2년 후였는데, 생전에 글을 발표한 적이 없었던 그의 논문이 발표될 수 있었던 것은 리처드 프라이스(Richard Price)라는 수학자가 그의 글의 가치를 알아보고 논문으로 편집한 덕분이었다. 프라이스는 에퀴터블 생명보험사의 부탁으로 생명보험 가치 평가 등을 통해 회사의 손익 구조를 연구하고 그 결과를 보고서로 발표한 적도 있다. 보고서의 제목은 「에퀴터블 생명보험회사의 상태에 대해 연도별 계정을 유지하고 확정하는 적절한 방법에 대한 고찰(Observations on the Proper Method of Keeping the Accounts, and Determining from Year to Year the State of the Society for Equitable Assurances on Lives & Survivorships)」로, 보험 수리의 역사에서 중요한 의미가 있다. 하지만 프라이스는 보고서에서 사망 위험을 과대평가하는 오류를 범했고, 이 오류 덕분에 보험료가 높게 책정되어 에퀴터블 보험회사가 높은 이익을 얻을 수 있었다고 한다(Bernstein, 1999).

보험학과 경제학에 중대한 영향을 끼친 또 다른 발견으로는 효용(utility)이 있다. 얼핏 보면 확률과 상관없어 보이지만, 사실 효용의 의미는 불확실성하에서 중요해진다. 효용의 중요성을 강조한 이는 다니엘 베르누이(Daniel Bernoulli)로, 1738년 상트페테르부르크에서 열린 학회에서 「위험 측정에 대한 새 이론 해설(Specimen Theoriae Novae de Mensura Sortis)」이라는 논문을 발표한다. 논문에는 '상트페테르부르크의 역설'이라고 부르는 중요한 결과가 실려 있다. 이 역설의 내용은 다음과 같다.

동전을 앞면이 나올 때까지 계속해서 던지는데, 몇 번째에 앞면이 나오느냐에 따라 상금액이 달라진다. 예를 들어 처음 던져서 앞면이 나오면 2원을 받고, 두 번째에 앞면이 나오면 2원의 제곱인 $4(=2^2)$원을, 세 번째에 나오면 2원의 세제곱인 $8(=2^3)$원 등으로 정해진다고 하자. 이런 식으로 해서 n번째에 앞면이 나오면 상금액은 $2^n$원이 된다. 여기서 질문은 이 도박에 참가하기 위해서 참가비를 내야 하는데, 과연 얼마의 참가비를 내야 하나냐. 이를 위해서는 도박에 참가했을 때 얼마의 상금액을 기대할 수 있는지 그 기댓값을 구해 봐야 할 것이다. 이 기댓값은 각 상금액과 그 확률을 곱한 후 합하면 되는데, n번째에 앞면이 나올 확률은 $1/2^n$ 이므로 기댓값은 $2(1/2)+2^2(1/2^2)+2^3(1/2^3)+\cdots=1+1+1+\cdots=$무한대가 된다. 즉, 이 도박에 참가하면 상금액에 대한 기댓값은 무한히 크다. 그렇지만 도박에 참가하기 위해서 1억 원을 내려는 사람은 없을 것이다. 이 점을 역설이라고 표현한 것인데, 상금의 기댓값이 무한대임에도 불구하고 참가비를 많이 내려는 사람은 없다는 것이다.

이 역설이 의미하는 바는 사람들의 의사 결정이 화폐 금액에만 의존하는 것은 아니라는 것이다. 다니엘 베르누이는 어떤 것의 가치는 그 가격이 아니라 효용에 달려 있으며, 같은 액수의 돈이라도 부자에게보다 가난한 자에게 훨씬 더 큰 가치가 있다고 했다. 이는 보험학과 경제학 내의 의사 결정에서 화폐액이 아니라 효용함수를 중요시하며, 한계효용이 체감하도록 (돈이 많을수록 효용의 증가폭은 줄어듦) 효용함수의 꼴이 정해지는 근거가 된다. 또한 이러한 함수 꼴은 위험 회피형인 사람의 효용을 나타내는 것으로 해석된다. 베르누이는 그러한 효용함수로 로그(log)함수를 제안했는데, 로

그함수는 현대 보험학과 경제학에서도 여전히 중요한 역할을 한다. 이 역설은 다니엘이 발견한 것이 아니라 그의 사촌 형인 니콜라우스가 1713년 편지에서 처음 제기했다고 한다. 이 니콜라우스는 앞서 나온 대수의 법칙의 발견자 자코브 베르누이의 조카이자 그의 책을 출간한 사람이다.

이렇게 근대 보험학은 『국부론』이 쓰이기 100여 년 전에 수학자에 의해서 시작되었다. 보험학 초기 발전사를 보면 도박이나 확률 통계와 깊은 연관을 가지고 발전했음을 알 수 있다. 보험과 도박의 구조가 다르지 않았고, 확률과 통계의 발전은 곧 위험을 평가하는 도구가 생긴 것인 만큼 보험에 적용되는 것은 당연했을 것이다.

핼리나 가우스의 예에서 보듯이 확률 통계는 보험과 더불어 천체물리학과도 맞물려 있다. 이것은 우연한 일이 아니다. 유럽은 대항해 시대 이후 아시아로 향하는 뱃길을 찾으려고 많은 노력을 했다. 17세기 이후 유럽의 신생 주식회사들은 무역과 식민 지배를 위해 전 세계를 항해했다. 항해에는 많은 위험이 따르기에 안전하고 효율적인 것이 매우 중요했으며, 이때 방향의 좌표로 중요한 역할을 하던 것이 하늘에 있는 별의 위치였다. 그러나 별의 관찰이 항상 같은 것이 아니고 관측에도 오차가 있다. 오차가 있는 관측에서 정확한 위치를 추론하는 것, 그 자체가 확률통계학이었다. 한편, 항해의 위험은 발전된 보험으로 담보되었다. 이렇듯 천체물리학과 보험은 당시의 시대상에 맞춰 같이 발전했다.


## 상호회사

일반적으로 많이 알고 있는 친숙한 형태의 회사 조직은 주식회사다. 회사는 주식을 발행하고 사람들은 이 주식을 사고팔 수 있다. 유명한 회사들은 대부분 주식회사다. 이 주식회사에 대해서는 뒤에서 더 자세히 살펴보고, 여기서는 보험 산업, 더 나아가 금융권에서 중요한 역할을 하는 조직 형태인 상호회사(mutual company)에 대해 설명하려고 한다.

먼저 보험을 중심으로 설명해 보자. 보험 상호회사는 고객, 즉 보험 구매자들의 조합과 비슷하게 운영된다. 보험 영업을 하면서 걷은 보험료 대비 지급한 보험금이 적으면 잉여금이 남는다. 주식회사에서는 이 잉여금이 주주의 몫으로 귀속되지만, 상호회사에서는 다시 보험 구매자의 몫으로 귀속된다. 주식회사에 빗대어 설명하면, 주주의 역할과 소비자의 역할이 통합된 것으로 생각할 수 있다. 주식회사와 달리 지분만을 따로 사고팔 수 없으며, 상호회사의 지분을 갖기 위해서는 소비자가 되어야 한다. 이는 보험이 원래 상부상조의 정신에서 출발한 것임을 상기하면 쉽게 이해가 된다. 보험은 서로에게 도움을 주려는 것이어서, 어느 한 해에 남은 잉여금은 다음 해를 대비한 공동의 잉여금으로 남겨진다. 상호회사는 그래서 비영리 조직이다. 상호회사 조직이 보험의 정신을 잘 반영하는 만큼 보험 시장에서도 중요한 역할을 한다.

반드시 회사 형태가 아니더라도 상호 조직 형태의 보험 기능은 중요하다. 위험의 크기가 너무 커서 한 보험회사가 감당하기 어려운 경우, 여러 회사가 합동으로 위험을 담보하는 경우도 있는데, 이 역시 상호 조직의 형태라 볼 수 있다. 상호회사는 중요한 조직 형태이긴 하지만, 주식회사의 주식과 같이 지분 발행을 통한 자금 조달이 불가능하며, 인수합병을 통한 성장도 쉽지 않다. 이 때문에 최근 금융권 경쟁이 심화되면서 경쟁력이 상대적으로 약화되었다. 그 결과 많은 상호회사가 주식회사로 탈바꿈했는데, 이를 탈상호회사화(demutualization)라고 부른다.

**이슬람 보험**

이슬람 율법인 샤리아에서 금지하고 있는 상업 계약을 상기해 보자(5장 참조). 샤리아는 이자(riba), 과도한 불확실성 계약(gharar), 과도한 위험 선택 (maisir)과 일부 사업에 대한 투자를 금지한다. 기독교가 중세의 기독교법을 부정하면서 자본주의를 발전시킨 것과는 달리 이슬람 지역에서는 현대까지도 이 율법이 원칙적으로 지켜진다. 따라서 지금도 이자 수취가 금지되어 있다. 그렇다고 채권 발행이 안 되는 것은 아니고, 과거처럼 이자가 아닌 방법으로 보상해 준다. 이러한 이슬람 채권을 수쿠크(sukuk)라고 부르는데, 이는 이슬람 수표인 사크(sakk)의 복수형이다.

이슬람 율법에서 좀 더 근본적이고 중요하게 생각하는 것은 이자의 금지보다는 불확실성의 금지다. 불확실성 계약이나 과도한 위험 선택을 금지할 뿐만 아니라 금지 산업에 게임이나 도박 등이 포함된다. 이자의 금지역시 계약의 일방에게 모든 위험을 떠안기는 것을 금지하는 조항이라 볼수 있기 때문에, 사실상 샤리아에서 금지하는 것의 대부분은 불확실성의 금지로 귀결된다.

그렇다고 불확실성 자체를 금지한 것은 아니다. 오히려 모험과 탐험은 이슬람 제국에서 칭송하던 것이다. 도박이 아닌 정당한 위험을 감수하는 것은 권장되었다. 다만, 문제는 그러한 불확실성을 계약 당사자들 사이에 어떻게 배분하느냐이다. 어느 일방에게 과도한 위험을 떠안기면 안 된다는 것이 샤리아의 취지일 것이다.

보험이 도박과 구분되지 않을 수 있음을 앞에서 언급했다. 이러한 시각은 이슬람 지역에서도 마찬가지다. 특히, 이익을 추구하는 주식회사 형태의 보험회사는 원칙적으로 보험 구매자의 위험에 돈을 걸어 이익을 얻는 구조로 문제가 될 소지가 많다. 그러나 사회보험이나 상호회사 형태의 보험은 그 자체가 도박으로 이익을 챙기는 구조가 아니라 사회 전체나 참여자들이 피해를 나눠 갖는 구조여서 허용된다. 어느 일방에게 과도한 위험을 떠넘기는 게 아니기 때문이다.

이슬람 지역에서는 특수한 형태의 보험 주식회사를 용인하는데, 이를 타카풀(takaful)이라고 부른다(Swiss Re, 2008). 타카풀은 주식회사이긴 하지만, 일부 이익이 보험 구매자에게 돌아가거나 주주에게 돌아가는 몫을 수수료 형태로 지급해 보험 구매자들이 위험을 공유하는 구조를 갖췄다. 따라서 타카풀은 실질적으로 주식회사와 상호회사가 결합한 형태다.

### 사회복지와 사회보험

보험에는 사적 계약만 있는 것은 아니다. 보험은 사회적 안전망을 제공한다는 점에서 사회적 측면도 강조되어 왔다. 공적 기능으로서의 보험은 사실상 사적 계약으로서의 보험보다 더 중요하다. 인류는 공동생활을 하면서부터 사회적 관점에서 보험 기능을 작동해 왔고, 어느 나라나 빈민을 구제하려는 제도가 있었다.

현대 선진국은 정도의 차이는 있으나 자본주의와 사회복지 제도가 접목된 형태로 운영하고 있다. 근대적 의미의 사회복지는 크게 사회보험과 공공부조를 포함한다. 사회보험은 국가가 보험자 역할을 하는 것으로 국민이 각자 자신의 위험에 따른 적정 보험료를 내고 손실이 발생하면 보험금을 받는 구조다. 이에 비해 공공부조는 세금으로 이루어진 재원을 통해 가난하거나 도움이 필요한 사람에게 도움을 주는 제도다. 우리나라의 사회보험은 현재 5종류로 고용보험, 건강보험, 국민연금, 산업재해보험과 노인장기요양보험이다. 공공부조로는 국민기초생활보장제도가 운영된다.

현대적인 사회복지는 1880년대 독일 제국의 수상인 오토 폰 비스마르크(Otto von Bismarck)가 실행했다. 비스마르크는 사회복지 정책으로 노령연금, 사고보험, 의료보험, 고용보험 등을 시행하여 복지국가 시대를 열었다. 사회복지 정책을 시행한 배경에는 당시 산업혁명 이후 양산된 많은 노동자가 가난에 시달렸던 상황이 있었다. 사회주의 세력이 확산되자 비스마르크는 반사회주의자법(1878)을 제정해 사회주의를 탄압했다. 사회복지 제도는 노동자에게 복지를 제공해 사회주의자들의 세력을 위축시키려는 목적이 있었다.

우리는 종종 사회복지의 확대가 경제 발전의 발목을 잡는다는 얘기를 듣는다. 특히 신고전학과 경제학이나 신자유주의적인 시각에서는 이런 주장이 지배적이다. 단면적으로 보면 사회복지에 대한 지출이 민간 부문의 투자를 대체할 수 있기에 이 말이 전혀 근거 없는 것은 아니다. 또한 과도한 사회복지 정책이 근로 의욕을 떨어뜨리는 것도 사실이다. 그러나 현대 보험학이나 경제학의 이론은 적절한 수준의 위험 관리와 사회복지가 중요하다는 것을 지적한다. 왜냐하면 사람들은 위험을 싫어하므로 위험을 과도하게 안기는 것은 사회 전체적으로 바람직하지 않기 때문이다. 물론 위험을 완전히 없애면 일할 동기가 없어지므로 이 또한 바람직하지 않다. 어느 정도로 위험을 줄여 줘야만 하는지에 대한 답이 없으므로 이를 놓고 사회 구성원 간에 갈등이 있다. 결국 정치적인 타협과 힘으로 정해지게 될 것이다.

또 하나 흥미로운 것은 사회복지는 기본적으로 사회주의적인 제도이지만, 사회복지를 시작한 비스마르크는 사회주의를 탄압한 인물이었다는 점이다. 사회복지를 주장하는 것은 마치 반자본주의적이거나 사회주의를 퍼뜨리는 것으로 여겨지곤 한다. 그러나 사회복지가 장기적으로는 자본주의를 지탱해 주는 제도임을 잊는 경우가 많다. 사회복지 제도는 비스마르크 시대에 시작되었고, 1930년대 대공황을 거치면서 그 중요성이 주목받았다. 두 경우 모두 사회복지가 없었으면 자본주의를 지탱하기 어려웠을 것이다. 현재의 자본주의는 사실상 자본주의와 사회주의의 공동 작품이다. 세계적으로 부유한 자본주의 나라들은 대부분 사회복지가 잘 발달한 나라들이다.

* * *

보험은 금융으로 간주하지만, 본질은 금융이 아니라 상부상조와 위험 관리에 있다. 금융은 위험 관리에 수반되는 부차적인 기능이다. 더 중요한 보험의 기능은 국가 차원에서 이뤄지는데, 이를 금융이라 부르기는 어렵다.

흥미롭게도 보험은 상반되는 두 가지 얼굴을 동시에 가지고 있다. 보험은 위험으로부터 보호해 주는 보호막이 되기도 하지만, 다른 한편으로는 도박의 다른 이름에 불과했다. 이는 보험이 도박과 마찬가지로 우연성에 의해 손익이 정해지기 때문이다. 2008년 금융 위기 뒤에는 금융 기관의 위험 관리와 신용부도스왑(CDS)이라는 보험 상품이 자리하고 있었다. 이를 보면 보험을 도박과 별반 다르지 않다고 여긴 중세 유럽과 이슬람의 시각이 틀린 것은 아니었음을 깨닫는다. 보험은 위험 관리와 연금을 통해 주식회사와 자본주의의 발전에 중요한 공헌을 했고, 현대에는 금융으로서 자본주의의 핵심 역할을 하지만, 동시에 사회보장과 사회보험이라는 기능을 통해 사회주의적인 성격도 가지고 있다.

보험의 이중성은 여전히 존재한다. 보험은 금융의 세 영역인 은행, 증권, 보험 중에서 소비자 불만이 가장 많은 분야다. 그러나 다른 한편으로는 사회보장을 통해 국민에게 기본적인 안전망을 제공해 준다.

인류의 문명기부터 현재까지 국가가 제공한 보험과 구제는 가난한 자들을 금융의 피해로부터 보호하는 역할을 했다. 그러나 지금은 보험이 금융의 일부로 편입되어 소비자 불만의 대상이 되었다. 왜 이렇게 되었을까? 어쩌면 보험이 금융으로 변질되면서 보험의 근본 정신인 상부상조 원칙이 퇴색하고, 그 대신 이익 추구의 원칙이 보험을 지배했기 때문은 아닐까? 상부상조란 함께 갖고 함께 나누는 것(sharing)을 말한다. 이는 좋은 일도 포함하지만 나쁜 일과 위험이 더 중요한 의미를 가진다. 더 넓게는 공동체의 기초 자산을 같이 나누는 것으로, 이러한 공유와 나눔이 시장 내의 거래로 변하여 계산적인 교환으로 바뀌었다. 이제 경제학에서 위험의 공유(risk sharing)는 위험의 거래(risk trading)를 통해서 이뤄지게 되었다.

# PART 3

# 기업과 가치
## 주식·주식회사

# Chapter 8

# 주식과 주식회사

현대 경제를 논할 때 기업, 특히 주식회사를 빼놓고는 이야기할 수 없다. 기업은 경제 생산의 대부분을 담당한다고 해도 과언이 아니다. 사실 경제 뿐만 아니라 정치, 사회나 문화 등 거의 모든 현대인의 삶이 기업과 떼놓고는 생각하기 어렵다. 정치와 기업은 불법적 혹은 합법화된 정경 유착의 고리로 연결되어 있고, 문화는 기업의 후원을 목마르게 기다린다. 많은 사람이 깨어 있는 대부분의 시간을 회사에서 보내기에 회사 내의 인간관계가 사회생활의 중요한 요소가 되었다.

학문적으로 경영학은 이 '기업'을 연구하는 학문이다. 그럼에도 불구하고 회사의 기능에만 치우쳐 연구하고 강의하다 보니 기업의 기원이나 본질적인 문제는 소홀히 하기 쉽다. 대체로 우리가 현재 알고 있는 주식회사의 기능을 처음부터 주어진 것처럼 취급하곤 한다. 여기서는 기업, 주식 그리고 초기의 주식회사를 살펴보고, 다음 장에서는 주식 시장과 현대적 주식회사를 간단히 살펴보고자 한다. 기업의 본질을 규정하는 기업 이론에 대한 논의는 좀 더 뒤로 미루고, 우선은 기업과 주식회사에 대해 역사적 흐름을 따라 관찰해 보고자 한다.

# 회사란

회사(會社, company) 또는 기업(企業)은 공동으로 이윤 추구를 목적으로 하는 단체를 말한다. 상법에서는 회사의 종류를 4개로 분류한다. 합명회사(合名會社), 합자회사(合資會社), 유한회사(有限會社), 주식회사(株式會社)가 그것이다. 합명회사(unlimited partnership)는 회사를 구성하는 사원이 회사의 채무에 대해 무한책임(unlimited liability)을 지는 조직이어서 서로를 신뢰할 수 있는 가까운 사이의 사람들끼리 구성하는 회사 형태다. 무한책임이란 회사의 자산이 채무에 못 미칠 경우, 사원이 개인 자산을 이용해 변제해야 함을 의미한다. 책임이 막중한 만큼 사원의 지분 양도는 다른 사원의 동의를 얻어야 한다.

합자회사(limited partnership)는 유한책임(limited liability)을 지는 사원과 무한책임을 지는 사원이 연합하여 구성한 조직이다. 유한책임 사원이란 회사의 채무에 대해 자신이 공여한 출자금에 한하여 책임을 진다. 무한책임 사원은 업무 집행과 경영을 맡고, 유한책임 사원은 자본을 대 주는 역할을 한다. 지분의 양도는 무한책임 사원의 동의가 필요하다. 합명회사나 합자회사는 영리 조직인 회사이긴 하나, 실질적인 운영 방식은 비영리 단체인 조합(cooperative, union)과 별반 다르지 않다.

유한회사(limited liability company, LLC)는 주식회사와 같이 모든 사원이 출자금을 한도로 유한책임을 진다. 주식회사와 비슷하나 지분의 증권화가 허용되지 않아 양도가 자유롭지 못하고, 사채 발행이 인정되지 않는 등 폐쇄적, 비공개적으로 운영되는 면이 있다.

주식회사(stock company, corporation)는 현대 경제에서 가장 중요한 회사 조직이다. 사원(주주)은 출자금에 해당하는 주식가액을 한도로 유한 책임을 진다. 주식(株式, stock)은 회사 자본에 대한 지분(持分, share)을 나타내며 자유롭게 양도할 수 있다. 주식의 소유자는 주주(stockholder, equityholder)라고 불린다. 주주는 회사의 소유자로 인식되며 업무 집행과 경영은 경영자와 이사회에 의해 운영되는데, 이를 소유와 경영의 분리라고 한다. 주식회사는 지분의 양도가 자유롭고 유한책임으로 자본 조달이 쉽다. 또 소유와 경영의 분리로 경영의 전문성이 제고되기에, 대규모 민간 기업들은 대체로 주식회사 조직을 가진다.

**회사와 주식의 어원**

'회사'는 말 그대로 사람들이 모여 만든 단체를 뜻한다. 회사의 영어 단어는 company인데, 이는 중세 라틴어의 compagnia에서 비롯된 말로 빵(pagnia)을 함께(com)한다는 의미다. 이는 로마 시대 생사를 같이하던 보병 조직을 의미하기도 했다. 공개회사의 의미로 많이 쓰이는 corporation은 사람의 몸을 뜻하는 corpus에서 파생된 말로 사람들의 단체를 일컫는 말이다. 중세 로마법에서는 상인 단체뿐 아니라 대학, 종교 단체, 국가 자체도 이 개념에 포함되었다.

주식(株式)의 주(株)는 나무의 그루터기, 즉 밑기둥을 뜻한다. 주식이란 일본에서 만들어진 말로, 에도 막부 시대(1603~1867)에 동업자들의 상업 조직인 가부나카마(株仲間)와 연관이 있다고 한다(이경엽, 2012). 가부는 주(株)에 해당하고, 나카마(仲間)는 동료, 단체란 뜻이다. 그루터기는 나무의 근본으로, 이것이 튼튼하면 나무가 잘 자라는 것처럼 상인 간에 믿음과 근본을 튼튼히 지키자는 의미였을 것이다. 혹은 상인들이 그루터기에 모여

앉아 회합을 한 데서 유래했는지도 모른다. 가부는 회원의 자격이나 지위를 나타내는 말이기도 했다. 이 단체는 중세 유럽의 길드(guild)와 비슷한 조직이라 할 수 있다. 19세기 후반에 서양의 주식회사가 일본에 소개되면서 가부시키(株式)라는 말을 사용했는데, 이는 가부의 방식이란 의미다.

중국에서는 주식의 뜻으로 구펀(股份)을 쓰고, 주식회사는 구펀공시(股份公司)라고 쓴다. '股'란 넓적다리를 뜻하는 말로 고기를 뜻하는 '月'과 몽둥이를 뜻하는 '殳'의 합성어다. 殳는 지렛대(몽둥이)에 궤를 걸어서 계속 앞으로 나아가는 모습을 나타낸 것이다. 『서경(書經)』 「익직편(益稷篇)」에는 '고굉지신(股肱之臣)'이라는 표현이 있다. 순 임금의 말에서 유래한 이 표현은 넓적다리와 팔과 같이 임금과 나라를 보좌하는 신하를 말한다. '股' 역시 앞으로 나아가는 데에 있어서 근본이 되는 부분이니, '株'와 일맥상통한다고 하겠다. 우리나라에서도 일본 용어인 주식회사가 사용되기 전에는 '股'를 주식의 의미로 사용했다.

영어로 주식은 스톡(stock)이다. 스톡에는 여러 뜻이 있는데, 재고, 저장, 가축(livestock), 나무줄기 등을 뜻하며, 고어로는 그루터기라는 뜻이었다. 재고, 저장, 가축 등은 재산과 관계가 깊고, 나무줄기 역시 뻗어 나가는 성질 때문에 재산 증식의 의미가 있다. 흥미로운 것은 스톡이 부채와도 관련이 있다는 점이다. 그루터기를 뜻하는 또 다른 말로 스텁(stub)이 있다. 부채 관계가 성립되면, 채권 채무 관계를 나무에 적은 후 반으로 쪼개서 채권자와 채무자가 증표로 나눠 가졌다. 채권자가 가져간 부분은 스톡이라 하고, 채무자가 가져간 나머지 부분은 스텁이라고 불렀다. 지금도 극장에 들어가면 표를 뜯기도 하는데, 뜯은 표를 스톡과 스텁이라고 부른다. 스텁은 금융 시장에서도 스톡과 연계되어 사용된다. 예를 들어, 회사의 주요 사업 부문이 인수나 회사 분리 등으로 떨어져 나갈 때, 여전히 남아 있는 원회사의 주식을 스텁이라고 부른다. 또한 회사가 파산해 회사채가 어쩔 수 없이 주식으로 전환되는 경우, 그 주식을 스텁이라고 부른다. 스톡과 스텁은 두 개를 서로 맞춰 봄으로써 채권 채무의 발생이나 해소를 확인하는 징표의 역할을 했다. 이렇게 생각하면, 영어에서 주식은 부채에 기반을 둔 일종의 파생 금융 자산이라 할 수 있다.

영어로 주식은 stock 외에도 share나 equity로도 표현하는데, share는 나눠 가진 몫인 지분(持分)의 뜻으로, 주식 또한 자본의 지분을 표시하므로 지분의 의미로 share가 사용될 수 있다. 그러나 주식회사가 아니어도 지분은 있을 수 있으니, 꼭 지분이 주식과 같은 뜻은 아니다. 한편, equity는 원래 공평, 평등하다는 의미가 있는 단어로 주식보다는 자본의 의미가 강하다. 이는 라틴어의 aequitas에서 유래된 말로 평등한(aequus) 상태(-itas)를 의미한다. 공평을 자본의 뜻으로 사용한 것은 영국의 형평법(equity)에서 유래한다. 영국은 관습법인 보통법(common law)을 따랐는데, 법의 적용이 경직되고 불합리해서 많은 시민이 불만을 호소했다. 이에 왕과 대법관, 법원이 불합리한 보통법 적용과는 다르게 구체적 사안에 대해 정의와 도덕성을 바탕으로 유연한 평결을 내리게 되었는데, 이것이 점차 정착되어 형평법이라 불렸다. 형평법의 중요한 내용 가운데 신탁 제도의 정비가 있다. 예를 들어 한 사람(위탁자)의 재산을 타인(수탁자)이 관리하는 경우, 보통법은 소유권이 이전된 것으로 간주했고 나중에 되돌려 받을 때 어려움을 겪었다. 하지만 형평법에서는 수탁자에게 속하는 부분을 뺀 나머지, 즉 순자산(net asset)을 위탁자에게 돌려주도록 했다. 이를 두고 'equity'에 기업의 순자산에 해당하는 자본 개념이 들어갔다고 한다.

끝으로 자본은 우리말로 밑천, 한자로는 資本, 영어로는 capital이다. 밑천에서 천은 전(錢)에 해당한다. 밑에서 받쳐 주는 재화라는 뜻으로, 한자의 자본 역시 마찬가지 의미다. 영어 capital은 '머리, 첫 번째' 등을 의미하는 라틴어 'capitalis'에서 유래했다. 머리라는 의미 때문에 '치명적 혹은 (죄가) 중대한' 등으로 쓰이기도 한다. 소를 뜻하는 cattle도 capital과 같은 어원이다. 소 자체가 중요하기도 하지만, 고대에는 부와 재산을 의미하는 것이기도 했다. 소에 해당하는 라틴어 단어인 pecu에서 돈과 재산을 의미하는 pecunia가 파생되었다. 현대 영어의 pecuniary는 '금전적'이라는 의미가 있다. 스톡이 가축을 의미하기도 하니, 주식이나 자본 모두 생계의 밑천인 가축과 깊은 연관이 있는 것이다. 우리말이나 한자는 근본을 강조하고, 영어는 중요성을 강조하고 있는 듯하다.

증권(證券)이란 재산상의 권리나 의무를 증명하는 종이를 일컫는다. 주식이나 채권, 어음은 유가증권(有價證券)이라고 하는데, 이는 말 그대로는 가치가 있는 증권이라는 뜻이다. 또 증거증권(證據證券)이란 증거가 되는 문서라는 뜻으로 사용한다. 일반적으로 증권이라 하면 유가증권을 뜻하는 말로 쓰인다. 증권은 영어로 securities라고 쓰는데, 이 말은 고대 라틴어 securitas에서 나온 말로 걱정으로부터 자유롭다는 의미다. 현재 영어의 security는 보안이나 안전을 뜻하는 말로도 쓰인다. 한편, 15세기 이후 securitas는 대출을 해 주고 담보로 잡아 놓은 물건을 뜻하는 말로도 사용되었다. 그러다가 17세기 후반 채권자가 가지고 있는 증빙 서류라는 뜻으로 쓰이면서 증권의 의미를 갖게 되었다.

증권의 기원은 기원전 24세기 메소포타미아 지역의 수메르인들이 채권 채무 관계를 점토판에 적어서 나눠 가진 것으로 거슬러 올라간다. 이것을 증권의 시초라 볼 수 있다. 우리나라에서 최초로 확인되는 증권은 9세기 말에 해인사가 토지를 구입하면서 토지 소유자로부터 받은 문서인 전권 (田券)이다. 여기에는 토지 면적, 가격, 판매 이유 등이 적혀 있었다. 토지 뿐만 아니라 집이나 노비 등을 매매하면서도 증권을 발행했다.

## 주식회사의 특징

주식회사(특히 공개회사)가 지니는 중요한 특징은 다음과 같다. 첫째, 법적 으로 인격을 부여받아 법인(法人, legal person)이 된다. 자연인이 아닌 단체 에 법이 사람의 역할을 부여하는 것이다. 아마도 법인의 가장 중요한 의미 는 계약의 주체가 될 수 있다는 점일 것이다. 따라서 법인은 계약의 주체 로서 권리와 의무를 지닌다. 물론 현실적으로 법인이 아니라 법인을 대표 하는 사람이 계약에 임하지만, 그는 법인을 대리하는 것일 뿐 계약의 주체 는 법인이다.

둘째, 지분 양도의 자유다. 지분은 주식의 형태로 자유롭게 양도된다. 증권(주식) 거래소는 주식 양도를 편리하게 하도록 만들어진 시장이다.

셋째, 소유와 경영의 분리다. 소유 지분은 많은 주주에게 분산되어 이들 이 매번 의사 결정을 공동으로 내리는 것은 불가능하다. 기업 경영의 의사 결정은 이사회(board of directors)에 위임되어 이들이 회사를 경영하고, 회 사를 대표해서 계약을 체결한다.

넷째, 유한책임이다. 회사가 제3자에게 진 채무에 대해 주주는 자신이 투자한 금액까지만 책임을 진다. 그리하여 회사 자본을 초과하는 부채는 채권자가 감당해야 하는 손해다. 경영자 역시 금전적으로는 유한책임을 진다. 법인으로서 주식회사 자체가 채무의 책임을 지는 것이지, 주주나 경영자가 그 책임을 지지는 않는다.

이러한 주식회사의 특징은 하루아침에 만들어진 것은 아니다. 단체를 결성한 것은 인류 역사의 이른 시기에 일어났지만, 그 단체에 현재의 주식회사와 같은 성격이 부여된 것은 오랜 시간에 걸쳐 일어나기 때문이다.

### 가치의 배분 방식: 정액과 정률

두 명이 어떤 사업을 같이하고 그 결과를 나누는 방식에는 기본적으로 두 가지가 있다. 하나는 한 사람은 미리 정해진 금액인 정액(定額)을 가지고, 다른 한 사람은 나머지를 갖는 것이다. 다른 하나는 둘이서 정해진 비율, 즉 정률(定率)로 결과를 나누는 것이다. 주식회사도 투자자들에게 과실을 배분할 때 이 방법을 사용한다. 정액 방식을 사용하는 것이 부채이며, 정률 방식을 사용하는 것이 주식, 즉 (자기)자본이다. 주주는 자신이 소유한 주식 지분의 가치에 비례해서 회사의 이익에 대한 청구권을 가진다. 이에 비해 채권자는 기업의 이익과 상관없이 정해진 이자와 원금을 받을 권리가 있다.

주식의 본질을 이렇게 사업 과실의 지분에 따른 배분의 측면으로 생각한다면, 그 역사는 인류 문명과 같이 시작되었다고 해도 과언이 아닐 것이다. 기원전 18세기의 함무라비 법전에서 이미 임대료가 정액의 부채 방식과 정률의 지분 방식으로 부과되었음을 알 수 있다.

그런데 부채 방식과 지분 방식은 그 결과가 매우 판이하다. 부채 방식은 사업의 성과에 상관없이 정해진 금액을 채권자에게 지급해야 한다. 성과가 좋으면 별문제 없이 이자를 지급하고 나머지 성과는 채무자에게 귀속할 수 있다. 그에 반해 성과가 나쁘면 채무자는 이자조차 지급할 수 없어 곤경에 처한다. 이자를 갚지 못하면 다시 이자가 불어나, 채무의 늪에서 빠져나오기 어렵고 결국은 채권자의 노예로 전락한다. 부채 방식은 채권자가 위험을 감수하지 않고 손해가 나도 일정한 이익을 챙기는 비인간적인 금융 행태다. 바로 이 점에 부채의 무서움이 있다.

역사적으로 모든 문명에서 경계하고 해소하고자 했던 것이 바로 이 부채 문제였다. 기독교와 이슬람교에서 행한 고리대 금지는 이 비인간적인 금융을 막고자 한 것이었다. 경영학에서는 부채를 소위 지렛대(leverage)에 비유한다. 부채가 지렛대와 같이 차입자의 손해나 이익을 증폭시킨다는 것이다. 이때 강조점은 이익 쪽에 찍히게 되는데, 부채를 지고 투자하여 큰 수익을 올리면 차입자는 막대한 이익을 챙기게 된다는 것이다. 이에 반해 역사적 강조점은 손해 쪽에 찍혀 있다. 역사적으로 막중했던 부채 문제가 경영학에서는 지렛대로 들려져 가볍게 여겨진 느낌이다.

일방이 사업의 성과와 상관없이 일정액을 받아 가는 부채 방식과는 달리 지분 방식은 일정한 비율로 성과를 가져가기 때문에, 이익이나 손해를 함께 나눈다. 이는 위험을 같이 나누는 것으로, 손익을 함께한다는 것은 형제애와 동료애를 보여 주는 것이며 인간적이어서 고리대와는 상반된다. 그리하여 기독교와 이슬람교가 부채 방식은 금지했지만 지분 방식은 권장한 것이다.

이렇게 보면 주식도 지분 방식이라 주식회사는 환영받았을 것으로 생각할지도 모르겠다. 그러나 현실은 그렇지 않았다. 주식회사에는 지분 참여라는 특징만 있는 것이 아니라, 유한책임 등 다른 요소들도 있어 항상 긍정적으로 받아들여지지는 않았다. 따라서 주식회사가 처음 만들어져 지금의 모습을 갖추기까지 오랜 시간 논쟁의 대상이 되어 왔다. 우리의 회사에 대한 고찰은 로마에서 시작한다[아래 논의에서는 Goetzman and Rouwenhorst(2005)와 Micklethwait and Wooldridge(2005) 등을 참조했다].

## 소키에타스 푸블리카노룸

사람들이 단체를 만들어 협동하여 일을 하는 것은 세계 어디에나 있었지만, 자료가 잘 정비되어 있고 접근성이 용이한 것은 로마에서 시작한 서구의 기업 역사다. 회사 조직의 원형은 로마 시대로 거슬러 간다. 독일의 법학자 루돌프 폰 예링(Rudolf von Jhering, 1818~1892)은 『로마법의 정신*Der Geist des Römischen Rechts*』에서 로마는 군사, 기독교, 법으로 세계를 세 번 정복했다고 썼다. 서구인의 왜곡된 소견이 들어 있긴 하지만, 로마가 서구와 세계에 끼친 영향을 대변해 주는 말이다. 회사는 자연인이 아니고 법적으로 부여된 인격체인 만큼 법으로 세계를 정복한 로마에서 그 유래를 찾는 것은 어쩌면 자연스러운 일인지 모른다.

로마에서 단체를 형성하여 서로 협력해 일을 해 나가는 것은 우리의 전통적인 계(契)와 별반 다르지 않았을 것이다. 그런데 로마에서는 이런 조직이 공식적이고 지속적인 것으로 만들어졌다. 건물이나 도로를 건설하고, 광산을 개발하거나 세금을 걷는 공공사업이나 군대에 물자를 제공하는 일 등이 계약을 통하여 민간인에게 맡겨졌다. 이런 공공사업의 계약자를 푸블리카누스(publicanus)라고 불렀다. 이들이 조직한 단체가 소키에타스 푸블리카노룸(societas publicanorum)이다. 소키에타스란 공동의 목적을 추구하기 위해 구성된 사람들의 단체를 일컫는다. 그 밖에 종교 단체나 동업자들로 구성된 민간단체는 콜레기움/콜레기아(collegiums/collegia)라고 불렀다. 대표적인 것으로 장례 상조 단체인 콜레기움 테누이오룸

(collegium tenuiorum)이 있는데, 이는 생명보험을 제공하는 역할도 했다.

기독교 성경에는 푸블리카누스가 주로 세금 징수원으로 등장한다. 예수의 열두 제자 가운데 한 명인 마태오(마태)는 갈릴리 지역의 세금을 걷는 푸블리카누스였다. 세금을 징수하는 단체는 소키에타스 벡티갈리움(societas vectigalium)이라고 불렀는데, 사실 이들은 세금을 걷는 용역업만 한 게 아니라 세금 대차업(稅金貸借業)이라 번역할 만한 택스 파밍(tax farming)의 역할을 했다. 영어의 'farm'은 지금은 농지의 뜻으로 많이 쓰이지만, 원래는 대여, 생산, 수익을 의미했다. 세금 대차란 정부에 일정한 세금 납부를 약속하고, 그 대신 지역의 세금을 걷어 가는 일을 말한다. 세금 대차 계약을 하면 정부는 세수 흐름이 일정해져 불확실성을 줄일 수 있다. 그 대신에 세금 대차 계약자는 납부한 세금과 실제로 걷는 세금이 다르기 때문에, 그 위험을 감수해야 한다. 정부의 세금 수입에 대해 일종의 보험자 역할을 한다고 볼 수 있다. 이는 임대차 계약(lease)과도 비슷한데, 정부에 '세금'이란 자산을 빌려 주고, 그 임대료로 시민으로부터 세금을 대신 걷어 가는 것이다. 현대 금융 기법으로 얘기하면 스왑과 비슷하다. 예를 들어 이자율 스왑은 계약의 두 당사자가 고정이자 채권과 변동이자 채권 사이의 이자를 교환하는 것이다. 변동이자를 받는 계약자는 스왑을 통해 그 이자를 상대방에게 주고 대신에 고정된 이자를 받음으로써 이자율 변동 위험을 상대방에게 전가할 수 있다. 로마 정부는 바로 변동 세금을 고정 세금으로 스왑(swap)하는 계약자에 해당한다. 소키에타스는 단순히 세금을 걷는 단체가 아니라 정부의 세수 위험을 관리해 주는 금융업을 겸했다.

소키에타스는 사업 활동을 할 수 있는 유일한 법적 단체였다고 한다. 법적으로 소키에타스로 인정받기 위해서는 중요한 사항들을 명시해야 했는데, 예를 들어 구성원인 조합원(partner)의 (재물이나 노동의) 기여, 공동의 이해관계, 합법적인 사업 목적 그리고 소키에타스를 조직하겠다는 의지가 요구되었다. 로마의 법학자 울피아누스에 따르면, 소키에타스는 조합원의 재산을 관리하는 일반적인 조합(partnership)이나 특정 사업, 세금 징수, 특정 행사 등을 위해 만들어졌다.

소키에타스는 조합원과는 독립된 별도의 조직으로 만들어진 것은 아니었다. 조합원들은 서로에게 권리와 의무를 지고 있었고, 한 명의 조합원이 소키에타스를 대표할 수 없었다. 소키에타스의 재산은 소키에타스 자체의 재산이 아니라 조합원 공동의 재산으로 인식되었다. 한 조합원이 죽거나 탈퇴하면 소키에타스는 자동으로 해체되었다.

그러다가 소키에타스 푸블리카노룸에 명시적이진 않지만 독립적인 법인격이 부여되기 시작했다. 법인격은 코르푸스(corpus)라고 불렸는데, 이는 사람의 몸을 뜻한다. 즉 코르푸스란 사람들이 모여서 하나의 (독립적인) 몸을 만들었다는 의미다. 그리하여 이제 구성원 한 명이 죽더라도 조직은 계속 유지되었다. 그러나 제한은 여전히 많았다. 소키에타스를 대표해서 계약에 임할 조합원이 필요했는데, 이를 만켑스(manceps, 계약자 혹은 구매자)라고 했다. 만켑스는 조합원 가운데 한 명을 뽑았는데, '동등한 사람 중 우선(the first among equals)'의 대접을 받았다. 만켑스 외의 다른 조합원은 소키에타스를 대표해서 계약할 수 없었다. 만켑스가 로마 정부와 계약을 하면 그 계약과 관련된 권리와 의무는 소키에타스가 아니라 만켑스 자신이 졌다. 다른 조합원과는 달리 만켑스가 죽으면 조직은 해체되었다. 처음에는 만켑스의 교체가 쉽지 않으나, 나중에는 매년 바꿀 수 있게 되었다.

계약과 관련된 일에서 만켑스가 소키에타스의 대표자 역할을 했으나, 나중에는 마기스터(magister, 감독관)를 임명해 사업을 운영하도록 했다. 마기스터의 존재는 자본과 사업 운영이 분리되었음을 의미한다. 이렇게 조직 구성원이 자본가와 사업 운영자로 분리되면서 자연스레 지분(partes)과 지분 소유자(participes)가 존재하게 되고 지분 양도 등이 이루어지게 되었다. 예를 들어 기원전 70년, 시칠리아 감독관 베레스(Verres)의 죄를 주장하는 키케로(Cicero, 기원전 106~기원전 43)의 연설문 「인 베렘(In Verrem)」에서는 소키에타스 푸블리카노룸의 지분에 관련된 언급이 나온다(Cowles, 1917). 그에 따르면, 세금 대차업은 많은 자본이 필요하며 그 일을 하려고 소키에타스를 조직하면 정부로부터 인가를 받아야 활동할 수 있었음을 알 수 있다. 또한 로마 시민만이 지분 소유자가 될 수 있었고, 지역 감독관이나 고위 관료는 지분을 소유할 수 없었다. 지금의 주식회사와 비슷하게 지분을 여러 사람이 소유할 수 있었으며 양도도 가능했다. 키케로의 한 연설에서는 지분의 가격이 너무 높다는 말이 나오기도 했다. 지분 소유자는 또한 소키에타스 푸블리카노룸에 투자한 지분의 범위 안에서 책임을 지는 유한책임을 누렸다(Silver, 2007). 그런데 이러한 유한책임은 소키에타스에 일반적으로 적용된 것이 아니고, 소키에타스 푸블리카노룸에만 예외적으로 적용되었다고 한다.

이상을 정리해 보면, 소키에타스 푸블리카노룸은 현대 주식회사의 주요 특징인 법인격, 소유와 경영의 분리, 지분의 양도와 유한책임 등의 모습을 갖추고 있었음을 알 수 있다. 가히 주식회사의 원형이라 할 만하다. 소키에타스 푸블리카노룸은 정부와 공공 계약을 하기 위한 조직이었기에 일반 민간사업 조직은 그런 특징들을 누리지 못했고, 조직 역시 로마의 쇠퇴와 더불어 사라져 갔다.

## 콤파니아와 콜레간차

로마의 소키에타스나 콜레기움은 로마가 멸망하면서 사라졌다. 12세기 경 이후 북부 이탈리아의 피렌체, 베네치아 등에서는 새로운 모습의 사업 단체들이 형성되기 시작했다. 피렌체의 콤파니아(compagnia)와 베네치아의 콜레간차(colleganza)가 대표적인 조직이었으며, 동업자 단체인 길드(guild) 등의 조직도 생겨났다. 빵을 함께한다는 의미를 지닌 콤파니아는 단체의 의미를 실감 나게 해 주는 단어다.

로마의 소키에타스는 소키에타스 푸블리카노룸에 일부 예외는 있었지만, 대체로 무한책임과 엄격한 조직을 요구했다. 그리하여 조합원들 사이에 극도의 신뢰와 정직성이 확보되지 않는 한 결성되기 어려웠고, 주로 가족들의 사업에 한정되었다. 그리하여 대규모 사업은 이뤄지지 않았다. 이에 비해 콤파니아의 경우, 조합원은 무한책임을 지지만, 자본 구조(조달 자본의 구성 내용)에서는 유연함을 유지할 수 있었다(de Roover, 1942). 콤파니아의 자본 구조는 지금의 회사와 크게 다르지 않았다. 코르포(corpo)와 소프라코르포(sopracorpo)로 이뤄져 있었는데, 코르포는 자기자본에 해당하며, 소프라코르포는 부채와 추가적인 자본에 해당한다. 소프라코르포는 '자기자본 위(above the capital)'라는 의미다. 소프라코르포는 조합원이 지분 외에 추가로 투자한 자금, 이익 중 재투자된 부분 그리고 외부 투자자로부터 차입한 자금으로 구성되었다. 기독교의 고리대 금지를 우회하기 위해 외부 차입금에 지급되는 이자는 감사의 표시나 선물로 간주했다고 한다. 콤파니아는 소프라코르포를 통해 많은 자금을 조달하여 규모가 큰 영업을 할 수 있었다. 바로 이 콤파니아가 피렌체의 은행가인 페루치와 메디치가가 운영한 사업 조직이었다.

북부 이탈리아의 해상 무역에 적용되는 조직 형태로 코멘다(commenda)
가 있는데, 베네치아에서는 콜레간차라고 불렀다. 이 조직은 이들보다 앞
선 이슬람 제국에서 만들어져 무역 활동을 밑받침했던 키라드(qirad)라는
조직과 흡사해 이슬람 제국의 영향을 짐작하게 해 준다. 콜레간차는 베네
치아의 주요 사업이었던 해상 무역업에 적합하게끔 만들어졌다. 베네치
아 시민이 조합원으로서 무역업자에게 출자한 후 무역으로 발생한 이익
과 손해를 무역업자와 지분에 따라 나눠 가졌다. 출자자는 투자액을 한도
로 유한책임을 졌다. 그러나 이 조직은 지속적인 것은 아니고, 한 번 출항
하여 돌아올 때까지로 한정되었다. 항해별 자금 조달 방식은 무역업자에
게는 무역 성공의 동기를 부여했는데, 다음 항해에서 자금을 모으기 위해
서는 좋은 평판을 유지해야 했기 때문이다. 또한 시민들은 하나의 항해에
만 투자하지 않고 여러 무역업자의 항해에 투자하여 위험을 줄이는 분산
투자의 혜택을 얻을 수 있었다. 셰익스피어의 희곡『베니스의 상인』1막 1
장에서 안토니오는 다음과 같이 말했다.

> 내 무역업은 배 하나에만 의존하지 않지.
> 하나의 장소에도 아니고
> 내 전 재산도 올해의 성과에만 의존하지 않아.
> 그래서 내 상품은 나에게 슬픔을 주지 않는다네.

안토니오가 분산 투자를 통해 위험을 줄일 수 있었던 배경에는 바로 베
네치아의 콜레간차가 있었다. 위험 관리의 방법으로는 분산 투자뿐 아니
라 직접 위험을 담보하는 해상보험도 존재했다. 콜레간차는 베네치아의

발전을 견인한 조직이었다고 할 수 있다. 그러나 나중에는 부를 거머쥔 상인과 귀족들이 많은 시민이 참여하는 콜레간차를 금지하고 부를 독점하려 했다(Acemoglu and Robinson, 2012). 그리하여 무역업자 사이의 조합 형태인 콜레간차 대신 무역 대리인을 고용하고 일정한 수수료를 지급하는 형태로 변질되었다.

콤파니아나 콜레간차는 현대 기업과 다른 점도 가지고 있지만 비슷한 면도 있다. 콤파니아의 무한책임, 콜레간차의 항해 동안에만 유지되는 존속 등은 다른 점이지만, 지분에 따른 이익 배분, 콤파니아의 자본 구조, 콜레간차의 유한책임 등은 이들이 근대 기업과 비슷한 모습을 갖췄음을 알 수 있게 한다.

한편, 법인격이 명시적으로 인정된 것은 중세 교회를 통해서였다. 중세 유럽에서 법인격은 1250년 교회법에서 교황 인노첸시오 4세(Innocentius IV)에 의해 인정되었다고 전해진다. 그 덕분에 역사가 랜들 콜린스(Randall Collins)는 인노첸시오 4세에게 '기업에 대한 근대적 학식의 아버지(father of the modern learning of corporations)'라는 별명을 붙였다. 법인은 가공의 사람을 뜻하는 페르소나 픽타(persona ficta)라고 했다. 신성한 존재로 간주하는 법인은 추방당하거나 불법 행위의 죄를 지을 수 없는 존재였고, 영원히 사는 몸이었다. 이런 법인의 개념은 교회, 수도원, 대학, 길드 등에 적용되었다. 기독교가 이자를 제한하여 자본주의의 발전을 막았다고 볼 수 있지만, 역설적이게도 법인격을 도입하여 기업을 불멸의 신과 같은 존재로 만드는 기초를 닦았다. 사실상 종교 신전이 마치 회사와 같이 여러 사업을 벌였던 것은 동서고금을 막론하고 공통적인 현상이었다. 불교 사원 역시 복합적인 사업을 수행했던 기업과 별반 다르지 않았고, 기독교 역시 마찬가지였다. 면죄부까지 팔다가 결국 종교개혁으로 이어지지 않았던가? 면죄부야말로 가히 최고의 금융 혁신 상품이라 할 만하다. 기독교 교회가 기업에 부여될 법인격을 도입해 신성시한 것이 우연은 아니다.

중세 상업 조직의 발전상을 보면 법인의 개념, 지분 투자와 양도 등이 어느 정도 갖춰지고 있음을 알 수 있다. 유한책임도 콜레간차 등에서 보이고 있지만 아직은 많은 제약이 있는 상황이었다. 이러한 제약들이 풀어지면서 근대적인 주식회사의 모습을 갖추게 되는 때는 17세기 네덜란드와 영국에서였다. 주식회사가 나오기 전 북부 유럽에는 길드에서 진화한 규제회사(regulated company)가 있었다. 규제회사란 정부의 규제를 받는 회사란 뜻으로, 정부의 인가(charter)를 받고 해당 분야에서 독점력을 행사하는 상인 단체였다. 지금 의사나 변호사들이 면허증을 받고 관련 업무를 독점하는 것과 별반 다르지 않다. 특히 16세기 이후 상인들이 지분을 모아 단체를 설립한 후 정부의 인가를 받고 해외 무역을 독점했는데, 이런 단체를 인가회사(chartered company)라고 부른다. 규제회사나 인가회사는 주식회사의 전신이라고 할 수 있다. 정부의 인가를 받고 독점력을 행사하는 형태에서 주식회사가 시작했다. 사실 최초의 주식회사는 주식회사를 어떻게 정의하느냐에 따라 다를 수 있다. 지분합자회사(joint-stock company)를 일반적으로 주식회사라고 얘기하지만, 단순히 지분을 나눠 발행했다고 해서 무조건 주식회사로 간주하지는 않는다. 유한책임과 사업의 지속성도 갖추어야 근대적인 주식회사로 보는 경향이 있다. 이런 관점에서 최초의 주식회사는 네덜란드에서 시작되었다고 일컬어진다.

## 네덜란드 동인도회사

유럽인의 관점에서 대항해 시대라고 일컬어지는, 포르투갈의 엔히크 왕자 이후 15~17세기에 유럽인들은 아시아와 아메리카로 연결되는 새로운 뱃길을 찾아냈다. 그리하여 종전에 이슬람 제국과 이탈리아의 중개 무역에 의존하던 무역을 직접 담당하며 수익을 올릴 수 있게 되었다. 그런데 이 새로운 뱃길을 통한 무역과 약탈에는 많은 자금이 필요했고 위험마저 따랐다. 그러다 보니 이를 효과적으로 지원하는 조직이 필요했다. 초기의 모험과 탐험이 좀 더 체계적인 상업 활동과 결부하면서 주식회사의 모습이 나타났다. 당시 주도권을 잡은 네덜란드와 영국에서 주식회사가 시작된 것은 우연이 아니었다.

최초의 주식회사는 1602년에 설립된 네덜란드 동인도회사(Vereenigde Nederlandsche Oostindische Compagnie, VOC)를 꼽는다. 네덜란드 동인도회사는 네덜란드 도시들에 있던 단체들을 한데 모아서 만든 조직이었다. 무역 활동을 위해서는 정부로부터 인가를 받아야 했는데, 이 회사의 인가 기간은 20년이었고 인가 기간 만료 시에는 재심사를 통해 연장이 가능했다. 이름에서 알 수 있듯이 인도와 동남아시아의 무역을 담당했는데, 인가 내용은 대서양의 동쪽에서 인도와 특히 인도네시아까지의 무역에 대한 독점권을 부여한 것이었다. 처음 100여 년 동안에는 인도네시아 몰루카와의 향신료 무역을 독점하여 전성기를 누렸다. 이처럼 주식회사는 특혜와 독점에서 시작되었다. 네덜란드 동인도회사는 1796년까지 존재했으나, 영국과의 전쟁(1780~1784)에서 패해 네덜란드 공화국의 상업이 몰락하고, 프랑스혁명의 여파로 1795년 결국 문을 닫았다.

인도까지의 항해는 왕복에 1년 반 정도가 걸렸다고 한다. 네덜란드 동인도회사는 각 항해를 인 가 기간 동안 진행하는 사 업의 일부분으로 보았다. 이 회사는 자금을 주식과 채권을 발행해 조달했는 데, 이를 발행한 최초의 회 사기도 하다. 이때의 주식 은 지금과 달리 10년 만기

네덜란드 동인도회사의 초창기(1620~1629) 배 바타비아(Batavia).

라는 시한을 가지고 있었다. 주주는 유한책임을 졌으며 이익의 대부분을 배당으로 분배받았으나, 초창기에는 제대로 배당되지 않았다고 한다. 또한 현금 대신 물품으로 지급하기도 했는데, 이는 그 물품을 취급하는 대상인(大商人) 주주들에게는 유리한 반면, 현금이 필요했던 소액 주주들에게는 불리한 방법이었다. 네덜란드 동인도회사는 존속하는 동안 문 닫기 전을 제외하고는 자기자본 가치에 큰 변화가 없었고, 자기자본 대비 부채 비율도 대체로 2배를 유지했다고 한다(Goetzman and Rouwenhorst, 2005).

 네덜란드 동인도회사와 조선은 하멜(Hendrik Hamel)이라는 인물을 통해서 연관된다. 당시 동인도회사는 일본과 무역을 하고 있어서 나가사키에 사무소가 있었다. 하멜은 동인도회사에 소속된 선원, 즉 회사원(회계 담당자)이었는데, 1653년 일본으로 향하던 중 풍랑을 만나 30여 명의 선원과 함께 제주도에 상륙했다. 그 뒤 14년 동안 억류 생활을 하다 1666년 일본으로 탈출했다. 그가 쓴『하멜 표류기』는 조선에서 생활하면서 보고 들은 바를 적은 일종의 보고서인데, 유럽에서 발간되어 인기를 끌었으며, 당시 유럽에 조선을 알리는 계기가 되었다. 이 책은 하멜이 14년 동안 지급받

지 못했던 임금을 받기 위해 기록한 것이라 한다.

## 영국 동인도회사

네덜란드 동인도회사와 주식회사의 원조 자리를 놓고 다투는 회사가 영국 동인도회사(East India Company)다. 유명한 것만을 놓고 따지면 영국 동인도회사가 더 유명하다고 할 수 있다. 영국 동인도회사는 인도 식민지 지배를 주도했고, 미국 식민지에 중국산 차를 수출하다 보스턴 차 사건(1773)을 유발했으며, 중국과는 아편전쟁(1839)을 일으켰다. 영국의 철학자이자 정치경제학자인 존 스튜어트 밀(John Stuart Mill, 1806~1873)은 30여 년 동안 동인도회사의 회사원으로 재직하면서 인도 지배에 일조했으며, 영화 〈캐리비안의 해적(Pirates of the Caribbean)〉의 주인공 스패로 역시 동인도회사 출신이다. 영국을 시작으로 네덜란드, 덴마크, 포르투갈, 프랑스, 스웨덴 등 유럽 각국에 동인도회사가 설립되면서 아시아를 향한 무역 각축전을 벌였다.

영국 동인도회사가 네덜란드 동인도회사보다 2년 먼저 설립되었는데도 불구하고, 많은 사람이 네덜란드 동인도회사를 최초의 주식회사로 보는 이유는 회사의 자본 조달과 배분 방식과 관련이 있다. 네덜란드 동인도회사는 각 항해를 인가 기간 동안 진행되는 사업의 한 부분으로 본 반면, 영국 동인도회사는 각 항해를 독

영국 동인도회사의 초창기(1601~1619) 배 레드 드래곤(Red Dragon).

립적인 사업으로 보고 항해가 끝날 때마다 청산을 했다. 이는 베네치아의 콜레간차와 비슷한 것이었다. 사업의 지속성이 결여된 영국 동인도회사에 비해 네덜란드 동인도회사의 사업은 제한적이나마 지속성을 가지고 있었다. 이런 점에서 네덜란드 동인도회사를 주식회사의 시작으로 보는 사람이 많다. 물론 영국 동인도회사도 곧 네덜란드의 방식을 따랐다.

항해별로 자금 조달과 청산을 반복하는 것이 매우 번거롭기도 했지만, 갈등을 유발하는 일이기도 했다. 사업이 복잡해지면서 항해별 이익 계산이 복잡해졌기 때문이다. 간단한 예를 들어 보자. 한번 떠나면 1년 이상이 걸리는 항해여서 먼저 떠난 배가 돌아오기 전에 다른 배가 새로운 항해를 떠난다. 먼저 떠난 배가 돌아왔을 때 회사는 이익을 주주에게 배분하고 청산해야 한다. 이때 이 회사가 운영하고 있던 영국과 아시아 지역의 사무소 운영 비용을 이 두 항해에 어떻게 배분해서 책정해야 할까? 이는 회계학의 간접비 배분 문제인데, 회계학이 발전한 지금도 그리 간단한 문제가 아니니 당시에는 더욱 어려운 문제였을 것이다. 자본 조달을 장기로 하는 것은 이러한 배분의 어려움을 피할 수 있어 효율성이 높아지는 방편이었다.

영국 동인도회사는 1600년 12월 31일에 엘리자베스 1세가 약 200여 명의 기사와 상인들로 구성된 단체인 '동인도 무역 런던 상인들의 총재와 회사(Governor and Company of Merchants of London trading with the East Indies)'에게 15년 동안 희망봉의 동쪽과 마젤란 해협 서쪽 모든 나라와의 무역 독점권을 부여하면서 시작되었다. 인가 기간은 변동이 있긴 했으나 대체로 20년이었다. 동인도회사가 설립되고 1601년에 배 5척이 출항하여 1603년에 500톤의 후추를 싣고 돌아왔다고 한다. 1612년까지는 각 항해를 대상으로 별도로 자금 조달과 배분을 했으나, 그 뒤에는 네덜란드 동인도회사를 따라 여러 항해를 묶어서 장기 자금 조달을 시행하고 나중에는 영구 자본화했다. 원래는 네덜란드 동인도회사와 마찬가지로 후추 등의 향신료가 주목적이었으나, 네덜란드의 위력에 밀려나면서 인도와의 교역에 초점을 맞추게 되었다(주경철, 2011). 대표적인 무역품은 면직물, 차, 아편 등으로, 인도와의 교역은 훗날 영국이 경제력을 장악하는 계기가 되었다.

동인도회사는 한 명의 감독관(governor)과 24명의 이사가 이사회(court of directors)를 구성하여 운영했다. 무역은 시간이 오래 걸리고 선원들이 상품을 가지고 도망갈 위험도 있었기에 대주주의 아들이 항해를 같이하면서 선원들을 감시하는 역할을 했다. 자본 구조는 지금의 주식회사와 크게 다르지 않아 주식과 부채로 구성되었다. 부채는 단기 부채와 장기 부채로 나뉘었다.

주식을 발행할 때, 주주들은 한 번에 대금을 지급하지 않고 여러 번에 걸쳐 할부로 지급했다고 한다. 그러다 보니 항해가 실패로 판정되면 주주들은 나머지 할부 대금을 지급하지 않을 수도 있었다.

장기 부채 중에는 모험대차(冒險貸借, bottomry loan)라는 것이 있었는데, 이는 선박이나 화물을 담보로 차입하는 것이다. 항해를 무사히 마치고 돌아오면 높은 이자와 함께 채무를 갚게 되지만, 사고 등으로 돌아오지 못하면 채무가 면제되었다. 대출자의 입장에서는 항해의 안전에 대해 도박을 하는 셈이고, 동인도회사의 입장에서는 차입과 보험이 섞여 있는 방법이라고 볼 수 있다. 선박이 사고가 나면 채무를 면제해 주는 계약은 마치 보험을 제공하는 것과 비슷하다. 이런 이유로 모험대차는 해상보험으로 발전한다. 이는 현대의 보험 기법의 하나인 대재해채권(Catastrophe Bond)과 별 차이가 없다. 대재해채권은 기업이 이를 발행해 돈을 빌린 후 풍수해 등의 재난 피해를 겪으면, 채무를 면제받는 채권을 말한다. 대재해채권은 최근에 개발된 금융 혁신인데, 이미 비슷한 내용이 오래전에 이미 모험대차로 사용되었다. 사실 모험대차 역시 전혀 새로운 기법은 아니다. 재난으로 피해를 당했을 때 채무를 면제해 주는 것은 4000년 전의 함무라비 법전에도 명시되어 있다.

　네덜란드 동인도회사나 영국 동인도회사 모두 정부의 인가를 바탕으로 무역을 독점하다 보니, 이런 독점권이 다른 상인에게 좋게 비칠 리 없었다. 현대에도 독과점 금지는 정부의 주요 산업 정책 중의 하나가 아닌가? 영국에서는 동인도회사라는 회사 하나가 영국 무역의 반을 점유하고 있었다. 산업혁명 이후 19세기는 자유 경쟁과 자유방임을 주요 가치로 내세운 시기로, 1813년 마침내 정부는 동인도회사의 독점권을 폐지하고(동인도회사법), 1833년에는 상업적 기능까지 모두 폐지했다(인도 정부법). 회사에서 상업적 기능을 뺀다는 것은 문을 닫는다는 얘기인가? 그렇지는 않았다. 동인도회사는 영국 국왕의 직접적인 통제하에 들어갔고, 소유 기금은 인도의 교육에 투자되기도 했다. 동인도회사는 그저 단순한 회사가 아니었음을 상기해야 한다. 동인도회사는 인도를 통치하던 집단이라고 볼 수 있다. 회사는 무기와 군대를 갖추고 인도의 왕을 중세의 가신과도 같이 통제했다. 그러다가 그 군대 가운데 인도인으로 구성된 세포이 군이 1857년 반란을 일으키자, 동인도회사의 군대와 모든 통치력을 몰수했다. 동인도회사는 결국 모든 자산을 정리하고 주주에게 청산 배당을 하고는 1874년 조용히 역사 속으로 사라졌다.

## 프랑스 미시시피 회사

네덜란드의 튤립 거품(1636~1637)을 최초의 근대적 투기 거품이라고 부른다면, 프랑스의 미시시피 회사는 영국의 남해회사와 함께 최초로 주식 거품을 유발한 회사로 기록된다. 미시시피 거품은 스코틀랜드의 에든버러 출신인 존 로(John Law, 1671~1729)에게서 시작되었다. 스코틀랜드는 데이비드 흄(David Hume)과 애덤 스미스 등을 배출한 근대 자본주의의 산실이라고 해도 과언이 아니다.

1694년 로는 런던에서 애정 문제로 결투를 벌여 상대방을 살해하고 감옥에 갇혔다가, 암스테르담으로 탈출했다. 영국에서의 경험으로 로는 지폐의 유용성을 실감했고, 중앙은행을 설립해 금은을 바탕으로 지폐를 발행하여 경제와 산업을 발전시킬 수 있다고 주장했다. 그의 주장은 잘 받아들여지지 않았으나, 1715년 프랑스에서 만난 오를레앙 공작인 필리프 2세의 눈에 띄게 된다. 필리프는 로와 비슷한 점이 많았다고 한다. 나이가 비슷한 것은 물론, 여자에게 인기가 많았으며 운동을 좋아했다.

필리프는 나이가 어린 국왕 루이 15세의 섭정 역할을 하고 있었는데, 당시 프랑스는 루이 14세의 전쟁과 실정으로 국고가 탕진되고 금은이 부족한 상태였다. 이런 상황에서 로의 제안은 필리프에게 솔깃한 내용이었다. 필리프는 로를 재무부 장관 격인 금융 책임자 자리에 임명했다. 로는 산업과 무역을 장려하고 도로를 확충하는 등 산업 발전을 위한 정책을 펴기도 했다.

로가 설립한 방크 제네랄은 민간 은행이었으나, 자본의 대부분은 정부 채권으로 조달했다. 1718년 방크 로얄르로 이름을 바꾸고는 공식적인 정부의 은행이 되었다. 방크 로얄르가 지폐를 발행하면서 부유한 지주들은 세금을 지폐로 내도록 강제되었다. 물론 지폐는 금은으로 교환될 수 있었고, 정부가 발행하는 것이었으므로 시중에서도 통용되었다.

한편, 로는 1717년에 서방회사(Compagnie d'Occident)를 설립했는데, 이는 서쪽에 있는 북미 대륙의 프랑스 식민지 개발과 무역을 독점하는 주식회사였다. 회사는 원래의 이름보다 미시시피 회사로 알려졌다. 당시 북미 대륙의 프랑스 식민지는 루이지애나(Louisiana)라고 불렸는데, 이는 루이왕의 영토라는 뜻이다. 당시의 루이지애나는 지금의 루이지애나 주보다 훨씬 컸으며, 북미 대륙의 약 1/3을 차지하는 광활한 지역이었다. 미시시피 회사는 독점 특혜의 대가로 영국과의 전쟁으로 발생한 프랑스 정부 부채를 모두 인수했다. 로는 미시시피 회사의 주식을 발행했는데, 주식 대금을 지폐(방크 로얄르가 발행한)나 정부채권으로 낼 수 있었다. 현대 금융 용어로 부채와 주식 간의 스왑이 일어난 것이다. 이 스왑을 통해 주식으로 교환된 채권은 총 15억 리브르(livre)에 해당했다고 한다. 이 결과 채권자는 주주가 되었고, 정부는 회사가 인수한 채권에 연 3퍼센트의 이자를 지급하기로 했다. 이 정부채권은 회사가 다음에 자금을 조달할 때 담보물로 쓰이기도 했다.

이 일련의 과정을 통해 로는 프랑스의 재정, 금융, 산업 모두를 장악했다. 로는 재무부 장관이면서 중앙은행장이었고, 또 무역을 독점한 회사의 경영자였다. 재무부 장관으로서 세금을 걷고 정책을 결정했으며, 중앙은행장으로서 지폐를 마음대로 찍었고, 독점 기업의 경영자로서 의사 결정을 내렸다. 이제 남은 것은 권력의 남용과 몰락이었다. 은행은 지폐를 찍어 투자자에게 빌려 주었고, 투자자는 그 돈으로 미시시피 회사의 주식을 샀다. 더욱이 투자자는 100퍼센트 돈을 지급하고 주식을 살 필요가 없었다. 열 번으로 나눠 10퍼센트씩 할부로 매달 대금을 지급해도 되었다. 현대 금융 용어로는 레버리지(leverage) 투자다. 간단한 예를 들어 보자. 1만 원짜리 주식을 산다고 할 때, 열 번 할부로 사면 당장 필요한 돈은 10퍼센트인 1000원이다. 그리고 그 1000원 가운데 50퍼센트를 은행에서 빌린다고 가정하면 필요한 내 돈은 500원에 불과하다. 단돈 500원으로 1만 원짜리 주식을 살 수 있다는 것이다. 9500원의 부채 혹은 레버리지를 올려 20배의 가치에 투자할 수 있었다. 투자자의 투기를 더욱 부추긴 것은 옵션이었다. 회사는 1000리브르를 내면 6개월 안에 1만 리브르 가치의 주식을 살 수 있는 콜옵션(call option)을 팔았다. 은행의 대출, 할부 그리고 옵션까지, 여기에 투자자에게 회사의 주가가 오를 거라는 믿음만 추가하면 '묻지 마 투기'로 이어지는 여건이 만들어졌다.

그런 믿음은 어렵지 않게 형성되었다. 회사는 주주에게 배당을 잘해 줬다고 한다. 정상적인 기업은 영업에서 발생한 이익을 배당에 사용한다. 미시시피 회사는 정말 이익이 많이 나서 배당을 해 주었을까? 최소한 투자자는 그렇게 믿었다. 그러나 당시의 루이지애나는 습지와 삼림으로 이뤄져 있어서 거의 개발이 진행되지 않았다. 그럼에도 미시시피 회사는 개발이 잘 진행되고 있고 앞으로도 전망이 밝다는 등의 거짓 정보를 시장에 퍼뜨렸다. 지금으로 치면, 회계 장부 조작과 거짓 공시에 해당한다. 당시 아메리카 대륙에 대한 정보가 프랑스에 제대로 전달되기 어려웠기에, 투자자들은 이 거짓말을 그대로 받아들였다. 또한 배당의 재원은 별문제 없이 마련되었는데, 회사의 사장이 통제하던 방크 로얄르에서 지폐를 찍어 지급하면 그만이었다. 완벽한 사기극이 연출된 것이다.

그 결과 지폐는 계속 인쇄되어 1718년 12월의 액면가 1800만 리브르의

존 로를 풍자한 〈어리석음의 위대한 장면 (Het Groote Tafereel der Dwaasheid)〉(1720)(작자 미상).

지폐 총액이 1720년 4월에는 2조 6000억 리브르까지 증가했다. 그와 더불어, 액면가 500리브르의 미시시피 회사 주식은 1719년 12월 2일에 1만 리브르로 최고점을 기록했고, 총 시장 가치는 6조 리브르를 넘어섰다. 그러나 미시시피 회사의 거짓말이 계속 통할 리 없었다. 1720년 5월 들어 주가는 폭락하기 시작하여 1년 뒤에는 500리브르로 복귀했다.

　이 사건으로 투기에 동참했던 많은 시민이 거리에 나앉게 되었고, 프랑스 경제 또한 대규모 손해를 입었다. 보유한 금의 가치보다 훨씬 많은 양의 지폐를 발행했기에 상업과 경제는 엄청난 혼돈을 경험했다. 이 모든 사건의 장본인인 로는 여장을 하고 프랑스를 빠져나가, 브뤼셀, 베네치아, 런던 등을 전전하다가 결국은 베네치아에서 가난에 쪼들려 1729년 폐렴으로 사망했다. 프랑스는 이 사건의 충격으로 중앙은행을 폐지했다. 그 뒤 1800년이 돼서야 나폴레옹은 중앙은행인 프랑스 은행(Banque de France)을 설립한다. 전쟁으로 인한 정부의 채무와 과중한 세금, 투기와 지폐 남발로 황폐해진 경제는 프랑스 국민을 피폐하게 만든 앙시앵 레짐(구체제)

의 특징이었고, 결국 1789년 프랑스혁명으로 폭발하게 된다.

## 영국 남해회사

영국의 남해회사(South Sea Company)는 아메리카 대륙의 스페인 식민지
와 무역하기 위해 1711년 설립된 주식회사다. 물론 독점 무역을 했고, 가
장 중요한 것은 노예 무역이었다. 그러다 스페인과의 전쟁으로 무역에 어
려움을 겪자 다른 활로를 찾게 되었다. 바로 그때 프랑스 미시시피 회사의
활약상을 목격하고는 미시시피 회사가 했던 일을 영국에서 재현하려고 했
다. 의회를 설득하여 영국 정부의 부채를 남해회사의 주식으로 교환할 수
있도록 한 것이다. 1719년과 1720년 두 차례에 걸쳐 총 5000만 파운드에
달하는 정부 국채를 남해회사 주식으로 교환하려고 시도한다. 참고로 당
시 영국의 국내총생산(GDP)은 약 6000만 파운드였다. 남해회사는 1720년
의 부채 인수에서는 영국은행과의 입찰 경쟁에서 정부에 많은 금액을 지
급하게 되었으며, 국채 이자는 5퍼센트에서 4년 후에는 4퍼센트로 낮아지

남해회사 주식을 사는 모습을 풍자한 윌리
엄 호가스(William Hogarth)의 〈남해회사
음모(The South Sea Scheme)〉(18세기).

게 되었다.

우여곡절 끝에 대부분의 국채는 남해회사의 주식으로 교환했다. 영국 정부 국채는 가장 믿을 수 있는 금융 자산이었기에, 국채를 소유한 남해회사는 좋은 투자처였다. 또한 투기 열풍에는 아메리카 무역의 장밋빛 미래에 대한 소문도 중요한 역할을 했다. 주식은 할부로 살 수 있었고, 투자자들은 돈을 빌려 주식을 샀다. 1720년 1월 128파운드였던 남해회사 주식은 8월에는 1000파운드까지 치솟았다. 가격이 너무 높다고 느낄 즈음 매물이 나오기 시작하자 가격은 급락했다. 프랑스에서도 이미 미시시피 거품이 꺼지고 있었던 때였다. 9월에는 150파운드로 회귀했고, 그 뒤로도 더욱 하락하여 결국 회복하지 못했다. 할부와 차입으로 주식에 투자한 사람들은 빚더미에 앉게 되었다. 정부는 회사를 국유화할 수밖에 없었고, 국채를 관리하는 데 이용하다가 1850년대에 문을 닫았다.

과학자 뉴턴도 남해회사에 2만 파운드(지금의 200만 파운드)를 투자하여 손해를 보았는데, 그는 "나는 별의 움직임은 계산할 수 있지만, 사람들의 광기는 계산할 수 없다"라고 말했다.

남해 거품에서 일어난 일련의 과정에서 발생한 부정, 뇌물, 사기 등을 조사하기 위해 의회는 찰스 스넬(Charles Snell)이라는 사람을 외부 감사인으로 임명해 남해회사의 회계 장부를 조사케 했고, 스넬은 조사 후에 보고서를 의회에 제출했다. 이는 역사상 최초로 기록된 외부 감사(external auditing)와 외부 감사 보고서라고 한다. 이는 오늘날 주식회사가 공인 회계사의 외부 감사를 받는 것의 원조라고 볼 수 있다(Singleton and Singleton, 2010).

이 시기는 남해회사뿐 아니라 다른 회사의 주가도 같이 오르던 때로,

많은 사람이 주식회사를 설립하여 자금을 모았다. 마치 20세기 말 닷컴 거품(dot-com bubble, 혹은 IT 거품)과 비슷했다. 영국 정부는 이를 규제하고 주식회사의 설립을 제한하기 위해서 1720년 6월에 거품법(Bubble Act, 1720)을 제정했다. 그런데 이 법은 오히려 기존 회사의 독점력을 더 강화하는 결과를 가져와 1825년에 이르러 폐지되었다. 이 시기 주식 거품의 광기를 가장 잘 대변해 주는 한 회사의 사업 설명서에 다음과 같은 묘사가 있다(Mackay, 1852). "굉장한 이익을 얻을 수 있는 사업을 할, 그러나 아무도 그게 무엇인지 모르는 회사." 이 회사는 50만 파운드의 자본을 모집할 계획으로, 액면가 100파운드 주식 5000주를 발행할 예정이고, 예탁금은 주당 2파운드였다. 예탁금을 낸 투자자에게는 1년에 주당 100달러로 주식을 살 권리를 줬다. 자세한 내용은 한 달 뒤 발표한다고 했다. 이 광고를 낸 사람은 그 다음 날 9시에 사무실을 열어 3시에 문을 닫을 때까지 1000주의 예탁금인 2000파운드(지금의 20만 파운드)를 받았다. 그러고는 그날 밤 유럽 대륙으로 도망쳤고 더는 그의 소식을 들을 수 없었다고 한다.

## 초기 주식회사의 본질

주식회사는 모험심으로 무장한 상인들이 이익을 좇아 지구 반대편까지 위험을 무릅쓰고 항해를 감행함으로써 시작되었다. 주식회사는 그렇게 모험과 투자의 위험을 감당하기 위한 적절한 형태의 조직이었다. 모험과 투자는 낭만적이고 존경할 만한 어떤 것으로 생각하기 쉽다. 그러나 한편에서는 모험이지만 다른 편에서는 고통일 수 있다.

주식회사가 뒷받침했던 모험이란 무엇인가? 유럽의 대항해 시대에 일어난 일을 떠올려 보자. 황금을 좇아 아메리카의 원주민들을 학살했고, 대규모로 마약과 노예를 매매했다. 영국 동인도회사의 가장 중요한 무역 상품에 아편과 노예가 빠질 수 없었다. 사실상 초창기 회사들이 했던 일은 해적질이었다. 황금을 실은 스페인 선박을 공격하여 황금을 빼앗는 것은 성공만 하면 이익이 많이 남는 모험이었다. 영국 정부는 그러한 해적질을 장려하고 그 포획물을 받았다. 해적에게 귀족의 작위까지 주었다.

기업이 해적질을 하거나 식민지를 지배할 수 있었던 것은 정부의 통치력이 미치지 못했기 때문이었다. 회사는 정부의 대리인으로서 정부가 공식적으로 할 수 없었던 일을 대신했다고 볼 수 있다. 결국 영국이 해적을 소탕하고 동인도회사의 문을 닫게 한 것은 정부의 해외 장악력이 커지면서 가능했던 것이다.

각국의 동인도회사는 숭고한 모험을 하는 상인 집단이 아니었다. 그들은 원하는 물건을 얻기 위해 강제로 무역을 하게 하고, 하지 않으면 폭력을 사용했다. 그 때문에 무기와 군대를 갖추었고, 실제로 이를 이용하여 수많은 전쟁을 벌이며 이익을 취했다. 이익을 위해 남의 목숨은 거들떠보지 않았고, 이를 모험으로 미화했다. 그런데 이런 현상이 초기에만 일어난 것일까? 정도의 차이는 있겠지만, 지금 거대 기업들의 행태가 통제되지 않는다면 이와 크게 다르지 않을 것이다. 경제경영학에서 가르치는 기업의 목표는 주주 이익의 극대화다. 그 밖의 모든 것은 주주 이익 극대화에 매몰된다. 이를 방어하는 논리는 단순하다. 만약 기업이 소비자에게 피해를 주는 제품을 판매한다면 소비자는 그 제품을 사지 않을 것이고, 결국 기업에게 손해로 돌아온다. 그 결과 주주 이익은 하락하고, 따라서 주주의 이익을 증대시키는 것은 소비자의 이익을 증대시키는 것과 다르지 않다. 그러나 이 논리는, 뒤에서 살펴보겠지만, 아주 특별한 경우를 제외하고는 성립하지 않는다. 어찌 되었든 이 주장은 지금의 주식회사와 초기의 주식회사가 전혀 달라지지 않았음을 느끼게 한다. 이 주장을 인도를 식민 지배하고 중국에게 아편을 강제로 팔았던 영국의 동인도회사로 옮겨 얘기하면 다음과 같이 적용될 것이다.

우리는 영국의 주주들만 신경 쓰면 된다. 이것은 인도와 중국에게도 도움이 된다. 왜냐하면 인도인이나 중국인이 우리로 인해 피해를 입는다면, 우리 기업의 이익도 줄어들 것이기 때문이다.

## 주식회사 논쟁

자본주의 경제학을 창시한 애덤 스미스가 주식회사를 반대했다는 사실은 흥미롭다. 자본주의 경제의 핵심 조직인 주식회사를 자본주의의 대부인 애덤 스미스가 반대했다는 것은 이 사실을 처음 접하는 사람은 의아할 수 있다. 애덤 스미스는 『국부론』의 상당 부분을 주식회사를 비판하는 데 할애했다.

스미스는 주식회사가 비효율적인 조직이라고 생각했다. 현대 용어로 표현하면 도덕적 해이 때문이다. 주식회사를 경영하는 이사회는 주주 등 타인의 돈으로 경영을 한다. 따라서 자신의 돈을 관리하는 파트너십에서와 같은 주의력으로 회사를 관리할 것을 기대할 수 없다. 바로 이러한 도덕적 해이 때문에 주식회사는 비효율적이다. 스미스가 이상적인 조직으로 본 것은 소유와 경영이 일치된 파트너십, 즉 조합이나 합자회사 형태였다. 자신의 돈을 자신이 직접 경영할 때 조직은 가장 효율적이다.

그렇다면 비효율적인 주식회사가 존재하는 이유는 무엇일까? 스미스의 주장에 따르면, 그 이유는 오로지 정부가 부여한 특혜 때문이다. 그 특혜란 바로 독점이다. 스미스가 살던 시기까지만 해도 주식회사는 부여된 독점력을 가졌다. 또 하나의 특혜로 생각할 수 있는 것이 유한책임이다. 비효율적으로 운영하더라도 그 결과로 생긴 부채는 유한책임의 특혜로 채권자나 소비자에게 떠넘길 수 있다. 사실상 스미스는 주식회사의 비효율성이 유한책임을 가진 주주가 경영자를 제대로 감시하지 않는 데서 비롯한다고 보았다. 이들 특혜는 정상적으로는 존재할 수 없는 비효율적인 주식회사가 생존할 수 있게 했다는 것이다.

이러한 스미스의 반대 주장은 18세기를 경험한 사람들의 정서를 반영한다. 18세기는 주식회사의 독점과 주가 거품 등의 폐해를 경험한 시기였다. 그 분위기가 19세기 중반 이후에는 반전된다. 대표적인 주식회사 옹호론자는 로버트 로(Robert Lowe)였다. 그는 주식회사 제도를 정립한 주식회사법(1856)을 주도한 인물로, "사람들이 유한책임을 지는 주식회사와 기꺼이 거래하고자 한다면, 유한책임을 금지해야 할 이유가 없을 것이다"라는 말로 유한책임에 별문제가 없다고 옹호했다. 존 스튜어트 밀은 유한책임은 가난한 사람이 사업할 수 있도록 도움을 주어 계급 갈등을 줄여 준다며 옹호했다. 주식회사에 대한 찬반 논쟁은 19세기 중반 옹호론자들의 승리로 판정 난다.

\* \* \*

기업의 역사를 살펴보면, 기업은 여러 사람이 힘을 합쳐 힘들거나 위험이 있는 일을 도모하기 위해 만들어진 것임을 알 수 있다. 회사의 라틴어 어원인 콤파니아는 빵을 같이한다는 의미였다. 로마 시대에 기업의 원형이라 할 수 있는 소키에타스 푸블리카노룸은 정부와의 계약을 위해 만들어진 조직이었다. 역설적일지도 모르지만, 기업의 시작은 정부에서 비롯되었다. 정부 없이 기업이 존재할 수 없다는 점은 주식회사가 만들어질 때에도 여실히 나타난다. 주식회사는 정부가 부여한 독점권과 유한책임이라는 특혜를 통해서 탄생했다. 그러고 나서 정부를 대신해 무역을 하고 다른 나라를 침략하고 통제하는 역할도 했다.

초기의 정부와 기업의 밀접한 관계는 현재의 정서와 비교하면 흥미롭다. 지금은 많은 기업이 정부의 간섭만 없으면 경영을 더욱 잘할 것이라고 생각한다. 사실 그런 면이 없는 것은 아니지만, 기업이 생존할 수 있는 환경은 기본적으로 정부가 제공하고 뒷받침하고 있다는 점을 종종 망각한다. 더욱이 현대의 기업 환경은 자연스럽게 발전한 것이 아니다. 다양한 이해관계가 충돌하고 수많은 피해자를 양산하면서 정치적 타협이나 결정으로 이루어졌다. 이는 제도는 언제든지 또 다른 정치적 판단으로 바뀔 수 있다는 뜻이다. 그 판단의 기준으로 기업의 이익이나 경제적인 성과를 최우선시해야 할 이유는 없다. 영국의 동인도회사가 영국에 벌어다준 부는 막대했을 것이다. 그럼에도 경제학의 시조인 애덤 스미스는 주식회사에 반대했다. 또한 양심 있는 영국 국민들은 동인도회사가 인도에서 한 비인간적인 처사에 분노했고, 결국 영국 정부는 동인도회사를 정리하게 되었다. 기업의 이익과 사회적 공헌이 항상 같은 방향으로 가는 것은 아니다. 정치적 판단의 근거는 기업의 이익이 아니라 사회 전체의 관점에서 내려지는 것이 옳다.

# Chapter 9

# 주식 시장과
# 현대적 주식회사

주식회사가 만들어지기 전에도 기업의 지분은 거래되었고, 그 역사는 길다. 그러나 여기에서 관심은 주식 시장 혹은 증권 거래소에 있다. 주식 시장은 주식회사가 만들어진 후에 주식의 거래를 도모하기 위해 조성되었다. 주식 시장이 처음 만들어진 곳은 주식회사가 처음 탄생한 네덜란드였다. 주식회사가 폭력과 특혜에 기반을 두어 존재했던 것처럼 주식 시장 역시 그 연장선에 있었다. 도덕적 해이와 투기는 주식 시장을 탄생시킨 주역이었으며, 또 현재까지도 주식 시장의 문제를 가장 잘 대변하는 단어기도 하다. 이들 문제는 주식 시장의 태생과 더불어 시작된 원죄와도 같다. 물론 감독 여하에 따라 이들 문제가 줄어들 수는 있지만, 금융의 발전이 항상 도덕적 해이와 투기를 수반한다는 사실은 안타까운 일이다.

## 증권 거래소

### 암스테르담 증권 거래소

처음부터 주식을 거래하는 주식 시장(증권 거래소)이 존재한 것은 아니었다. 주식을 거래하고 싶은 사람은 커피하우스나 찻집에서 만나 주식을 사고팔았다. 네덜란드 동인도회사가 만들어지고 10년 후인 1611년 암스테르담에는 세계 최초로 주식이 정식으로 거래되는 증권 거래소가 만들어졌다. 이 암스테르담 증권 거래소는 2000년 EU의 금융 시장 통합에 대처하기 위해 벨기에의 브뤼셀 증권 거래소와 프랑스의 파리 증권 거래소가 합병되어 유로넥스트(Euronext)가 되었다. 이 유로넥스트는 다시 2007년 뉴욕 증권 거래소와 합병되어 뉴욕 증권 거래소 유로넥스트(NYSE Euronext)가 된다.

사람에 따라서는 현재 벨기에의 안트베르펜 증권 거래소를 최초의 증권 거래소로 보기도 한다. 1460년 세워진 안트베르펜 증권 거래소에서는 일반 상품과 어음이나 채권 등의 금융 거래가 같이 이뤄졌고, 1531년 증권 거래를 위한 새로운 건물이 지어졌다. 이를 최초의 증권 거래소로 간주할 수도 있지만, 최초의 주식회사를 네덜란드 동인도회사로 보면 그전에는 주식을 거래한 것은 아니기에 실제로 주식이 거래된 것은 아니라고 볼 수 있다.

사실, 당시에 네덜란드 지역의 중심지는 암스테르담이 아니라 안트베르펜이었다. 안트베르펜은 네덜란드 지역뿐 아니라 유럽의 경제, 금융, 문화의 중심지 역할을 했다. 당시 네덜란드 지역은 스페인(합스부르크가)의 지배를 받았는데, 여러 지역이 연합해 스페인에 대항하여 독립 전쟁(80년 전쟁, 1568~1648)을 일으켰을 때 안트베르펜은 반란군의 수도이기도 했다. 네덜란드 연합이 결국 승리하기는 했지만, 1585년 안트베르펜은 스페인에 점령당하면서 많은 시민이 북쪽으로 이주했다. 이에 북쪽의 암스테르담이 새로운 경제, 금융의 중심지로 부상하는 계기가 되었다.

주식회사가 있으니 주식을 거래하는 거래소가 만들어지는 것은 얼핏 당연해 보인다. 그러나 그 탄생의 배경은 그리 아름답지만은 않았다. 네덜란드 동인도회사의 운영은 대주주와 이사들이 장악하고 있었고, 일반 주주들은 발언권이 거의 없었으며 회계 장부도 볼 수 없었다. 지금의 주식과 달리 당시에는 주식에 만기가 있었고, 주주가 원하면 언제든지 회사에 가서 현금으로 상환받을 수 있었다. 마치 은행에 예금한 돈이나 펀드에 넣은 돈을 고객이 원하면 찾는 것과 마찬가지다. 이러한 권리를 상환권이라 하고, 이런 주식을 상환 가능 주식이라 한다. 또한 주식의 만기가 10년이므로 상환하지 않은 주식도 10년 만기 후에는 주식 가치를 주주에게 나눠 주는 청산 절차를 거쳐야 했다.

그런데 1609년 네덜란드 동인도회사는 주식을 현금으로 상환해 주지 않겠다고 발표했다. 현대 경제 용어로 하면 도덕적 해이(moral hazard)의 전형이라 할 수 있고, 사기라고도 볼 수 있다. 이는 마치 채권자가 원하면 언제든지 돌려주기로 약속하고, 돈을 빌려서는 주지 않겠다고 선언하는 것과 같다. 이러한 조치는 지속적으로 투자를 해서 이익을 얻으려는 대주주에게 일방적으로 유리했지만, 필요할 때 주식을 상환해 현금화하려는 소액 주주들에게는 불리한 조치였다. 그 대신 주식을 거래할 수 있는 증권 거래소를 만들었는데, 이것이 바로 암스테르담 증권 거래소의 시작이다. 1612년 최초로 만기가 도래한 주식을 약속대로 청산해 주지 않았다. 현금이 필요하면 남에게 주식을 팔아서 얻으라는 것이다. 이는 마치 돈을 빌리고는 갚지 않을 테니 대신 차용증을 남에게 넘겨서 돈을 받으라는 것과 같다. 물론 이러한 계약 위반은 대상인 주주, 그리고 그들을 후원했던 정치인의 협력이 없이는 불가능했다.

돈을 돌려받을 수 없는 주식을 누가 사려고 할 것인가? 자선 사업가가 아니라면 아무도 그런 주식을 사지 않을 것이다. 주식을 사기 위해서는 또 다른 누군가에게 팔 수 있고, 그 과정에서 이익을 얻을 수 있다는 믿음이 있어야 한다. 아무도 원하지 않는 상품이 오로지 (미래의) 거래 이익을 얻기 위해서 거래가 된다면 이는 투기나 도박과 다름없다. 그런 투기는 본질상 언제든지 가격의 거품이 생겼다가 꺼지는 현상을 반복할 수밖에 없는 속성을 지녔다.

도덕적 해이와 투기는 주식 시장을 탄생시켰으며 그 뒤로도 끊임없이 주식 시장의 문제를 일으킨 근본 원인이 되었다. 도덕적 해이와 투기는 주식 시장의 원죄인 것이다.

암스테르담 증권 거래소에서 주식만 거래된 것은 아니었다. 채권도 거래되었고, 선도(forward) 계약과 옵션(option) 계약도 거래되었다. 선도 거래의 시작은 증권 거래소의 행정상 관행과 관련이 있다. 지금은 주식을 거래하면 주식의 소유자가 바뀌면서 그 기록이 바뀌지만, 당시에는 주식회

**암스테르담 증권 거래소**

클라에스 얀스 비스허르(Claes Jansz Visscher)의 그림. 1612년경 헨드릭 데 케이서르(Hendrik de Keyser)에 의해 건축되었다.

사의 주주 명부에 주주의 변동 사항을 기재해야만 주주 권리를 행사할 수 있었다. 이 주주 명부는 한 달 혹은 분기에 한 번 정도 변경되었다. 그러다 보니 그 자리에서 주식을 사고파는 스폿 거래보다는 주주 명부가 열리는 날에 사고팔 매매가를 미리 정하는 형태로 주식 거래가 이루어졌는데, 이게 바로 선도 거래다. 선도 거래에서는 정해진 가격에 사고팔아야 하는 의무가 계약 당사자에게 지워진다.

옵션 거래는 미래에 사고팔 매매가를 정하는 것은 선도 거래와 같으나, 옵션 매수자가 무조건 사야 하는 의무가 아니라 원할 때만 사는 권리를 갖는다는 점에서 선도 거래와 다르다. 그에 비해 옵션 매도자는 매수자가 사기를 원하면 거기에 응해 줘야 하는 의무가 있다. 옵션은 매수자에게 의무가 아닌 권리를 줌으로써 주가가 내려갈 위험을 헤지(hedge)할 수 있는 방편을 제공했다. 또한 옵션 거래는 주주에게 돈을 빌려 주는 은행가의 욕구를 충족시켰다. 상인들이 주식을 담보로 은행에서 돈을 빌리는 경우에 옵션 거래는 은행가에게 주가가 떨어질 위험을 헤지시켜 주는 역할을 했다. 옵션은 지금도 이해하기 매우 어려운 상품이며, 금융공학(financial engineering)의 핵심이라고 할 수 있다. 옵션의 가격은 1973년이 되어서야 피셔 블랙(Fischer Black)과 마이런 숄즈(Myron Scholes)에 의해서 처음으로 체계적으로 가격이 매겨지게 된다.

요세프 펜소 드 라 베가(Joseph Penso de la Vega)의 『혼동 중의 혼동Confusion des Confusiones』(1688)은 암스테르담 거래소를 묘사하는데, 그는 옵션 계약을 혼동의 중요 원인으로 보았다. 이 책은 최초의 주식 투자 입문서라 할 수 있으며, 거래소의 혼란, 거품, 공황, 강세장, 약세장, 공매도, 헤지 등의 내용과 투자자의 탐욕, 공포, 사실의 은폐와 사기 등도 기술되어 있다.

투자자가 이성적으로 투자하는 게 아니라 다양한 심리적, 사회적 영향을 받는다는 행동재무학(behavioral finance)은 최근에 관심을 받는 학문 분야지만, 이 책은 가히 행동재무학의 원조라 불릴 만하다.

투기 거품의 원조로 여겨지는 튤립 거품(1636~1637)이 증권 거래소가 개설된 후 일어난 것은 우연이 아니다. 튤립 파동은 네덜란드에서 튤립 뿌리 하나가 집값보다 비쌀 정도로 가격이 단기간에 치솟았다가 폭락한 사건이다. 튤립 거래는 튤립이 피기 전에 상당 부분 선도 거래로도 이뤄졌고, 네덜란드 화훼업자 길드가 선도 거래를 옵션 거래로 바꾸는 제도를 시행하면서 더 많은 사람들이 튤립 투기에 참여했다(Thompson, 2007). 그 당시에 이미 선도 거래와 옵션 거래가 익숙한 것이었음을 엿볼 수 있게 해준다.

### 런던 증권 거래소

1688년 영국에서는 명예혁명(Glorious Revolution)이 일어났다. 명예혁명은 개신교(영국 성공회) 중심의 휘그당(Whig Party)과 토리당(Tory Party) 양당이 합심하여 로마 가톨릭 신자인 제임스 2세를 하야시키고, 개신교도인 그의 딸 메리(Mary) 2세와 사위이자 네덜란드 총독이었던 오렌지 공 윌리엄 3세를 연합으로 영국 왕으로 추대한 일을 말한다. 이 명예혁명의 결과로 네덜란드의 선진 금융 기법이 영국에 본격적으로 전수되기 시작했다.

런던의 증권 거래소는 로이즈와 마찬가지로 커피하우스에서 시작되었다. 지금도 별반 다르지 않지만 17, 18세기 런던의 커피하우스는 커피나 차를 마시면서 사교와 상업적 거래를 하는 곳이었다. 지금과 차이가 있다면 주로 남자들의 교류 장소였다는 점이다. 여자들은 남편들이 가정을 소홀히 한다며 커피와 커피하우스를 반대하는 탄원서를 내기도 했다.

1571년 안트베르펜 거래소를 본떠 왕립 거래소가 세워졌으며, 여기서 지분 거래는 물론 금융 거래와 상품 거래가 같이 이뤄졌다. 증권 중개인들이 채권 등의 증권 거래를 하기도 했으나, 17세기에 증권 중개인의 무례한 행동 때문에 왕립 거래소의 출

THE
**WOMENS**
PETITION
AGAINST
**COFFEE**
REPRESENTING
TO
PUBLICK CONSIDERATION
THE
Grand INCONVENIENCIES accruing
to their SEX from the Excefsive
Ufe of that Drying, Enfeebling
LIQUOR.
Prefented to the Right Honorable the
Keepers of the Liberty of *VENUS*.

*By a Well-willer*——

*London*, Printed 1674.

1674년 런던 여성들이 제출한 커피 반대 탄원서

입이 금지당했다. 이후 증권 중개인들은 왕립 거래소 근처인 (익스)체인지 골목〔(Ex)change Alley〕에 모여 매매와 의견을 교환했는데, 대표적인 장소가 1680년경에 세워진 조너선 커피하우스(Jonathan's Coffee House)였다. 여기에서 카스탱이라는 중개인이 주식과 상품의 가격을 고시하고 매매를 하기 시작하면서 본격적인 증권 거래소의 역할을 하게 되었다. 남해회사 주식 거품이 일어났을 때의 주식 거래 장소가 바로 이 조너선 커피하우스였다. 1761년에 조너선과 150여 명의 증권 중개인이 주식을 거래하는 단체를 결성하고 1773년 스위팅스 골목의 빌딩에 '뉴조너선스(New Jonathan's)'라는 이름을 붙여 주식을 거래했는데, 이 빌딩은 '증권 거래소(Stock Exchange)'라는 새 이름을 얻게 된다. 이것이 바로 런던 증권 거래소의 시작이다. 원조 조너선 커피하우스는 1778년 불에 타 없어지고 말았다.

## 미국의 증권 거래소

유럽에서 설립된 회사는 식민지였던 북미 대륙으로 전파되었다. 정부의 인가를 받은 회사는 독점권을 부여받고 식민지를 개발, 건설하는 데 이용했다. 인가회사들은 무역을 하거나 운하나 도로를 건설하는 기업과 자금을 중개하는 은행이나 보험회사 같은 금융 회사들이었다. 최초의 인가회사는 1636년에 '하버드 대학의 총장과 동료들(President and Fellows of Harvard College)'이란 이름으로 인가를 받아 세워진 하버드 대학교이다. 교회도 인가회사에 포함되었는데, 대학과 교회가 '회사'라는 이름으로 인가를 받았다는 것이 의아할 수도 있으나, 법인의 개념이 기독교 교회에서 정립되었던 것을 기억하자. 이는 또한 교회와 대학이 상업이나 사업 기능과 분리된 것이 아니라는 점을 확인시킨다. 유수 교회나 대학 소유의 자산이 어마어마하다는 것은 잘 알려진 사실이다. 하버드 대학의 경우, 2011년에 기금만 320억 달러에 이른다고 한다. '코네티컷 무역 상업 뉴런던 모임(New London Society for Trade and Commerce in Connecticut)'은 사업을 목적으로 1732년 인가를 받은 최초의 회사다. 미국인이 세운 최초의 회사는 1781년 설립된 북미은행(Bank of North America)이다.

미국의 증권 거래소 하면 뉴욕 시 월 가(Wall Street)에 위치한 뉴욕 증권 거래소(New York Stock Exchange, NYSE)를 떠올린다. 이 증권 거래소는 세계 최대의 증권 거래소로 미국뿐 아니라 전 세계의 주목을 받는 곳이다. 이곳은 1792년 24명의 주식 중개인이 월 가 근처의 플라타너스 나무 밑에서 결의를 하면서 시작했다. 최초로 거래된 주식은 1798년의 뉴욕 보험회사(New York Insurance Company)의 주식이라고 한다.

뉴욕 증권 거래소가 제일 유명하긴 하지만, 사실 미국 최초의 증권 거래소는 따로 있다. 바로 1790년에 시작된 필라델피아 증권 거래소다. 영국과 마찬가지로 미국 최초의 증권 거래소 역시 커피하우스에서 시작했다. 증권 중개인 위원회(Board of Brokers)라는 이름으로 월넛 가(Walnut Street)의 머천트 커피하우스(Merchants Coffee House)에서 시작했다. 1834년에 커피하우스가 불타 다른 장소로 이전하면서, 1875년 필라델피아 증권 거래소로 이름을 바꾸었다. 2008년 미국의 또 다른 증권 거래소인 나스닥(NASDAQ)에 흡수되어 '나스닥 OMX PHLX'로 이름이 바뀌었고, 주식과 옵션 등의 거래가 이뤄지고 있다.

현재 미국의 증권 거래소는 최대 규모를 자랑하지만, 초창기의 미국은 후진국에 불과했다. 큰 투자 자금은 유럽에서 왔는데, 특히 영국의 자본이 많았다. 미국 증권 거래소는 영국의 자금이 이익을 좇아 들어왔다 나갔다 하면서 증시의 변동성이 컸다고 한다. 이는 외국 투자 자금의 행방에 따라 우리나라 증시의 변동성이 확대되는 것과 별 차이가 없었다.

### 한국의 증권 거래소

우리나라 최초의 주식회사는 대한제국 시대인 1899년에 고종의 지원으로 설립된 대한천일은행이다. 천일은행은 일반 은행 업무 외에 정부의 재정 업무도 담당했다. 천일은행은 1911년 상업은행으로 개명하고 1999년 한일은행과 합해지면서 현재의 우리은행으로 명맥을 유지하고 있다. 상업 은행의 주식은 대한민국 건국 후 1956년 개설된 증권 거래소에서 최초로 거래되는 주식 가운데 하나다.

우리나라 증권 거래소는 곡물 거래에서 시작한다. 1896년 조선 최초로 인천 거류 일본인들이 인천 미두취인소(米豆取引所)를 설립해 쌀과 콩에 대한 선물 거래가 이루어졌다. 취인이란 거래를 뜻하는 일본어다. 쌀값의 10퍼센트만으로 거래가 가능해서, 일확천금을 노리고 많은 미두꾼이 모여들었다고 한다. 가장 유명한 미두꾼은 반복창이라는 사람으로, 일본인 미두 중개상의 심부름꾼으로 일하다가 1920년 21살의 나이에 400원으로 직접 거래에 참여했다. 그 뒤 1년 만에 40만 원(현재의 400억 원)으로 불려 '미두의 신'으로 불리며 조선의 갑부 반열에 올랐으나 2년 만에 전 재산을 탕진하고 만다. 미두취인소는 일본이 조선의 자금을 합법적으로 탈취하기 위한 역할을 했다. "땅은 동양척식회사에, 현금은 미두취인소에 수탈된다"라는 말이 있을 정도였다. 동양척식회사(東洋拓植會社)는 일제가 유럽의 동인도회사를 본떠 1908년에 세운 주식회사로, 척식은 개발이라는 뜻이다. 식민지 수탈을 목적으로 만든 것인데, 토지의 매매, 임대, 관리 등을 하면서, 조선식산은행(朝鮮殖産銀行, 현 산업은행)과 더불어 조선의 경제를 착취하는 대표적인 기구 역할을 했다.

일제 강점기인 1932년 조선취인소(朝鮮取引所)가 설립되는데, 이는 증권 거래 시장과 인천 미두취인소가 합해진 구조였다. 한국전쟁 후 1956년 3월 명동에 영단제(營團制) 대한증권거래소가 개설되면서 본격적인 증권 거래소 업무가 시작되었다. 영단이란 영리 단체(營利團體)를 줄인 말이다. 1962년에 증권 거래법이 제정되면서 주식회사제로 바뀌지만, 투기와 불공정 거래 등으로 5월 증권 파동이 일어난다. 1963년에는 공영제로 바뀌었다가, 1988년 회원제로 바뀌어 증권사가 회원이 되어 거래소 운영에 참여한다. 개설 후 1979년 여의도로 옮겨질 때까지를 '명동 시대'라고 부른다. 최초에 거래된 주식은 12종목으로, 해당 회사들은 조흥은행, 저축은행, 상업은행, 흥업은행, 대한해운공사, 대한조선공사, 경성전기, 남선전기, 조선운수, 경성방직, 대한증권거래소, 한국연합증권금융이었다. 또한 채권으로는 건국 국채 3종목이 있었으며, 증권회사 수는 49개였다.

1968년 자본 시장 육성에 관한 법률과 1972년 기업공개촉진법이 제정되면서 거래소는 활력을 띠었다. 그 뒤로도 부침은 겪었지만, 꾸준히 성장해 2012년에는 2000종목 가까운 주식이 상장되었다. 2005년에 기존의 유가증권 시장, 코스닥 시장(1996년 개설), 선물 시장(1999년 개설, 현 파생상품 시장)이 한 지붕 아래 모이면서 한국증권선물거래소로 이름이 바뀌었다가, 2009년에 다시 한국거래소(KRX)가 되었다.

우리나라의 증권 거래소도 유럽 못지않은 거품과 투기가 이어졌는데, 최초의 파동은 1·16 국채 파동이다. 1958년 재무부 장관은 1월 16일의 국채 거래를 무효로 하여 3억 2000만 원에 해당하는 거래의 결제가 무효가되었다. 이때 무효화된 거래는 전체 거래량의 대부분을 차지하는 것이었다. 이는 당시 국회에 제출된 두 안이 중복되면서, 투자자들이 도박성을 안고 국채를 사고팔아 파동이 시작되었다. 충돌한 두 안은 국채 발행안과 세금 증세안으로, 두 안건이 비슷한 세금 수입을 가져오기 때문에 국채가 발행되지 않을 수도 있는 상황이었다. 국채 발행안에 돈을 거는 사람은 국채를 매도하고, 반대로 세금 증세안에 돈을 거는 사람은 매수했다. 한편, 투기자들과 연계된 정치인들과 관료들이 국채 발행안을 놓고 오락가락하면서 증시는 혼돈을 겪었다. 이에 정부는 특단으로 거래를 무효로 하기에 이른다.

1·16 국채 파동보다 훨씬 더 큰 파문을 몰고 온 사건은 1962년의 증권 파동이다. 1962년 대한증권거래소가 주식회사로 바뀌면서 이 주식과 더불어 한국증권 금융주, 한국전력주에 대한 투기가 일었다. 이 투기를 주도

한 세력은 동명, 일홍, 통일 증권사들이었는데, 나중에 이들의 배후에 김종필 중앙정보부장이 있었음이 밝혀졌고, 그 목적은 쿠데타 군부의 정치 자금을 조달하는 것이었다. 가격 폭등으로 투기를 주도한 증권사들은 결제 대금이 부족해졌고, 임시로 대신 대금을 지급해 주던 거래소 역시 결제를 하지 못해 결제 불이행 사태가 지속되었다. 이에 대한증권거래소는 6월 문을 닫았고, 무려 73일이나 휴장하는 사태가 벌어졌다. 결국은 정부의 구제 금융과 협상을 통해 해결되었으나, 투자자들에게 오랫동안 주식 투자는 사기라는 인식을 심어 주었다. 증권 파동 때문에 박정희 정권은 증권 시장보다는 외자를 통한 은행 중심의 자금 조달에 초점을 맞추었다. 1962년 증권 파동은 한국 거래소 역사상 가장 부끄러운 일로 여겨지고 있다.

증권 파동 이후에도 1970년대의 주권(株券) 위조 파동과 건설주 거품, 건국 이후 최대의 어음 사기 사건으로 불린 1982년 이철희, 장영자 어음 사기 사건, 1997년의 외환 위기, 1999~2000년의 인터넷 거품, 2003년 카드 대란, 2008년 세계 금융 위기 그리고 끊임없이 이어졌던 부동산 거품 등 우리나라 증권 시장과 금융 시장은 혼란과 파동이 이어졌다.

### 도쿄 증권 거래소

도쿄의 증권 거래소인 도쿄 주식취인소(東京 株式取引所)는 1878년에 설립되었다. 도쿄 증권 거래소는 뉴욕, 런던과 더불어 세계 3대 증권 거래소이다.

2012년 도쿄 거래소와 합병한 오사카 증권 거래소는 오랜 역사를 가진 선물 거래소에서 유래한다. 일본 선물 거래소의 역사는 17세기 도쿠가와 막부 시대로 거슬러 간다. 당시 지방 영주들의 세력을 약화하려는 방편으로 1년 중 6개월씩 그들을 오사카에 거주토록 했는데, 이들은 경비가 부족할 경우 가을에 수확할 쌀을 담보로 어음을 써 주고 돈을 빌려 사용하곤 했다. 이 어음은 상인들 사이에서 거래되었다. 상인 중 한 명인 요도야의 집에서 상인들이 모여 정보 교환과 거래를 했는데, 이것이 거래소로 발전하여 1697년에 오사카 근교 도지마(堂島)에 도지마 고메카이조(米會所)가 만들어졌다. 이곳에서는 쌀이 거래되었는데, 현물 거래인 정미취인(正米取引)과 더불어 1716년부터는 장부상으로 계상되는 가상의 거래인 장합취인(帳合取引)이 도입되었다. 장합취인은 선물 거래라고 볼 수 있다. 도지마 고메카이조는 세계 최초의 상품 선물 거래소라고 주장되며, 오사카 증권 거래소의 전신이기도 하다. 1896년 일본인들이 인천에 미두취인소를 세운 것에는 그들이 오랫동안 선물 거래에 익숙했던 배경이 있었다.

## 금융 거품 5단계

주식 시장의 출발은 금융 거품으로 얼룩졌다. 튤립 거품, 미시시피 거품, 남해 거품은 주식회사와 주식 시장의 시작과 더불어 시작된 거품이다. 그 뒤로도 금융 거품은 끊임없이 발생했고, 21세기에도 예외는 아니었다. 1929년 대공황에 비견되는 2008년 금융 위기는 아직도 기억에 생생하다.

미국 경제학자 하이먼 민스키(Hyman P. Minsky, 1919~1996)는 이러한 금융 거품과 위기 현상을 5단계로 묘사했다(Cassidy, 2008).

첫째 단계는 대체(displacement)다. 새로운 패러다임과 이야기에 사람들이 끌리는 단계를 말한다. 1999년 인터넷 거품 때 새로운 정보 통신 기술이 신세계를 열어 줄 것으로 믿었던 것이나, 2008년 금융 위기 전에 극도로 낮은 이자율이 지속할 것으로 믿는 것 등이 이에 해당한다. 이와 비슷하게 18세기 유럽의 주식 거품 역시 신세계로부터 부가 끊임없이 창출될 것이라는 믿음에서 비롯했다.

둘째 단계는 호황(boom)이다. 새로운 패러다임으로 자산의 가격이 서서히 오르기 시작하여 점점 더 많은 참가자가 생기고 가격은 더 오른다. 대중매체는 이를 보도하고 더 많은 사람이 뒤처질까 조바심을 느껴 '묻지 마' 투자가 이어진다.

셋째 단계는 행복감(euphoria)이다. 가격은 최고조에 다다르고 투자자들은 행복감에 도취된다. 이쯤 되면 가격을 정당화하는 이론들이 회자된다. 투자자들은 더 높은 이익을 얻고자 돈을 빌려 투자한다.

넷째 단계는 이익 획득(profit taking)이다. 발 빠른 일부 투자자들은 이 단계가 되면 자산을 팔아 이익을 현금화한다. 그러나 투자자 대부분은 아직도 행복감에 도취되어 있고 곧 다가올 위험을 눈치채지 못한다. 그러다 매우 작은 충격으로도 거품이 깨지기 시작한다.

다섯째 단계는 공황(panic)이다. 자산 가격은 이제 반대로 급격히 하락한다. 돈을 빌려 자산을 매입한 투자자들은 이제 어떡하든 자산을 빨리 처분해 현금을 구하려 해, 이 과정에서 가격은 더욱 폭락하고, 연쇄 부도와 파산이 일어난다. 금융 시스템은 마비되고 더 나아가 경제가 얼어 붙는다. 민스키 시점(Minsky moment)이란 가격이 급락하기 시작하는 시점을 말하는데, 빚을 얻어 자산에 투자한 투자자가 빚을 갚기 위해 자산을 헐값에 팔면서 가격이 급락하는 때를 말한다.

## 현대적 주식회사 제도의 정비

17세기 들어 시작된 주식회사는 폭력과 사기, 투기로 점철되었다. 무역이 주목적이었던 초기의 주식회사들은 해외에서 살인과 강도질을 서슴지 않았으며 다른 나라를 식민지화하고 본국에서는 사기와 투기를 일삼아 주식 시장과 경제가 혼란스러워졌다. 그 결과 유럽에서는 주식회사가 경제에 도움을 주기보다는 피해를 주는 조직으로 인식되면서 주식회사가 확산되는 데 조심스러운 분위기가 형성되었다.

영국에서 만들어진 거품법은 주식회사의 설립을 더 어렵게 했다. 사실 이러한 조치는 남해회사가 의회에 로비를 한 결과로, 남해회사의 독점력을 유지하려는 의도가 숨어 있었다. 그 결과 회사는 대부분 조합(partnership) 형태로 조직되었다. 그러나 예외적으로 많은 자본이 필요한 운하 공사와 보험업 분야는 주식회사로 인가받아 영업했다. 산업혁명 초기에 해당하는 이 시기의 다른 분야는 그리 많은 자본이 필요하지 않아 주식회사가 아니어도 큰 문제가 되지 않았다. 조합의 경우 조직의 영속성이 취약하다는 약점이 있지만, 경영을 맡은 사람은 무한책임을 지기 때문에 주식회사보다 더 믿음을 주는 장점이 있었다.

그러나 산업이 발달하면서 사업가에게 주식회사의 매력은 점점 더 커졌다. 19세기 초중반은 주식회사가 지금의 모습을 갖출 수 있는 제도와 법이 정비된 시기였다. 남해 거품의 고통을 겪은 영국보다는 미국에서 좀 더 발 빠르게 주식회사에 대한 규제가 풀려 나갔다. 규제 완화는 주마다 차이가 있었는데, 19세기 초중반에 회사의 사유권이 인정되면서 주 정부의 재인가 간섭에서 벗어나고, 유한책임 또한 확대되었다. 영국도 조금 늦기는 하지만 비슷한 시기에 주식회사 제도를 정비했다. 1825년 거품법을 폐지해 주식회사를 쉽게 설립할 수 있도록 했다. 이 시기는 철도가 놓이던 때로, 철도 회사들은 대규모 자본이 필요해 주식회사로 조직되었다. 1830년 리버풀과 맨체스터를 연결하는 철도는 세계 최초의 승객 운송 철도였다. 1844년 주식회사법(Joint Stock Companies Act)이 만들어지면서 더 이상 인가를 받을 필요 없이 등록만으로 회사 설립이 가능해졌다. 그러나 유한책임은 명시적으로 획득되지 못하다가 1856년 주식회사의 유한책임이 주식회사법으로 제정되었다. 하지만 은행과 보험사는 예외였다. 주식회사의 설립은 더욱 간소화되어 사원 7명과 사무실을 등록하고 주식회사를 뜻하는 'Ltd'를 회사명에 붙이면 되었다. 마침내 현대적 주식회사의 모습이 갖춰진 것이다.

### 음의 주가와 우선주

1930년대 런던 증권 거래소에서는 음수(-)의 가격을 가진 주식 리스트를 볼 수 있었다. 유한책임하에서 음의 주가가 이상하게 보일지도 모른다. 그러나 음의 주가가 의미하는 것은 아직 대금 지급이 안 된 상태를 반영하는 것이라 한다. 20세기 초에도 주식 대금은 할부로 갚아 나갈 수 있었기 때문에 생겨난 결과였다. 예를 들어 10파운드의 주식을 5파운드만 지급했는데, 주가가 4파운드가 되면 주식 가치는 -1파운드가 된다.

주식회사 제도는 정비되었지만, (소액) 주주에 대한 보호는 제대로 이뤄지지 않았다. 현대 용어로 표현하면, 기업 지배 구조(corporate governance)가 제대로 갖춰지지 않은 것이다. 주주에게 주식은 아직도 불안한 것이었고, 언제든지 회사에 사기를 당할 수 있는 수단이었다. 우선주(preferred stock)는 주주의 불안을 완화하기 위해 탄생한 일종의 금융 혁신이었다. 우선주는 배당률을 보장해 주고, 일반적인 주식, 즉 보통주(common stock)보다 배당에 우선권이 있는 주식이었다. 우선주는 주식으로 포함되기는 하지만, 투자자의 입장에서는 채권과 비슷한 현금 흐름을 주는 투자 수단이었다. 회사의 입장에서도 부채와 비슷하지만, 반드시 갚아야 할 의무가 없는 주식이기에 부채보다 선호되는 측면이 있었다. 이런 이해관계가 맞아떨어지면서, 우선주의 인기는 매우 높아졌다. 19세기 중반까지 영국의 철도 자본 가운데 약 3분의 2가 우선주로 발행되었다고 한다.

## 철도

주식회사 제도의 정비는 산업화가 진행되면서 더 많은 자본이 요구되는 시대적 요청을 반영한 것이다. 19세기 중후반 주식회사 제도의 최대 수혜자는 철도 산업과 자금 공급처인 은행과 보험의 금융 산업이었다. 철도 산업은 대규모 자본이 필요한 최초의 근대적 산업이면서 신 성장 산업이라 할 수 있다. 영국에서는 철도 산업의 발달과 더불어 철도 산업과 주식에 대한 신문들이 발행되었고, 영국의 경제 잡지인 『이코노미스트*The Economist*』도 이때 창간되었다(1843). 미국이야말로 철도의 덕을 가장 크게 본 나라다. 광대한 영토에 하부 구조가 갖춰지지 않은 나라에 철도는 지역과 지역을 연결하는 중요한 교통수단이 된다.

주식 거래가 별로 없어 유명무실했던 뉴욕 증권 거래소는 19세기 중반 이후 철도 산업의 붐과 더불어 주식 거래도 증가했다. 1830년대 하루 수백 주 거래에서 1850년대는 수십만 주로 거래가 확대되었다. 1886년은 최초로 하루에 100만 주가 거래된 해라고 한다. 채권 평가 회사인 스탠더드 앤드 푸어스(Standard and Poor's)의 전신인 H. V. and H. W. Poor Co.가 『푸어스 미국 철도 매뉴얼 *Poor's Manual of Railroad of the United States*』(1868)을 발행하고, 『월스트리트 저널 *Wall Street Journal*』(1889)이 창간된 것도 이 시기다.

19세기 후반은 주식회사와 주식 시장이 본격적으로 비약하는 시기이기도 했지만, 그와 더불어 금융 거품과 금융 위기 역시 본격적으로 발생한 시기였다. 많은 주식회사가 설립되었고, 그만큼 많은 주식회사가 파산했다. 금융 위기는 끊임없이 이어졌으며, 20세기 전까지 1866년, 1873년(1930년대 대공황 전까지 대공황으로 불렸다), 1884년, 1893년, 1896년 금융 위기 등이 계속해서 발생했다. 특히 1873년과 1893년의 금융 위기는 철도 산업 거품이 주요 원인이었다.

## 철도 이후

철도 건설은 그 자체로도 큰 산업이었지만, 다른 산업의 부흥을 이끌기도 했다. 철로가 넓은 지역에 깔리면서 생산자는 예전보다 훨씬 더 넓은 지역에 상품을 판매할 수 있게 되었다. 철도 확대의 혜택을 제일 먼저 본 산업은 물류업과 통신 판매 회사나 백화점 등의 소매업이었다. 철로를 통해 과거에 닿지 못했던 지역에 점포를 만들고, 그 점포에 물건을 배달해 주거나 철로를 통해 소비자에게 물건을 직접 배달해 줄 수 있을 뿐만 아니라, 광고지를 우편으로 신속하게 보낼 수 있게 되었다. 철도가 확장된 이후에야 미국 동부 도시의 소비자들은 비로소 신선한 소고기를 먹을 수 있게 되었다고 하는데, 철로를 통해 서부의 목장에서 생산된 소고기가 도시에 빠르게 공급될 수 있었기 때문이다.

철도 건설은 철이 많이 필요해서 자연스럽게 철강 산업의 발전을 촉진

했다. 철강 산업의 대표적인 인물이 앤드루 카네기다. 카네기는 1870년대 카네기 철강 회사(Carnegie Steel Company)로 시작해, 1901년 유에스 스틸을 만들어 독점력을 강화했다. 철도와 철강 산업은 남북전쟁으로 더 많은 수요가 창출되었다.

19세기 후반 발전하기 시작한 또 하나의 중요한 산업은 석유 산업이다. 역사상 석유 유전에 대한 최초의 기록은 4세기 중국에서 나온다. 애초에 석유는 소금을 얻는 데 사용했는데, 소금물을 증발시키는 연료로 사용되었다. 19세기에 들어서 석유는 등불을 밝히는 데 쓰이는 등유로 많이 사용되었다. 석유 산업의 대표 주자였던 록펠러는 등유로 많은 돈을 벌었다. 1870년에 설립된 그의 대표적인 회사인 스탠더드 오일은 철도 회사와 담합하여, 자기들에게는 싼 운임을 적용하고 경쟁자에게는 비싼 운임을 적용하도록 했으나 반대에 부딪혀 실패했다. 그 후에도 스탠더드 오일은 다른 기업들을 통합하여 대표적인 트러스트를 형성한다. 한편, 에디슨이 1887년 백열전구를 발명하면서 등유의 수요가 하락하다가, 20세기에 자동차의 연료로 석유가 쓰이면서 부활에 성공한다.

또 다른 중요한 산업으로 자동차 산업을 빼놓을 수 없다. 자동차는 유럽에서 발명되었으나 미국에서 꽃을 피웠다. 대표적인 인물인 헨리 포드(Henry Ford)는 1901년에 헨리 포드 회사를 만들었다. 1903년 투자 자금을 받아 포드 자동차 회사(Ford Motor Company)를 설립하고, 1908년 모델 T 자동차를 본격적으로 대량 생산한다. 모델 T는 2시간 반이면 한 대가 조립되어 종전에 12시간이 걸리던 것에 비해 거의 1/5 수준으로 시간이 단축되었다. 이는 컨베이어 시스템을 이용하여 조립 시간을 절약하고, 순서를 과학적으로 배치한 덕분이었다. 자동차의 보급은 철로의 확대와는 또 다른 효과가 있었다. 철로의 확대가 물류와 수송을 편리하게 해 기업이 넓은 지역에 상품을 판매하는 기회를 주었다면, 자동차의 보급은 개인에게 더 넓은 지역으로 이동할 수 있는 자유를 주었다. 이는 더 멀리 있는 곳의 상품을 구매할 수 있게 한 것이다.

그렇다고 자동차의 보급이 자연스럽게 이뤄진 것은 아니다. 사람들은 기차나 전철을 타고 다녔고, 자동차가 다니기 좋은 길은 많지 않았다. 자동차 회사와 석유 회사는 미국 45개 도시의 전철 시스템을 매입한 후 해체함으로써 시민들에게 기름으로 가는 자동차를 탈 수밖에 없도록 만들었다. 또한 정부에 끊임없이 로비를 하여, 자동차가 다닐 수 있는 도로와 고속도로를 건설하도록 했다. 일반적으로 도로는 공공재로 인식되어 마치 모든 국민에게 도움이 되는 것으로 생각하기 쉽지만, 사실상 그 혜택의 상당 부분은 자동차 회사와 석유 회사로 돌아갔다. 이는 자동차 회사와 석유 회사의 영업 비용을 국민의 세금으로 대신 내준 것과 별 차이가 없다. 현재의 미국 생활은 자동차 없이는 생각할 수 없는데, 이는 자동차 회사와 석유 회사가 경쟁자를 무력화하고 정부에 로비를 함으로써 가능해진 것이다. 자동차를 타고 느끼는 자유는 자동차 회사의 탐욕이 만들어 낸 부산물이다.

### 카르텔과 트러스트

주식회사는 태생적으로 독점을 추구한다. 주식회사는 이익을 최우선으로 하기 때문이다. 주식회사의 탄생은 독점과 함께 시작했다. 19세기 자유 경쟁 체제로 들어서자 기업들은 다시 연합하여 독점화를 꾀했다. 대표적인 형태가 카르텔(cartel)과 트러스트(trust)다. 1880년대 독일에서 유래된 카르텔(기업 연합)은 여러 기업이 담합하여 공동의 이익을 추구하는 것을 뜻한다. 기업들이 공동으로 생산량이나 가격을 정하거나 입찰 가격을 사전에 조율하고 판매 지역이나 대상을 제한하는 등 담합에 참여한 기업이 이익을 얻는 방향으로 경쟁을 제한한다.

카르텔이 기업들의 독립성은 유지하되 연합하여 독점처럼 운영하는 것이라면, 기업들이 실제로 합쳐져 독점 기업화하는 경우를 트러스트(기업합동)라고 한다. 트러스트는 참여하는 기업들이 합병을 통해 각자의 독립성을 상실하고 하나의 기업이 된다. 트러스트의 효시는 1880년대의 스탠더드 오일이다. 록펠러의 스탠더드 오일은 많은 경쟁 기업과 연관 기업을 합병해 성장했는데, 1882년 스탠더드 오일과 그 외 많은 기업이 스탠더드 오일 트러스트를 형성하여 석유업계에서 독점력을 행사했다. 트러스트가 운영되는 과정은 다음과 같다. 트러스트에 속하는 기업들의 주주는 주식을 트러스티(trustee) 위원회에 넘기고, 대신에 전체 트러스트의 통합된 이익에 대한 지분을 받는다. 트러스티는 전체 기업을 통제한다. 이는 트러스트에 참여한 기업들이 하나의 기업으로 합병되는 것이라 볼 수 있다.

스탠더드 오일 트러스트에는 9명의 트러스티 위원회가 있었고, 록펠러가 이를 통제했다. 스탠더드 오일은 트러스트를 통해 미국 석유의 88퍼센트를 통제하는 독점력을 행사했다. 그러다 독과점을 금지하는 반트러스트법이 제정되어 곤란을 겪자, 1899년 본사를 뉴저지 주로 이전했다. 뉴저지 주는 다른 주와 달리 기업이 다른 기업의 주식을 소유하는 것을 허용했기 때문이다. 이는 당시 미국의 각 주가 기업을 유치하기 위해 각종 규제를 완화하면서 나온 결과 중 하나다. 뉴저지 주로 이전하면서 뉴저지 스탠더드 오일(Standard Oil Company of New Jersey)이라는 지주회사(持株會社, holding company)를 설립하고, 이 회사가 41개 회사의 주식을 소유하면서 독점력을 유지한다.

트러스트 때문에 발생한 경쟁 제한의 폐해는 독과점 금지법의 시초라할 수 있는 셔먼법(Sherman Antitrust Act, 1890)의 제정으로 이어졌다. 이 법은 카르텔이나 트러스트 등 경쟁을 제한하는 것을 규제하는 법으로 지금도 미국 독과점 금지법의 기본이 된다. 하지만 법은 제정되었으나 당시에는 제대로 적용이 이루어지지 않았고, 10여 년이 흐른 뒤 26대 대통령인 시어도어 루스벨트(Theodore Roosevelt) 때가 되어서야 본격적으로 빛을 발하게 되었다. 참고로 훗날 대공황 때 뉴딜 정책을 시행하고 미국의 2차 대전 참전을 선언한 사람은 32대 대통령인 프랭클린 루스벨트(Franklin D. Roosevelt)로 시어도어 루스벨트와는 사촌 간이다.

스탠더드 오일 트러스트에 이어 많은 기업이 합병을 통해 트러스트를 형성한다. 대표적인 트러스트의 예를 들면, 유에스 스틸, 듀퐁(DuPont), 아메리칸 코튼(American Cotton), 나비스코(National Biscuit Company), 아메리칸 토바코(American Tobacco Company), 제너럴 일렉트릭(General Electric), 인터내셔널 하베스터(International Harvester), AT&T 등이 있다.

모건은 유에스 스틸 외에도 많은 다른 기업에 투자하고 의사 결정에 영향을 주었다. 1913년 금융을 통한 지배력을 규제하기 위해 열린 푸조 위원회에 의하면 모건 회사와 유력한 뉴욕 은행들의 이사들은 112개 기업의 이사를 겸임했는데, 이들 기업의 총 주식 가치는 225억 달러였다고 한다. 당시 뉴욕 증시에 상장된 총 주식 가치가 265억 달러였다고 하니 그 규모를 짐작할 수 있다. 모건과 은행가들의 연합체를 머니 트러스트(money trust)라고 불렀다.

각종 트러스트를 형성하여 독점력을 행사하던 기업들은 마침내 루스벨트 대통령의 트러스트 파괴 정책으로 해체되기 시작했다. 그 결과 1911년 스탠더드 오일은 엑슨, 아모코, 모빌, 셰브런 등으로 분리되었다. 아메리칸 토바코는 4개의 회사로 분리되었으며, 듀퐁도 여러 회사로 분리되었다. 머니 트러스트도 1913년 모건이 사망한 후 해체되었다. 한편, 유에스 스틸이나 AT&T 등은 해체를 모면했다.

*　*　*

주식회사는 독점과 유한책임이라는 특혜를 등에 업고 약탈과 폭력을 행사하면서 시작되었다. 주식회사는 의회의 인가를 받아야 했기에 정치인과 자본가의 결탁으로 탄생했다고도 볼 수 있다. 주식은 주식회사의 지분이다. 주식이 거래되는 증권 거래소의 탄생 역시 주식회사의 탄생 못지않게 비도덕적인 행위의 결과였다. 네덜란드 동인도회사의 경영진은 돈을 갚아주기로 한 약속을 파기했고, 증권 거래소를 만들어 주식을 남에게 팔아서 대금을 받게 했다. 이러한 조치는 대주주들이 의회와 결탁해 있었기에 가능했을 것이다.

도덕적 해이와 투기는 주식 시장의 원죄다. 그 원죄는 현재에 이르기까지 끊임없이 다시 발현된다. 초기의 금융 거품인 튤립 거품, 미시시피 회사나 남해회사 거품은 그저 시작에 불과했다. 요동치는 주식 시장의 뒤에는 언제나 도덕적 해이가 자리하고 있었다. 더욱이 그러한 도덕적 해이를 부끄러워하지도 않는 듯하다. 주식 시장은 도덕적 해이를 먹고 자라는 곳이니 그것을 꺼려한다면 참여해서는 안 되는 것일지 모른다. 주식 시장은 마치 보이지 않는 상대방과 겨루는 도박판과 같다. 서로 바라보고 있는 도박판에서도 정정당당하기 어려운데 하물며 서로 보지 못한다면 어떻겠는가?

경영학 이론에 따르면, 주식 시장은 화폐 자금이 더 효율적인 곳에서 이용될 수 있도록 하는 자본 조달 기능을 수행한다. 이는 물론 바람직한 기능이다. 그런데 주식이나 채권을 직접 발행, 조달하는 1차 시장(primary market)과 달리 2차 시장(secondary market)은 발행된 증권이 거래되는 곳이어서 직접적인 자금 조달 기능은 없다. 1차 시장이 제 기능을 하기 위해서 2차 시장은 어느 정도로 발전하는 것이 좋은 것일까? 무조건 확대되는 게 좋은 것인가? 2차 시장이 지금과 같은 증권 거래소의 모습을 하는 것은 바람직할까? 지금의 증권 거래소가 증권 거래의 역할을 얼마나 효율적으로 하고 있는지 궁금하다. 자본 조달이라는 순기능이 사행성 조장, 도덕적 해이와 금융 혼란에 따른 비용보다 크다고 할 수 있는지, 크다면 얼마나 큰지에 대해 확신할 수 있을까?

지금과 달리 주식은 애초에 만기가 있었다. 만기가 없어진 것은 대주주 경영진의 도덕적 해이 때문이다. 한편으로는 이것이 법인의 정신에 부합하는 것인지도 모른다. 중세 교회에 의해 법인은 불멸의 천사와 같은 존재로 만들어졌다. 주식에 만기가 있다면 주식회사는 불멸이라 할 수 없지 않은가? 천사와 도덕적 해이는 그다지 어울리지는 않는 듯하다.

현재의 경영학은 자본 시장을 통해 기업에 자금이 조달된다는 점을 자본 시장의 정당성이 확보된 것으로 간주하고, 자본 시장이 확대될수록 사회가 더 좋아진다고 믿는다. 시장이 없거나 거래 물량이 적으면[경영학에서는 유동성(liquidity)이 부족하다고 표현한다] 나쁜 것이고, 시장이 확대되면 좋은 것으로 간주한다. 금융공학, 투자 이론, 주가 극대화로 대표되는 노력으로 금융 시장 자체의 발전을 가져오긴 하겠지만, 그 비용에 대해서는 모른 척 무시한다. 주식 시장을 도박판으로 여기고 뛰어들었다가 재산을 날리고 노숙자가 된 사람이나 기업 합병으로 일자리를 잃은 사람이 겪는 사회적 비용이 얼마로 계산되는지 궁금하다. 현재의 경영학은 마치 경주마가 양옆에 눈가리개를 붙이고 앞으로만 달리는 모습을 연상시킨다. 그러나 좌우를 살펴보지 않고 전체의 모습을 알 수 있을까?

PART 4
———

# 다시 보는
# 경제학과 경영학

# Chapter 10

## 시장과 자본주의

지금까지 우리는 화폐, 금융, 주식회사 등에 대한 역사적 고찰을 중심으로 그들의 발전 방향과 그 의미를 살펴보았다. 이제는 보다 높은 곳에서 전체를 조망해 보고자 한다. 이 장에서는 시장과 자본주의의 관계에 대해 논의하고, 다음 장에서는 기업과 경영에 대한 이론을 살펴보고, 그다음으로는 경제학과 경영학에 대한 비판적 고찰과 더불어 발전적인 방향을 제안하고자 한다.

시장과 자본주의에 대한 논의는 실로 다양하다. 이는 경제학뿐 아니라 사회학이나 인류학에서도 집중적으로 다루는 주제이며, 경제학 안에서도 주류 경제학뿐 아니라 마르크스 경제학의 주요 주제다. 여기서 그 내용을 망라하는 것은 물론 불가능하고 이를 시도하지도 않겠다. 다만 화폐, 금융, 회사의 역사적 발전 과정과 연관 지어 시장과 자본주의의 관계에 대한 시각을 소개하고 발전적 개선 방안을 제시하고자 한다.

## 자본주의의 시작

자본주의는 왜 유럽, 특히 영국과 네덜란드에서 시작했을까? 역사적인 것은 언제나 다양한 요소들이 복합적으로 작용하여 일어나는 것이기에 이를 둘러싼 많은 의견과 이론이 있으며, 어느 하나 명확하게 '이거다'라고 설명하기는 어렵다. 그럼에도 몇 가지 주요 요소를 정리해 볼 수는 있다.

앞에서 개신교 윤리와 자본주의가 밀접한 관계가 있을 것임을 언급했다. 유럽이 중세에서 근대로 넘어가는 과정에서 르네상스와 종교개혁의 중요성을 빼놓을 수 없을 것이다. 르네상스는 사회의 중심을 종교에서 인간으로 옮겼다. 또 종교개혁은 종교의 중심을 교회에서 인간으로 옮겼다. 인간이 중심이라는 것은 인본주의라고 해석할 수도 있으나, 다른 한편으로는 세속적인 욕망을 용인하기 시작한 것이라고도 볼 수 있다. 이러한 세속적인 욕망은 자본주의에 의해 정당화되었고, 반대급부로 자본주의가 발전할 수 있는 밑거름을 제공했다.

이러한 개혁적 변화의 근저에는 중세 이후 유럽의 끊임없는 전쟁이 한 몫을 차지한다. 예를 들어, 1550년과 1650년 사이에 유럽 국가들은 평균적으로 2/3 이상의 시간을 전쟁으로 보냈다고 한다. 또한 1500년부터 1799년까지 스페인은 80퍼센트 이상을, 영국과 프랑스도 50퍼센트 이상을 외국과의 전쟁으로 보냈다고 한다(Ferguson, 2011).

전쟁과 질병으로 많은 사람이 죽었고, 살아남은 사람은 넓은 영토를 경작하게 되었으며 그 결과 부유해졌다. 생산한 농산물은 소비할 수 있는 것보다 많아 시장을 통해 판매하게 되었고, 이에 따라 시장이 발전하게 되었다.

또 다른 중요한 것은, 이러한 전쟁이 권력자들의 힘을 쇠퇴시켰다는 점이다. 도시는 왕으로부터 자치권을 얻어 사실상 독립적으로 운영되었다. 왕은 전쟁을 하려면 도시나 상인들로부터 자금을 지원받아야 했다. 동아시아에서와 같은 강력한 왕권 아래에서라면 병력을 징집하고 세금을 올리면 그만이었겠지만, 유럽은 많은 왕국 사이에 벌어진 잦은 전쟁 때문에 왕의 권력이 그 정도로 강해질 수 없었다. 그 결과 왕과 정부가 시민에게 자금을 빌리는 방법이 고안되기에 이르렀다. 이러한 정부 부채는 훗날 중앙은행 지폐로 발전한다.

중세를 지배했던 교회 역시 세속적 권력자인 왕과의 다툼으로 그 힘을 잃어 갔다. 종교개혁은 그 상징적인 현상이다. 교회가 아니라 개개인이 신앙의 중심이라는 개신교가 확산하면서 교회는 더는 권력을 누리지 못하고 쇠락의 길을 걸을 수밖에 없었다. 그리고 이러한 움직임의 뒤에는 도시를 중심으로 한 시민 의식의 확대가 자리를 잡고 있었다.

1450년경 구텐베르크(Johannes Gutenberg)가 개발한 금속 활자 인쇄 방식은 시민 의식의 확대에 중요한 공헌을 한다. 특히 이는 종교개혁에 지대한 영향을 미쳐 성서를 빠르게 또 대량으로 인쇄해 보급할 수 있게 되면서 기독교의 중심을 교회에서 성서로 옮길 수 있었다. 그 밖에도 특권층의 전유물이었던 책이 다양하게 인쇄되었고, 이는 도시의 문맹률을 낮추는 중요한 계기가 되었다. 더욱이 학자들의 연구 결과 역시 빠른 속도로 공유되었다. 그 결과 16세기 이후 유럽의 과학과 학문적 발달은 그 후에 산업혁명으로 이어졌을 뿐만 아니라, 현재 우리가 배우고 연구하는 근대적 학문의 토대가 되었다.

소득의 증대, 문맹률의 저하와 지식의 확산은 시민 의식의 발전으로 자연스럽게 연결된다. 이는 개개인의 재산에 대한 소유권으로 발전해

사적으로 소유한 재산은 권력자로부터 보호된다는 의식이 확산되었다. 이러한 사적 재산권의 확립은 왕권이 취약했던 영국과 네덜란드에서 가장 활발하게 진행되었다(대표적인 정치가인 로크를 떠올리자). 영국의 17세기는 왕권이 의회에 굴복한 시기로, 1688년 명예혁명으로 왕위에 오른 윌리엄 3세는 상인들로부터 전쟁 자금을 차입하는 중앙은행 모델을 선보였다.

유럽의 이러한 변화는 자본주의의 서막을 알리는 것이었다. 사적 소유권을 바탕으로 시장이 발전하고, 이의 근저에는 화폐와 금융 시장이 존재했다. 왕이 권력을 독점한 것에서 의회와 권력을 공유하는 것으로 바뀌면서 자본가와 상인의 이익을 보호하게 되었다. 개신교는 노동을 중요시하고 자본의 축적을 소명 의식으로 정당화했다.

## 시장과 자본주의

시장 경제는 전통적인 교환 방식을 대체했다. 애덤 스미스는 이를 인간의 본성에서 나오는 당연한 결과로 보았다. 『국부론』에서 그는 사람들은 물건을 교환하고 거래하는 본성이 있다고 했다. 이러한 본성을 가진 사람에게 시장 거래는 당연한 결과물로 간주된다. 그러나 우리는 역사적 고찰을 통해 시장 거래가 당연히 출현하는 것은 아니었음을 알 수 있었다. 폴라니에 따르면, 인류는 오랫동안 상호성(reciprocity)과 재분배(redistribution)로 자원을 배분해 왔다. 물론 시장 거래가 없었던 것은 아니나, 그것은 외국인과의 무역이나 전쟁 등에서 이용되었을 뿐, 일상적인 교환에서는 이루어지지 않았다. 이는 스미스가 『국부론』을 집필한 때에도 마찬가지였다. 만약 스미스가 생각하듯 시장 거래가 본성이었다면 훨씬 이전에 이미 시장 거래가 보편적인 것이 되었어야 했다. 일상적인 거래에 시장 경제가 적용되는 것은 자본주의의 보급과 궤를 같이한다.

스미스가 인간의 본성이라고 본 또 다른 것은 이기심이다. 또한 이기심과 시장 거래가 결합되어 나라의 복지가 향상된다고 주장한다. 다음은 자주 인용되는 『국부론』의 구절이다.

> 우리가 저녁을 먹을 수 있는 것은 정육점, 양주업자, 제빵업자의 자비심이 아니라 그들의 이기심 덕분이다.

스미스는 얼핏 모순돼 보이지만 개인의 이기심을 사회의 복지를 증대시키는 원동력으로 보았으며(이는 16세기 피렌체 정치가 귀치아르디니의 논리다), 그 역할을 시장 거래가 한다고 보았다. 그런 시장의 마법 같은 역할을 '보이지 않는 손(invisible hand)'이라고 불렀다. 이기심을 위해 개인들은 분업을 하고, 생산된 물건은 시장 거래를 통해 배분되며, 그 결과 사회의 복지는 증대된다. 『국부론』을 통틀어 단 한 번 나오는 이 '보이지 않는 손'은 그 뒤로 『국부론』과 자본주의를 대변하는 표현으로 사용되었다.

사실, 『국부론』의 주요 내용과 표현은 중세 상업을 선도했던 이슬람 제국의 저서들에서 이미 발견되는 내용이다(Graeber, 2011). 예를 들어 '보이지 않는 손'은 이슬람교를 창시한 무함마드가 "가격은 신의 의지에 달렸다"라고 한 발언을 연상시킨다. 메디나의 물가 상승을 막기 위한 대책에 대한 답으로, 가격은 인위적으로 조정해서는 안 된다는 뜻으로 말한 것이다.

더욱이 『국부론』의 핵심 내용인 교환과 분업 역시 이슬람학자인 가잘리나 알 투시(Nasir al-Din al-Tusi, 1201~1274)의 저서에 이미 기술되어 있다.

예를 들어 이들의 책에는 "개 두 마리가 뼈를 교환하는 것을 본 사람은 없다"라는 표현으로 교환이 인간의 고유한 것임을 강조하고 있다. 이는 『국부론』에서도 그대로 반복되어 나온다. 또한 분업의 필요성도 강조한 바 있다. 옷감을 만들기 위해서는 씨를 뿌리고, 수확하고, 빨고, 반죽하고, 짜는 일을 해야 하는데, 사람들은 각자 하나씩 맡아 일한 후 다른 사람의 노동과 주고받는다. 사프란을 가지고 있는 사람이 낙타를 원하고 낙타를 가진 사람이 사프란을 원하면, 둘은 교환할 수 있고 정확한 교환을 위해서는 가치를 측정할 수 있어야 한다는 표현이 나온다(여기에서 화폐의 유용성에 대한 논의가 나온다). 투시는 『윤리학Akhlaq-i-Naseri』에서 노동의 분업과 교환, 거래로 사회적 협동이 이뤄진다고 언급했다(Sun, 2008). 또 다른 유사점은 가잘리의 책에 나오는데, 작은 바늘이 만들어지기 위해서는 25차례의 작업을 거쳐야 한다는 것이다. 이는 핀 하나를 생산하려면 18번의 작업을 거쳐야 한다는 『국부론』의 서술과 다름이 없어 보인다.

상업과 시장의 발달은 당연히 같이 가는 것이다. 이슬람 제국이 상업이 발달한 곳이었음을 생각하면 시장, 분업, 교환이 이야기되는 것은 자연스럽다. 시장 거래가 인간의 본성에서 나오고 자본주의가 시장에서 자연스럽게 발전하는 것이라면 자본주의는 이슬람 제국에서 나오거나 동아시아에서 나와야 했다. 그러나 그렇지 않았다. 시장은 발달했으나 자본주의가 출현하지는 않았다는 것은 시장과 자본주의를 동일시할 수 없다는 것을 의미한다.

## 금융과 자본주의

그렇다면 시장과 자본주의는 무엇이 다른 것인가? 이에 대한 대답은 카를 마르크스(Karl Marx, 1818~1894)에서 찾을 수 있다. 자본주의 이전의 시장은 '상품-돈-상품'(C-M-C')'의 순환 고리를 가지고 있지만, 자본주의에서는 '돈-상품-돈'(M-C-M')'의 순환 고리가 중요해진다는 것이다. 자본주의 이전의 시장에서는 상품의 소비가 최종 목적이고, 그를 위해 돈이 매개체로 필요했다. 그러나 자본주의에서는 돈이 목적이 된다. 이는 중대한 차이를 낳는데, 상품의 소비에는 한계가 있지만, 돈의 획득에는 한계가 없기 때문이다. 무한한 금전적 이익의 추구는 자본가의 욕망을 무한하게 만들었다. 마르크스는 그러한 자본가의 무한한 이익 추구가 피착취 계급인 노동자와의 갈등을 증폭시켜 결국은 자본주의가 무너지게 된다고 예언한다. 예언의 실현 여부는 차치하고, 마르크스의 분석은 자본주의의 본질을 잘 지적한 것이다.

애덤 스미스의 『국부론』에서는 화폐의 안정적 순환이 생산 활동에 중요한 역할을 한다고 강조하지만, 돈의 역할은 보조적인 것에 그친다. 한 나라의 부는 화폐 자체가 아니라 생산성에서 나온다는 주장이 부의 본질을 지적하기는 하지만, 화폐의 중요성을 상대적으로 무시하는 결과를 가져왔다. 마르크스는 스미스에 비해 금전적 이익 추구를 자본주의의 본질로 보면서 상대적으로 금융의 중요성에 주목했다.

금융과 자본주의의 관계를 보다 직접적으로 연결한 사람은 막스 베버(Max Weber)다. 베버는 자본주의의 중요한 특징은 자본가와 국가의 기념비적 동맹에서 비롯되었다고 주장했다(Ingham, 2008). 국가(왕)와 상인 계급이 이익을 놓고 다투다가 둘 사이에 동맹을 맺었다는 것인데, 이 동맹으로 자본가는 왕의 통치권을 인정하고 그 대가로 국가의 보호 아래 부채에 바탕을 둔 지폐를 찍을 권리를 획득해 이익을 확보하는 것이다. 이 경우는 서구, 특히 영국의 경우에 가장 적절히 들어맞는다. 1694년 자본가 집단이 영국은행을 설립해 지폐를 독점 발행하면서 왕에게 전쟁과 사치에 필요한 자금을 빌려 주었다. 왕은 시장에서의 지폐 사용을 보장하고, 세금을 걷어 이자를 갚고 자본가 집단에 이익을 제공했다. 자본주의는 자본가와 국가의 이해관계가 맞물리고 시장과 금융이 본격적으로 결합하면서 시작했다는 것이다. 이는 앞에서 살펴본 내용이다.

여기에 하나 더 덧붙인다면, 국가에 의해 지폐가 독점 발행되기 이전에 자본가가 왕의 인가를 얻어 주식회사를 세우고 해외 무역을 독점하면서 이미 자본가와 왕의 동맹이 시작했다고 볼 수 있다. 자본가에게 왕을 대리하여 해외 식민지를 경영할 수 있도록 폭력을 허가해 주었으니, 동맹이라는 말을 써도 손색이 없다. 국정 지폐의 발행은 해외 시장에서뿐 아니라 국내 시장에서도 자본가가 중심적인 자리를 차지하게 됨을 의미한다.

베버는 또한 자본주의 정신은 개신교 윤리에서 나왔다고 주장했다 (Weber, 1905). 개신교는 전통적인 기독교에 대항하여 탄생했다. 개신교의 확산과 더불어 이자가 허용되고, 이익 추구는 소명(召命)으로 정당화되었다. 자본주의의 탄생지가 네덜란드와 스코틀랜드 등 개신교(특히 칼뱅주의) 지역과 일치하는 것은 우연이 아니다.

베버의 기념비적 동맹은 폴라니의 『거대한 전환The Great Transformation』 (1944)을 연상시킨다. 폴라니는 이 책에서 자본주의는 인간 본성에서 비롯된 자연스러운 결과가 아니라 국가의 폭력에 의해 형성된 것이라고 했다. 자본주의 질서 이전 사회에서 부는 가내 생산을 통해 만들어지고, 상호성과 재분배를 통해 이전되었다. 이러한 부의 이전이 사회에 내재되어 있었기 때문에 경제와 정치는 분리될 수 없었다. 자본주의는 사회에 내재한 분배 기능을 떼어 내어 독립적인 시장에서 기능하도록 만들어야 하는데, 이과정에서 피해를 보는 구성원들을 보호하려면 보호 기제가 작동되어야 한다. 이런 보호 기제를 무너뜨리지 않고서 자본주의 질서는 만들어질 수없다. 이 역할을 17, 18세기에 국가가 했다는 것이다.

베버와 폴라니의 주장을 연계시켜 보자. 국가에 의해 강제된 '거대한 전환'은 바로 국가와 자본가의 동맹의 결과다. 이제 자본주의는 전통적으로 상품화될 수 없었던 토지, 노동, 화폐를 '허구적 상품(fictitious commodity)'으로 전환하는 데 성공했고, 이들 허구적 상품의 가격은 임차료, 임금, 이자의 형태로 표시되었다. 그 결과 시장이 사회에서 독립됐을 뿐만 아니라오히려 사회가 시장에 예속되었다.

자본주의의 역사적 전개 과정을 되새기다 보면, 몇몇 단어들이 계속해서 등장한다. 바로 이익, 돈, 이자 등의 금융 용어다. 재화의 가격은 돈으로 표시되고, 자본가는 이자를 얻고, 기업은 이익을 추구한다. 그렇다. 금융이야말로 바로 자본주의의 핵심에 자리를 잡고 있는 것이다. 자본주의이전 시대에서 금융은 항상 폭력, 억압, 전쟁으로 연결되었다. 금융이란원칙적으로 실체가 없는 허구다. 허구를 허구로 바라보면 별 의미가 없다. 그러나 그 허구에 의미를 부여하는 순간, 그것은 끝없이 재생할 수 있기때문에 인간에게 끝없는 욕망을 부추기게 된다. 끊임없는 욕망의 추구를가능하게 해 주는 것이 바로 돈, 이익, 이자인 것이다.

조지프 슘페터(Joseph A. Schumpeter, 1883~1950)는 금융과 끊임없는 욕망을 결합했다. 금융의 무한한 확장 가능성은 경제를 활성화하기도 하지만, 동시에 자본주의의 위기를 유발하는 근본적 원인이기도 하다. 그 무한한 욕망의 추구는 많은 사람에게 고통을 주고 그들을 노예로 추락시켰고 사회를 불안정하게 만들었다. 동서를 막론하고 자본주의 이전 시대에 왕들과 종교가 금융을 금지하거나 제한하려 했던 이유가 바로 그것 아니었던가?

자본주의 아래에서 왕과 자본가가 대결을 접고 세력을 결탁하고, 종교가 이익과 이자를 정당화하여 종교 역시 자본가와 결탁했다. 세속적인 힘과 종교적인 힘 모두 자본가와 결탁하면서, 이제 일반 백성이 노예 상태로 밀려 들어가는 것을 보호해 줄 전통적인 보호막은 사라지게 되었다. 사실상 자본주의는 왕과 자본가 사이의 동맹이라기보다는 왕, 종교, 자본가의 삼각동맹으로 봐야 할 것이다.


## 자본주의의 특징

자본주의의 중요 특징으로 제일 먼저 시장을 생각할 수 있다. 다만, 자본주의가 시장을 기반으로 하지만, 시장이 자본주의의 본질적인 제도는 아니다. 자본주의가 발흥하기 전에 이슬람 제국과 동아시아에서는 시장 거래가 이미 활발히 전개되었기 때문이다. 시장 자체가 자본주의의 본질은 아니지만, 자본주의 아래에서 경제와 국가의 중심에 시장이 있다는 면에서는 기존의 제도와 차이가 있다. 폴라니에 따르면 자본주의 이전 경제에서는 상호성과 재분배가 중요한 자원 배분의 방법이었다. 시장도 물론 존재했으나, 이방인이나 친분이 없는 사람들 사이에서 주로 이용되었다. 자본주의가 들어선 이후에야 시장이 전면적으로 대두하여 기존의 방식을 대체했다. 자본주의 시대에서 시장은 절대적인 위치를 차지하고 있다. 경제학에서 자원 배분은 당연히 시장을 통해서 이루어진다고 가정한다. 시장을 통하지 않는 자원 배분은 비정상적인 것으로 여겨지기도 한다.

하지만 자본주의에서도 재분배와 (일방적인 선물과 공유를 포함한) 상호성은 예외적인 게 아니라 여전히 매우 중요한 역할을 한다. 가족, 친구, 지인들끼리 선물을 주고받는 것은 상호성에 의한 자원의 배분이다. 이 상호성은 경제 활동의 중요한 부분을 차지한다. 추석이나 설날이 대목인 이유는 선물용으로 팔리는 물건이 많기 때문이다. 이는 다른 나라도 마찬가지다. 미국에서는 추수감사절과 크리스마스에 1년 소매 매출의 20퍼센트 이상이 팔린다. 이 가운데 상당 부분이 선물용일 것이다. 이처럼 시장 거래의 상당 부분이 상호성을 뒷받침하고 있다.

또 다른 배분 방식인 재분배 역시 빼놓을 수 없다. 재분배란 왕이나 국가 권력이 권위적인 방법으로 구성원에게 자원을 나눠 주는 것을 말한다. 이 방법이 현대 자본주의에서 이용되는 경우는 크게 두 가지다. 우선은 국가의 개입에 의한 사회보험이나 복지 제도다. 국가는 세금이나 부채를 통해 재원을 마련하고, 그 재원을 바탕으로 가난하거나 몸이 불편한 국민들에게 도움을 준다. 이것은 국가 권력에 바탕을 둔 재분배의 방식이다.

혹자는 국가의 개입은 자본주의에 반하는 것이므로 국가에 의한 재분배를 자본주의의 주요 요소로 볼 수 없다고 주장하기도 한다. 그러나 국가 개입은 차치하더라도, 자본주의의 핵심에는 권위에 의한 재분배 방식이 존재한다. 그것은 바로 기업이다. 이를 위해 대표적인 기업 이론인 로널드 코스(Ronald H. Coase, 1910~2013)의 이론을 생각해 보자. 코스에 따르면,

기업 내부의 자원 배분은 시장 거래와 달리 권위에 의한 배분이다. 자본주의적 생산의 꽃이라 할 수 있는 주식회사 안에서는 역설적이게도 시장 거래를 부정하고 권위에 의한 재분배 방식을 이용한다는 것이다. 이렇듯 현대 자본주의 시대에서도 상호성과 재분배는 여전히 중요한 자원 배분 방식이다.

어찌 되었든, 자본주의에서 시장이 중요하다는 것은 부인할 수 없다. 일반적으로 시장이라 하면 물건들이 교환되는 상품 시장을 떠올리지만, 사실 일반 상품이 아닌 다른 것들이 거래되는 시장도 있다. 대표적인 것이 화폐 시장, 자본 시장, 노동 시장이다. 이들 시장은 사실상 상품 시장보다 더 중요할 수 있다. 왜냐하면 자본주의를 특징짓는 시장이 상품 시장이 아니라 바로 이들 시장이기 때문이다.

## 화폐 시장

베버의 기념비적인 동맹은 자본가와 국가 권력 간의 화폐적 동맹을 의미한다. 기념비적인 동맹을 통해 국가 전체에 화폐가 유통되고, 그 화폐는 국가 권력으로 뒷받침된다. 물론 현대 자본주의 사회에서는 국가 권력이 항상 자본가와 결탁해 있는 것은 아니다. 다양한 이해관계자들 사이에서 국가 권력의 지향점은 세력 간 갈등과 균형 속에서 변화한다. 베버의 기념비적 동맹은 현대 자본주의를 직접 설명하지는 못하지만, 자본주의가 시작된 시점의 상황은 적절히 설명하는 듯하다.

화폐 시장의 발달은 화폐가 시장 거래에 사용된다는 점 외에도 기업의 이익이 화폐 단위로 계산되는 결과를 가져왔다. 화폐 단위로 가치를 계산하고 이익을 추구하는 것은 화폐의 중요한 기능이다. 베버가 합리적 계산이라고 부르는 그것이다. 상품의 소비는 유한하지만, 화폐 단위로 계산된 이익은 무한하게 증식된다. 시장 경제의 순환 체계인 '상품–돈–상품'(C-M-C')의 순환 고리가 자본주의하에서는 '돈–상품–돈'(M-C-M')의 순환 고리로 바뀌게 된다. 돈의 무한한 축적 가능성은 자본가로 하여금 끊임없이 이익을 추구하게 했다.

## 자본 시장

자본 시장은 화폐 시장의 자금을 기업이 생산 활동에 쓸 수 있도록 변환시켜 주는 시장이다. 자본 시장에서는 증권의 형태로 자금이 이동된다. 주식이나 채권을 통해 기업은 자금을 조달하고, 바로 이것이 기업의 자본이 된다. 대규모 자본을 조달할 수 있도록 마련된 주식회사라는 제도적 장치야말로 자본주의의 중요한 핵심이라고 해도 과언이 아니다. 종전의 단편적이고 단기적인 자금 조달이 아니라 장기적이고 대규모로 자본을 조달할 수 있게 된 기업들은, 이제 대규모의 투자를 통해 다양한 제품을 생산할 수 있었다. 그리하여 전 세계의 생산과 경제는 급속한 발전을 이루었다. 자본주의와 주식회사 제도가 이익과 효율성 극대화를 매개로 하여 물적 풍요를 가져온 것은 부인할 수 없는 사실이다. 그러나 자본주의에 대한 맹신은 표면적인 물질적 풍요에도 불구하고, 여전히 많은 인구가 극도의 가난 속에서 괴로워하고 있음을 애써 무시하곤 한다.

자본 시장은 20세기 들어 끊임없이 진화 발전했다. 주식과 채권 시장은 여전히 중요한 시장이지만, 그들로부터 파생되어 나온 파생상품 시장은 20세기 후반 이후에 급속히 발전했다. 파생상품이란 주식이나 채권 등의 자산을 기초로 하여 수익이 정해지는 금융 상품을 말한다. 대표적인 파생상품이 선물, 옵션, 스왑이다. 이들 파생상품은 또다시 변형, 추가, 확대되어 또 다른 파생상품을 낳는다. 파생상품의 주된 목적은 위험 관리다. 그러나 위험 관리와 위험 확대는 칼날의 양면과도 같다. 왜냐하면 계약의 일방이 위험을 줄일 수 있다 하여도, 상대방은 위험을 떠안는 경우가 많기 때문이다. 사실 파생상품 시장은 위험을 떠안으려는 투기자 없이는 시장이 제대로 돌아가기 어렵다. 즉 파생상품 시장은 투기를 전제로 돌아간다. 투기성은 주식 시장에서도 마찬가지다. 투기 없이는 자본 시장이 돌아가지 못한다. 그 결과 자본 시장은 끊임없이 투기, 거품, 붕괴를 반복한다. 민스키는 투기 때문에 일어나는 거품과 거품의 붕괴에 따른 금융 공황이야말로 자본주의의 핵심이라고 주장한다. 제프리 잉햄(Geoffrey Ingham)은 자본 시장의 투기성은 '돈-돈'(M-M′)'의 순환 고리를 따른다고 했다. 이 순환 고리에서는 언제든지 금융과 실물 경제가 괴리될 수 있고, 그 괴리는 거품과 공황으로 이어질 수 있다.

자본 시장이 고도화하면서 다양한 금융 상품이 개발된다. 경영학(재무학)에서 바라보는 이상적인 금융 시장은 모든 종류의 현금 흐름을 금융 상품화하는 것이다. 이런 시장을 경제 용어로 완비 시장(完備市場, complete market)이라고 부른다. 완비 시장에서는 원하는 모든 종류의 수익 흐름을 금융 상품을 통해 구성할 수 있다. 이는 더 많은 금융 상품이 만들어질수록 세상이 더 좋아진다는 것을 뜻한다. 그러나 불행히도 이러한 믿음이 2008년 금융 위기로 얼마나 잘못된 것인지 드러나고 말았다. 금융 상품이 많아지고 복잡해질수록 투자자의 이해도는 떨어진다. 또한 많은 사람이 비슷한 포트폴리오를 가지고 있어 위기가 닥치면 동시에 매수와 매도를 시행하여, 결국은 시장 기능이 마비되고 금융 공황이 발생하거나 증폭된다.

## 노동 시장

화폐 시장, 자본 시장과 더불어 자본주의의 기본 시장은 노동 시장이다. 노동 시장은 인간의 노동력을 상품화한 시장이다. 즉 노동력을 사고파는 것이다. 자본가는 노동자의 노동력을 매수하여 생산 활동에 투입해 제품을 생산하고 그것을 판매하여 이익을 얻는다. 과거의 노예 제도하에서는 노예는 주인에게 인격적으로 매여 있었다. 노동 시장은 어떤 의미에서는 인간을 노예의 굴레에서 해방했다고도 볼 수 있다. 노동 시장에서 노동자는 자신이 원하지 않으면 노동력을 팔지 않는다. 노예제에 비하면 최소한의 자유가 보장되는 것이다. 최소한의 자유에도 불구하고, 많은 노동자는 여전히 노예와 별 차이 없이 고통을 받고 있는 것도 사실이다. 노동력을 팔지 못하면 돈을 벌지 못하고, 돈이 없으면 굶어 죽을 수밖에 없기 때문이다. 자유방임적인 자본주의 아래에서 노동자는 노동력을 팔지 않아도 되는 자유를 얻었지만, 아무한테도 노동을 팔지 못하면 엄청난 고통을 겪을 수밖에 없는 구조가 되었다. 이러한 상황은 노동력의 공급이 수요보다 많을 때 발생하기 쉽다. 자본주의의 특징은 노동 시장에 대규모로 노동자를 공급했다는 점이다. 자본주의는 노동자를 양산하는 절차를 통해 노동 시장에 많은 공급자를 만들어 냈고, 노동자 사이의 경쟁은 임금을 낮춤으로써 자본가가 이익을 추구할 수 여지를 만들었다.

폴라니에 따르면, 화폐, 노동, 토지는 허구적 상품이고, 이 허구적 상품의 탄생이 자본주의의 핵심이다. 허구적 상품의 특성은 일반적인 상품과는 매우 다른 성질을 가지고 있다. 노동은 인격과 떨어질 수 없으며, 토지는 자연이 선사한 자원이고, 화폐는 지극히 허구적이며 인위적인 발명품이다. 국가 권력의 강제력이 없었으면 이러한 것들이 상품화되는 것은 불가능했을 것이다.

* * *

경제학이나 경영학 수업 시간에서는 금융 시장에서 돈을 빌리면 그 가격으로 이자를 지급하는 것이 당연하다고 배운다. 마치 옷이나 쌀을 사면 가격을 치르는 것과 아무 차이가 없다. 노동 시장에서 노동자는 자신의 노동력을 고용주에게 판매하고 그 가격으로 임금을 받는데, 이 또한 일반 상품의 거래와 같다. 토지의 경우도 마찬가지다. 이들은 결국 생산 비용과 기회비용이란 이름으로 정당화된다. 그런데 이들이 시장 거래로 확립되어 작동한 시기는 기껏해야 최근 300여 년간의 자본주의 시대다. 그전에 이들이 시장에서 거래되는 것은 부자연스러웠지 당연한 게 아니었다.

이를 바탕으로 시장에 대해 다시 생각해 보자. 현재 (아직은) 시장 거래가 되지 않는 것이 당연하다고 생각하는 것들을 떠올려 보자. 가족 간의 사랑, 친구와의 우정, 사제 간의 존경, 동료에게 느끼는 고마움 등이 포함될 것이다. 그러나 이들이 언제까지 상품화가 되지 않을 것이라 속단할 수 있을까? 100년 후 경제학 원론에서는 이들의 수요와 공급, 가격 구조를 가르치고 있을지도 모른다. 아버지가 냉장고에 넣어 둔 우유를 자식이 돈 내고 (혹은 돈을 빌려) 사 먹는 것이 합리적이고 효율적이라고 가르치고 있을지도 모른다.

더 많이 시장화한다고 더 행복해지는 것은 아닐 것이다. 그렇다면 어느 정도까지 시장을 허용해야 행복해질 것인가? 만약 시장을 새로 만들 수 있다면 시장을 없앨 수도 있을 것이다. 물론 시장을 없앤다고 더 행복해지는 것도 아니다. 시장이 없을 때 어떤 방법으로 필요한 배분을 하느냐가 중요할 것이다. 과거의 노예 제도가 지금의 노동 시장보다 더 낫다고 할 수는 없다. 그러나 인간의 노동을 전부 다 노동 시장에서 거래의 대상이 되게 하는 것 역시 행복과는 거리가 멀다. 사실 고용보험이나 사회보장 제도는 어느 정도까지 노동의 시장 거래를 허용할 것인가에 대한 고민의 결과다.

어쩌면 시장과 행복에 대한 이런 질문은 별 의미가 없을지 모른다. 자본주의가 화폐, 노동, 토지 시장을 만들어 나갈 때 전체의 행복을 위해서 만든 것은 아니었다. 마찬가지로 앞으로 만들어질 새로운 시장 역시 우리의 행복과는 상관없이 만들어질 것이다. 그러나 사회의 행복도와 건강함을 생각한다면 시장의 허용 한도를 고민하는 것이 중요하다. 그리고 이를 위해서는 사고와 인식의 전환이 필요하리라 생각한다. 현재의 시장이 자연스럽고 당연한 것이라는 믿음이나, 모든 것은 시장화할 수 있고 그러면 더 좋은 사회가 될 것이라는 생각은 역사적 사실과도 맞지 않을 뿐만 아니라 더 소중한 것을 보지 못하게 만들 수도 있다.

# Chapter 11

# 기업과 경영 이론

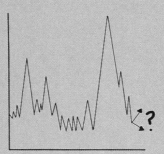

21세기의 주식회사는 국가의 경계를 넘어서 거대한 모습을 보여 주기도 하지만, 그 반대급부로 반기업 정서 또한 만연해 있다. 지금까지 우리가 살펴본 역사적 관찰은, 주식회사가 현재와 같은 모습인 것이 자연스러운 것도 당연한 것도 아니라는 점을 새삼스럽게 느끼게 해 준다. 시장과 마찬가지로 주식회사 역시 국가 권력이 자본가에게 적극적인 보호와 혜택을 주지 않았다면 존재하지 못했을 것이다. 그 발전 과정은 도덕적 해이, 사기, 폭력으로 얼룩진 역사였다. 역사적 불편함에도 불구하고 주식회사가 경제의 생산 주체로서 주도적인 위치를 차지한 것은 나름대로 장점이 있기 때문일 것이다.

주식회사의 발전은 많은 사람에게 기업, 특히 주식회사의 본질이 무엇인지에 대해 생각하게 만들었다. 또한, 기업의 기능과 경영에 대한 고찰도 아울러 이루어졌다. 앞의 것은 기업 이론으로, 뒤의 것은 경영학으로 불리게 된다. 지금부터 기업과 경영에 대한 이론들을 살펴보도록 하자.

# 기업 이론

## 초기

애덤 스미스가 이상적인 기업 형태로 생각한 것은 주식회사가 아니라 파트너십이었다. 스미스는 도덕적 해이 때문에 주식회사는 비효율적이라고 생각했다. 주식회사의 경영자는 타인의 자금을 관리하는 것이기 때문에 자신의 돈을 직접 관리하는 파트너십에서와 같은 주의력으로 관리하지 않는다는 것이다. 스미스의 관점에서 주식회사가 존재하는 것은 독점과 유한책임의 특혜 덕분이며, 이러한 특혜가 사라진다면 주식회사가 정상적으로 존재하기는 어렵다. 특혜 없이 주식회사가 생존할 수 있는 분야는 판에 박히고 변화가 거의 없는 그런 획일적인 분야뿐이라는 것이다.

그러나 스미스의 예상과 달리, 주식회사는 자본주의 시대의 핵심 사업 조직으로 부상했다. 스미스가 살던 시대는 산업이 대규모 자금이 있어야 하는 때가 아니었고, 주식회사들이 각종 사업을 독점하면서 피해를 주던 시기였다. 스미스의 판단은 그런 시대상을 반영하는 것이라 볼 수 있다. 이상을 토대로 판단컨대, 스미스가 보는 기업은 여럿이 힘을 합쳐 공동의 이익을 위해 사업을 도모하는 단체로 해석할 수 있을 듯하다. 하지만 주식회사는 이러한 기업의 원래 기능을 충실히 수행하기 어렵다는 것이 스미스의 주장인 셈이다. 스미스의 주식회사 비판은 원칙적으로 현대의 대규모 기업에도 적용될 수 있다. 경제경영학의 상당 부분이 기업의 이해관계자들 사이의 갈등 문제를 연구하는 것도 바로 그 이유일 것이다. 그러나 도덕적 해이를 상쇄할 만한 대규모 자본 동원력의 장점을 제대로 평가하지 못한 아쉬움이 남는다.

이에 비해 마르크스는 기업을 노동자의 착취 기구라고 봤다. 자본가가 물적 자본과 노동자의 노동력을 결합하여 제품을 생산하고 판매하는 조직이 기업이다. 그 과정에서 금융 자본가에게는 이자를, 토지 임대인에게는 임차료를, 노동자에게는 임금을 지급하고, 나머지를 자본가가 이익으로 챙긴다. 그런데 다른 기업과의 경쟁으로 이익률이 감소하면 자본가는 노동 강도를 더 높여 노동자를 착취하게 된다. 그로 인해 자본가와 노동자 사이의 갈등이 증폭되어 결국에는 자본주의의 모순이 폭발한다는 게 마르크스의 주장이었다. 마르크스가 본 기업은 그런 착취가 실현되고 갈등이 증폭되는 현장인 것이다.

마르크스는 역사 흐름의 원동력을 계급 간 투쟁으로 인식했으며, 그 한 단면으로서 기업을 봤다. 그러나 이 기업관은 현대의 주식회사를 설명하기에는 지나치게 추상적인 그림을 그리는 듯하다. 스미스나 마르크스에게서 현대적 기업에 대한 설명을 구하는 것이 무리일지 모른다. 지금의 주식회사는 20세기 초반에 들어서야 그 모양을 갖추었기 때문이다.

스미스나 마르크스의 기업관과는 달리, 전통적인 경제학에서 기업은 이익을 추구하며 제품을 생산하는 어떤 존재, 그 이상의 의미는 없다. 앨프리드 마셜(Alfred Marshall, 1842~1924)이 신고전학파 경제학(neoclassical economics)을 정리해 집필한 『경제학 원론*Principles of Economics*』(1890) 이후 지금의 경제학 원론에서도 기업에 대한 이론은 생산자 이론을 의미한다. 이익을 극대화하기 위해 얼마나 생산하고, 어떻게 비용을 줄일 것인가에 초점이 맞춰져 있다. 신고전학파가 아닌 제도학파(institutional economics)로 분류되는 소스타인 베블런(Thorstein B. Veblen, 1857~1929) 역시 『기업이론*The Theory of Business Enterprise*』(1904)에서 기업은 금전적 이익(pecuniary interest)을 추구하며 생산과 교환을 하는 존재로 간주한다. 다만 기업의 이익 추구가 사회의 후생과 괴리가 생길 수 있음을 지적했다는 점에서 신고전학파의 주장과 차이가 난다.

슘페터도 기업을 이익 추구 집단으로 보았는데, 기업가(entrepreneur)의 역할에 강조점을 두었다(Schumpeter, 1942). 기업 간 경쟁으로 기업의 이익이 줄어드는데, 기업가는 이윤 추구를 위해 기존의 방식과는 다른 새로운 기술 개발과 혁신으로 활로를 찾아간다고 관찰했다. 이 결과 기존의 시장과 방식이 파괴되고, 새로운 시장과 방식이 그를 대체하게 되는데, 이 과정을 창조적 파괴(creative destruction)라고 불렀다. 물론 창조적 파괴의 이익은 오래가지 못한다. 다른 경쟁 기업이 그를 모방하거나 새로운 혁신을 주도하면, 기존의 창조적 파괴에 따른 이윤은 점차 소멸한다. 이 과정에서 자본주의는 경기 변동을 일으킨다. 이윤율의 하락과 그로 인한 자본주의의 소멸은 마르크스의 분석과 큰 틀에서는 다르지 않지만, 그 과정은 다르다. 마르크스의 경우에는 갈등과 폭력 때문에 자본주의가 소멸하지만, 슘페터의 경우에는 자본주의의 취약성이 비폭력적으로 보완되면서 사회주의가 받아들여지게 된다.

이상을 정리하면, 경제학의 기업에 대한 20세기 초반까지의 시각은 제품을 생산하고 그것을 시장에서 판매함으로써 이익을 추구하는 조직으로 보았다. 이 관점이 틀린 것은 아니나, 우리가 알고 있는 기업은 훨씬 더 복잡할 뿐만 아니라, 기업 자체가 일사불란하게 한 몸으로 움직이는 존재도 아니다. 이미 스미스나 마르크스도 기업을 이해 집단 사이에 갈등이 일어나는 장소로 파악하고 있었다. 20세기에 들어서 기업 내부를 좀 더 자세히 보려는 학자들이 나오면서 본격적인 기업 이론이 탄생한다. 또한, 기업 내부의 복잡한 의사 결정을 살펴보고, 효율성을 높이려는 방안들을 모색하기 위한 새로운 학문인 경영학이 탄생하게 된다.

## 나이트: 불확실성

미국의 프랭크 H. 나이트(Frank Hyneman Knight, 1885~1972)는 기업의 구체적인 기능을 고찰한 초창기 학자다. 나이트는 시카고 대학 경제학과를 창설한 시카고 학파의 시조라고 할 수 있다. 밀턴 프리드먼(Milton Friedman), 조지 스티글러(George Stigler), 제임스 뷰캐넌(James M. Buchanan), 코스 등 노벨 경제학상 수상자들이 시카고 대학을 다니면서 그의 영향을 받았다. 참고로, 시장의 자율성과 효율성을 강조하는 후대의 시카고 학파와 초기의 시카고 학파는 많이 다르다. 나이트의 기업 이론은 그의 저서 『위험, 불확실성과 이익*Risk, Uncertainty and Profit*』(1921)에 나타나 있다. 나이트는 위험(risk)과 불확실성(uncertainty)을 구분했는데, 위험은 그 결과의 확률분포가 알려져 있는 경우를 말하며, 불확실성은 확률분포가 알려져 있지 않은 경우를 말한다. 불확실성의 정도가 작은 경우를 위험이라고 부르고 큰 경우만을 불확실성이라 한 것이다. 이에 비해 현대의 주류 경제학이나 재무학에서는 위험과 불확실성을 굳이 구분하지 않고, 모든 불확실성은 확률분포가 알려져 있다고 가정하고 분석한다.

　나이트는 위험과 불확실성을 구분한 후, 위험 아래에서는 일상적인 의사 결정으로 충분히 대처할 수 있지만, 불확실성 아래에서는 불가능하다고 보았다. 위험은 보험이나 위험 관리를 통해 통제할 수 있지만, 불확실성은 그렇지 못하다. 그리고 기업의 이익은 바로 이 불확실성에 어떻게 대처하느냐에 달려 있다.

나이트는 불확실성에 대처하는 6가지 방법을 제시한다. 통합(consolida-tion), 전문화(specialization), 미래의 통제(control of the future), 예측력의 증대(increased power of prediction), 분산(diffusion), 회피(avoidance)다. 통합이란 보험의 원리인 풀링(pooling, 위험을 모으는 것)을 뜻한다. 불확실성에 놓인 여러 인자를 합하면 상대적으로 불확실성의 수준이 감소한다. 전문화란 한 분야를 특화하여 불확실성에 대처하는 것을 말한다. 전문화를 통해 집중력을 갖게 되면, 더 많은 인자를 흡수해 통합의 이득을 얻을 수 있다. 기업 조직을 이용하는 장점으로 투자자가 불확실성을 전문가에게 맡기면 그로부터 혜택을 볼 수 있다는 점을 들고 있다. 나머지 4가지는 부연 설명이 필요 없을 듯하다. 나이트는 기업에서 헤지할 수 없는 사업 위험은 대체로 의사 결정에서 판단을 요구하거나, 정확한 측정치를 얻지 못하거나, 도덕적 해이의 발생과 연관이 있다고 주장했다.

기업 이론에 대한 나이트의 또 다른 주요 공헌은 사업의 불확실성과 (경영자의) 도덕적 해이를 기업 조직 형태와 연결시킨 점이다. 나이트는 사업 위험과 도덕적 해이에 따라 사업의 범위와 조직 형태가 결정된다고 했다. 예를 들어, 1인 기업은 도덕적 해이를 완벽히 통제하는 장점이 있지만, 위험은 쉽게 헤지되지 않는다. 1인 기업에 대출된 자금 또한 높은 위험에 노출될 우려가 있어 사업 범위는 매우 제한적이다. 파트너십의 경우에는 차입금의 위험이 상대적으로 줄어들어 1인 기업에 비해 장점이 있다. 그러나 파트너십의 규모가 커지면 도덕적 해이의 문제가 심각해질 수 있어 어느 정도 규모가 커질 수는 있지만, 사업의 범위는 역시 제한적이다.

주식회사는 자기 자본과 차입금의 형태로 위험을 더 줄일 수 있는 장점이 있다. 투자자는 금융 시장에서 지분을 쪼개 투자해 많은 기업의 지분을 가질 수 있고, 이를 통해 위험을 더욱 줄일 수 있다. 이는 현대 금융 용어로 분산 투자에 해당한다. 그리하여 사업의 범위는 무한해 보인다. 그러나 주식회사 조직에도 단점은 있다. 기업 구성원들 사이의 갈등에서 비롯한 기업 내부의 도덕적 해이나 기업이 공공의 이익에 반하는 행동을 함으로써 발생시키는 사회적 갈등은 주식회사로 인해 발생한 문제다. 나이트가 지적한 기업 내부와 외부의 문제는 현대 경제경영학에서 기업 지배 구조(corporate governance)와 사회적 책임(social responsibility)이라 부르는 내용과 같다.

### 벌과 민즈: 도덕적 해이

법학자 겸 법률가인 애돌프 벌(Adolf A. Berle, 1895~1971)과 경제학자 가디너 민즈(Gardiner C. Means, 1896~1988)의 공동 저서 『현대 기업과 사유 재산*The Modern Corporation and Private Property*』(1932)은 주식회사에서 소유와 경영이 분리되면서 발생하는 도덕적 해이에 관심을 가졌다. 이 책은 기업 지배 구조 연구에 새 장을 연 책으로 꼽힌다.

주식회사의 중요한 특징 가운데 하나는 소유와 경영의 분리인데, 말 그대로 주식을 소유한 투자자와 경영을 하는 경영자가 분리되어 있다는 뜻이다. 더욱이 대규모 자본 조달과 주식 시장의 존재로 주주들은 각 회사 지분의 극히 일부만을 소유하고, 수동적인 재산권만을 누린다. 즉, 수동적으로 배당과 자본 이득에만 신경 쓰며, 경영자를 적극적으로 감시하는 대신 맘에 들지 않으면 해당 주식을 팔고 떠나면 그만인 것이다. 경영자의 이해관계가 주주의 이해관계와 일치하지 않고, 주주의 감시 역시 소극적이기 때문에 주식회사의 비효율성이 발생한다.

그 결과로 나타날 수 있는 예를 보면, 방만한 경영으로 기업을 파산에 이르게 하거나, 지배 주주가 더 큰 지분을 가지고 있는 다른 기업으로 이익을 전가하거나, 기업 내부도 경영자의 이해관계에 맞춰 자원을 배분한다. 또한 내부 정보를 이용해 주식 거래를 하거나 회계 장부를 조작하기도 한다. 벌과 민즈는 이런 현상을 다음과 같이 표현했다. "현대 기업의 주주들은 확정적이지 않은 기대감을 위해 확정적인 권리를 포기했다." 또한 경영자의 영향력과 권력이 강해지면서 주주의 권리는 점점 약해질 것을 염려했고, 이들의 권력을 법으로 통제할 것을 주문했다. 이 주장이 받아들여져 미국에서는 1933년 증권법(Securities Act)이 제정되어 적절한 회계 처리와 정보 공개, 경영자의 신탁 의무(fiduciary responsibility)를 명시하고, 증권거래감독국(Securities and Exchange Commission, SEC)이 발족했다.

　벌과 민즈의 책에서 다뤄진 경영자의 도덕적 해이 문제는 현대 경영학에서는 대리인 문제(agency problem)라고도 부른다. 주주와 대리인 관계에 있는 경영자의 이기적인 행태에 따른 문제라는 뜻이다. 이는 현대 기업 재무 분야에서 매우 중요한 관심사로 다루는 주제다.

　사실 도덕적 해이 문제는 이미 자본주의 경제학의 시조인 애덤 스미스가 『국부론』에서 누누이 밝힌 바 있는 오래된 주제다. 자본주의와 주식 시장의 시작은 도덕적 해이와 떼려야 뗄 수 없는 관계임을 이미 알고 있다. 그러나 흥미롭게도 경제학의 주류로 자리 잡은 신고전학파 경제학에서는 이 사실이 철저히 무시되고, 자유 시장의 완벽성만이 강조되었다. 경제학에서 도덕적 해이 문제는 한동안 잊혔다가, 1970년대에 들어서 마치 새로운 발견인 것처럼 유행했다. 지금은 도덕적 해이가 단순히 기업 내부뿐 아니라 경제의 일반 계약 관계에도 적용되면서 경제학의 거의 모든 분야에 영향을 미치게 되었다.

## 코스: 거래 비용

로널드 코스가 지은 「기업의 본질(The Nature of the Firm)」은 1937년 영국의 경제 학술 잡지인 『이코노미카*Economica*』에 실린 논문으로 기업의 본질을 고찰했다. 이전의 기업 이론은 기업을 그저 하나의 생산자로 간주하거나 기업에서 일어나는 갈등을 주로 다뤘다. 코스는 이런 점들이 기업의 기능과 역할을 이해하는 데 도움을 주긴 하지만, 기업의 본질이 무엇인지에 대한 답으로는 부족하다고 생각했다. 코스의 관심사는 당대나 이전의 다른 학자와는 좀 달랐다. 기업이 생산을 하는 집단인 건 알겠는데, 왜 그렇게 모여서 생산을 하느냐가 궁금했다. 질문 자체는 새로운 것이 아니었다. 사실상 답 역시 자명해 보였다. 혼자서 제품을 만드는 것보다 기업을 만들어 여러 사람이 힘을 합쳐 제품을 만들면 더 잘 만들 수 있기 때문이었으니 말이다.

코스는 그런 당연해 보이는 이유 말고 다른 원인을 찾고 싶어 했다. 여러 사람이 자동차를 만든다고 했을 때, 한 기업에 모여 자동차를 만들 수도 있지만, 각자 필요한 부품을 만들고 순서대로 다른 사람과 거래를 해도 자동차가 만들어질 수 있을 것이 아닌가? 다시 말하면, 코스가 찾고자 했던 것은 기업의 생산 활동이 사회적 분업과 시장 거래를 통해 이뤄지는 대신 하나의 울타리 안에서 이뤄지는 이유인 것이었다.

코스가 찾은 답의 핵심은 거래 비용(transaction costs)이다. 시장 거래는 단순히 물건값만을 지급하는 게 하니라, 거래가 성사되기까지 여러 부수적인 비용이 발생한다. 예를 들어, 자기가 원하는 제품을 찾기 위한 탐색 비용이나 거래 장소까지 차를 타고 갈 경우 발생하는 교통비, 소용된 시간 등의 비용이다. 이러한 부대 비용을 거래 비용이라 부른다. 시장 거래란 물건이 '가'에서 '나'로 이전되면서 반대급부로 물건값은 '나'에서 '가'로 이전되는 것을 말한다. 시장 거래에 수반되는 거래 비용이 클 경우 시장 시스템을 이용하지 않고 물건을 이전한다면, 그 비용을 줄일 수 있을 것이다. 기업의 존재 이유는 시장 거래를 기업 내부로 끌어들여 거래 비용을 줄이기 위함이라는 것이 코스의 생각이었다. '가'와 '나'가 같은 기업에 소속된 직원이라면 그들 사이의 물건은 거래를 통해 이동하는 게 아니라, 권위와 명령으로 이동한다. 물건이 이전되는 기제를 거래에서 권위로 바꿈으로써 거래 비용을 줄일 수 있다면 바로 그것이 기업의 존재 이유라는 것이다.

예를 들어 보자. 자동차 회사가 타이어를 외부 기업에서 시장 거래를 통해 사들여 자동차에 장착해 판매한다고 해보자. 자동차 회사와 타이어 회사 사이에서 일어나는 타이어의 이전은 시장 거래를 통한 것이다. 자동차 회사는 때때로 자동차 수요가 급증해 타이어가 급하게 많이 필요할 수도 있다. 그러나 만약 타이어 회사가 또 다른 회사에도 타이어를 공급해야 한다면, 이러한 자동차 회사의 요구에 항상 맞춰 줄 수 있는 것은 아니다. 이런 타이어 공급의 불확실성 때문에 자동차 회사의 이익이 감소할 수 있는데, 이것이 거래 비용의 요소가 될 수 있다. 이 거래 비용이 몹시 클 경우, 자동차 회사는 타이어 회사를 사들여 회사 내부에서 타이어를 같이 생산하면 거래 비용을 줄일 수 있다.

경제학에서 거래 비용의 개념은 확장되어 적용되는데, 아마도 가장 중요하게 여겨지는 것이 기업 특화 투자(firm-specific investment)일 것이다

(Williamson, 1975, 1985). 기업 특화 투자란 한 기업에게만 의미가 있는 투자를 말한다. 다시 자동차 회사의 예를 보자. 자동차 회사에 필요한 타이어를 생산하기 위해서는 타이어 회사가 새로운 시설을 갖춰야 한다고 해보자. 그리고 그 시설은 그 자동차 회사에 납품할 타이어를 생산하는 데에만 쓸모가 있을 뿐, 다른 용도에는 쓸모가 없다. 바로 이러한 시설 투자가 기업 특화 투자다. 이제 타이어 회사가 돈을 들여 새 시설을 만들었을 때, 시설에 투자를 한 뒤 발생할 수 있는 문제는 타이어 가격 협상의 주도권이 자동차 회사로 넘어간다는 점이다. 시설 투자 비용은 이미 지출되어 회수 불가능한 매몰 비용(sunk costs)이다. 따라서 타이어 회사는 시설 투자 비용을 회수하지 못하더라도, 직접 생산비보다 높다면 낮은 가격이라도 울며 겨자 먹기 식으로 생산할 수밖에 없을 것이다. 그렇게 되면 타이어 회사는 시설 투자 비용을 다 회수하지 못한 채 자동차 회사에 휘둘리게 될 것이다.

그렇다면 타이어 회사는 시설 투자 후 일어날 수 있는 일을 충분히 예견할 수 있을 것이며, 그에 따라 시설 투자를 거부할 수 있다. 그 결과, 자동차 회사가 원하는 타이어는 만들어지지 못하게 될 수 있다. 새로운 타이어를 장착한 자동차를 만드는 게 사회적으로 바람직한 것이라면 이 결과는 비효율적이다. 이 비효율성은 자동차 회사가 타이어 회사를 흡수 합병함으로써 해결할 수 있다. 타이어 회사를 통합한 자동차 회사는 자신에게 특화된 시설에 투자하는 데에 아무 문제가 없다. 시장 거래에서 발생하는 협상 주도권 문제는 일어나지 않기 때문이다. 결론적으로, 타이어 생산은 시장 거래가 아니라 기업으로 내부화된다.

코스는 「사회적 비용 문제(The Problem of Social Cost)」(1960)라는 논문에

서 거래 비용의 시각을 계약 관계에 적용함으로써 "거래 비용이 없다면 사적 계약은 결과의 배분 방식과 상관없이 항상 사회적으로 최선의 결과를 얻는다"라는 '코스의 정리(Coase Theorem)'를 주장한다. 이 정리를 뒤집어서 보면, 거래 비용이 존재하면 배분 방식을 어떻게 정하느냐가 중요해진다는 것이다. 배분 방식을 정하는 것은 법의 영역이기도 하기에, 법경제학(law and economics) 분야가 코스로부터 시작되었다.

코스의 기업 이론을 정리하면, 시장 거래에 수반되는 거래 비용을 줄이기 위해 기업이 존재한다는 것이다. 물론 기업이 비용을 줄이기만 하는 것은 아니다. 기업 내부에는 수많은 비용 요소가 존재한다. 이미 위에서 보았던 도덕적 해이가 대표적인 비용이다. 거래 비용을 확대하여 해석하면, 이러한 기업에 수반되는 비용 역시 기업의 거래 비용이라고 부를 수 있다. 기업이 커지면 기업의 거래 비용도 커져, 결국 시장의 거래 비용보다 커진다. 바로 그 점에서 기업의 울타리가 정해진다. 즉 시장의 거래 비용과 기업의 거래 비용이 균형을 이루는 점에서 기업의 크기가 결정된다.

## 경영학의 탄생

현대의 경영학은 하나의 뿌리나 접근법에서 발전 확장되어 온 학문 분야라기보다는 독자적으로 발전해 온 연구 분야들이 기업이라는 대상을 중심으로 함께 모인 양상이다. 그래서 경영학의 소 분야는 사실 서로 다른 학문적 분야로 여겨진다. 그러다 보니 학부에서 경영학을 공부한 학생들은 이질적인 내용을 다양하게 접하게 되어 산만하다는 느낌을 받는다. 경영학에 포함되는 분야는 학교나 사람마다 조금씩 차이가 날 수 있으나, 대체로 경영 관리, 생산 관리, 회계학, 마케팅, 재무학 등으로 구분된다. 경영 관리에는 인사 관리, 조직, 전략 등의 내용이 포함된다.

19세기 후반 기업이 날개를 펴기 시작하면서 기업 이론뿐 아니라 기업 경영에 대한 관심도 높아졌다. 기업 이론을 간단히 정리하면, 기업의 본질과 역할이 무엇인지에 대해 관심을 가지고 때로는 거시적으로 때로는 미시적으로 기업에 대해 고찰하는 것으로 볼 수 있다. 이에 비해, 경영에 대한 관심은 기업의 존재를 전제로 하여 어떻게 기업의 가치나 이익을 얻을 것인지에 대한 고찰이다. 이것이 경영학의 시작이라 할 수 있다. 기업이 있다고 해서 바로 그에 대한 학문인 경영학이 존재하는 것은 아니다. 사실 기업과 같은 조직은 인류 문명과 함께 존재해 왔다. 따라서 그런 조직을 관리, 경영하는 데 필요한 지침이 전수됐을 것이다. 중세 시대만 하더라도 그런 기법은 한국의 개성 상단이나 유럽의 길드와 같은 도제 제도를 통해 전수되었다.

17세기에 주식회사가 출현했고 이를 경영하는 기법과 그 교육 또한 비슷한 시기에 만들어졌을 것이다. 경영 기법을 가르친 최초의 독립 기관은 1759년 포르투갈의 수도 리스보아에 있었던 아울라 두 코메르시우(Aula do Comercio)인데, 여기서는 회계 부기를 가르쳤다고 한다. 최초의 경영 대학은 1819년 프랑스에 설립된 ESCP 유럽(Ecole Supérieure de Commerce de Paris Europe)이라고 한다. ESCP 유럽은 지금도 파리, 런던, 마드리드 등 여러 나라에 캠퍼스가 있다. 그 뒤로 유럽에는 경영 기법을 가르치는 학교들이 생겼다. 1881년 미국 펜실베이니아 대학교에 개설된 와튼 스쿨(Wharton School)은 미국 최초의 경영 대학이면서 세계 최초로 학부 과정 경영학과를 개설하였다. 최초로 MBA(경영학 석사) 과정이 개설된 곳은 1908년 하버드 대학교다.

이들 학교에서 가르친 것은 과학적인 고찰이 요구되는 학문이라기보다는 경영 실무에 가까웠다. 일반적으로 경영 실무에 과학적인 접근법을 적용하려 노력했던 미국의 프레더릭 윈슬로 테일러(Frederick Winslow Taylor, 1856~1915)에서 근대적인 경영 관리학(혹은 미국식 경영 관리학)이 시작됐다고 한다. 기계 공학자였으며 공장 내 생산의 효율성을 높이려 했던 테일러의 접근법은 대단히 실무적이다. 테일러는 이후 테일러주의(Taylorism)라고도 불리는 과학적 관리(scientific management)를 주창했고, 그 아이디어를 기업에 적용하려 했다. 테일러는 최초의 경영 컨설턴트라 불릴 만했다. 일례로 베들레헴 철강 회사(Bethlehem Steel Corporation)에서 노동자들이 석탄을 옮기는 삽질을 연구해, 삽의 크기와 디자인을 개조하여 40퍼센트의 효율을 올리도록 했다. 그의 아이디어는 저서인 『과학적 관리의 원리 *The Principles of Scientific Management*』(1911)에 기술되었다. 그가 생각하는 과학적 관리는 다음과 같다.

노동자의 작업에 대해 '시간과 행위 분석(time and motion study)'을 통해 주먹구구식의 방법을 개선하고, 노동자를 거기에 맞게 교육한다. 관리자는 과학적 원리를 작업 계획에 반영하고 노동자에게 그 작업을 하도록 만든다. 관리자는 노동자를 감시하여 최고의 효율을 올리도록 하고, 성과를 근거로 차별적인 성과급을 지급한다.

간단히 말하면, 철저한 분석을 통해 노동자의 작업과 순서를 구성하여 노동자의 태업을 줄이고 생산의 효율성을 극대화하겠다는 것이다. 이 방법은 주먹구구식 방법보다 생산성을 높일 수는 있지만, 생산 효율만을 고려할 뿐 인간에 대한 고려는 전혀 하지 않는다는 비난을 받았다. 참고로 베들레헴 철강 회사에서 이 아이디어는 받아들여지지 않았다고 한다.

한편, 비슷한 시기에 포드도 효율적인 자동차 조립 방법을 연구한다. 작업 순서와 조직을 개선하고 이를 표준화하여 생산 비용을 낮추었다. 특히, 컨베이어 벨트를 장착한 시스템을 이용하여 순서대로 조립함으로써 시간을 종전의 1/5 수준으로 단축해 대량 생산을 가능하게 만들었다. 대량 생산을 통해 생산된 모델 T는 값이 싸고 작동이 간단하여 선풍적인 인기를 얻으며 팔려 나가, 10년 뒤 미국의 자동차 중 절반을 차지했다. 모델 T는 1927년 제작이 중단될 때까지 1500만 대 이상이 팔렸고 이 기록은 그 뒤로도 45년 동안 깨지지 않았다. 모델 T는 초창기를 제외하고는 검은색으로 만들어졌는데, 검은색 페인트가 빨리 마르기 때문이었다고 한다. 훗날 포드는 자서전에서 "소비자는 자신이 원하는 어떤 색깔의 차도 가질 수 있다. 검은색이기만 하면"이라고 썼다.

포드는 대량 판매와 원가 절감으로 생긴 이익을 노동자와 나눴는데, 당시 임금의 2배에 달하는 일당 5달러를 노동자에게 지급했다. 또한 하루 8시간 노동의 원칙을 세워 지켰다고 한다. 충분한 임금을 지급하여 노동자들이 자동차를 구매할 여유를 갖게 한다는 의도도 있었다. '대량 생산-비용 절감-고임금-구매력 상승-대량 소비'의 선순환 구조가 만들어진 것이다. 이러한 체계를 이탈리아의 마르크스주의자 안토니오 그람시(Antonio Gramsci, 1891~1937)는 포드주의(Fordism)라고 불렀다. 포드주의는 자본가의 일방적인 착취가 아니라, 이익의 일부가 노동자에게 환원되는 측면을 가진다. 그럼에도 불구하고, 자동화된 시스템 안에서 주어진 일을 기계적으로 해야 하는 노동자는 한낱 기계 부품과 크게 다르지 않다.

1936년 발표된 찰리 채플린(Charlie Chaplin)의 영화 〈모던 타임스 (Modern Times)〉는 테일러주의와 포드주의가 지배하는 사회에서 일어나는 비인간적인 생산 활동에 대한 풍자다. 경영학의 시작 역시 주식회사의 시작과 마찬가지로 비인간적인 모습을 띠고 있다. 이것은 자본주의의 폭력성에 기인하는 태생적인 것인지도 모른다.

노동자를 생산 과정의 부품처럼 간주하며 효율성만을 추구하던 '과학적 관리'는 인간에 대한 이해가 부족했다는 비판을 면할 수 없었다. 실제로도 이로 인해 원하지 않는 결과가 초래될 수 있다는 것이 실험으로 밝혀졌다. 1924~1932년 시카고의 웨스턴 전기 회사(Western Electric Company)의 호손 공장 노동자를 대상으로 하버드 경영 대학의 조지 엘턴 메이오(George Elton Mayo) 교수팀이 시행한 호손 실험(Hawthome Experiment)이 바로 그것이다. 이 실험은 공장 내 조명의 강도와 작업 능률의 관계를 조사하기 위해 시행되었다. 그런데 조명과 능률은 별 관계가 없고, 노동자의 태도나 감정 등이 중요한 결정 요인이라는 결과를 얻었다. 이에 따라 작업 환경이나 금전적 인센티브보다 심리적 요인과 인간관계가 노동자와 종업원 관리의 핵심 관심사로 떠오르게 되었다. 인간은 기계적, 경제적으로만 반응하는 존재가 아니라 심리적, 사회적 존재이기도 하다는 점을 깨닫게 된 것이다. 경영학의 기초로 경제학뿐 아니라 심리학과 사회학이 들어오게 된 것이다.

과학적 관리나 포드주의, 호손 실험 등은 현대 경영학의 분야 중 경영 관리(특히 인사 관리)와 생산 관리가 혼합된 것이라 볼 수 있다. 그 후 생산 관리는 수학과 공학적 모형을 바탕으로 공정 관리, 생산 자원 배분, 효율성 관리 등의 분야로 발전하며, 인사 관리는 심리학과 사회학을 받아들여

인간관계와 보수와 승진 체계 등의 분야로 발전한다.

경영학의 또 다른 분야는 마케팅이다. 마케팅의 범주를 어디까지 잡느냐에 따라 마케팅의 역사는 달라진다. 물건을 만들어 남에게 판매하려는 것을 목적으로 하는 것을 마케팅의 범주에 넣으면 그 역사는 고대의 시장으로 거슬러 올라간다. 특정 상품을 표시하는 상표를 뜻하는 영어 brand는 중세 유럽어의 brandr, brant 등에서 유래했는데, 이는 불 혹은 화인(火印)을 뜻한다. 자신의 물건이나 가축에 주인을 표시하기 위해 불로 인장을 찍은 것이다. 최초의 상품 인식 상표는 인도 베다 시대의 차완프라시(chyawanprash, 허브와 향신료를 섞은 건강식품)까지 거슬러 올라간다.

현대적인 의미의 마케팅은 19세기에 시작한다. 19세기 중반 프랑스에서 처음으로 신문에 유료 광고가 등장했으며, 영국에서는 사유 재산에 대한 포스터 광고가 있었다고 한다. 주식회사에서 시행한 본격적인 마케팅은 19세기 후반으로, 이때부터 대중을 상대로 광고를 했고 상표를 등록하기 시작했다. 최초의 등록 상표(trademark)는 1876년 영국의 배스 양조회사(Bass Brewery)의 맥주 상표로, 빨간 삼각형과 그 아래 회사명을 적어 넣었다.

철로가 놓이면서 물류업과 소매업이 발달하고 소비자에게 상품 카탈로그가 뿌려졌다. 시어스 로벅(Sears Roebuck) 사는 광고지를 대량으로 뿌리고, 매일 10만 건 이상의 우편 주문을 처리했다고 한다. 제품이 대량으로 생산되면서 판매와 광고 등에 관심을 기울이게 되었고, 사람들은 삶에 필요한 것을 넘어서 남에게 과시하거나 보여 주기 위해서도 물건을 샀다. 베블런이 『유한계급론The Theory of the Leisure Class』(1899)에서 과시적 소비(conspicuous consumption)를 강조한 것도 바로 이 시기다. 1905년 펜실베이니아 대학교의 와튼 스쿨에서 최초로 마케팅 과목이 개설되면서 대학에서 마케팅을 가르치기 시작했다. 마케팅의 중심이 판매와 광고에서 나중에는 상품의 기획과 소비자 행동에 대한 연구로 확장되면서 경제학뿐만 아니라 심리학과 사회학의 영향도 많이 받았다.

기업의 경영이란 목적한 바(대체로 이윤 추구)를 달성하기 위해 여러 사람의 힘을 합하도록 독려하고 다양한 의사 결정을 내리는 것을 말한다. 그런데 기업이 19세기 말과 20세기 초에 합병과 독점화, 대량 생산화를 통해 그 크기가 종전에는 상상할 수 없을 정도로 커지게 되었다. 기업의 크기가 커지면서 경영자 1인이 모든 의사 결정을 하는 것은 비효율적이 되었다. 그리하여 어떻게 의사 결정의 책임과 권한을 이양하고 조직하느냐가 중요한 관심사가 되면서 기업 내부의 조직론이 시작되었다[이하 Chandler(1962) 참조].

최고 경영자가 기업의 중요 의사 결정을 내려야 하는 조직 형태를 U자형(Unitary-form)이라고 부른다. U자형 조직은 최고 경영자 밑에 판매, 제조, 연구 개발 등 기능별로 부서들을 조직하여, 부서에서 각자 맡은 일을 하되, 전체적인 조율과 의사 결정은 최고 경영자가 내리는 구조다. 이 조직 형태는 최고 경영자가 전체 기업의 기능에 대해 이해도가 높고 신속하게 조율을 할 수 있을 때 효율성이 있는 구조다.

그런데 기업이 복잡해지고, 다양한 제품과 브랜드나 다양한 지역에 기업의 영업 활동이 걸쳐 있게 되면, 최고 경영자의 기업 내부의 일에 대한 이해도가 떨어지고 의견 조율에 많은 시간이 소요된다. 이에 대한 대안으로 나온 조직 구조가 M자형(Multi-divisional-form)이다. M자형 조직은 제품이나 브랜드 혹은 지역별로 독자적인 사업부를 만들어 의사 결정권을 해당 사업부로 상당 부분 이양하는 구조다. 예를 들어 다국적 기업이 한국, 아시아, 유럽을 관장하는 각각의 사업 부서를 두는 경우다. 각 사업부는 상당 부분 마치 독립적인 회사처럼 운영하는데, 최고 경영자는 사업부의 이익 등 성과를 기준으로 사업 부서를 통제한다. 최고 경영자는 사업부별 구체적인 의사 결정을 내리지는 않지만, 각 사업부에 얼마만큼의 자원을 투자할 것인지를 결정하고, 기업 전체 차원에서의 전략적 정책과 방향을 결정한다.

M자형 조직은 미국의 자동차 회사 GM(General Motors)과 관련이 깊다. GM은 윌리엄 듀런트(William C. Durant)가 1908년에 세운 회사로서 뷰익(Buick)의 지주 회사로 출발했다. 20세기 초 GM은 포드와 더불어 자동차 산업의 선두 주자로 부상했다. 그러나 경영에 서툴렀던 듀런트는 기업이 부실해지면서 경영권을 잃게 되었다. 듀퐁 사의 피에르 듀퐁(Pierre S. DuPont)이 GM에 자금을 투자하면서 앨프리드 슬론(Alfred Sloan, 1875~1966)을 경영자로 앉힌다. 슬론은 1923년부터 1946년까지 23년간 최고 경영자로 활약했고, 그 뒤로도 1956년까지 회장으로 재직했다. 슬론은 새로운 스타일의 차를 매년 개발했고, 가격대별로 다양한 자동차를 제조했다. 1920년대까지 자동차 업계의 선두 주자는 포드였다. 포드의 모델 T는 1908년부터 낮은 가격을 무기로 자동차 업계의 판매를 주름잡았다. 그러나 포드의 고집스럽고 획일적인 모델 T는 소비자의 다양한 욕구를 충족시키지 못했다. 그에 비해 다양한 모델로 소비자의 욕구를 만족시킨 GM은 1920년대 이후 포드를 제쳤다.

슬론의 다양화 전략은 조직 개편과 더불어 시행되었다. 다양한 제품별로 사업부를 조직하여 독립적으로 운영했고, 성과에 따라 인센티브나 투자 의사 결정을 통제하는 M자형 조직을 갖추었다. 이 M자형 조직은 듀퐁에서 시행되었던 조직 형태를 발전시킨 것이다. 이에 반해 포드는 U자형 조직 구조를 유지하여, 최고 경영자인 포드가 모든 것을 결정하는 시스템이었다. 중요한 정보가 제대로 반영되지 못하고 왜곡된 의사 결정을 내리게 된 것은 포드가 U자형 조직이었던 것과 무관하지 않다. GM의 승리는 조직 구조의 승리라고 해도 과언이 아닐 것이다.

슬론은 창업자가 아니라 고용된 전문 경영자였다. 기업의 자본이 커지면서 주주가 직접 경영하기 어려워졌을 뿐 아니라, 주주가 직접 경영하는 것보다 전문적인 경영인이 더 효율적으로 기업을 운영할 수 있음을 보여 주었다. 전문 경영인의 역할이 자본주의와 기업 경영에서 중요해지면서, 소유자(자본가) 중심의 자본주의와 대비하여, 이를 특별히 경영자 자본주의(managerial capitalism)라는 말로 표현하기도 한다.

## 회계학

18세기 중엽 유럽에서 최초의 경영 교육 기관에서 가르친 과목이 회계 기법이었다. 애초에 회계는 기업을 경영하는 기법 자체에 대한 연구를 한 것은 아니었다. 복식 부기는 아시아와 이슬람 제국에서 사용되다가 유럽으로 전해졌다. 복식 부기는 도박 점수 문제를 제시해 확률론의 발전을 자극한 파치올리에 의해서 소개되었다. 도박 문제와 더불어 복식 부기 역시 그의 저서 『산술, 기하, 비율과 비례 법칙에 관한 총론』에 소개되어 있다. 이 책에는 분개장, 원장 등을 포함하고 있으며, 자산, 부채, 자본, 이익, 비용 계정 등이 언급되어 있다. 이런 이유로 서구에서 파치올리는 '회계학의 아버지'라고 불린다.

그러나 현대 회계 자료의 기본이 되는 대차 대조표(balance sheet), 손익 계산서(income statement), 현금 흐름표(cash flow statement) 등의 장부는 19세기 중반 이후 영국과 미국을 중심으로 하나씩 제도가 정비되었다. 영국에서는 1720년 남해 거품 후에 외부 감사인이 남해회사의 회계 장부를 조사했고, 19세기 초반에는 회계사가 활동하고 있었다. 그 후 회사법의 개정을 통해 회계와 감사 제도가 정착되었다. 1833년에는 기업의 영업 활동 자료를 공개할 것을 강제했는데, 감사인이 인증한 전체적이고 공정한 대차 대조표(full and fair balance sheet)를 공표해야 했다. 20세기 들어 모든 등록 회사의 재무제표에는 독립 감사인의 인증을 받도록 의무화했고, 감독 당국에 제출하게 했다. 1928년에는 재무제표의 양식과 내용을 통일하고 주주 총회 전에 주주에게 알려 줄 것을 요구했다.

영국보다 상대적으로 후진국이었던 미국은 20세기 전까지는 이렇다 할 회계 제도가 없었다. 19세기 말까지 미국에서 주식회사의 소유권은 그다지 분산되지 않았고, 증권 거래소에서 거래되는 제조 기업의 수도 적었다. 미국에 투자된 영국의 금융 자본은 기업의 이익을 가능한 한 배당으로 회수하고자 했다. 미국의 회계 제도는 경제 공황 이후 정비되었다. 재무제표가 부실하면 주주들이 경영자를 고소할 수 있는 주주권이 만들어진 것도 이때다. 특히 1933년과 1934년의 증권법(Securities Act)에서는 영국의 회사법을 따라 정기적으로 주주에게 회계 정보를 보고하도록 했으며, 주식 중개인, 회계사, 증권 분석가 등 증권 전문가들에게도 과실이나 고의에 따른 책임을 부과했다. 증권 거래의 감독 기구로 SEC를 설립했다.

전통적으로 기업의 자금 조달 방식은 부채였다. 주식은 자금 조달 방법으로는 치명적인 약점이 있었고, 주식회사 초기에 이미 그 문제점이 명백

하게 드러났다. 채권의 경우 확정된 이자를 강제적으로 지급받고, 만기에는 원금을 회수할 수 있지만, 주식의 경우 배당 금액은 불확정적이고 지급은 임의적이며, 만기가 없어서 자금을 직접 회수할 수 없다. 증권 거래소는 만기가 없는 문제를 어느 정도 해결해 주었으나, 배당 문제는 여전히 해결되지 않았다. 더욱이, 끊임없이 이어진 경영자의 도덕적 해이는 주식의 매력을 감소시켰다. 19세기에 보통주보다 우선주가 더 인기가 있었던 것은 바로 이러한 배경에 기인한다. 우선주도 주식이긴 하지만, 사실상 채권과 흡사했기 때문이다. 19세기 중반 영국 철도 회사 주식의 2/3는 우선주로 구성되었다. 영국 자본이 미국에 많이 투자되었는데, 미국에서는 회계 정보가 불확실하고 투자자 보호도 미흡해, 투자자들은 회사의 이익을 가능한 한 배당으로 받아 본국으로 송금하려 했다.

재무제표에서 가장 중요한 두 보고서인 대차 대조표와 손익 계산서는 각기 다른 관점에서 발전했다. 대차 대조표는 자본주 이론(proprietary theory of accounting)에서 중심이 되는 보고서다. 자본주 이론이란 기업을 소유자의 재산이라는 관점에서 본다는 뜻이다. 주식회사의 경우에는 주주의 관점에서 보는 것이다. 기업의 자산은 주주의 것이고, 부채는 주주가 빚진 채무로 보겠다는 것이다. 물론 이 관점이 유한책임의 주식회사에 딱 맞아떨어지는 것은 아니지만, 20세기 초반까지 지배적인 기업관이었다. 자본주 이론하에서는 '자산-채무=자기자본'의 등식이 성립한다. 순이익(net income)의 개념도 주주의 관점에서 나온 개념이다. 이 과정에서 전체 자산을 파악해야 하므로 대차 대조표를 중요시하게 되고 이는 채권자에게도 중요한 정보가 되었다. 채권자의 입장에서 제일 중요한 것은 이자와 원금의 회수 가능성이고, 이를 위해 채권자는 기업의 내부 자산과 현금이 얼마인지를 정확히 파악하는 게 중요하다.

한편, 손익 계산서는 기업 주체 이론(entity theory of accounting)에서 발전된 보고서다. 기업 주체 이론은 기업을 독립적인 법인으로 보고 기업이 독자적인 자산을 가지고 있다고 보는 입장이다. 채권자와 주주는 기업에 자본을 제공한 두 종류의 자본 공급자로 여겨진다. 채권은 타인자본이고, 주식은 자기자본이다. 즉 '자산＝타인자본＋자기자본'이라는 관점이다. 이 관점에서 중요한 것은 기업의 수익력 창출 여부다. 기업의 수익과 비용은 기업의 관점에서 계산되고 잉여 금액은 채권자와 주주 등 이해관계자들에게 배분된다. 당기 순이익 중 배분되지 않고 남은 유보액은 기업 자체의 이익으로 간주되어 기업가치에 더해진다. 배당이든 기업에 유보된 이익이든 결국 주주의 가치로 귀속되기 때문에, 기업의 수익력을 보여 주는 손익 계산서는 주주의 입장에서도 중요한 자료라 할 수 있다.

대차 대조표나 손익 계산서는 기업의 자산가치와 수익력을 측정하는 보고서 역할을 하는데, 이들 회계 처리 방법은 발생 기준(accrual basis)을 따른다. 발생 기준이란 실제 현금의 흐름과는 상관없이 거래가 발생한 시점을 기준으로 수익과 비용을 인식하는 기법이다. 예를 들어, 외상으로 100만 원어치를 팔았다면, 현금이 들어오지 않아도 이를 매출로 인식해 기록한다. 발생 기준과 대비되는 방법이 현금 기준(cash basis)이다. 이는 실제로 현금의 흐름이 일어난 경우에 거래를 기록하는 방법이다. 외상으로 판매한 경우, 외상이 일어난 날이 아니라 실제 대금이 입금되는 날에 매출을 기록한다.

애초에 회계 장부는 현금 기준으로 기록했으나, 기업의 영업 내용을 반영하는 측면에서는 발생 기준이 더 의미가 있어 발생 기준으로 바뀌었다.

그러다가 비현금 자산이나 수익 항목이 점점 늘어나면서, 자산가치와 현금가치의 괴리가 커지게 되었다. 이에 1980년대에 미국에서 현금 흐름표 작성이 의무화되었다. 현금 흐름표는 말 그대로 현금의 입출을 기록한 보고서다. 현금 흐름표는 채권자와 주주 모두에게 중요한 보고서다. 기업이 망할 경우 채권자에게 돌아오는 몫은 결국은 회수 가능한 현금액이기 때문에 채권자에게 이것이 중요하다. 또한 주가나 투자안의 가치를 계산하는 재무 기법은 현금 흐름에 기반을 두기 때문에 주주에게도 중요하다.

회계학은 기업 내부의 관리 목적으로 사용되는 관리 회계 분야가 아닌 재무 회계 분야의 경우 경영 관리와는 직접 상관이 없다. 회계는 외부 이해관계자들이 경영을 감시하고 통제하기 위한 의사소통과 지배 구조의 도구로 발전해 왔다. 훌륭한 경영자는 내부 관리만 잘한다고 되는 것이 아니라 선량한 관리자로서의 의무를 잊어서는 안 된다. 회계 정보가 점점 정밀해지고 복잡해지는 것은 경영자에 대한 불신이 증가했음을 반증하는 것이 아닌가 한다.

### 재무학(재무 관리)

일반적으로 재무학은 학문적으로 금융 시장에서의 투자와 금융 회사에 대한 연구 분야와 기업 내부에서의 재무적 관리에 대한 연구 분야를 합한 것이다. 금융 시장 분야는 엄밀히 말해 기업 관리의 대상이 아니어서 회계학(재무회계)과 마찬가지로 기업 관리와는 직접 관련이 없다. 기업 내 관리 대상으로서의 재무학 분야는 기업 재무(corporate finance)라고 부르기도 한다. 기업 재무는 주식과 채권의 발행을 통한 자본 조달, 자본의 사업별 배분, 수익의 배분 등 기업 활동에 필요한 자금의 획득과 배분에 대한 연구를 하는 분야다.

재무학은 금융 시장을 연구하는 분야이기 때문에, 경제학의 화폐금융 분야와도 상당 부분 겹친다. 군이 구분하자면, 경제학이 자본주의의 본질인 은행의 통화 발행과 그 영향, 인플레이션과 디플레이션 등 거시적인 금융 환경에 대해 관심을 갖는다면, 재무학은 증권 투자와 증권 자산 가격 등 투자자 입장에서 금융 시장을 바라보는 경향이 강하다고 볼 수 있다.

재무학 역시 처음에는 실무적인 접근법이 우세했으나, 경제학의 영향을 강하게 받으면서 현대적 재무학으로 변모한다. 그 학문적 출발점은 2개의 논문에서 시작한다. 그중 하나는 1958년에 발표된 프랑코 모딜리아니(Franco Modigliani)와 머턴 밀러(Merton Miller)의 논문 「자본 비용, 기업 재무와 투자 이론(The Cost of Capital, Corporate Finance and the Theory of Investment)」으로 기업 재무의 새 장을 연 것으로 평가된다. 이들의 이론은 저자 이름의 앞 글자를 따서 보통 'MM 이론'으로 불린다. 여기서 자본 구조란 간단히 기업의 자금 조달 방법인 부채와 자기자본의 상대적 비율, 즉 부채 비율로 생각하면 된다. MM 이론의 기본 내용은 기업의 자본 구조는 기업가치와 상관이 없다는 것이다. 즉, 자금 조달을 부채의 형태로 조달하든, 주식을 발행해서 조달하든 기업가치에는 변화가 없다는 것이다. 이는 물론 현실과는 차이가 나지만, MM 이론은 일정한 가정하에서 논리적으로 주장을 펼쳤다.

MM 이론은 전통적인 신고전학파 경제학의 기본 가정과 마찬가지로 완벽한 시장(perfect market)을 가정한다. 완벽한 시장이란 모든 사람이 정확한 정보를 가지고 있고, 일체의 거래 비용이 없는 이상적인 시장을 말한다. 시장이 완벽하다면, 누구나 실질적인 내용에 대해서만 반응하기 때문에, 그 자체로는 가치가 없는 화폐나 금융의 역할은 단순한 매개체에 불과하다. 따라서 실제적인 가치에 영향을 줄 수 없을 것이다. 이러한 생각은 신고전학파 경제학의 경제와 금융에 관한 시각인데, MM 이론은 이것을 기업의 자본 구조에 적용하여 되풀이한 것이다. 종전의 재무학의 주요 관심사는 부채 비율을 얼마로 해야 기업의 가치가 제일 높아지는가에 있었는데, MM 이론은 이에 관심을 두지 않는다. 이 논문은 많은 관심을 받았으며, 그 후 기업 재무 연구는 이 가정과 현실의 괴리에 집중하면서 기업 재무가 학문적으로 발전하는 계기를 제공했다.

또 다른 논문은 1952년에 발표된 해리 마코위츠(Harry Markowitz)의 「포트폴리오 선택(Portfolio Selection)」이다. 이 논문은 주식 투자자가 투자 위험을 줄이면서 수익률을 올리기 위해서 어떻게 해야 하는지를 경제학적으로 탐색했다. 이 논문의 주요 공헌은 분산 투자로 요약된다. 이는 새로운 발견이 아니라, 통계학과 보험학에서 오래전에 확립된 대수의 법칙(law of large numbers)을 투자에 적용한 내용이다. 이 논문은 투자업계와 학계에 지대한 영향을 끼치며 금융 자산의 가격이 어떻게 결정되는지에 대한 연구(대표적인 것이 CAPM이다)로 이어지면서 금융 시장 분야를 개척했다고 평가된다.


## 보험학과 현대 경제학

보험학이 17세기 확률통계학과 같이 시작되었음은 앞에서 살펴보았다. 20세기 이전의 보험학은 확률과 통계적 지식을 이용한 보험 가치 평가를 중심으로 연구되었는데, 이 분야는 현재 보험 수리(actuarial science)라고 부른다. 보험학의 발전은 20세기 들어 경제학에 영향을 준다. 20세기 이후 일부 경제학자들은 불확실성에 관심을 두게 된다. 예를 들어 나이트의 기업 이론도 불확실성을 중심으로 논의되었다. 그러나 전통적인 신고전학파 경제학에서 불확실성은 그리 중요한 고려 대상이 아니었다.

20세기 중반을 지나면서 확률론과 보험학이 경제학에 도입되어 불확실성하의 경제학이 현대 경제학의 중요 관심 분야로 부상한다. 현대적 재무학이 시작되는 시점이 바로 이때인 것은 우연이 아니다. 현대 경제학은 신고전학파의 단순 모형에 비해 중요한 두 가지를 개선했다. 하나는 불확실성(위험의 형태로)을 고려하는 것이고, 또 다른 하나는 정보(information) 문제를 고려하는 것이다. 정보 문제란 도덕적 해이와 역선택(adverse selection)을 일컫는데, 이는 보험의 가장 오래된 화두다. 도덕적 해이란 사기나 계약 위반과 같은 것으로 한 계약 당사자의 입장에서 다른 당사자가 어떤 행동을 할지 알 수 없어서 발생하는 문제를 말한다. 역선택이란 다른 당사자가 어떤 성격을 가졌는지 알 수 없어서 발생하는 문제를 말한다. 정보 문제란 상대방의 행동이나 성격에 대한 불확실성이라고 볼 수 있다. 보험학의 화두가 경제학에 스며들면서 현대 경제학과 재무학의 탄생에 밑거름을 제공해 주었다. 한편 경제학적 접근이 보험학에 적용되어 기존의 보험 수리 분야와 구분되는 보험경제학 분야가 탄생했다. 전통적인 보험학인 보험 수리가 위험과 보험의 수리적 가치 평가에 관심을 두었다면, 보험경제학은 보험 기능이 갖는 경제적 역할을 고찰한다는 면에서 차이가 있다.

보험경제학에서 보험을 바라보는 시각을 통해 자본주의가 사회를 바꿔 놓은 시각을 느낄 수 있다. 보험은 원래 상부상조의 정신에서 시작한 것이다. 병이나 친지의 죽음을 맞이한 동료나 마을 사람들을 도와주기 위해 서로 조금씩 힘을 합치던 것이 보험의 정신이다. 반면 보험경제학에서 바라보는 보험은 철저히 개인 이익을 위해서 행동하는 참가자들이 모인 결과다. 이타심의 발로인 보험이 경제학에 들어오는 순간 이기심의 결과로 탈바꿈했다. 이타심에서 시작하여 남을 도와주면 결국은 자신도 도움을 받는다는 보험의 원리는 이기심에서 시작하여 나의 이익을 챙기면 결국 남에게도 도움이 된다는 경제학의 원리로 변질되었다. 이 상반된 접근법은 과연 같은 설명력을 가지고 있을까?

* * *

19세기 말 이후에 주식회사는 경제적 생산의 최전선을 담당하게 되었다. 그러자 사람들은 기업은 무엇이며 무엇을 하는 존재인지에 대해 진지하게 생각하기 시작했다. 한자로 회사는 사람들이 모여 있다는 뜻이다. 기업의 라틴어 어원 역시 빵을 함께하는 것이다. 즉 여러 사람이 먹을거리를 위해 함께 협력한다는 것이다. 그런데 정작 기업 이론들은 기업에 대해 그렇게 생각하지 않는 듯하다. 함께 협력하는 것보다는 이해관계자들 사이의 갈등과 착취를 기업의 본질로 보는 경향이 있다. 아니면 신고전학파 경제학에서처럼 마치 한 명의 생산자가 행동하는 것처럼 간주하기도 한다. 이들 이론에서는 여러 사람이 협력한다는 관점은 중요하지 않아 보인다.

일반적으로 사람들이 코스의 기업 이론에 매료되는 이유로는, 시장을 대체하는 조직으로 기업을 볼 수 있다는 참신한 직관을 꼽을 수 있다. 그런데 필자는 다른 시각에서 코스의 이론을 평가하고자 한다. 코스의 이론이 기업 이론의 중심에 있을 수 있었던 것은 그것이 새로운 직관을 제공해서가 아니라 사람들이 기존에 가지고 있던 상식적 직관에 들어맞았기 때문이다. 사람들이 가지고 있던 직관이란 바로 기업은 여러 사람이 모여 협력하는 곳이라는 것이다. 협력이 필요하다는 것은 독자적으로 행동할 때 하기 어려운 일을 하기 위해서가 아닌가? 코스가 얘기한 시장 거래는 바로 이 독자적인 행동에 해당한다. 따라서 시장 거래에 거래 비용이 많이 발생할 때 기업이 존재한다는 코스의 이론은 협력이 필요할 때 기업이 존재한다는 것과 다르지 않다(이것이 바로 빵을 함께한다는 회사의 어원이 아닌가?). 코스는 거래 비용이라는 경제학 용어로 표현했으나, 협력으로 표현해도 별 차이가 없다. 한편, 사람들이 가지고 있는 또 다른 직관은 여러 사람이 같이 있다 보면 갈등도 존재한다는 것이다. 코스의 용어로 보면 이 갈등이 다름 아닌 기업 내부의 거래 비용이다.

코스의 기업 이론은 사람들이 오랫동안 가지고 있었던, 그러나 경제학자들은 모르고 있었던, 기업에 대한 생각을 경제학 용어로 표현한 것이다. 협력이 아니라 거래 비용을 중심으로 이야기하는 바람에 코스의 기업 이론은 기업의 본질을 제대로 설명하지 못한다. 이 점에 대해서는 다음 장에서 논의하고자 한다.

경영학 역시 19세기 말부터 본격적으로 발전하기 시작했다. 경제학이 경제 주체가 이기적인 존재라는 가정을 바탕으로 기업과 시장, 경제를 이야기했다면, 경영학은 기업의 이기적인 목표를 달성하기 위해 어떻게 기업을 경영할 것인지에 초점을 맞춘다. 경제학과 경영학을 소설의 시점으로 비교하자면 경제학은 전지적 작가 시점으로, 경영학은 1인칭 시점으로 표시할 수 있을 듯싶다. 즉, 경제학은 균형, 시장, 거시 경제 등으로 전체적인 그림을 그리려는 모습을 가지고 있다. 그에 반해 경영학에서는 나(내 회사)를 중심으로 그림을 그리고, 나의 이익을 추구한다. 이러한 경영학의 접근 방법은 자본주의와 경제학의 기본 가정에 충실하게 부합한다. 경제학의 아류로 출발한 경영학이 이제는 경제학보다 더 인기가 많은 분야가 된 것은 우연이 아닐 것이다.

# Chapter 12

# 경제학과 경영학

## 진실 게임

지금까지 논의한 것을 정리해 보자. 경제경영학의 연구 대상인 기업과 자본주의의 뿌리를 찾고 기업과 경영 이론에 대해 살펴보았다. 경영학의 중심 대상인 기업은 시장이라는 환경 속에서 생산을 담당하고 있는 경제 발전의 원동력이라고 할 수 있다. 그럼에도 불구하고 왜 기업이 존재하게 되었으며, 기업의 목표가 무엇이어야 하는지에 대한 논의는 경영학과의 과목에서 거의 찾아볼 수 없다. 너무나 당연해서일까, 아니면 누구나 알고 있는 것으로 간주했기 때문일까? 이 책은 바로 그 잊혀진 질문을 제기하고 그에 대한 답을 찾고자 했다. 이에 대한 답은 기업의 역사와 기업을 둘러싼 환경을 이해하지 않으면 얻을 수 없고, 이에 관심사를 기업의 과거와 기업을 둘러싼 환경으로 돌렸다.

기업은 자본주의 시장의 생산 주체이기에, 시장과 자본주의를 살펴보았다. 그 과정에서 화폐와 금융을 고찰하지 않을 수 없었는데, 화폐가 시장 거래의 매개체이기도 하면서, 기업 이익을 표시하는 매개체이기도 하기 때문이다. 또한 부채와 주식의 금융 기능은 화폐가 기업의 자본으로 전환되는 중요한 수단이 된다. 화폐와 금융은 자본주의를 떠받치는 기초적인 구조물과도 같다. 아울러 보험과 주식회사를 고찰하고 기업의 본질에 대해 살펴보았다.

이상의 고찰을 통해서 우리는 시장과 경제경영학이 당연히 여기는 기업의 성격이나 역할과는 극심한 괴리가 있는 새로운 발견을 하게 되었다. 괴리가 있는 것은 문제가 있는 것일까? 원래 학문은 현실과 괴리가 있을 수 있는 것 아닌가? 특히 경제학과 같이 수학적 정치성을 강조하다 보면 사회 현상을 다 고려하기는 불가능하다. 현실을 단순화해서 연구하는 것의 장점은 단순화를 통해 본질을 더 잘 살펴볼 수 있게 해 준다는 것이다. 복잡한 현실을 모두 고려하면 아무런 해답도 얻을 수 없다. 따라서 이론과 현실에 괴리가 있다고 해도 이론을 통해 현실을 더 잘 이해할 수 있도록 직관을 제공해 주는 한 그 괴리는 용납된다. 따라서 단순히 학문적 가정이 현실과 다르다고 그 학문적 결과를 무조건 잘못되었다고 할 수는 없을 것이다.

그러나 문제는 그런 괴리를 무시한 채 학문적 결과를 현실에 적용하려 할 때 발생한다. 더욱이 앞에서 살펴본 바와 같이 경제경영학의 가장 기초적인 전제와 현실의 괴리가 현실 해석에 중대한 차이를 만들어 낸다는 점은 간과할 수 없다. 그리하여 경제경영학이 의식적 혹은 무의식적으로 역사적 교훈과는 다른 방향으로 흘러갈 수 있다.

이를 위해 먼저 학문과 현실의 괴리를 명확히 인식할 필요가 있다. 독자들은 이미 앞의 글을 읽으면서 그러한 괴리를 느꼈을 것이다. 그러한 인식의 전환은 그 자체로 중대한 의미가 있다. 더 나아가 그 괴리를 극복하고자 한다면 더 좋을 것이다. 이 장에서 말하려는 것은 기존의 경제경영학과 역사적 교훈의 괴리를 좀 더 구체적으로 살펴보고, 이를 극복하기 위한 방법을 고찰하고 정리해 보는 것이다.

## 이기적이고 합리적인 인간

경제학의 기본 전제는 인간은 이기적이고 합리적이라는 것이다. 원칙적으로 합리성은 행동의 일관성을 의미하며 이기심과는 다르다. 그럼에도 경제학에서는 이기적인 인간을 전제로 하기 때문인지 합리성이 이기심을 포함하는 것처럼 간주한다(Sen, 1988). 즉 이기적인 인간이 자신을 위해서 일관된 행동을 할 때 그를 합리적이라 말한다. 하지만 사람이 항상 합리적으로 행동하지는 않는다는 것을 알고 있다. 물론 그렇다고 경제학이 의미가 없는 것은 아니다. 앞에서도 얘기했듯이 단순한 가정은 현실을 이해하는 데 도움을 준다. 경제학에서 종종 자신을 방어하듯이, 개개인은 비합리적일 수 있어도 시장 전체는 좀 더 합리적일 수 있다. 물론 시장 전체 역시 비합리적인 경우도 많이 있다. 행동경제학은 이렇게 개인 혹은 집단의 행동이 비합리적인 경우를 고찰하려고 발전된 분야다. 물론, 심리적이거나 비합리적인 인간을 고찰한다고 해서 더 따뜻한 눈빛으로 인간을 본다는 것은 아니다.

여기서 언급하고자 하는 바는 인간이 이기적이라는 경제학의 전제가 가지고 있는 파괴력이다. 모든 사람이 이기적이기에 내가 상대방을 이기지 못하면, 상대방은 내게 자비를 베풀지 않을 것이며 나는 도태되고 만다. 마찬가지로 내가 이기면 나는 상대방에 어떠한 자비도 베풀 필요가 없다. 이것이 게임의 규칙이기 때문이다. 결국 모든 이가 이기적인 상황에서는 승자가 패자에게 자선을 베풀 이유가 사라지고, 패자는 결과에 승복해야 한다. 마치 매우 깨끗한 스포츠 게임을 보는 것 같다.

그러나 현실 경쟁과 스포츠 게임은 큰 차이가 있다. 현실 경쟁에서의 패배는 극도의 가난과 고통일 수 있기 때문이다. 신고전학파 경제학이 그렇듯이 이들에게 자비를 베풀지 않는다면 그들은 고통 속에서 생을 마감할 것이다. 경제학은 그런 사람들을 보면서 그것은 그들의 선택이고 능력의 결과이니 신경 쓸 필요 없다고 말한다. 그들에게 자비를 베푸는 것은 그들이 스스로 일을 할 인센티브를 감소시켜 도덕적 해이를 일으킨다고도 말한다. 그들에게 도움을 주면 자금이 비효율적으로 쓰여 경제 발전이 저해된다고 주장한다.

인간이 이기적일 수는 있으나, 다른 사람을 극도의 고통에 빠뜨리면서 자신만 즐길 정도로 이기적이지는 않다. 자신의 것을 털어서 남을 도와주지는 않는다 해도, 남이 굶어 죽는 것을 보면서 자신은 더 맛있는 음식을 먹을 정도로 이기적이지는 않다. 그 정도의 자비심은 가지고 있다.

건강한 사회는 구성원이 그들의 능력과 상관없이 최소한의 생계는 유지할 수 있도록 제도적 장치를 만들어야 한다. 그러나 현실은 그 최소한의 장치조차도 쉽지 않다. 그 바탕에는 극도의 이기심을 정당화하고, 조그마한 자비조차 도덕적 해이로 몰아붙이고 경제에 악영향을 준다는 이유로 반대하는 경제학이 자리를 잡고 있다.

그런데 경제학 모형에서 사람이 극도로 이기적이지는 않고, 타인의 극심한 가난을 보고 효용의 감소를 느끼도록 약간만 수정된다면, 경제학은 따뜻한 학문으로 탈바꿈할 수 있을 것이다. 자비에 따른 효용의 증가는 도덕적 해이 비용을 상쇄할 수 있을 것이다. 경제에 악영향을 준다는 기존의 경제학이 펼친 주장 역시 효용의 증가분만큼 상쇄될 것이다. 우리가 알고 있는 경제학의 차가운 결론은 학문적인 연구 결과라기보다는 그저 사람은 극도로 이기적이라는 경제학의 가정에서 도출된 결과일 뿐이다.

흥미로운 것은 누군가 나를 이기적인 사람으로 간주하고 행동하면, 나는 정말로 이기적으로 행동할 수밖에 없다는 점이다. 내가 상대방에게 전혀 자비를 베풀지 않을 것이라고 상대방이 믿는다면, 그 역시 나에게 자비를 베풀지 않으려 할 것이기 때문이다. 내가 이기적으로 행동하는 것은 나 자신을 방어하는 것일 뿐이다. 경제학 용어로 표현하면 이기적으로 행동하는 것이 일종의 균형점이다. 자본주의와 경제학은 모든 사람은 당연히 이기적이라는 믿음을 심어 줌으로써, 모든 사람을 정말로 이기적인 사람으로 만드는 데 일조했다. 더욱이, 이기적이어야 남에게 도움이 된다는 경제학의 믿음은 이기심을 더 이상 부끄러워하지 않고 자랑스럽게 생각하도록 만들었다. 이러한 믿음은 애덤 스미스의 『국부론』에서 찾아볼 수 있지만, 정작 애덤 스미스는 도덕성을 강조한 철학자였다는 사실은 역설적이다.

자본주의의 제도적 특징은 화폐, 자본 시장, 노동 시장 등에서 찾을 수 있지만, 이기심을 숭배하는 것이야말로 바로 자본주의의 핵심이라 할 수 있다. 자본주의 이전에 이기심은 언제나 사회적으로 손가락질 대상이었다. 심지어 약간의 이자조차도 이기심으로 간주해 금지되지 않았던가? 시장 거래가 아닌 과거의 배분 방식인 상호성이나 재분배는 이기심뿐만 아니라 이타심과 배려를 포함한 다양한 사회적 기능이 섞여 있었다. 그럼에도 불구하고, 경제학에서는 모든 사회 현상을 자본주의적 계산에 바탕을 둔 극도의 이기심으로 해석하고자 노력한다. 그러고는 이기심으로 설명이 되는 것처럼 보이면, 그 현상이 합리적이었다고 주장하고 스스로 흐뭇해한다.

자본주의와 경제학은 이기심을 찬양의 대상으로 바꿔 놓음으로써 선의의 행동 역시 이기심의 발로로 해석하기에 이르렀다. 예를 들어, 선의로 선물을 주고받는 것도 이기심의 발로로 해석한다. 상부상조에 바탕을 둔 상호부조나 보험도 이기심으로만 해석한다. 아마도 경제학에서 예외적으로 이타심을 인정하는 경우는 유산을 남기는 경우가 아닐까 한다. 이기적인 사람은 유산을 남길 이유가 없기 때문이다. 이 경우에는 경제학에서 상속/증여 동기라는 이름으로 이타심을 인정한다. 그러나 이타심은 증여 동기에만 국한되어 일어나는 것은 아니다. 가족에게 이타심이 있다면 친구나 동료에게도 이타심이 있을 수 있다. 친구나 동료에게 식사를 사 주는 것이 철저히 계산된 이기심에서 나온 행위라고 볼 수 없다.

필자는 일반적인 인간은 극도로 이기적이지도 극도로 이타적이지도 않다고 생각한다. 어느 정도까지는 이기적으로 행동하더라도, 최소한의 이타심도 가지고 있다. 또한, 상황에 따라 이기심과 이타심이 다르게 작용할 수도 있다. 그러나 경제학에서 모든 사람이 극도로 이기적이라고 강조하며, 실제로 사람의 행동과 정부의 정책이 그런 경제학적 가정에 바탕을 두고 행해진다면, 사람들은 정말로 이기적으로 행동할 수밖에 없게 된다. 그래서 몇몇 사람에게만 이타적으로 행동하라고 하거나 타인의 이타심을 믿고 행동하라고 하는 것은 해결책이 될 수 없다. 이를 해결하는 방법은 사회적 규범과 믿음이 같이 바뀌어야만 하는, 어렵고 긴 변화가 필요하다. 이를 위해서 경제학에서는 극도의 이기심이라는 가정을 일부 수정할 필요가 있다. 이미 경제학에서도 밝혀진 바와 같이 극도의 이기심이 사회 복지로 이어지지 않는다는 점을 부정해서는 안 된다. (이상하게도 경제학에서는 이러한 점을 찾아냈으면서도 무시한다.) 더 나아가 각종 경제 지표와 정부 정책에 이를 반영해야 한다. (뒤에서 살펴본다). 이 과정은 사람의 믿음을 바꾸는 일이기 때문에 자본주의가 시작하여 지금까지 흘러온 시간만큼이나 오래 걸릴지도 모른다. 어찌 되었든 그 출발은 극단적인 이기심의 문제점을 인지하는 사고의 전환에서부터 시작해야 할 것이다.


## 경제와 정치

자본주의의 형성 과정과 그 이후의 역사를 보면, 사실 그 이전도 마찬가지이지만, 경제와 정치는 떨어질 수 없는 관계임을 알 수 있다. 베버는 자본가와 국가 권력 사이의 기념비적 동맹이 자본주의의 시작이라고 지적했다. 화폐가 전국에 통용되고 과거의 분배 방식을 와해시키도록 국가 권력이 강제하지 않았다면 자본주의는 시작되지 못했을 것이다. 또한, 주식회사는 정치적인 특권을 통해 독점력을 행사하면서 시작되었다. 애덤 스미스는 자유롭게 거래하고 기업들이 경쟁하는 이상적인 시장을 상상했을지 모르지만, 현실은 그렇지 않았다. 19세기 후반 이후 비약적으로 자본주의가 발전했을 때에도 역시 트러스트와 독과점이 시장을 장악했다. 지금도 이러한 현상에는 별 차이가 없다.

　자본주의는 국가의 공권력과 법이 없이는 유지될 수 없다. 법으로 계약을 강제하고 이탈자를 공권력으로 단죄해야 한다. 얼핏 당연하다고 생각할 수도 있지만, 경제학의 주장과는 달리 자본주의가 인간의 본성에서 비롯된 자연스러운 결과물이 아님을 보여 주는 것이다.

　경제와 정치는 분리하여 생각할 수 없다. 우리는 가끔 경제 논리를 정치 논리와 분리하자는 얘기를 듣곤 하지만, 그때의 경제 논리는 말하는 이들에게 유리한 경우에만 사용되는 정치 논리에 불과한 경우가 많다. 정부 정책이나 법의 결정이 누군가에게 더 이익이 되고 다른 이에게는 손해가 된다면, 그 의사 결정은 경제적이면서 동시에 정치적이다. 국가의 법과 공권력은 자원과 산출물을 어떻게 나눠 가져야 하는지에 개입한다. 어떻게 개입하느냐에 따라 자원의 배분이 달라진다. 즉, 정치적 의사 결정은 그대로 경제적 의사 결정이 된다. 시장은 법이 정해 준 울타리 안에서 운영되고, 법은 정치적인 결정으로 제정된다. 정치적 결정은 사람들의 사고방식과 믿음의 영향을 받는다. 바로 여기에 교육이 중요한 이유가 있다.

때로는 법보다 공권력을 어떻게 사용하느냐가 더 중요할 수 있다. 노동자를 보호하는 법이 있어도 자본가를 옹호하는 국가 권력이 그에 반하여 사용되는 경우가 종종 있다. 또한, 기득권엔 너그럽고 가난한 사람에게는 가혹하게 공권력을 사용하는 경우도 자주 목격된다. 국가 권력은 공권력 사용의 왜곡을 사회 안정과 경제 발전으로 정당화한다. 법의 제정과 공권력의 사용 모두 정치적인 결정이면서 동시에 경제적인 모티브와 별도로 생각하기 어렵다.

경제학은 원래 정치경제학(political economy)이라는 이름으로 불렸다. 정치경제학은 도덕철학(moral philosophy)에서 유래하는데, 자본주의 경제학자의 시조라 불리는 애덤 스미스 역시 도덕철학자였다(이때의 도덕은 지금 우리가 생각하는 '도덕성'의 의미보다는 '실천적' 의미가 강하다). 19세기의 대표적인 경제학 교과서인 존 스튜어트 밀의 책 제목 역시 『정치경제학 원론*Principles of Political Economy*』이었다. 정치경제학에서 정치를 떼어 경제학으로 바꾼 것은 19세기 말 신고전학파에 의해서였다. 마셜의 『경제학 원론』은 밀의 『정치경제학 원론』을 대체했다. 신고전학파는 경제를 사회와 정치에서 분리하여 독립적인 수학적 모형으로 재구성했고, 오늘날의 경제학은 그 전통을 이어받은 것이다. 정치경제학이란 명칭은 이제는 경제학의 의미로서가 아니라, 마르크스 경제학이나 정부의 정책 관련 경제학이라는 의미로 사용되고 있다. 그러나 현실에서 경제는 언제나 정치경제다.

## 시장

경제학에서 시장은 재화가 자유롭게 교환되는 곳이고, 모든 교환은 시장에서 이뤄진다고 명시적 혹은 암묵적으로 가정한다. 우리는 이 가정이 역사적인 사실과 맞지 않음을 알고 있다. 과거에 시장 거래는 제한적으로 이루어졌고, 종종 전쟁이나 폭력과도 연결되었다. 경제학에서 상상하듯이 시장 거래는 자연스럽고 평화스러운 것이 아니었다.

자본주의 사회에서 시장은 물론 중요하다. 그러나 현대 자본주의 사회에서 시장 거래가 아닌 재화의 이전은 여전히 중요하다. 현대의 선진국에서는 복지 정책이 사회를 유지하는 데 필수적인 정책이다. 현대의 선진국에서 순수한 자본주의는 존재하지 않는다. 정도의 차이는 있지만, 선진국에서는 자본주의와 사회주의가 결합한 형태로 운영된다. 사회복지와 사회보험 등의 정책은 과거 왕이나 신전에 의한 재분배의 현대적 변형이다. 더욱이 자본주의의 꽃이라고 할 수 있는 기업 내부에서도 시장 거래로 물건이 교환되지는 않는다. 이는 경제학에서도 이미 밝혔지만, 명령 체계와 권위적 의사 결정에 의해서 재화가 이전된다. 권위에 의한 재분배는 현대 자본주의에서도 필수적이다. 이와 더불어 상호성에 의한 재화의 이전 역시 무시할 수 없다. 선물이나 대접, 심지어 뇌물에 이르기까지 거래가 아닌 장기적인 상호성에 따라 재화가 이전된다. 이러한 사실을 무시하고 시장 거래만을 강조하는 것은 자본주의의 모습을 제대로 보지 못하는 것이라 할 수 있다.

일반적으로 시장이라 할 때에는 직접 소비의 대상이 되는 상품 시장만을 떠올리기 쉽다. 그러나 역사적인 관찰은 금융 시장과 노동 시장이야말로 자본주의의 특징적 시장임을 보여 준다. 자본주의 이전에는 거래의 대상으로 여기지 않거나 자연의 선물이라고 여겨졌던 화폐, 노동, 토지가 허구적 상품으로서 시장 안으로 편입됨으로써 자본주의가 제 모습을 갖추게 되었다.

경제학은 두 가지 상반된 시각으로 금융 시장을 바라본다. 경제학이 상정하는 이상적인 경우에 금융은 근본적인 역할을 하지 못한다. 모든 사람이 실질적인 가치를 정확히 인지하고 계약과 거래를 하기 때문이다. 금융은 그저 교환의 매개체와 가치 저장의 수단 이외에 본질적인 역할을 하지 못한다. 금융 자산의 가격은 언제나 정확한 실질가치를 반영한다. 이러한 시각은 애덤 스미스로부터 현대의 통화주의와 효율적 금융 시장 이론으로 이어진다.

한편, 경제학의 또 다른 시각에서는 금융과 실물 사이의 괴리에 주목하고 금융이 실물 경제에 주는 영향에 관심을 갖는다. 물론 이 시각에도 다양한 스펙트럼이 존재한다. 이기적 합리성이라는 가정 안에서 정보의 부족이나 비용 발생 등으로 금융이 실물에 영향을 준다고 보는 것은 현대 경제학의 주요 흐름에 속한다. 또한 케인스주의나 행동경제학과 같이, 그 괴리를 사람의 비합리성에 기인하거나 혹은 일종의 함정에 빠진 상황이라 간주하고 이에 대한 처방을 내리고자 하는 시각이 있다. 또 다른 시각은 금융을 자본주의의 본질로 간주하는 것이다. 이 접근법은 마르크스 경제학이나 사회학 등에서 중요하게 받아들여진다. 금융은 자본주의의 근간이면서 동시에 자본주의의 모순을 함축하는 것이기도 하다. 이 시각에 따르면, 개인은 화폐로 표시된 부를 무한히 추구하고, 기업은 화폐로 표시된 이익을 무한히 추구한다. 투자자는 화폐 자본을 기업에 투자하고 투기적 이익을 추구한다. 이 과정에서 과잉 생산과 무리한 투기가 성행하고, 금융 시장은 거품과 거품 붕괴가 반복되고, 실물 경제는 호황과 불황을 반복한다.

역사적으로 금융 시장은 도덕적 해이와 투기를 근간으로 형성되었다. 경영진의 도덕적 해이 때문에 주식 시장이 네덜란드에서 개설되었고, 그 이후로 줄곧 투기가 반복되었다. 이 현상은 세계의 모든 주식 시장에서 공통으로 관찰된 현상이고, 여전히 일어나고 있다. 간혹 투자와 투기는 다르다고 주장하기도 하나, 그저 심정적으로 금융 시장을 옹호하기 위한 것일 뿐 이론적 근거가 있는 것은 아니다. 미래의 불확실성에서 이익을 얻으려 한다면 그것은 투자이면서 투기다. 20세기 중반 이후 급격히 성장해 온 파생상품 시장에 이르면, 투자라는 말을 꺼낼 수조차 없다. 경제학에서도 파생상품 시장이 존재하기 위해서는 투기자(speculator)가 있어야 함을 공공연히 주장한다. 금융 시장에서 수요와 공급이 정상적으로 존재하지 않으면 시장 조성자(market maker)가 중간에 끼어들어 거래를 대신한다.

더욱이 금융 시장은 도덕적 해이뿐 아니라 역선택과 같은 정보 비대칭 문제를 떼 놓고서는 제대로 이해할 수 없다. 정보 비대칭이 시장 실패를 유발하는 주요 원인이 됨은 이미 앞에서 본 바와 같다. 그런데 역설적으로 금융 시장의 중요성은 정보 비대칭에 있다. 모든 사람이 제대로 된 정보를 알고 있는 이상적인 세상의 금융 시장은 단순한 자금 흐름의 장이라는 것 외에는 그 중요성이 없다. 금융 시장의 중요성이 진정으로 드러날 때는 정보 비대칭 때문에 자금 수요자가 자금 공급자보다 사업 내용을 더 잘 알고 있을 때이며, 또한 자금 공급자가 다른 사람보다 자금 수요자에 대해 더 잘 알 수 있을 때다. 그러나 바로 이 정보 비대칭이 금융 시장의 실패로 이어진다는 것은 금융 시장의 태생적인 모순이다. 금융 시장은 경제학에서 생각하는 시장의 모습, 즉 수요와 공급이 보이지 않는 손에 의해 균형 가격을 찾아가는 그러한 효율적인 시장과는 거리가 멀다.

노동 시장에서도 정보 비대칭 문제가 중요하다. 노동자와 고용주 사이의 정보 비대칭 문제는 경제학에서 많이 연구된다. 그러나 무엇보다도 노동 시장의 특수성은 노동이 인격과 분리될 수 없으므로 발생한다. 일반 상품의 경우 수요가 없으면 생산자는 판매를 포기하면 되지만, 노동력에 대한 수요가 없어서 판매를 포기하면 노동자는 실업자가 되고 누군가 도움을 주지 않는다면 그는 굶어 죽게 된다. 실업자 구제는 일반적으로 국가가 사회복지 차원에서 실시한다. 실업자를 국가가 구제해 주지 않는다면 그 사회는 안정적으로 유지되기 어렵다. 역사적인 관찰에 따르면 민중들이 극심한 고통에 시달리면, 결국 폭동과 반란으로 이어져 왕조가 바뀌는 실마리를 제공했다. 결국 자본주의는 국가의 법과 공권력 등의 강제력과 더불어 사회복지 제도를 통해서 유지되고 있다. 그럼에도 불구하고 정부와 복지 제도 등이 마치 자본주의에 해악을 끼치는 것처럼 간주되는 것은 아이러니가 아닐 수 없다.

## 효용과 기업 이익

일반적으로 경제학에서 개인의 행동은 그의 재산인 부 자체가 아니라 부에 따른 만족도를 표시하는 효용함수를 최대로 올릴 수 있는 방향으로 결정된다. 부가 증가함에 따라 만족도도 증가하므로 효용함수 역시 증가하는 모양을 띠지만, 그 증가의 크기는 점차 감소한다. 자본주의에서의 개인은 돈을 많이 버는 것이 목표인데, 왜 부 자체가 아니라 효용함수를 중심으로 얘기하는 것일까? 왜냐하면 궁극적인 개인의 행복은 부 자체가 아니라 그 부에서 느껴지는 만족도여야 하기 때문이다(효용이 행복을 측정하는 최선의 지표인지에 대한 논의는 제외하자). 또한, 불확실성이 존재할 경우 평균적인 기대 부(expected wealth)를 가지고 의사 결정을 하면 상트페테르부르크의 역설과 같이 논리적으로 받아들이기 어려운 상황이 생기기 때문이기도 하다. 상트페테르부르크의 역설은 무한대의 기대 상금을 가진 도박임에도 불구하고 많은 돈을 지급하면서까지 도박에 참여하지는 않는 상황을 보여 준 예다.

사회과학에서 효용의 개념은 18세기 말 제러미 벤담에 의해 고통이나 행복을 나타내는 데 사용되었고, 이것을 경제학자 윌리엄 스탠리 제본스(William Stanley Jevons) 등이 이용하면서 19세기 말 신고전학파 경제학에 채택되었다. 그 결과, 경제학 원론에 나오는 소비자의 의사 결정은 확실성 아래서든 불확실성 아래서든 효용함수를 중심으로 논의한다. 효용과 화폐적 부의 차이는 재산이 증가할 때 효용이 증가하기는 하지만 그 증가의 정도는 작아진다는 점에 있다. 효용함수 또한 끝없이 증가한다는 점에서 여전히 탐욕스러운 인간을 가정하긴 하지만, 부가 증가함에 따라 탐욕의 정도가 그나마 점점 줄어드는 모습을 나타낸다.

그런데 기업의 의사 결정으로 넘어가면 효용함수가 사라진다. 기업이 최대로 하려는 목적함수는 그저 이익이거나 기업가치 혹은 주가가 된다 (이들 목적함수에 대한 논의는 나중에 한다). 가치를 평가할 때 어찌 되었든 화폐가치로 표시된 부를 극대화한다. 화폐적 부를 목적함수로 한다는 것은 부의 증가에 따라 만족도가 같은 양으로 증가함을 의미한다. 즉, 한계효용이 감소하는 현상이 일어나지 않는다. 따라서 경제학에서는 기업이 개인보다 더 탐욕적으로 행동하는 것을 암묵적으로 받아들이고 있다.

그런데 개인의 경우와 달리 기업의 경우에 한계효용이 체감하는 효용함수 대신 화폐적 부를 목적함수로 사용하는 것은 정당화되는 것일까? 제일 먼저 생각해 볼 수 있는 것은 기업은 사람과 다르다는 점이다. 기업은 법인으로서 그 자체로 독자적인 인격을 가지므로 개인과는 다른 효용함수를 가질 수도 있다. 그러나 이러한 주장은 별로 설득력이 없다. 독자적인 인격을 가졌다고 해서 화폐적 부가 일반적인 효용함수를 대체해야 할 근거는 없기 때문이다.

경제학에서 애용하는 정당화로 '피셔의 분리 정리(Fisher's Separation Theorem)'가 있다. 이 정리에 따르면, 주식회사의 소유주인 주주들의 각자의 소비에 대한 선호 체계는 다를 수 있지만, 누구든지 기업가치를 최대로 하는 것을 바라기 때문에 기업의 효용함수는 화폐적 부로 표시되어도 된다는 것이다. 그러나 이 피셔의 분리 정리를 근거로 화폐적 부를 기업의 효용함수로 사용하는 것은 여전히 문제가 있다. 무엇보다도 피셔의 분리 정리 자체가 이상적인 완벽한 시장에서만 성립하는 것이기에, 현실과는 동떨어진 주장이다. 설혹 피셔의 분리 정리가 성립한다고 해도 화폐적 부가 기업의 효용함수가 되어야 하는 것은 아니다. 개인들 역시 많은 부를 가질수록 만족도가 올라간다는 것이 경제학의 기본 가정이다. 그렇다고 화폐적 부로 개인의 효용함수를 대체하지는 않는다.

경제학이 사용하는 또 다른 정당화는 기업, 특히 상장된 주식회사의 소유주인 주주의 위험에 대한 선호도와 관련이 있다. 이에 따르면, 주주들은 (마코위츠의 포트폴리오 이론에서처럼) 금융 자산에 대한 분산 투자 등으로 위험을 줄일 수 있기 때문에 불확실성을 그다지 싫어하지 않는다. 경제학 용어로 이를 위험 중립적이라고 한다. 위험 중립적인 주주의 효용함수는 화폐적 부로 표시 가능하다. 따라서 주주의 성향은 위험 중립에 가까우므로 화폐적 부로 효용함수를 표시해도 무방하다는 것이다. 이러한 주장은 모순을 내포하고 있다. 주가가 정해질 때, 주주의 할인율로 미래의 현금 흐름을 할인하게 되는데, 이때 할인율은 주주는 위험을 싫어한다고(즉 위험 회피적이라고) 가정해서 정해진다. 또한 채권의 이자율은 그 위험의 정도에 따라 달라진다. 주주나 채권자 등의 투자자가 위험 중립적이라면 위험은 주가나 이자율에 영향을 미치지 않아야 한다. 따라서 주주가 위험 회피적이면서 동시에 위험 중립적이라고 가정하는 것은 모순이 된다.

이렇듯 모순을 안고 있음에도 불구하고 경제학에서 기업의 목적함수는 화폐적 부로 표시된다. 이제 자본가의 줄어들지 않는 탐욕이 기업가치와 주가라는 옷으로 가려졌다. 슘페터가 목도한 금융의 무한 확장성은 기업의 목적함수에 반영되었다.

## GDP

GDP는 국내총생산(Gross Domestic Product)의 약자이다. 한 나라에서 1년 동안 생산한 재화의 총가치를 측정하기 위한 지표로 그 나라가 창출한 부를 나타낸다. 일반적으로 GDP를 기준으로 세계 각국의 경제 규모 순위를 매기곤 한다. 또한 GDP의 증가율은 각국의 경제성장률을 측정하는 대표적인 지표가 된다. 그만큼 중요하게 사용되는 지표이기에 거시경제학 교과서의 앞부분에 소개되는 개념이기도 하다.

모든 지표가 그러하지만, GDP 역시 여러 가지 문제점을 내포하는 지표다. 특히, 최근에 GDP와 국민의 행복도나 생활의 질의 괴리가 심해지면서 GDP에 대한 많은 비판이 일고 있음은 많이 알려진 사실이다. 대표적인 학자로 스티글리츠(Joseph Stiglitz)를 들 수 있다(Stiglitz, 2009).

이들의 주요 비판은 다음과 같다. 원래 GDP는 창출한 시장가치를 측정해야 하는데, 정부의 지출은 시장 가격을 측정하기 어렵기에 지출액 자체를 창출한 가치로 간주된다. 이에 따라 정부 지출은 효율성 여부와 상관없이 지출하는 그대로 GDP에 반영되어 증가한다. 따라서 정부가 불필요한 비용 지출을 하더라도 GDP가 증가하는 문제가 발생한다. 또 다른 비판은 GDP에 포함되는 가치가 생활의 질을 제대로 측정하지 못한다는 점이다. 대표적인 예가 의료비다. 사람들이 덜 아파서 의료비를 적게 지출하면 생활의 질은 올라갈 것이다. 그러나 많은 사람이 아파서 의료비를 많이 지출하게 되면 GDP는 오히려 증가한다. 생활의 질이 떨어짐에도 불구하고 GDP는 증가하는 것이다.

GDP에 대한 또 다른 비판은 소득의 불평등이 반영되어 있지 않다는 것이다. GDP는 시장가치의 단순 합으로 계산되기 때문에 한 사람이 100만 원의 가치를 창출하든 100명이 1만 원씩 창출하든 GDP는 동일하게 계산된다. 창출한 가치는 그 사람의 소득이 되기에, 만약 GDP만이 중시되면 소득이 낮은 빈곤 계층에 대한 고려는 상대적으로 무시될 수 있다. 소득의 불평등은 사회 불안의 주요 원인이므로, GDP를 중요하게 여기는 성장주의자와 불평등에 관심을 갖는 분배주의자 사이의 정치적인 대립이 종종 관찰된다. 이 대립은 특히 경제 상황이 안 좋을 때 심해진다.

또 다른 중요한 비판은 GDP는 외부 효과(externality)를 측정하지 못한다는 것이다. 외부 효과란 기업의 재화 생산에 발생한 비용이 제대로 제품 원가에 반영되지 않을 때 발생한다. 대표적인 예는 공해 물질의 배출이다. 제조 과정에서 배출되는 공해 물질이 공장이 위치한 지역에 해악을 끼침에도 불구하고, 그 비용이 제대로 제조 비용에 반영되지 못한다. 그 결과 기업은 과도한 생산을 하게 된다. 구체적인 예를 들어 보자. 한 기업에서 플라스틱 제품을 만드는 데 50만 원의 원가가 들고 이 제품이 70만 원에 팔린다고 해 보자. 한편, 생산 과정에서 발생하는 공해로 인한 피해액이 100만 원이라고 해 보자. 사회 전체적으로 그 제품을 생산하는 데 드는 비용은 총 150만 원이다. 만약, 비용이 제대로 원가에 반영되었다면, 이 제품은 최소한 150만 원에 팔려야 하지만, 그럴 경우 70만 원이 매겨진 경우에 비해 수요가 매우 적거나 없을 것이다. 공해 비용이 기업에게 제대로 부과되지 않기에 기업은 50만 원만 제조 원가에 계상하고 70만 원의 가격을 받아 20만 원의 이익을 얻을 수 있다. 그 결과 생산량이 많아지고 공해는 많이 배출되어 사회적으로 바람직하지 않은 결과를 가져오게 된다. 더욱이 공해로 건강이 나빠져 병원 치료비가 들면 이는 GDP를 더욱 증가시키게 된다. 어떤 의미에서는 이 비판은 GDP 자체에 대한 비판이라기보다는 시장 가격에 대한 비판이라고 볼 수 있다. GDP는 시장 가격을 합산하기 때문에 외부 효과를 무시하는 약점도 있다. 외부 효과를 정확히 반영하기 위해서는 공해, 자원 고갈, 기후 변화의 영향 등 다양한 것들이 고려되어야 하지만, 이들의 시장 가격을 정하는 것은 어려운 일이다.

앞에서 정리한 GDP에 대한 비판 외에도 다른 측면에서 GDP와 관련된 문제를 생각해 보고자 한다. GDP는 시장에서 거래된 가치를 합친 것이다. 시장에서 거래되지 않은 것의 가치는 무시된다. 예를 들어 두 집이 서로의 집을 청소해 주고 10만 원씩 주고받으면 20만 원의 GDP가 증가한다. 그러나 각자의 집을 청소하면 GDP 증가는 없다. 이와 관련된 이슈가 전업 주부의 노동가치가 GDP에 반영되어야 하느냐이다. 주부가 가족을 위해 집안일을 한 것은 사회적으로 매우 중요한 일임에도 불구하고, GDP의 증가로 이어지지는 않는다. 혹자는 이를 두고 경제학은 여성에 대한 차별적인 학문이라고 비판하기도 한다. 어찌 됐든, GDP가 경제 규모를 측정하는 것으로 여기는 것은 경제=시장이라는 등식하에서만 성립한다. 이 시각은 전형적인 경제학의 시각을 반영하는 것이다. 화폐로 매개되지 않은 재화의 이동은 그 나라의 경제 활동에서 제외시키겠다는 것이다.

또 하나의 이슈는 앞에서도 언급한 바와 같이 GDP가 시장 가치를 단순히 합한다는 것이다. 이는 공리주의(utilitarianism)적인 접근법이다. 그러나 경제학에서는 이미 개인의 만족도는 화폐가치가 아니라 효용으로 측정해야 한다고 밝히고 있다. 더 나아가 효용의 단순 합은 의미가 없다고 한다. 따라서 화폐가치를 합산하는 GDP 계산은 국가의 만족도를 측정할 수 없다. 그 결과, GDP가 소득 불균형이나 행복도를 반영하지 못하는 것은 당연해 보인다. 국가 전체의 행복도를 측정하고자 한다면 어쩔 수 없이 어떤 형태로든 합산의 절차를 밟아야 하겠지만, 그나마 정확한 방법은 한계효용 체감의 법칙을 반영하여 높은 소득의 효용값은 상대적으로 낮은 가중치를 주어야 할 것이다. 화폐가치의 단순 합으로 계산된 GDP는 기업가치 극대화에서 본 바와 같이 화폐와 금융의 무한한 확장성을 반영한 결과다.

그렇다고 해서 GDP 계산 자체를 바꾸자는 것은 아니다. 하나의 지표가 모든 것을 측정해야 하는 것은 아니기 때문이다. GDP는 시장에서 거래된 재화의 가치를 측정하는 것으로서 의의가 있다. 그러나 GDP가 측정하는 것과 측정하지 못하는 것을 정확히 아는 것은 중요하다. GDP나 경제성장률만이 전부인 것처럼 착각해서는 안 된다는 것이다. GDP가 측정하지 못하는 것들은 다른 지표를 개발해 반영하면 될 것이다.

사실상 이러한 비판을 수용하여 국가 행복도를 측정하고자 하는 노력들이 시도되고 있다. 흥미로운 지표로 국가총행복(Gross National Happiness, GNH)이 있다. 이는 1970년대에 부탄에서 개발한 지표다. GNH 계산은 GDP처럼 계량화가 명료한 것은 아니지만, 경제적 만족, 환경적 만족, 육체적 만족, 정신적 만족, 직업적 만족, 사회적 만족, 정치적 만족을 정량적이거나 정성적인 방법을 통해 산출한다.

영국의 심리학자인 화이트(Adrian White)가 작성한 세계행복지도(World Map of Happiness)도 매스컴을 통해 잘 알려진 지표이다. 참고로 2006년 발표된 이 지도에 따르면 우리나라의 행복도 순위는 102위였다. 덴마크, 스위스, 오스트리아, 아이슬란드, 바하마, 핀란드, 스웨덴, 부탄, 브루나이, 캐나다가 순서대로 상위 10위를 차지했다. 국가총행복 지표를 주창한 부탄이 8위에 오른 것도 흥미롭다. 선진국 중에서는 사회복지가 발달한 나라들이 상위권에 속해 있다.

또 다른 지표로는 유엔개발계획(United Nations Development Programme, UNDP)에서 발표하는 인간개발지수(Human Development Index, HDI)가 있다. 이 지수는 소득뿐 아니라 교육과 기대 수명에 대한 정보를 혼합하여 만든 것이다. 2013년 기준으로 노르웨이, 호주, 미국, 네덜란드, 독일이 1위부터 5위까지를 차지하며, 한국은 12위에 올라 있다. 국가 내 불평등성을 고려한 지표인 불평등 조정 인간개발지수(Inequality-Adjusted HDI)는 한국이 28위를 차지해 한국의 불평등성이 심한 상태임을 간접적으로 보여준다. 참고로 미국 역시 16위에 불과함을 확인할 수 있다.

종전 지표의 문제점을 보완하려는 시도들이 계속되고 있으나, 이 새로운 지표에도 많은 논란이 있고, 아직 정착되지는 않은 듯하다. 이들 노력이 어느 정도의 성과를 거둘지는 좀 더 지켜봐야 할 듯하다.


## 효율성

효율성은 경제경영학에서 여러 의미로 사용되는 개념이다. 상식적으로는 투입 대비 산출이라는 개념에 제일 가깝게 받아들여진다. 즉 어떤 일에 들어간 노력이나 비용에 비해 그 결과로 얻게 되는 보람이나 수익이 높을수록 효율이 높다고 한다. 경영학에서 경영이나 업무의 효율성을 높이라고 할 때의 효율성 개념이 이에 해당한다. 일반적으로 "효율적으로 일을 해라"라고 말할 때 사용하는 개념이다. 경제학자들은 다른 의미로도 효율성을 언급하는데, 그중 하나는 정보의 효율성이고 다른 하나는 분배의 효율성이다. 정보의 효율성은 '효율적 시장(efficient market)'이라고 할 때 사용되는 의미인데, 한 시장이 효율적이라고 할 때에는 그 시장 내 재화의 가격이 관련 정보를 제대로 즉각 반영하는 때를 의미한다. 주로 금융 시장과 관련되어 효율성을 말할 때 자주 등장하는 개념이다.

여기서 필자의 관심은 또 다른 개념인 분배의 효율성에 있다. 분배의 효율성이란 분배 방법이 얼마나 제대로 되었는가에 관심을 갖는 것으로서, 경제학자들이 사용하는 대표적인 분배의 효율성 지표로는 파레토 효율(Pareto efficiency)이 있다. 하나의 분배 방법이 파레토 효율적이라고 할 때는, 그 분배 방법을 바꿔 다른 방법으로 재분배하게 되면 누군가는 반드시 불행해지는 경우를 말한다. 뒤집어 생각해 보면, 현재의 분배 방법이 파레토 효율적이지 않으면, 그 분배 방법을 적당히 바꾸면 모든 사람을 더 행복하게 해 줄 수 있는 경우다. 그렇게 새로운 방법으로 분배를 다시 해서 모든 사람이 현재보다 더 행복해지게 되면 이를 파레토 개선(Pareto improvement)이라고 부른다.

파레토 효율은 시장이나 정부의 실패를 판단하는 중요한 잣대가 된다. 경제학이 바라는 대로 시장이 제대로 작동한다면 시장에 의한 분배는 파레토 효율적이어야 한다. 그러나 경쟁의 불완전성이나 정보 문제, 외부 효과 등으로 시장이 제대로 작동하지 않으면 분배는 파레토 효율적이지 못하게 되며 이 경우를 시장의 실패(market failure)라고 부른다. 이는 정부의 정책에도 마찬가지로 적용할 수 있는데, 정부의 정책에 의한 분배가 파레토 효율적이지 못하면 이는 정부의 실패라고 불릴 수 있다. 따라서 파레토 효율은 어떤 분배 방법이 사회적으로 바람직한지를 판단하는 중요한 기준이 된다. 현실적으로 파레토 효율적인 방법이 없다고 해도 상대적으로 더 효율적인 방법을 찾는 것이 분배 방법의 선택 기준이 될 것이다.

그런데 흥미롭게도 파레토 효율에는 약간의 변종이 존재한다. 파레토 효율의 개념은 원래 배분에 대한 것이지만, 종종 사회 구성원이 나눠 가지게 될 전체 파이의 크기만을 중심으로 논의되곤 한다. 이러한 사고는 전체 파이가 크면 각자에게 돌아갈 몫도 커진다는 가정하에서 정당화된다. 각자에게 더 큰 몫이 돌아간다면 이는 파레토 효율이 증대된 것이기 때문이다. 각자에게 더 큰 몫을 분배하는 것은 시장의 능력 밖인 경우가 많다. 경제학에서도 인정하고 있듯이, 이상적인 시장에서조차 원하는 파레토 효율적인 분배를 위해서는 정부의 권위를 이용한 재분배 정책(세금 부과와 보조금 지급)이 필요해진다. 하물며, 현실 경제에서야 더 말할 필요가 없을 것이다. 따라서 전체 파이의 크기가 커진다는 이유로 하나의 정책을 옹호한다면 이는 반쪽짜리 논리인 것이다. 전체 파이가 커진다고 해서 그 자체로 모든 구성원이 손해를 보지 않는 것은 아니다. 정부의 정책이 사회 구성원에게 돌아갈 몫의 크기를 바꾼다면, 정부는 단순히 전체 파이의 크기뿐 아니라 분배에까지도 신경을 써야 마땅하다.

분배보다 전체 파이 크기에 신경을 쓰는 것은 우리가 지금까지 보아 왔던 것처럼 자본주의의 공리주의적인 접근과 다름없다. 또는 그 정책으로 인해 이익을 보는 이해관계자들이 자신의 속내를 감추기 위해 전체 파이의 크기에 집중하여 주장하는 경우일 수도 있다. 사실상 정부의 재분배 정책은 나중에 실시되는 것이기에 제대로 된 재분배 여부는 불확실하다. 정부의 정책이 전체 파이의 크기에 기반을 두고 결정되기 위해서는 정부의 재분배가 전제되어야 할 뿐만 아니라, 정부가 그 약속을 지킬 것이라는 믿음이 있어야 할 것이다.

## 기업 이론

경제학에서 기업 이론은 대체로 코스의 이론을 기본으로 삼는다. 코스의 기업 이론은 생산 과정에서 발생하는 시장 거래 비용을 줄이기 위해서 기업이라는 조직을 만들어 거래를 내부화한다는 것이다. 물론 기업의 운영에도 관료적 의사 결정 과정의 비용이나 도덕적 해이와 같은 정보 비용이 드는데, 이들도 기업의 거래 비용이라고 하자. 따라서 기업 내부의 거래 비용과 시장 거래 비용의 경중을 비교하여 기업의 크기나 범위가 정해진다.

코스의 거래 비용은 기업을 이해하는 데 중요한 시각을 제공한다. 그럼에도 불구하고 코스의 기업 이론은 역사적인 관찰과 부합하지 않는다는 단점이 있다. 코스의 이론을 다시 살펴보자. 이론의 시작은 시장이다. 생산 과정에서 시장이 존재하고, 그 시장에서는 거래가 존재한다. 거래에 비용이 들기 때문에 그 비용을 줄이는 방법으로 기업이 만들어졌다는 것이다.

그런데 초창기 주식회사인 네덜란드나 영국의 동인도회사가 과연 시장의 거래 비용을 줄이기 위해 만들어졌을까? 그 이전의 기업 조직인 조합이나 파트너십이 시장의 거래 비용을 줄이기 위해 만들어졌을까? 코스 이론의 한계는 무엇보다 시장 거래의 존재를 당연시했다는 데에 있다. 이는 시장 거래가 인간의 본성에서 비롯됐다는 경제학적 전제를 바탕으로 한다. 그러나 역사적으로 기업은 시장이 없는 상황에서 만들어졌다. 과거에 시장은 어디에나 존재하는 것이 아니었다. 시장 내의 거래에만 비용이 드는 것이 아니라 시장 제도 자체가 비용이 들고, 시장 제도는 자연스러운 인간의 본성에서 나오는 것이 아니라 정치적, 문화적 산물이기도 하다. 기업이 만들어진 가장 큰 이유는 협동이다. 혼자서 수행하기 어렵거나 필요한 자본을 제공하기 어려울 때 여럿이 힘을 합하려고 기업이나 조직이 만들어졌다. 이는 지극히 상식적이기도 하지만 기업의 본질을 말하는 것이기도 하다. 협력이 필요하다는 것이 시장을 전제로 하는 것은 아니다.

시장의 거래 비용 때문에 기업이 만들어지고 기업이 시장을 대체한다는 코스의 이론은, 제조 과정에서 시장이 존재하는 경우 기업의 존재 의의와 범위를 이해하는 데 중요한 시각을 제공한다. 종종 우리는 시장이 당연히 존재하는 것으로 생각해서 코스의 이론이 보편적으로 성립하는 것처럼 느끼기 쉽다. 현대의 경제에서는 시장이 만연해 있어 더욱 그러하다. 그러나 기업은 협동과 계약의 주체로서 존재했고, 이는 시장이 있기 전에도 마찬가지였다. 코스의 이론은 보편적인 기업의 본질을 설명한다기보다는 20세기 이후의 경제 환경에 맞춰져 개발된 논리이다.


## 기업의 목표

경제경영학에서 기업의 목표는 이익 극대화나 기업가치 혹은 주가의 극대화로 묘사한다. 기업은 법적으로 인격이 부여된 조직이기에 사회에 공헌해야만 그 존재의 정당성이 인정된다. 기업가치나 주가의 극대화는 그 자체가 사회에 대한 공헌을 의미하지는 않아서 기업의 목표에 대한 정당화가 필요하다. 경제경영학은 기업이 이익이나 가치를 극대화하면 당연히 사회에 좋은 것이라고 주장한다. 이 주장의 원천은 이기심이 사회에 도움이 된다고 주장했던 애덤 스미스의 『국부론』까지 거슬러 올라간다. 그래서인지 경제경영학에서는 이를 그리 심각하게 논의하지 않는다. 그러나 최근 관심을 받는 사회적 책임, 사회적 기업(social enterprise) 그리고 지속 가능성(sustainability) 등의 논의는 그동안 경제경영학이 당연하다고 여겨 왔던 것이 당연하지 않을 수 있음을 보여 주는 것이다.

우리는 앞에서 경제경영학이 어떻게 가치/주가 극대화와 사회 공헌도 극대화를 동일시할 수 있는지 간단히 살펴보았다. 기업은 노동자를 고용하고 재료를 구매하여 제품을 만들고 이를 시장에 팔아 수익을 올린다. 수익에서 비용을 빼면 이익이 되는데, 여기에서 채권자에게 이자를 지급하고 세금을 낸 후 그 나머지가 주주에게 귀속된다. 이러한 기업 활동의 과정을 보면 소비자, 공급업체, 노동자, 정부, 채권자와 주주 등 다양한 이해관계자들이 얽혀 있음을 알 수 있다. 경제학에서 기업가치란 자본가, 즉 채권자와 주주에게 귀속되는 몫의 가치를 의미하며, 주가란 주주에게 귀속되는 몫의 가치를 나타낸다고 할 수 있다. 따라서 기업가치나 주가를 극대화한다는 것은 자본가나 주주에게 돌아가는 몫을 극대화한다는 뜻이 된다. 한편, 기업의 사회에 대한 공헌도를 나타내는 기업의 사회적 가치라는 것은 기업과 관련된 이해관계자들 전체에 귀속되는 몫이라고 할 수 있다. 따라서 기업가치를 극대화하는 것이 당연히 사회적 가치를 극대화하는 것은 아니다.

경제경영학에서 기업가치를 극대화하면 사회적 가치도 극대화된다고 주장하는 근거는 다음과 같다. 기업이 다른 이해관계자에게 손해를 입히는 것은 불가능하다. 그러면 그 이해관계자는 그 기업과의 관계를 끊을 것이기 때문이다. 예를 들어, 소비자는 다른 기업의 물건을 살 것이고, 노동자는 다른 기업으로 전직할 것이다. 채권자나 주주 등의 자본가가 자기 몫을 챙기기 위해서는 먼저 다른 이해관계자들을 만족시켜야만 한다. 즉, 다른 이해관계자들은 자기 몫을 미리 정확히 챙기기 때문에, 자본가는 다른 이들에게 손해를 입히면서 이익을 챙길 수는 없다. 그렇다면 자본가의 이익을 높이는 것은 사회 전체에 대한 공헌도를 높이는 것과 마찬가지다. 자본가에게 돌아가는 몫인 기업가치를 높이기만 하면 사회적 공헌도는 동시에 높아진다.

기업가치가 채권자와 주주의 두 자본가 집단에 돌아가는 몫의 가치라면 주가는 그중 주주에게만 돌아가는 몫의 가치다. 채권자와 주주 사이에도 같은 논리가 적용된다. 주주는 채권자에게 먼저 그들의 몫을 떼어 주고 나서야 자신들의 몫을 챙길 수 있다. 이런 의미에서 주주는 모든 이해관계자 중에서 가장 마지막으로 자기 몫을 가져가는 잔여재산 청구권자(residual claimant)로 불린다. 따라서 채권자에게 손해를 입히면서 주주의 이익을 챙길 수 없으므로, 주주의 이익을 증가시킨다는 것은 자본가 전체의 이익도 같이 증가시킴을 의미한다. 즉 기업가치의 극대화는 주가의 극대화와 같다. 이상의 논리에 따라 '사회 공헌도 극대화=기업가치 극대화=주가 극대화'라는 삼위일체의 등호 관계가 성립하고, 이것이 경제경영학에서 바라보는 기업의 목표다. 이 주장에 따르면, 기업은 주주만 바라보고 주가만 올리면 되는 것이지, 그 밖의 것은 그저 경영자의 집중을 흩트러뜨려 주가를 떨어뜨리고 사회적 공헌을 감소시키는 것이다. 예를 들어, 사회적 책임과 같은 이슈를 강조하는 것은 기업과 주식의 가치를 훼손시켜 사회적으로 바람직하지 않은 결과를 가져온다고 주장한다. 경영학에서도 가끔 사회적 책임을 강조하기도 하나, 그 속내를 보면 사회적 책임을 전략적으로 이용하여 장기적으로 주가를 올릴 수 있다는 것을 강조하고 있음을 알 수 있다.

그러나 이 논리는 그다지 설득력이 있어 보이지는 않는다. 경제경영학의 논리는 자본가를 제외한 이해관계자들이 자기 몫을 미리 정확히 챙기는 것을 전제로 한다. 그러나 노동자, 소비자나 부품 제공업체들이 자기 몫을 항상 제대로 챙긴다고 생각할까? 경제학에서 자기 몫이란 경쟁시장 아래에서 얻을 수 있는 가치를 말한다. 노동자 중 받은 임금에 만족하고 사는 노동자는 몇이나 될 것인가? 실업자는 자기 몫에 만족하는가? 독점 기업의 제품 가격에 소비자는 만족하는가? 경제학에서 가정하는 것은 언제나 완벽한 시장이다. 이 완벽한 시장에서는 누구나 모든 것을 정확히 알고 경쟁에서도 자기 몫을 정확히 챙기고, 그 결과에 언제나 만족한다. 이런 가정에서 기업의 이해관계자들 역시 자기 몫에 만족해야 한다. 완벽한 시장은 이론상으로나 존재하는 것이다. 그러나 완벽한 시장이 마치 현실에서도 적용된다고 착각하여, 기업가치나 주가를 올리면 사회적 공헌도도 같이 올라간다고 믿는 것은 얼마나 단순한 발상인지 모른다.

필자는 기업의 이해관계자들 중에서 (정부를 제외하고) 자본가야말로 자기 몫을 가장 잘 챙기는 집단이 아닌가 생각한다. 채권자나 주주는 전문가의 도움으로 계속해서 금융 시장을 모니터링하고, 맘에 들지 않으면 언제든 채권이나 주식을 팔아 다른 금융 자산으로 옮겨 갈 수 있다. 따라서 자기 몫에 가장 민감하게 반응하는 집단이다. 자본가는 기업의 인사권뿐 아니라 주요 의사 결정에도 영향을 미치는 집단이다. 그런데도 경제경영학에서의 자본가는 다른 이해관계자에 비해 상대적으로 보호해 줘야 할 연약한 존재처럼 비춰진다. 경제경영학의 논리를 따라가다 보면, 소비자나 노동자 등의 이해관계자들은 영악하게 자기 몫을 잘 챙기기 때문에 힘없는 자본가에게만 신경 쓰면 된다는 느낌을 지울 수 없다.

주가 극대화의 논리에는 또 다른 문제가 있다. 주가 극대화를 정당화하기 위해서는 주주가 잔여재산 청구권자라는 점이 주요 근거가 된다. 모든 다른 이해관계자가 그들의 몫을 가져간 뒤에 남는 것을 갖는다는 것은 얼핏 생각하면 맞는 얘기처럼 들린다. 손익 계산서를 보아도 주주 몫인 당기순이익은 최종적으로 남아 있는 이익을 말한다. 그런데 이러한 단순한 생각은 기업이 망하지 않는다는 전제하에서만 성립한다. 주식회사에는 애덤 스미스가 특혜라고 비판한 유한책임제가 적용된다. 주주는 자신의 투자 금액을 한도로 유한책임을 진다. 따라서 기업의 부실 정도가 심해서 기업의 총가치가 기업의 채무보다 작은 사태가 일어난다면, 채권자는 그 차이를 떠안을 수밖에 없다. 이때의 채권자란 단순히 자금을 빌려준 자본가뿐 아니라 기업에 자신의 노동을 투자한 노동자도 포함한다. 기업이 문을 닫으면 노동자는 현재 소득뿐 아니라 미래 소득의 감소를 포함한 엄청난 손해를 입는다. 그런데 기업이 문을 닫을 때 이러한 피해액은 고려되지 않는다. 설혹 노동자도 기업을 망하게 한 책임을 같이 져야 한다고 할 수도 있지만, 실질적으로 의사 결정을 하는 경영진과 일반 노동자는 다르며, 의사 결정을 좌지우지하는 대주주는 여전히 유한책임의 보호를 받을 수 있음을 상기하자. 주주가 유한책임제에 의해 보호받는다는 것은 주주가 반드시 잔여재산 청구권자라고 할 수 없음을 의미한다. 정작 기업이 곤경에 처해 있을 때 실질적인 잔여재산 청구권자는 채권자와 노동자가 된다. 더욱이 경영진과 노동자들은 기업의 이익에 따라 인센티브를 받는 경우가 많다. 따라서 기업이 망하지 않는다 해도 경영진과 노동자는 주주와 더불어 잔여재산 청구권자의 지위를 공유한다.

주가 극대화라는 기업의 목표는 이렇게 취약한 논리 위에서만 정당화될 수 있다. 이해관계자들이 자기 몫을 정확히 미리 챙겨가고 난 후 남은 나머지를 주주가 마지막으로 가져간다는 논리는, 완벽한 시장에서 망하지 않는 기업의 경우에만 해당한다. 그런데 여기에 흥미로운 사실이 있다. 경제경영학의 이상적인 완벽한 시장을 받아들인다고 할 때, 정말로 주가의 극대화만이 정당화될까? 코스의 정리를 다시 떠올리자. 코스의 정리란 완벽한 시장에서는 계약 내용과 상관없이 가장 효율적인 (그래서 총가치가 같은) 결과가 나온다는 것이다. 따라서 완벽한 시장이라면, 주가의 극대화가 아니라 어느 이해관계자의 가치를 극대화하여도 총가치는 같다. 굳이 주가의 극대화만을 고집해야 할 이유가 없는 것이다. 경제경영학의 논리를 받아들인다면, 노동자 가치나 소비자 가치의 극대화를 반대할 이유가 없는 것이다. 그럼에도 불구하고 경제경영학의 논리가 마치 주가 극대화만을 정당화하는 것처럼 가르쳐지고 받아들여지는 것은 무슨 이유 때문일까?


## 기업가치

앞에서 기업의 목표로서 기업가치 극대화에 대해 고찰해 보았다. 지금부터는 기업가치 개념 자체에 대해 좀 더 생각해 보고자 한다. 기업가치는 기업 자체의 가치라는 뜻으로, 기업이 가지고 있는 유형무형의 자산 가치를 합한 것이다. 기업 자산의 가치는 결국 생산에 참여한 이해관계자들을 통해 사회에 귀속되는 가치이므로, 기업가치는 기업의 이해관계자들에 귀속되는 자산가치의 합과 같다고 이해할 수 있다. 그런데 경영학에서는 이와는 다르게 기업가치가 사용된다. 기업가치는 이해관계자 중 자본가에게 발생한 가치만을 의미한다. 즉 채권자와 주주에게 귀속되는 가치만을 기업가치라고 정의한다. 자본가 외에 다른 이해관계자는 기업의 개념에서 제외된다. 경영학에서 쓰는 기업가치의 개념은 사실상 기업가치로 불리는 것보다는 기업의 자본가적 가치라고 불리는 것이 더 정확한 표현이다.

　그런데 자본가만을 기업의 개념에 넣는 것이 정당할까? 여러 번 반복했지만, 원칙적으로 기업을 자본가만의 것으로 보는 것은 틀린 것이며, 이런 식으로 기업을 정의하는 것은 왜곡된 인식을 초래한다. 더욱이 일관된 시각도 아니다. 기업 소유권자의 관점으로 보면 주주에 귀속되는 가치를 보면 된다. 채권자는 소유권이 없다. 주주와 채권자를 합한 자본가의 개념은 기업에 화폐 자본을 제공한 주체를 말한다. 따라서 경영학에서 정의된 기업가치는 화폐 자본을 제공한 사람만을 기업과 동일시하겠다는 시각이다. 이는 주주와 채권자의 타협 산물이다. 주주는 소유권을 가지고 있긴 하지만, 주식회사 초창기를 거슬러 가면 은행의 화폐 자본에도 절대적으로 의지했다. 중앙은행이 국가 권력과 결탁하여 화폐 발행을 독점했고, 그렇게 발행한 화폐는 부채나 주식의 형태로 기업에 제공되었다. 비록 주식을 발행해 주식회사라고 불리긴 했지만, 사실상 주식은 투기의 대상으로 수요가 있었을 뿐 자본가가 선호한 자금 제공 방법은 안정적인 현금 흐름을 약속한 부채의 형태였다. 그러다 보니, 소유권자인 주주는 채권자를 무시할 수 없었고, 소유권자가 아님에도 불구하고 채권자는 사실상 소유권자와 비슷한 지위를 누리게 되었다.

　한편, 기업에 제공되는 자본이 화폐 자본만 있는 것은 아니다. 노동자는 노동 자본을, 정부는 공익 자본을 기업에 제공한다. 따라서 화폐 자본을 제공한 이해관계자만을 중심으로 기업가치를 계산하려는 것은 자의적인 선택일 뿐이다. 예를 들어 정부의 공익 자본을 포함한다면 기업가치는 다른 값을 갖게 될 것이다. 그럼에도 불구하고, 경영학에서는 '기업가치＝자본가가치'의 등식으로 가르치고 있다.

한편, 이러한 경영학적 접근법은 기업가치에 대한 약간의(혹은 심각한) 오해를 동반한다. 기업의 가치는 기업 내 자산의 총가치를 나타낸다. 그리고 경영학적 등식에 따라 이 기업가치는 자본가에게만 귀속된다. 자본가에게 손해가 되는 것은 기업가치를 감소하는 것으로 해석되고, 이는 다시 기업에서 사회로 귀속되는 가치가 감소하는 것으로 해석된다. 이러한 해석은 일반적으로 정확하다고 볼 수 없다. 경영학에서 정의되는 기업가치는 그저 자본가에게 귀속되는 가치를 말하는 것일 뿐, 사회에 귀속되는 기업의 가치를 나타내는 것은 아니다. 예를 들어, 세금을 줄일 수 있는 회계처리를 하면, 기업가치를 증가시키지만, 그만큼 세금이 줄기 때문에 사회 귀속 가치가 증가하는 것이 아니다. 만약 정부의 공익 자본(정부가치라고 부르자)을 포함해 기업가치를 재정의한다면, '기업가치＝자본가가치＋정부가치'라는 등호가 성립할 것이다. 세금을 줄인다는 것은 정부가치가 줄고 자본가가치가 증가하는 것이므로 전체 기업가치에는 변화가 없다. 또다른 예로, 노동자에게 지급되는 임금은 사회에 귀속되는 가치에는 포함되지만 자본가가치에는 감소 요인으로 작용한다. 따라서 임금을 올리면 기업가치가 감소하지만 사회 귀속 가치는 줄어들지 않는다. 더 나아가 노동자를 감원하면 기업가치가 증가할 수 있지만, 사회 귀속 가치는 감소할 수 있다.

경영학에서처럼 기업가치를 자본가에게 귀속되는 것으로만 정의하는 것은 가능한 일이다. 그러나 주의할 점은 기업가치의 증감이 사회 귀속 가치의 증감과 같은 것이 아니라는 것이다. 경우에 따라 이 둘의 방향이 일치할 수 있지만, 다른 경우에는 그렇지 않다.

## 기업의 사회적 가치

경제경영학에서 사용하는 기업가치가 자본가에게 귀속되는 가치만을 일컫는 것으로 쓰인다면, 사회에 귀속되는 가치를 측정하는 또 다른 지표를 생각해 보는 것도 의의가 있을 것이다. 이를 위해서 대차 대조표를 다시 생각해 보자. 대차 대조표는 왼쪽 차변과 오른쪽 대변으로 나뉘는데, 차변에는 자산 내역을 대변에는 부채와 자본 내역을 표시한다. 차변과 대변은 같은 가치를 가진다. 기업의 가치는 차변에 오는 자산의 가치를 의미하는데, 이는 대변의 부채와 자본의 가치를 합한 것과 같다. 부채란 채권자에게 귀속되는 가치를, 자본은 주주에게 귀속되는 가치를 나타내므로, 경제경영학에서의 기업가치는 채권자가치와 주주가치를 합한 값과 같다.

기업가치를 자본가가 아니라 사회에 귀속되는 가치로 보려면, 이 대차 대조표에 들어갈 항목을 재구성해야 할 것이다. 이렇게 재구성된 대차 대조표를 기존의 대차 대조표와 구분하기 위하여 '사회적 대차 대조표'라 부르고자 한다. 또한, 이렇게 구해진 기업가치를 '(기업의) 사회적 가치'라고 표현하고자 한다. 물론 사회적 가치는 기업을 둘러싼 사회의 개념을 어디까지로 잡느냐에 따라 다양한 정의가 가능할 것이다. 여기서는 가능한 방법들을 모색해 보고자 한다.

이해관계자를 나열해 보면 소비자, 납품업자, 노동자(종업원), 정부, 지역 사회, 채권자, 주주 등을 들 수 있다. 기업의 사회적 가치는 기업을 통해 이들 이해관계자에게 귀속되는 가치를 전부 포함해야 한다. 이해관계자는 기업에 자원을 투입(input)하고, 그 대가로 기업가치의 일부분을 산출(output)로 얻는다. 이 투입과 산출의 차이가 이해관계자에게 부가가치로 귀속된다. 기업의 사회적 가치는 이러한 부가가치를 모두 합해서 계산해야 한다. (여러 기업의 사회적 가치를 합산하려면 중복으로 계산된 부분은 상쇄할 필요가 있다.)

### 사회적 대차 대조표(예시)

사회적 자산 가치 = 전통적 기업 가치 + 소비자 잉여 가치
+ 공급업자 지급 가치 + 종업원 보상 가치 + 세금 가치
− 부정적 외부 효과

한편, 기업을 생산자로 본다면, 이해관계자 중 소비자를 제외한 가치를 중심으로 기업가치를 정의할 수 있다. 소비자에게 재화를 판매하고 올린 매출액은 생산에 참여한 각 이해관계자에게 분배된다. 생산자 관점에서 보면 매출액이야말로 사회적 가치를 측정하는 중요한 지표가 된다. 매출액은 매년 발생하는 소득 흐름이므로 매년 발생하는 매출을 자본화하면 이를 기업의 생산자적 가치, 즉 생산자 관점에서 본 기업가치라고 볼 수 있다. 자본화하는 방법은 여러 가지가 가능하겠지만, 일반적으로 경제경영학에서 시행하는 방식은 자본가의 기대 수익률로 미래의 소득 흐름을 할인하는 방법을 사용한다. 마찬가지 방법을 원용하면, 각 이해관계자가 요구하는 기대 수익률로 미래의 소득 흐름을 할인하면 기업의 생산자

적 가치를 얻을 수 있다.

자본가의 관점에서 기업의 가치를 정하는 것은 가능한 일이지만, 그것만이 기업가치를 바라보는 유일한 방법은 아니라는 점을 인식하는 것이 중요하다. 사실상 주주와 채권자만을 하나의 그룹으로 묶어 그들의 관점만을 반영하는 것이 오히려 특수한 것일 수 있다. 이러한 사실을 인식하지 못한다면 기업가치를 기업의 사회적 가치와 동일시하는 우를 범할 수 있다. 특히 정부의 입장에서 바라보는 기업가치는 자본가적 가치여서는 안 될 것이다. 정부는 자본가만을 위해서가 아니라 사회 전체를 위해서 정책을 결정해야 하기 때문이다. 따라서 정부가 바라보는 기업가치는 기업의 사회적 가치나 생산자적 가치에 더 중점을 두어야 할 것이다.

이 관점에서 두 가지 중요한 쟁점의 예를 들어 보자. 첫 번째 예는 기업 지배 구조(Corporate Governance)이다. 경제경영학에서 논의되는 기업 지배 구조는 다양한 연구 결과를 양산하고 있고 경영 의사 결정이나 법과 제도의 정비에 중요한 이론적 근거를 제공한다. 그러나 간과되는 점이 기업 지배 구조 논의가 정부의 정책이나 법과 제도의 근거가 될 때에는 주의가 필요하다는 것이다. 그 이유는 기업 지배 구조 논의가 자본가적 가치에 중점을 두고 논의가 되기 때문이다. 물론 주주나 채권자들도 자신의 몫을 정당히 가져갈 권리는 있다. 그러나 종종 그들의 권리가 다른 이해관계자의 권리를 침해할 수 있기에 사회 전체를 위한 의사 결정에는 자본가적 가치를 넘어선 사회적 가치를 고려하지 않으면 안 될 것이다. 암묵적이긴 하지만 경제학 원론에서는 이미 이러한 접근을 하고 있기도 하다. 예를 들어 독점 기업의 경우 좋은 지배 구조를 통해 기업가치는 극대화되지만, 사회적 가치는 낮아진다. 이때 경제학은 경쟁을 유도하거나 가격을 낮추는 정부 정책을 제안하는데, 그 결과 기업가치(즉 자본가적 가치)는 줄어들고 사회적 가치는 증가한다.

두 번째 예는 기업의 사회적 책임(Corporate Social Responsibility, CSR)이다. 사회적 책임에 대해서는 아직 다양한 논의가 진행 중이지만, 경영학에서 사회적 책임 논의는 다음의 두 가지 측면이 강조된다. 첫 번째 측면은 사회적 책임에 대한 논의는 불필요하거나 소모적이라는 것이다. 이 주장은 대체로 '자기 몫을 잘 챙겨 가는 이해관계자'라는 논리에 바탕을 둔다. 이해관계자들이 이미 자기 몫을 다 챙겨 가는데, 사회적 책임이라는 이름으로 추가로 덧붙이는 것은 불필요하다는 것이다. 이 논리가 현실과 잘 맞지 않음을 이미 앞에서 살펴보았다. 이와 연관된 또 다른 주장은 설혹 기업가치가 사회적 가치에 부합하지 않는다 하더라도 기업이 나서서 그걸 신경 쓸 필요는 없다는 것이다. 그것은 정부 정책이나 법으로 해결할 문제라는 것이다. 물론 규제나 법으로 해결해야 할 일이 많지만, 기업은 신경 쓸 필요 없다는 주장에는 문제가 있다. 법망에만 걸리지 않으면 좋다는 식의 논리는 사회에서 중요한 역할을 담당하는 기업 조직이 지녀야 하는 태도는 아니다. 정부의 정책과 법 제정에 기업들이 합법, 불법을 막론하고 많은 로비를 벌이는 걸 보면, 이 논리는 기만적이기까지 하다. 경제와 정치가 분리될 수 없음을 역사는 가르쳐 준다.

두 번째 측면은 사회적 책임을 전략적으로 잘 이용하면 기업가치에 도움이 된다는 것이다. 이 주장은 일견 그럴듯해 보이지만, 가만히 생각해 보면 자가당착적인 주장임을 알 수 있다. 기업가치에 도움이 된다는 것은 그 자체로 자본가에게 이익이 된다는 것이므로, 굳이 종전의 기업가치 극대화와 별도로 사회적 책임을 논의해야 할 필요가 없다. 이 논리는 과거

무시되었던 사회적 책임이라는 경영 기법을 잘 사용하자는 정도의 의미 밖에는 갖지 못한다.

사회적 책임이 의미 있게 하려면 기업의 가치를 자본가적 가치가 아니라 사회적 가치에 중점을 두어야만 한다. 자본가적 가치와 사회적 가치는 같은 방향일 수도 있고 반대 방향일 수도 있다. 만약 같은 방향이라면 이는 기존의 기업가치 극대화의 범주에 들어간다. 이 범주에서는 사회적 책임 논의가 불필요하거나 기업가치에 도움이 된다는 논리가 가능하다. 그러나 더 중요한 범주는 자본가적 가치와 사회적 가치가 반대 방향으로 가는 경우이다. 이 범주에서는 기업가치를 자본가적 가치로만 한정하는 이상, 기업과 사회는 갈등을 겪을 것이다. 이 갈등 때문에 기업의 자발적인 사회적 책임 활동이 제약을 받는다면 법이나 규제가 중요하게 된다. 물론 어느 정도까지 기업에 사회적 책임을 강요할 것인지는 사회적 규범과 인식에 달려 있을 것이다. 이를테면, 기업은 자본가의 것이니 그대로 놔두면 된다는 것이 사회적 인식이라면 사회적 책임을 더 이상 강조할 필요가 없다. 아니면 기업 활동에 따라 기업 외부에 끼친 부정적 외부 효과만큼은 최소한 기업이 부담해야 한다는 것이 사회적 인식이라면, 이에 대한 비용을 부담하게 해야 한다. 사회적 규범과 인식 형성에 경제경영 교육이 중요한 역할을 하는 것임은 강조할 필요가 없을 것이다.

* * *

한국의 유서 깊은 부자 가문 가운데 하나로 경주 최씨 가문을 든다. 최씨 가문이 부자가 된 때는 병자호란 이후인 17세기 중반 최국선 때부터라고 한다. 일제 강점기에는 독립운동 자금으로, 해방 이후에는 대구대학교에 재산을 기부하면서 더 이상 부자는 아니지만, 300여 년 동안 부자 가문으로서 사회의 존경을 받아 왔다니 놀라운 일이다. 오랫동안 부자이기도 어렵지만, 존경을 받는 것은 더욱 어려운 일이기 때문이다.

최씨 가문의 가훈 중에는 집안을 다스리는 교훈인 육훈이 잘 알려져 있는데 이는 다음과 같다. (1) 과거를 보되 진사 이상의 벼슬은 하지 말라. (2) 만석 이상의 재산은 모으지 말라. (3) 흉년기에는 땅을 늘리지 말라. (4) 과객을 후하게 대접하라. (5) 시집온 며느리는 3년간 무명옷을 입게 하라. (6) 사방 백 리 안에 굶어 죽는 사람이 없게 하라.

이 가훈을 보면 놀라움을 감출 수 없다. 마치 경주 최부자가 자본주의의 전개 과정과 문제점을 훤히 꿰뚫어 보고 있는 듯하기 때문이다. 가훈의 내용을 잘 살펴보면 현대 자본주의의 실상을 정확히 짚고 있을 뿐만 아니라, 그것들을 경계하고 있음을 알 수 있다.

진사 이상의 벼슬을 하지 말라는 것은 국가 권력과 유착하지 말라는 뜻일 것이다. 자본주의가 자본가와 국가 권력의 유착에서 시작되었던 것이나, 그 뒤로도 끊임없이 목격하게 되는 정격유착과는 대비되는 가르침인 듯하다.

만석 이상의 재산을 모으지 말라는 것은 효용함수로 치자면 재산이 만석 이상이 되면 감소하는 모양을 띤다고 간주한다는 것이다. 이는 경제학의 기본 가정인 탐욕스러운 경제 주체와 배치되는 가르침이다. 더욱이 화폐적 가치로 포장된 기업가치나 주가를 극대화하자는 경제경영학의 주장을 정면으로 부정하는 가르침이다.

흉년기에는 땅을 늘리지 말라는 것은 남의 고통을 이용해서 부를 늘리지 말라는 것이다. 흉년기에는 가난한 자들이 논밭을 헐값에 팔아 생계를 유지하고자 한다. 이때 값이 싸다고 사들이면 쉽게 더 큰 재산을 늘릴 수 있지만, 그렇게 하지 말라는 것이다. 이 가르침도 현대 자본주의 금융 시장의 현실과 대비된다. 금융 투자를 통해 부자 반열에 오른 이들은 금융 위기 상황을 잘 이용해 큰돈을 번 것을 자랑스러워한다. 많은 파생상품 투자자들은 남의 곤경에 돈을 거는 도박으로 돈을 번다. 이렇게 부자가 된 이들은 사회의 명사로서 대접과 존경(?)을 받는다. 이들의 이기심과 욕망이 이룬 부는 자랑스럽게 포장되면서도 그로 인해 타인이 입은 피해는 무시된다. 기업 인수의 과정에서 많은 노동자들이 직장을 잃지만 기업가치나 효율성의 이름으로 정당화된다.

과객을 후하게 대접하거나 백 리 안에 굶어 죽는 사람이 없게 하며 3년 간 무명옷을 입으라는 것은 곤궁한 사람의 처지를 이해하고 부자로서의 사회적 책임을 잊지 말라는 가르침일 것이다. 이는 돈을 더 벌기 위한 수단으로서 이용하라는 게 아니다. 기업의 사회적 책임을 무시하거나 전략적으로 이용하자는 경제경영학의 주장은 이 가르침과 대비된다.

최씨 가문의 가훈을 보면 왜 그들이 사회적 존경을 받을 수 있었는지 짐작할 수 있다. 그 가르침은 경제경영학에서 주장하고 가르치는 자본주의적 원리와 정확히 반대 방향으로 향하고 있다. 이는 우연일까 필연일까? 경제학과 경영학에서는 무엇을 가르치고 배워야 옳은 것일까?

자본주의, 금융, 기업의 형성과 발전 과정이 폭력으로 점철되어 있다고 해서 모든 것을 부정할 필요는 없다. 역사적으로 어떤 변혁이나 제도가 폭력과 무관하게 진행된 적이 있었던가? 또한 자본주의가 인류에게 물질적 풍요를 가져왔음을 부정할 수는 없다. 그러나 모든 제도가 그러하듯이 완벽한 것은 있을 수 없고, 끊임없이 개선되어야 할 필요성이 있다. 그리하여 문제점을 개선해 나가고자 하는 노력이 중요하다. 이런 노력은 근본적인 문제점을 인식하는 데에서부터 시작해야 할 것이다.

부록

키워드로 읽는
경제경영학

경제학은 사회의 경제 현상, 경제적 의사 결정, 경제 시스템을 연구 분석하는 학문으로 사회과학의 중요한 분야다. 경제 현상은 인류가 출현했을 때부터 있었지만, 근대적 경제학의 시작은 1776년에 발표된 애덤 스미스의 『국부론』으로 삼는다. 스미스는 책에서 시장 거래는 인간이 가지고 있는 교환과 거래의 본성에 기인한 것으로, 사람들은 분업을 통해 각자의 물건을 만들고, 그 결과물을 시장에서 교환하게 된다고 했다. 스미스는 이러한 분업이 각자의 이익을 위해 수행되는 것이지만, 그 결과로 사회적으로는 더 많은 혜택(경제 용어로 후생)을 얻을 수 있게 된다고 주장했다[분업과 사회 통합과의 관계에 대한 사회학적 관점은 Durkheim(1933)을 참조]. 개인의 이기심을 사회적 혜택으로 바꿔 주는 것이 시장 거래인데, 이 역할을 하는 존재를 '보이지 않는 손'이라 불렀다.

경제학은 『국부론』이 개념화한 시장 자본주의에 바탕을 두고 시장에 참여하거나 영향을 주는 경제 주체들의 의사 결정과 상호작용 등을 주요 연구 대상으로 한다. 경제학이 다루는 주제는 매우 방대하므로 여기서 경제학의 자세한 내용을 모두 정리할 수는 없다. 다만, 경제학이 생소한 독자들을 위해 경제학 원론에 나오는 기본 내용을 이 책의 목적에 맞게 간단히 기술하고자 한다. 경제학을 배웠던 독자들도 이 장을 읽으면서 스스로 정리하는 시간을 가져도 좋을 듯하다. 이미 경제학을 잘 아는 독자라면 이 장을 건너뛰어도 좋다.

경제학은 18세기 후반 이후 애덤 스미스, 데이비드 리카도(David Ricardo) 등의 고전학파 경제학 시대를 거쳐 19세기 후반에 신고전학파 경제학의 시대를 맞는다. 이 시기는 이상적인 시장에 대한 믿음을 바탕으로 경제학의 내용을 수학적으로 정치하게 정리해 나간 시기라고 할 수 있다. 경제학 원론의 기초적인 내용은 신고전학파에서 발전한 것이다. 20세기 중반 이후에 신고전학파의 이상적인 시장을 대신하여 다양한 현실적인 문제들이 접목되어 연구되는데, 이를 현대 경제학이라고 부르도록 하겠다. 현대 경제학에서는 대체로 경제 주체가 합리적이라는 기본 가정은 유지하지만, 불확실한 미래와 불완전한 정보 등이 의사 결정에 미치는 영향 등을 고려해 다양한 경제 현상을 설명할 수 있게 된다.

## 개인

경제학 원론은 개인 혹은 소비자의 의사 결정에 대한 이야기로 시작한다. 개인의 소비 의사 결정은 어떻게 이루어지는 것일까? 경제학은 사람들이 이기적이고 자신의 만족을 위해 선택을 한다고 가정한다. 이를 위해 효용 함수를 도입한다. 개인의 효용은 그 사람의 만족도를 반영해서 수학적으로 표현된다. 개인의 의사 결정은 이 효용을 가능한 한 최대로 만드는 방향으로 내려진다. 다만, 무한한 선택의 자유가 주어지는 것은 아니고, 선택의 범위는 자신이 가진 재산 혹은 예산의 범위 내에서만 가능하다. 물론 그 선택은 합리적으로 내려진다고 가정한다. 소비자로서 개인의 의사 결정은 물론 어떤 재화(시장에서 거래되는 물품이나 서비스를 경제학에서 부르는 말)를 얼마나 소비할 것인가에 있다. 개개인이 모두 이처럼 제약된 예산으로 효용 극대화의 선택을 하게 되면, 그 결과 재화에 대한 개인의 수요가 나오고, 모든 사람의 수요를 합하면 시장 전체의 수요가 구해진다.

이상이 경제학 원론의 개인 의사 결정 과정이다. 이 내용이 수학적으로 복잡하게 전개될 수도 있는데, 기본 줄거리는 별로 복잡하지 않다. 여기서 가장 밑바탕이 되는 가정은 '개개인은 합리적으로 선택한다'라는 것이다. 무엇이 합리적인가? 경제학에서 생각하는 합리성이란 일관되게 의사 결정을 하는 것을 가리킨다. 또 일관된 의사 결정이란 수학적으로 모순이 없다는 것을 말한다. 예를 들어, 어느 경우에 사과보다 배를 더 좋아했다면, 같은 상황에서는 항상 사과보다 배를 더 좋아해야 한다는 것이다. 즉 변덕이 없어야 한다는 것이다.

하지만 어떤 사람도 언제나 일관적으로 행동하지는 않는다. 이런 점에서 경제학의 합리성 가정은 인간의 행동을 정확히 파악하지 못한다는 약점을 가진다. 이러한 취약점은 행동경제학(behavioral economics)이라는 분야가 탄생하는 계기를 제공한다. 행동경제학은 사람이 항상 이성적으로 행동하는 게 아니라, 심리적, 사회적 영향을 받아 비이성적으로도 행동한다고 가정하고, 그 영향에 대해 연구하는 분야다. 그러나 사람의 행동에 비합리적인 면이 있다 하더라도 경제학에서 합리성을 가정하고 논의하는 것은 나름대로 장점이 있다. 우선 합리성의 가정은 행동에 일관성이 있다는 것이므로, 수학적 분석을 가능하게 한다. 비합리적으로 보이는 많은 것이 사실은 나름대로 합리적인 이유가 있을 수 있는데, 합리성 가정은 이러한 점을 찾아내는 수단을 제공한다. 한편, 경제학에서 관심을 두는 것은 개인 자체의 행동이라기보다는 그런 개인 행동의 총체적 결과라고 할 수 있는데, 합산의 과정에서 비합리적인 것들은 어느 정도 상쇄될 가능성이 크다. 따라서 개인의 비합리성은 무시해도 크게 문제가 되지 않을 수 있다.

그런데 합리성의 가정에 좀 더 근본적인 가정이 숨어 있는 것이 종종 간과된다. 그 근본적인 가정이란 이기심(selfishness)과 탐욕(greed, insatiability)이다. 이 두 가정은 너무나 당연해 경제학에서는 논의 대상이 되지도 못한다. 이기심의 가정이란 개인의 효용이 철저하게 자기 자신의 소비에 의해서만 결정된다는 것이다. 남의 소비는 나의 효용과는 상관없다. 따라서 남에게 자선을 베푸는 것이 불가능하다. 두 번째 가정인 탐욕이란 소비를 많이 하면 할수록 효용이 증가한다는 것이다. 다시 말하면, 아무리 많이 소비해도 만족하지 못한다는 뜻이다. 물론 소비가 증가하면 추가적인 효용의 증가분은 점점 감소할 수 있지만(이를 한계효용 체감이라고 부른다), 효용이 줄어들거나 정체해 있지는 않는다.

경제학에서 이기심과 탐욕은 기본 가정이기 때문에, 합리성의 진정한 의미는 소비 선택에 일관된 이기심과 탐욕을 보여야 한다는 것이다. 경제학에서 비합리적이라고 판단할 경우, 일반적으로 일관성이 없다고 간주하지만, 사실은 이기심과 탐욕이 없는 경우를 말할 수도 있다. 예를 들어, 남에게 자선을 베푸는 것은 비합리적이다.

## 기업

개인이 재화를 소비하는 주체라면 기업은 재화를 생산하는 주체이다. 경제학 원론에서 기업은 그저 생산자라는 의미만 있어 한 명의 사람처럼 여겨도 무방해 보인다. 개인과 마찬가지로 합리적인 의사 결정을 한다고 가정한다. 목적함수는 좀 차이가 나는데, 개인이 효용을 극대로 하려고 소비를 한다면, 기업은 기업의 이익을 극대로 하려고 생산을 한다. 개인이 무한정 소비를 할 수 없는 것은 예산에 제약이 있기 때문인데, 기업은 외부에서 자금 조달을 받을 수 있어 예산 제약을 가정하지 않는다. 그렇다고 기업이 무한정 생산할 수는 없다. 생산량이 증가하면 이에 드는 비용도 증가하는데, 이는 기업이 무한정 생산할 수 없게 만드는 제약으로 작용한다. 한편 아무리 많이 생산해도 소비가 되지 않으면 수익이 발생하지 않으므로 수요함수 역시 생산량 의사 결정에 중요한 제약 요인이 된다. 기업의 생산 의사 결정은 수요에 따른 수익 증가와 생산에 수반되는 비용 증가를 비교하여 이익이 최대로 되는 점을 선택하는 데서 이루어진다. 이렇게 각 기업이 생산 결정을 하면 그 기업의 공급량이 정해지고, 한 시장 내 기업들의 공급량을 합하면 시장 전체의 공급량이 정해진다.

이상이 경제학 원론에서 보는 기업의 생산 의사 결정 과정이다. 이 또한 구체적으로는 다양한 경우에 다양한 모형이 만들어져 복잡해질 수는 있으나, 기본적으로는 간단하다. 다음 몇 가지 점을 생각해 보자.

첫째, 개인의 효용이 기업에는 이익으로 대체되어 있다. 일반적으로 효용함수의 경우 한계효용 체감을 가정함으로써 소비가 늘어날수록 증가하는 만족도(효용)는 줄어든다. 그래서 하나의 재화만을 소비하지 않고 다양한 재화를 소비하는 방향으로 움직인다. 그런데 이익에는 그런 법칙이 적용되지 않는다. 벌어들이는 돈이 늘어나는 만큼 화폐적 이익은 같은 정도로 계속 증가한다. 개인의 효용함수도 체감하기는 하지만 감소하지는 않아 탐욕스럽다고 표현하지만, 기업의 이익은 체감조차 하지 않기에 더욱 탐욕스럽다.

둘째, 기업은 사실 여러 사람이 모여 있는 집합체다. 여러 사람이 모여서 분업을 통해 일과 경영을 하여 공동의 이익을 추구하는 집단이다. 한편, 여러 사람이 모여 있으면 협동뿐 아니라 다양한 갈등도 경험한다. 그런데 경제학 원론에서 보는 기업은 마치 한 몸처럼 일사불란하게 행동하는 하나의 주체에 불과하다. 기업은 여러 사람이 모여 있는 곳이고, 그중 일부인 경영자가 기업의 의사 결정을 내린다면, 과연 그 경영자는 기업의 이익 극대화를 목적으로 할 것인가, 개인의 이익(혹은 효용) 극대화를 목적으로 할 것인가? 기업을 둘러싼 다양한 문제에 대한 관심은 기업 이론과 경영학 분야를 탄생시켰다.

셋째, 경제학 원론에서는 이익이 보장되는 한 자금은 얼마든지 공급된다는 가정을 하고 있다. 이 역시 매우 단순한 가정인데, 이 가정의 밑바탕에는 완벽한 시장에 대한 믿음이 존재한다. 자본 시장은 기업에 대한 정보를 완벽하게 가지고 있어서, 어느 기업에 자금이 공급되어야 하는지를 정확하게 결정할 수 있다. 역설적이게도, 자본 시장이 이렇게 완벽하면 기업의 입장에서 사실상 자본 시장은 더 이상 중요하지 않다. 기업이 이익을 내도록 생산하기만 하면 자본은 언제든지 따라오기 때문이다.

### 시장과 균형

시장은 소비자와 생산자가 만나서 재화를 사고파는 장이다. 소비자와 생산자 사이의 거래는 가격을 통해 이뤄진다. 판매 가격이 소비자가 기꺼이 지급하려는 가격보다 낮으면 소비자는 그 가격을 지급하고 구매한다. 생산자 역시 받으려는 가격보다 높으면 기꺼이 판매한다. 가격이 높으면 더 많은 생산자가 판매할 것이며, 반대로 가격이 낮으면 더 많은 소비자가 소비를 할 것이다. 이처럼 시장에서의 가격은 생산과 소비를 결정짓는 절대적인 요소가 된다. 가격이 주어지면, 소비자는 소비 의사 결정을 통해 소비량을 정한다. 물론 재화의 가격이 바뀌면 소비량도 그것에 맞게 바뀐다. 한편, 가격이 주어지면 생산자는 생산 의사 결정을 통해 생산량을 정한다. 가격이 바뀌면 생산량도 바뀐다. 소비와 생산 의사 결정의 결과로 재화에 대한 수요와 공급이 가격에 따라 변한다. 가격이 높으면 수요보다 공급이 많아질 것이며, 반대로 가격이 낮으면 공급보다 수요가 많아질 것이다. 수요가 공급보다 많으면 생산자는 생산을 늘리고 재화 가격은 올라간다. 반대로 수요가 공급보다 적으면 생산을 줄이고 가격을 낮춰 재화를 더 판매하고자 할 것이다. 그러다 어느 가격에 이르면 수요와 공급이 일치하는 지점이 생긴다. 바로 이 지점을 균형(equilibrium)이라고 부른다. 균형점에서는 소비자나 생산자 모두 소비나 생산을 변경하지 않아 더 이상의 움직임이 없게 된다.

이처럼 가격은 시장을 균형에 이르도록 하는 중추적인 역할을 한다. 가격이 높거나 낮으면 수요가 공급보다 많거나 적다는 신호를 시장 참가자에게 보낸다. 가격이라는 보이지 않는 손에 의해 시장은 균형을 찾는다. 여기에도 경제학의 기본 가정이 적용되고 있음을 잊지 말자. 가격이 신호를 주고 시장 참가자가 그 신호를 받아 해석하는 데는 아무 비용이 들지 않는다.

## 경쟁

수요와 공급이 일치하여 균형을 이루긴 하지만, 균형 가격은 기업의 경쟁 상태에 따라 달라진다. 앞서 언급된 균형은 사실 기업이 완전경쟁 상태에 있는 경우를 상정한 것이다. 완전경쟁이란 동일한 기업이 무수히 많고, 생산 제품도 동일하여 기업 간 우열이나 차별이 없는 경우를 말한다. 이때는 한 기업이 다른 기업보다 가격을 올리면 하나의 재화도 팔 수 없다. 반면에 다른 기업보다 가격을 낮추면 모든 소비자는 그 기업의 재화를 구매하려고 할 것이다. 기업은 동일하므로 경쟁은 기업으로 하여금 점점 더 낮은 가격을 제시하도록 유도한다. 결국 모든 기업이 이익이 나지 않을 정도로 낮은 가격을 제시하고 재화를 판매하는 상태가 균형이 된다. 기업의 이익이 0이지만 가격이 낮아 소비자는 가장 높은 효용을 누릴 수 있다. 완전경쟁은 경제학에서 이상적인 경우로 간주하는 경쟁 상태다. 완전경쟁 시장은 애덤 스미스가 말하던 바로 그 시장이며, 사회의 후생(厚生, 복지)을 최대로 해 줄 수 있는 시장이기도 하다.

완전경쟁 시장과 대비되는 시장은 경쟁이 없는 독점 시장이다. 하나의 기업만이 존재하는 상태를 말한다. 경쟁하는 기업이 없기 때문에 독점 기업은 생산량을 정하고 가격에도 직접적인 영향을 미친다. 여기서도 기업은 이익을 극대로 하는 의사 결정을 한다. 그 결과 기업의 독점 이익은 극대로 되지만, 완전경쟁에 비해 가격은 높아지고, 생산량은 줄어든다. 소비자의 후생이 상당 부분 기업의 이익으로 빼앗김과 동시에 생산량이 충분하지 못하여 사회 전체의 후생 역시 감소한다.

이 밖에 완전경쟁과 독점 사이에 경쟁의 정도에 따라 다양한 경우가 존재한다. 이들을 통틀어 불완전경쟁이라고 부를 수 있다. 불완전경쟁의 스펙트럼은 매우 다양하여, 거의 독점에 가까운 경우에서부터 거의 완전경쟁에 가까운 경우까지 존재한다. 대체로 사회적 후생은 완전경쟁과 독점의 사이에 위치하게 된다.

한편, 불완전경쟁 중 기업의 수가 몇 안 되는 경우를 과점(寡占)이라고 부른다. 과점의 경우에는 기업들의 전략과 상호작용이 중요해지기 때문에 이에 대한 분석이 용이하지는 않다. 이 분야에 대한 본격적인 논의는 전략적 상호작용을 다루는 게임 이론(game theory)이 발전하면서 비교적 최근에야 다양한 분석을 하게 되었다.

## 금융 시장

전통적인 경제학에서 화폐는 중요한 위치를 차지하지 못했다. 왜냐하면 화폐는 거래의 매개체일 뿐 그 자체로 가치를 지니는 것이 아니라고 생각했기 때문이다. 더욱이 경제 주체들은 완벽하게 정보를 가지고 있고, 의사 결정과 실행에서 비용이 들지 않기에, 모든 의사 결정은 화폐 자체가 아니라 실물의 가치에 근거를 두고 이뤄진다. 이러한 입장은 화폐 시장뿐 아니라 기업에 자금을 조달해 주는 자본 시장도 마찬가지다. 기업에 자금이 배분되는 과정은 기업의 실질적인 가치 생산에 따라 일어난다. 따라서 화폐와 자본 시장에 대한 별도의 연구가 아니라면 사실상 이들은 종종 무시된다.

그런데 이러한 기본적인 경제학 가정과는 달리 현실에서 금융 시장은 그 자체로 매우 중요하다. 그러다 보니 경제학에서도 이를 별도로 고려한다. 경제학 중 화폐금융 분야는 화폐가 공급되고 시장에서 유통되는 과정과 인플레이션/디플레이션 등 자본주의의 중요한 화폐 현상에 대해 연구한다. 이때에는 경제학의 기본 가정인 완벽한 시장에 대한 가정을 허물어뜨리고, 화폐가 실물 경제에 영향을 미치는 것을 받아들인다. 다만, 그 정도와 영향을 미치는 경로에 대해서는 경제학자들 사이에 이견이 존재한다. 전통적인 경제학적 입장을 고수하려는 부류는 통화주의자(monetarist)로 불리는데, 이들에 따르면 사람들은 여전히 꽤 합리적으로 행동하므로 화폐를 실물 경제를 뒷받침하는 정도로 유지해야지 정부가 나서서 자꾸 건드리지 않아야 한다고 생각한다. 이에 비해 케인스주의자(Keynesian)는 사람들이 경우에 따라서는 합리적이지 않거나 사회 전체적으로 바람직하지 않은 방향으로 행동할 수 있기 때문에 정부가 나서서 적극적으로 화폐 정책을 수행해야 한다고 생각한다. 1930년대의 대공황(the Great Depression) 이후 케인스주의가 정부의 화폐 및 재정 정책을 뒷받침했다. 그러다 1970년대 이후, 통화주의 이론이 받아들여지면서 전세가 역전되었다. 그러나 이 또한 2008년 금융 위기를 맞아 그 한계점이 드러났다고 여겨지고 있다.

화폐금융 분야가 주로 화폐와 은행권을 중심으로 거시적인 측면을 강조한다면, 자본 시장에 대한 연구는 경영학 분야인 재무학(finance) 혹은 재무경제학(financial economics) 분야에서 주로 다루고 있다. 자본 시장은 화폐가 기업에 필요한 자본으로 변환되는 시장이다. 또한, 그 자본이 증권의 형태로 거래되는 2차(유통) 시장을 포함한다. 미시적으로는 투자자의 입장과 가격 결정에 대한 연구를 하고, 거시적으로는 화폐 시장과 마찬가지로 다양한 금융 시장의 움직임과 영향에 대한 연구를 한다. 여기서도 화폐금융 분야와 마찬가지로, 전통적인 경제학을 견지하려는 부류와 그렇지 않은 부류로 나뉜다. 전자의 경우는 통화주의와 맥이 닿아 있고, 후자는 케인스주의와 맥이 닿아 있다. 여기서의 대립은 합리적 시장에 대한 논쟁으로 대변된다. 통화주의적 입장에서 주장하는 합리적 시장이란 시장에서 결정되는 자산 가격이 실물의 가치를 제대로 반영한다는 것을 의미한다. 예를 들어 주가가 기업의 가치를 정확히 반영한다는 것이다. 이에 비해 케인스주의적 입장은 때로는 금융 시장이 실제 가치를 반영하지 못해 거품이나 급락 등이 발생한다는 것이다. 후자의 입장은 최근에 관심을 받고 있는 행동재무학(behavioral finance)과도 일부 맥이 닿아 있다. 행동재무학은 행동경제학과 마찬가지로 사람은 불충분한 정보를 가지고 비합리적으로 행동한다는 심리학적 결과를 바탕으로 금융 현상을 바라보는 분야이기에 합리적 시장과는 상반되는 입장이라 할 수 있다.

그러나 자본주의는 금융 시장과는 떼려야 뗄 수 없는 관계이고, 금융 시장은 자본주의의 중추적인 역할을 하는 곳이라고 할 수 있다. 이런 금융 시장의 중요성에 비해 전통적인 경제학에서는 이 중요성을 종종 무시하고, 현대 경제학에서도 기능적인 측면이나 정보 전달 측면을 강조해 바라보는 경향이 있다. 경제학의 이런 접근법 아래에서는 금융 시장의 역할이 축소되는 느낌을 지울 수 없다.

## 후생 혹은 복지

경제학에서 후생이란 한 사회의 구성원들이 느끼는 만족도를 의미한다. 후생은 영어 단어 'welfare'를 번역한 것인데, 이는 보편적으로 복지(福祉)라고 번역한다. 개인의 의사 결정이 효용을 바탕으로 이뤄진다고 했을 때, 바로 그 효용이 개인의 후생을 나타내는 것으로 생각해도 무방하다.

후생경제학(welfare economics)에서 관심을 갖는 것은 '사회의 부(富)가 사회 구성원들에게 어떻게 배분되는 것이 바람직한가'이다. 이를 위해서 제일 먼저 생각해 볼 수 있는 것은 개인의 후생을 효용으로 측정하듯이 사회의 후생을 측정하는 지표, 즉 사회적 효용을 만드는 것이다.

그런데 사회의 후생을 얘기할 때에는 조금 문제가 생길 수 있다. 사회는 다양한 구성원으로 채워져 있는데, 이들 개개의 후생을 어떻게 합해야 전체 사회의 후생을 대표한다고 할 수 있느냐이다. 여기에는 물론 정답이 없다. 경제학에서 종종 사용되는 방법은 공리주의에 입각한 단순 합의 개념이다. 개개의 효용을 그냥 합한다는 것이다. 이 방법은 물론 문제가 많다. 무엇보다도 개개인의 효용 자체가 주관적이기 때문에 단순히 합해질 수 없으며, 또한 모든 사람에게 동일한 가중치를 두는 것을 정당화할 수도 없기 때문이다. 그렇다고 다른 방법이 개념적으로 더 우월한 것도 아니다. 사실상 어느 하나의 사회적 후생 측정 방법이 모든 사람을 만족시킬 수는 없다.

구체적인 측정 방법 대신 경제학자들은 파레토 효율이라는 개념을 즐겨 사용한다. 파레토 효율은 자원이나 부의 배분과 관련된 개념으로, 반드시 시장 거래를 전제로 하는 것은 아니다. 시장 거래는 부를 배분하는 여러 방식 중 하나에 불과하다. 다른 방식의 예로는 독재적인 부의 배분도 있을 수 있다.

하나의 배분 방법(A라고 하자)이 파레토 효율적이라고 할 때는 다음을 의미한다. "현재 A의 방법으로 배분이 되어 있다고 하자. 이 방법을 바꿔 다른 방법으로 배분을 하면 현재의 상태에 비해서 최소한 한 사람은 불행해진다."

만약 현재의 배분 방법을 바꿔서 누군가는 반드시 불행해진다면, 배분 방식의 변경을 모든 사람이 동의하지는 않을 것이다. 만약 누군가가 현재의 방법을 바꾸길 원하지 않는다면, 새로운 방법이 현재의 방법보다 더 좋다고 단정 지을 수 없다. 반대로 현재의 분배가 파레토 효율적이지 않다면 모든 사람이 더 행복해질 수 있는 다른 분배 방법이 있다는 얘기이므로, 모든 사람이 동의하여 그 새로운 방법으로 바꾼다면 현재보다는 사회적으로 더 바람직할 것이다. 즉, 어떤 배분이 파레토 효율적이지 않다면 그것은 사회적으로 더 바람직한 방법으로 대체되어야 한다는 것을 의미한다. 어떤 배분 방법이 사회적으로 바람직하려면 최소한 그것은 파레토 효율적이어야 한다.

파레토 효율이라고 무조건 다 좋은 것이라 할 수는 없다. 예를 들어 100만 원을 두 명이 나눠 갖는다고 했을 때, 그 방법은 (0, 100)부터 (100, 0)까지 다양하다. 한 사람이 100을 다 가지고 다른 한 사람은 하나도 갖지 않는 방법은 파레토 효율적이다. 왜냐하면 새로운 분배 방법은 100을 가진 사람에게서 일부 빼내어 다른 사람에게 더 주는 것인데, 이 방법에 따르면 100을 다 가지고 있던 사람은 불행해지기 때문이다. 사실상, 버리는 것만 없다면 100만 원을 어떻게 두 사람 사이에 나누든 그것은 파레토 효율적이다. 왜냐하면 새로운 방법은 한 사람에게서 일부 뺏어서 다른 사람에게 주어야 하기 때문이다. 이 많은 파레토 효율적인 방법 중에서 어느 것이 바람직한지를 정하기 위해서는 또 다른 기준이 필요할 것이다. 더욱이 파레토 효율적인 방법이 그렇지 않은 것보다 더 좋다고 항상 얘기할 수 있는 것도 아니다. 예를 들어, 100만 원 중 1만 원을 버리고 두 사람이 (49, 50)으로 나눠 가졌다고 해 보자. 이 방법은 물론 파레토 효율적이지는 않다. 버려진 1만 원을 한 사람에게 주면 후생은 올라가기 때문이다. 즉 (49, 50)보다는 (50, 50)이 더 바람직하다고 할 수 있다. 그러나 (49, 50)과 (100, 0)을 비교해, 파레토 효율적인 (100, 0)이 비효율적인 (49, 50)보다 더 바람직하다고 할 수 있을까?

파레토 효율이 여러 문제점을 지니고는 있지만, 최소한의 조건을 제시한다는 점에서 의의가 있다. 경제학자들은 이 파레토 효율의 개념을 가지고 시장이 얼마나 잘 작동할 수 있는지 보여 주는 시도를 했는데, 이는 후생경제학의 2개의 기본 정리(fundamental theorems)에 잘 나타나 있다. 이 가운데 제1정리는 완전경쟁 시장을 통한 배분은 파레토 효율적이라는 것이며, 제2정리는 어떠한 파레토 효율적인 배분도 적절한 부의 재분배 정책만 있으면 완전경쟁 시장을 통해 얻을 수 있다는 것이다. 이 두 정리는 결국 시장은 가장 바람직한 결과를 가져온다는 전통적 경제학의 바람을 나타낸 것이다. 역시나 여기서도 가정은 거래와 배분에 비용이 전혀 들지 않는 완벽한 시장이다. 완벽하지 않은 시장에서는 시장 거래의 결과가 효율적이지 않기에 기본 정리는 성립하지 않는다.

시장의 결과가 효율적이지 않을 때, 이를 '시장의 실패(market failure)'라고 부른다. 시장이 실패하는 경우는 여러 가지가 있는데, 우선은 시장이 독점화되는 경우를 생각할 수 있다. 기본 정리는 완전경쟁일 때 성립함을 상기하자. 두 번째는 재화가 공공재(public good)인 경우다. 공공재란 재화의 성격이 공적이라는 의미인데, 예를 들어 국방이나 치안, 좋은 공기, 도로 등이 해당한다. 이들 공공재의 특징은 내가 소비한다고 해서 없어지는 것도 아니고(비경합성, non-rivalry), 또한 다른 사람이 소비하는 것을 막을 수도 없는(비배제성, non-excludability) 것들이다. 공공재는 사유화하기 어렵기 때문에 사적 재산권을 바탕으로 거래가 이뤄지는 시장에서 공급되기 어렵다. 셋째, 외부 효과(externality)가 있는 경우다. 외부 효과란 시장 가격에 포함되지는 않지만 부수적인 비용이나 수익을 발생시키는 경우를 말한다. 예를 들어 공장에서 신발을 만들 때 외부로 유출되는 공해 물질을 생각하면 쉽다. 이 공해가 인근 지역에 일으키는 피해는 신발 생산의 비용으로 잡히지 않지만, 사회적 비용을 유발한다. 따라서 외부 효과가 적절히 신발 생산의 비용으로 내부화되지 않는다면, 사회적으로 바람직하지 못한 정도까지 신발 생산이 증가할 것이다. 넷째로는 정보 비대칭(information asymmetry)을 들 수 있다. 정보 비대칭이란 계약의 당사자들이 가지고 있는 정보가 다르다는 뜻이다. 좀 더 구체적으로는, 상대방의 행동이나 성향에 대한 정보가 부정확하기 때문에, 상대방이 기회주의적인 행동(opportunistic behavior)을 할 여지가 생긴다. 이러한 기회주의적 행동은 계약과 거래의 결과를 비효율적으로 만든다.

간단히 말하면 시장의 실패는 전통적 경제학의 가정인 완벽한 시장이나 완전경쟁이 성립하지 않을 때 발생하는 것이다. 불행히도 그것이 현실이다.

## 정부

정부의 역할은 경제학의 발전에 따라 조금씩 다르게 요구되었다. 전통적 경제학에서 정부는 최소한의 일만 해야 하는 제도적 장치에 불과했다. 『국부론』에서 정부의 역할은 국방이나 최소한의 공공 목적의 일에 한정되었다. 그 밖의 모든 일은 시장에 맡기면 된다는 것이다. 이러한 시장 지상주의적인 이데올로기는 신고전학파와 시카고학파, 통화주의자로 이어진다. 시장 지상주의적인 이데올로기는 19세기와 20세기 초까지 경제학을 지배했으나, 1930년대 대공황을 겪으면서 그 한계가 드러났다. 시장에 맡겨서는 대공황과 같은 위기에서 탈출하기 어렵다는 공감이 형성되면서 정부의 적극적 역할을 중시하는 케인스주의가 부상했다. 케인스주의 아래서의 시장은 완벽하지 않고, 사람들도 늘 합리적으로 행동하지는 않는다. 이에 정부는 방관자가 아니라 시장의 문제에 적극적으로 개입해서 시장의 결과를 더 바람직한 방향으로 이끌 수 있다. 정부는 시장이 실패한 경우에 이를 효율적인 방향으로 움직이도록 유도하고 조정할 수 있다. 따라서 시장 실패의 존재는 정부의 개입에 근거를 제공해 준다. 한편 정부의 개입 역시 의도한 대로 효율적으로 효과를 발휘하리란 보장이 없는데, 이를 시장의 실패에 견주어 '정부의 실패(government failure)'라고 부른다.

케인스주의는 1970년대의 스태그플레이션(stagflation)을 겪으면서 설명력을 잃었다. 스태그플레이션은 경기 침체(실업)와 인플레이션이 동시에 발생하는 현상인데, 케인스주의의 관점에 따르자면 이 둘은 역의 관계에 있어야 한다. 이에 비해 통화주의자는 인플레이션은 경제 상황보다 화폐가 많이 발행되어 발생한 현상이며, 경기 침체와 인플레이션 사이의 역의 관계는 일시적인 현상일 뿐이라고 주장했다. 통화주의가 점차 설명력을 얻으면서 미국의 레이건과 영국의 대처 정부는 통화주의적 정책을 추구하기 시작했다. 통화주의적 관점에서 정부는 가능한 한 시장에 개입하지 않아야 하고, 시장은 자율적으로 운영되어야 가장 효율적이다. 이에 따라 시장에 대한 규제가 많이 풀리는 시대가 왔다. 금융 시장에 대한 규제가 풀리면서 금융 시장의 발전을 가져왔지만, 결국은 2008년 서브프라임 모기지에서 시작한 세계적 금융 위기를 유발한 책임을 면하지 못하게 되었다.

지금까지 경제학에서 보는 정부의 역할이 변천된 과정을 간단히 살펴보았다. 시간의 흐름에 따라 정부의 역할을 소극적으로 주문하기도 하고 적극적으로 주문하기도 했지만, 어느 경우든 시장의 작동을 조정하고 보완하는 역할에는 별 차이가 없다. 이를 가만히 살펴보면 정부의 존재 의의는 시장에 보조적인 것이라는 경제학의 기본적 관점을 반영할 뿐, 좀 더 근본적인 논의가 빠져 있다. 즉 정부와 시장의 관계는 과연 어떤 것인가에 대한 논의가 없다. 경제학의 기본 가정처럼 정부는 시장에 부수적인 존재인가?

## 거시경제학

경제학은 개인, 기업, 시장 등 작은 분야를 살펴보는 미시경제학(microeconomics)과 나라 전체의 관점에서 경제의 움직임을 살펴보는 거시경제학(macroeconomics)으로 크게 나뉜다. 지금까지 살펴본 내용은 화폐금융 분야를 제외하면 대체로 미시경제학의 내용에 해당한다. 거시경제학의 관심 분야는 경제 발전, 경기 순환, 실업, 인플레이션, 화폐금융, 무역 등을 들 수 있다. 어느 것이나 다 국가 차원에서 특별히 관심을 갖는 분야들이다. 이들 분야는 현대 정부가 관심을 가지고 다양한 정책을 동원해서 원하는 방향으로 나아가도록 조정 및 통제하려는 영역이다. 정부의 역할에 대한 관점은 앞서 언급한 바와 같이 정부의 적극적 역할을 요구하는 케인스주의와 정부의 역할을 최소화하려는 통화주의로 대별될 수 있다. 통화주의는 신고전학파와 마찬가지로 시장의 효율성에 대한 강한 믿음을 가지고 있다.

## 현대 경제학

20세기 중반에 접어들면서 좀 더 현실적인 문제들이 신고전학파 경제학에 접목되기 시작했다. 예를 들면, 게임 이론과 같은 상호작용에 대한 분석 방법의 발전이나 심리학적 접근을 강조한 행동경제학 등 구체적으로 보면 많은 분야를 새로운 경제학 분야로 볼 수 있다. 그럼에도 가장 대표적인 변화를 꼽으라면 불확실성(uncertainty)과 정보 문제(information problem)의 고려를 들 수 있을 것이다.

신고전학파에서 불확실성은 사실상 무시되었다. 그러나 현실 경제에서는 불확실성을 떼어 내고 생각할 수 있는 것은 거의 없다. 이것은 경제학의 중대한 약점이었다. 그 약점은 확률과 통계학이 경제학의 영역으로 들어오면서 보완되었다. 개인의 효용함수는 불확실성을 고려하여 기대효용으로 대체되었다. 기업은 불확실한 미래를 보고 투자 결정을 한다. 불확실성은 화폐의 수요에도 영향을 미친다. 투자자는 불확실성이 높을수록 더 높은 수익률을 요구한다. 주식이나 채권 같은 금융 자산의 수익률에 불확실성은 중요 변수로 고려되었다. 20세기 중반 이후 재무학이 발전할 수 있었던 배경에는 불확실성을 금융 자산의 가격에 반영시키는 수학적 기법이 존재한다.

또 하나의 중요한 변화는 정보 문제의 고려다. 정보 문제는 보통 정보 비대칭(information asymmetry)이라고 표현되는데, 이는 계약이나 거래의 두 당사자 사이에 알고 있는 정보가 다르기 때문에 생기는 문제를 말한다. 대표적인 두 종류의 정보 문제는 도덕적 해이(moral hazard)와 역선택(adverse selection)이다. 도덕적 해이는 계약 상대방의 행동을 관찰하지 못하기 때문에 상대방이 기회주의적으로 행동하는 경우를 말한다. 예를 들어, 자동차 보험에 가입한 운전자가 운전을 부주의하게 하는 경우이다. 그결과, 자동차 사고의 위험이 보험을 사기 전보다 증가해 보험료가 올라가는 부작용이 발생한다. 바로 이 부작용이 도덕적 해이 때문에 생긴 비효율성이다.

역선택이란 계약 상대방의 성향이나 특징을 모르기 때문에 발생하는 문제를 말한다. 예를 들어, 건강보험 회사가 흡연자와 비흡연자를 구분하지 못한다고 해 보자. 그러면 건강보험료는 그 두 사람의 위험도를 평균해서 책정된다. 이 건강보험이 두 사람에게 같은 가격으로 제시되면, 흡연자는 보험료가 상대적으로 싸다고 느껴 보험을 더 구매하고자 하는 반면, 비흡연자는 보험료가 비싸다고 느껴져 보험 구매를 꺼리게 될 것이다. 흡연자만 보험을 구매한다면, 보험회사는 손해를 보게 될 것이며, 결국은 보험료가 증가한다. 제대로 가격이 책정되었다면 비흡연자도 보험을 구매했겠지만, 결과적으로는 흡연자만 보험을 구매해 사회적으로 비효율적인 결과가 나오게 된다. 이 두 종류의 정보 문제는 경제학 전 분야에 광범위하게 적용되어 경제학의 설명력을 증대시켜 주었다. 또한 정보 문제는 시장 실패의 중요 원인을 제공한다.

전통적으로 불확실성과 정보 문제는 공통적으로 보험학에서 다루던 주제다. 확률은 도박과 위험을 측정하는 목적으로 개발되었다. 확률은 처음 개발되자마자 연금 등의 가격 결정에 사용되었고, 그 뒤로도 대수의 법칙, 정규분포 등 중요한 통계학적 개념들이 개발되면서 보험학(보험 수리 분야)에 적용되었다. 따라서 초창기 확률과 통계의 역사와 보험학의 역사는 사실상 일치한다. 정보 문제는 보험의 가장 중요한 문제다. 따라서 간단히 정리하면 신고전학파의 경제학에 보험학이 접목되면서 현대 경제학의 모습을 갖추게 되었다고 볼 수 있을 것이다.

## 경영학

경영학은 기업의 경영과 관련된 다양한 분야를 연구하는 학문 분야이다.

경영학은 일반적으로 응용 학문이라고 부르는데, 그 이유는 경영학이 경제학, 심리학, 사회학 등 사회과학을 기업의 경영 현상에 접목하여 연구하는 학문이기 때문이다. 경영학은 사회과학뿐 아니라 수학과 통계학도 많이 이용한다.

경영학의 세부 분과는 기업 경영의 여러 기능을 중심으로 구성되는데, 기업 내의 기능이 서로 겹칠 수 있는 것처럼 경영학 내 세부 분과의 연구 내용도 완전히 구분되는 것은 아니다. 구분 방법도 사람에 따라 동일하지 않으나 대체로 생산 관리, 경영 관리, 재무 관리(재무학), 마케팅, 회계학 등이 포함된다. 경영 관리는 다시 세분되어 인사 관리, 조직론, 전략 등으로 구분된다. 대학교에서 일반적으로 배우는 경영학은 20세기 초 미국에서 발전하기 시작한 공장 관리에 대한 연구에서 시작한다. 테일러주의로 알려진 과학적 관리(scientific management)는 공장 노동자의 행동과 시간에 대한 분석을 통해 효율성을 높이는 방안을 연구한 것으로 미국식 경영학의 시작이었다.

경영학 분과의 내용은 기업과 관련된 여러 기능을 보면 잘 이해할 수 있다. 기업은 사업을 공동으로 하기 위해 만들어진 조직이다. 기업은 사업에 필요한 자본을 조달하여 사업에 투자하고 거기서 생긴 이익을 자본을 대준 자본가에게 돌려준다. 이러한 자금의 조달과 투자, 이익의 배분, 자본 시장 등을 연구하는 학문이 재무학이다. 기업은 자본을 바탕으로 재화나 서비스를 생산하는데, 이런 생산 과정의 문제들을 연구하는 분야가 생산 관리다. 또한 기업은 생산된 재화나 서비스를 판매해서 수익을 올려야 하는데, 판매, 광고, 소비자와의 관계 등과 관련된 문제를 연구하는 분야가 마케팅이다. 기업 경영의 핵심은 사람과 관련된 것이다. 기업의 조직을 어떻게 만들어야 효율적인 의사 결정을 내리는지를 연구하고(조직론), 기업의 구성원을 어떻게 배치하고 근로 의욕을 고취시켜야 하는지를 연구하며(인사 관리), 다른 기업과의 경쟁에서 전략적 우위를 점하기 위한 방안을 궁리하는(전략) 분야가 경영 관리다. 한편 회계학은 기업의 상태에 대한 의사소통의 도구로 발전했다. 기업 내부의 의사 결정을 위한 것이나, 외부 자본가에게 기업의 재산 상태나 수익 상태를 보여 주기 위한 것이 주목적이다.

여러 경영학 분과는 기업이라는 공통분모를 가지고 있지만, 독자적으로 발전해 왔기 때문에 마치 별도의 학문 분야처럼 서로 큰 연관성 없이 연구된다. 이에 따라 대학의 경영학과 학생들은 각 분야를 조금씩 배워 나가면서 일관성이 없이 매우 산만한 느낌을 받는다. 특히, 경제학과 심리학은 사람의 행동에 대해 합리적인 것과 심리적인 것으로 서로 상반된 가정을 하고 있다. 따라서 경제학을 바탕으로 하는 분야와 심리학을 바탕으로 하는 분야는 서로 상반된 접근을 하게 된다.

**기업의 목표**

경영학 분과들에게 아마도 공통적이며 또 가장 중요한 것이라 할 만한 것은 기업의 목표에 대한 것이다. 어떤 분과를 불문하고 기업의 목표는 가치/이익/주가의 극대화라는 것이다. 물론 기업가치 극대화란 가정이 항상 명시적으로 표현되는 것은 아니다. 이러한 목표에 깔린 암묵적 가정은 기업이 가치를 극대로 할 때 기업의 사회적 공헌도도 극대로 된다는 것이다. 이제 기업에 좋은 것이 사회에 좋은 것이니, 사회에 신경 쓸 필요 없이 기업가치를 올리는 방안에만 신경을 쓰면 된다.

그런데 흥미로운 것은 기업가치의 극대화가 왜 사회 공헌도를 극대화하는지에 대한 신중한 논의는 존재하지 않는다는 점이다. 만약 이 가정이 틀리다면, 경영학은 기업 이익을 위해 사회 이익을 희생시키는 방법을 추구하는 학문으로 전락할 수도 있는 것 아닌가? 기업가치 극대화에 대한 정당화는 경제학과 재무학에서 찾아볼 수 있다(석승훈, 2008). 여기서의 논의 역시 단순하다. 만약 기업이 사회의 이익을 해치는 방법으로 기업의 이익을 챙긴다면, 사회 구성원들이 그런 기업이 생존하게 놔두지 않을 것이다. 특히 경쟁을 통해 다른 기업이 사회에 도움이 되는 방향으로 제품을 생산 판매하면 사회에 손해를 끼치는 기업은 문을 닫을 수밖에 없을 것이다. 결론적으로 시장이 완벽하고 기업 간의 경쟁이 전제되는 경제학의 이상적인 세상에서 기업가치의 극대화는 사회 공헌의 극대화와 같다.

같은 논리를 이용해 재무학은 여기서 한 단계 더 나아간다. 기업의 가치를 극대화하는 것이나 주주의 가치 혹은 주가를 극대화하는 것도 서로 같다는 것이다. 왜냐하면, 주주가 고객, 직원, 채권자 등 다른 이해관계자에게 손해를 입힌다면 그 이해관계자는 그 기업과 계약을 하지 않고 다른 기업과 하면 된다. 따라서 다른 이해관계자에게 손해를 끼치지 못한다. 그리고 주주는 기업의 수익을 가장 마지막에 배분받는 잔여재산 청구권자다. 주주 이외의 다른 이해관계자는 언제나 자기 몫을 손해나지 않게 먼저 챙겨 갈 것이고, 그런 후 남은 나머지가 주주의 몫이 된다. 따라서 주주 가치를 극대화하면 기업가치 역시 극대화된다. 그 결과 사회 공헌도 극대화=기업가치 극대화=주가 극대화의 삼위일체의 등호 관계가 성립한다.

그러나 경제학을 충실히 따르더라도 이 등호 관계는 완벽한 시장을 가정할 때에만 성립하는 것이다. 이것이 현실과 맞지 않다는 것도 우리는 알고 있다. 경제학의 이론은 현실을 분석하고 이해하게 해 주는 시각과 수단을 제공하므로, 비록 현실과 다른 가정을 하더라도 의의가 없는 것은 아니다. 그러나 이해 수단을 넘어서서 현실에 직접 그 결과를 맹목적으로 적용하려면 문제가 생기기 시작한다. 주주에게 좋은 것이 사회에 좋은 것이라는 맹목적인 믿음 때문에, 많은 직원의 해고가 노동비 절감으로 정당화되었으며, 열악하고 유해한 시설로 노동자와 지역 사회에 피해를 주고도 원가 절감이라는 명분으로 정당화되었다. 그리고 경영학은 효율성 제고라는 이름으로 암묵적으로 그들을 지원해 주었다.

# 감사의 글

저자의 생각을 정리하는 데 여러 분들과 나눈 논의에서 많은 도움을 받았다. 특히 현용진, 백윤석, 배종훈 교수로부터 많은 영감과 도움을 받았기에 감사드린다. 이 책은 주로 연구년 기간 동안 집필되었는데, 그 기회를 준 서울대학교 경영대학과 포틀랜드 주립대학(Portland State University)의 경영대학(School of Business Administration)에 감사를 표한다. 또한 집필에 임할 수 있도록 호의적으로 도움을 주신 피만 림파파욤(Piman Limpaphayom), 댄 로저스(Dan Rogers), 스콧 도슨(Scott Dawson), 스콧 마셜(Scott Marshall) 교수께도 고마움을 표한다. 홍지민 박사는 바쁜 학업에도 불구하고 많은 조언과 교정에 시간을 내주어 고마움을 전한다. 책을 출간해 준 위즈덤하우스 출판사에도 고마움을 표한다. 물론 가족의 지원과 사랑이 없이는 이 책이 완성될 수 없었을 것이다. 이 기회에 가족들에게 고마운 마음을 전하고자 한다.

• 경제교육연구회, 『뜻으로 읽는 한국경제사』, 시그마프레스, 2009.

• 김륜희, 김성갑, 황은정, 『우리나라 토지제도 변천사: 삼국 시대-조선 시대』, 한국 주택공사 토지주택연구원 연구지원 2011-1호, 2011.

• 마누법전, Indian History Sourcebook: The Laws of Manu, c. 1500 BC, English translated by G. Buhler, http://www.fordham.edu/halsall/india/manu-full.asp.

• 박제가, 이익성 옮김, 『북학의』, 을유문화사, 2011.

• 박지원, 김혈조 옮김, 『열하일기』, 돌베개, 2009.

• 사트야지트 다스, 이진원 옮김, 『익스트림 머니』, 알키, 2012.

• 석승훈, 『CEO를 위한 전략적 기업재무』, 경문사, 2008.

• 쑹훙빙, 차혜정 옮김, 『화폐전쟁』, 랜덤하우스 코리아, 2008.

• 왕양, 김태일 옮김, 『환율전쟁』, 평단, 2010.

• 유수원, 『18세기 중반, 우서』, 서울대학교 고전간행회, 1969.

• 이경엽, 「주식을 왜 '주식'이라 말할까?」, 『월간 금융계』 2012. 7. 31.

• 이성주, 「엽기조선왕조실록: 조선 시대에도 파산이 있었을까」(상·하), 『스포츠칸』 2005. 9. 23, 9.25.

• 조병수, 「돈 어원: 고려화폐 도(刀)서 유래설」, 『동아일보』, 1993. 9. 20.

• 주경철, 『문명과 바다』, 산처럼, 2009.

• 주경철, 「산업혁명 일으킨 인도산 면직물」, 『한국경제신문』, 2011. 4. 8.

• 한정주, 『조선을 구한 13인의 경제학자들』, 다산초당, 2007.

- 홍윤표, 「국어 어원: 비싸다의 어원」, 국립국어원, 2004, http://www.korean. go.kr/nkview/nknews/200409/74_1.html.


- Acemoglu, Daron and James Robinson, *Why Nations Fail: The Origins of Power, Prosperity, and Poverty*, Crown Publisher, USA, 2012.
- Al-Ghazali, Abu Hamid, *Ihya' Ulum al-Din* [Revival of the Religions Sciences], 1097, http://www.ghazali.org/site/ihya.htm.
- Al-Tusi, Nasir al-Din 1232, *Akhlaq-i Nasiri* [Nasirean Ethics], translated by G. Wickens, Allen & Unwin, UK, 1964.
- Aristoteles, *Politics*, translated by Benjamin Jowett, http://classics.mit.edu/ Aristotle/politics.html.
- Francis Bacon, *Essays of Francis Bacon*, 1627.
- Baskin, Jonathan B. and Paul J. Miranti, Jr., *A History of Corporate Finance*, Cambridge University Press, New York, USA, 1999.
- Bentham, Jeremy, *Defense of Usury*, 1787. http://www.econlib.org/library/ Bentham/bnthUsCover.html.
- Berle, Adolf and Gardiner Means, *The Modern Corporation and Private Property*, Transaction Publishers, USA, 2009 (1932, 1968 2nd ed.).
- Bernstein, Peter L., *Against the Gods*, John Wiley and Sons, New York, USA, 1998.
- Bernstein, Peter L., *The Power of Gold*, Wiley, Hoboken, NJ, USA, 2012.
- Cassidy, John, "The Minsky Moment", *The New Yorker*, 2008. 2. 4, http://www. newyorker.com/talk/comment/2008/02/04/080204taco_talk_cassidy?printable =true&currentPage=all.
- Chanakya Kautilya, *Arthashastra*, translated by R. Shamasastry 1915, http:// www.bharatadesam.com/literature/kautilya_arthashastra/arthashastra.php.
- Chandler, Alfred D., *Strategy and Structure: Chapters in the History of the American Industrial Enterprise*, The MIT Press, USA, 1962.

- Chandler, Alfred D., *The Visible Hand: The Managerial Revolution in American Business*, Harvard University Press, USA, 1977.
- Coase, Ronald, "The Nature of the Firm", *Economica* 4 16: 386-405, 1937.
- Coase, Ronald, "The Problem of Social Cost", *Journal of Law and Economics* 3 1: 1-44, 1960.
- Cowles, Frank H., "Gaius Verres: An Historical Study", *Cornell Studies in Classical Philosophy*, edited by Charles Bennett and George Bristol, Longman, Green and Co., USA, 1917.
- Diebold, Francis X., Neil A. Doherty, and Richard J. Herring, *The Known, the Unknown, and the Unknowable in Financial Risk Management*, Princeton University Press, USA, 2010.
- de Roover, Raymond, "Money, Banking, and Credit in Medieval Bruges", *Journal of Economic History* 2: 52-65, 1942.
- de la Vega, Joseph Penso, *Confusion of Confusions*, edited by Liesbeth Gransch, Sonsbeek Publisher, 2006[1688].
- Durkheim, Emile, *Division of Labor in Society*, English translated by G. Simpson, Free Press, New York, USA, 1933[1893].
- Eichengreen, Barry, *Global Imbalances and the Lessons of Bretton Woods*, NBER Working Paper 10497, 2004.
- Eichengreen, Barry, *Globalizing Capital*, Princeton University Press, Princeton, USA, 2008.
- Ferguson, Niall, *The Ascent of Money*, The Penguin Group, New York, USA, 2009.
- Ferguson, Niall, *Civilization: The West and the Rest*, The Penguin Group, New York, USA, 2011.
- Goetzman, William N. and K. Geert Rouwenhorst, *The Origins of Value: The Financial Innovations that Created Modern Capital Markets*, Oxford University Press, New York, USA, 2005.

- Graeber, David, *Debt: The First 5000 Years*, Melville House, New York, USA, 2011.
- Gramsci, Antonio, "Americanism and Fordism", Selections from *The Prison Notebooks*, edited by Quintin Hoare and Geoffrey Smith, International Publishers, 1971[1934]
- Gudeman, Stephen, The Anthropology of Economy, Blackwell Publishing, Malden, MA, USA, 2001.
- Halley, Edmund, "An Estimate of the Degrees of the Mortality of Mankind", Drawn from *Curious Tables of the Births and Funerals at the City of Breslaw; with an Attempt to ascertain the Price of Annuities upon Lives*, Philosophical Transactions 196 1692/3. 1: 596–610, 1693.
- Herodotus, *Histories*, translated by George Rawlinson, The Internet Classics Archive, http://classics.mit.edu/Herodotus/history.1.i.html.
- Ingham, Geoffrey, *Capitalism*, Polity Press, Cambridge, UK, 2008.
- Isett, Christopher, *State, Peasant, and Merchant in Qing Manchuria, 1644-1862*, Stanford University Press, USA, 2006.
- King, Thomas A., *More than a Numbers Game: A Brief History of Accounting*, John Wiley & Sons, Hoboken, USA, 2006.
- Knapp, Georg Friedrich, *The State Theory of Money*, Macmillan & Company, London, UK, 1924.
- Knight, Frank H., *Risk, Uncertainty, and Profit*, Signalman Publishing, FL, USA, 2009.
- Mackay, Charles, *Memoirs of Extraordinary Popular Delusions and the Madness of Crowds*, Library of Economics and Liberty, 1852, http://www.econlib.org/library/Mackay/macEx2.html.
- Marx, Karl, *Das Kapital: Kritik der politischen Ökonomie*[Capital: A Critique of Political Economy], translated by Samuel Moore and Edward Aveling, 1867, 1885, 1894. http://en.wikisource.org/wiki/Das_Kapital.

- Mauss, Marcel, *The Gift: The Form and Reason for Exchange in Archaic Societies*, English translated by W. D. Halls 1990, Routledge, London, UK, 2000[1925]

- Micklethwait, John and Adrian Wooldridge, *The Company: A Short History of a Revolutionary Idea*, Modern Library, New York, USA, 2005.

- Minsky, Hyman P., "The Financial Instability Hypothesis", *Working paper* No. 74, The Jerome Levy Economics Institute of Bard College, New York, Published in *Handbook of Radical Political Economy* 1993, edited by P. Arestis and M. Sawyer, Cheltenham: Edward Elgar, 1992.

- Minsky, Hyman P., *Stabilizing an Unstable Economy*, McGraw-Hill, New York, USA, 2008[1986].

- Mullins, Eustace, *The Secrets of the Federal Reserve*, John McLaughlin, USA, 1993.

- Mitchell-Innes, Alfred, "The Credit Theory of Money", *Banking Law Journal* 31, Dec./Jan.: 151–168, 1914.

- Polanyi, Karl, *The Great Transformation: The Political and Economics Origins of Our Time*, Beacon Press, Boston, MA, USA, 2001[1944].

- Schumpeter, Joseph A., *The Theory of Economic Development: An Inquiry into Profits, Capital, Credit, Interest and the Business Cycle*, Social Science Classics Series Book 46, Transaction Publishers, NJ, USA, 1982[1911].

- Schumpeter, Joseph A., *History of Economic Analysis*, Taylor & Francis 3-Library, UK, 2006[1954].

- Schumpeter, Joseph A., *Capitalism, Socialism and Democracy*, Martino Fine Books, USA, 2010[1942].

- Sen, Amartya, *On Ethics & Economics*, Blackwell Publishing, Malden, USA, 1988.

- Seog, S. Hun, *The Economics of Risk and Insurance*, Wiley-Blackwell, Malden, USA, 2010.

- Silver, Morris, "Fiscalism in the Emergence and Extinction of Societates Publicanorum", *Pomoerivm* 6: 46–71, 2007.

- Singleton, Tommie W. and Aaron J. Singleton, *Fraud Auditing and Forensic*

*Accounting*, John Wiley & Sons, Hoboken, NJ, USA, 2010.

- Smith, Adam, *The Wealth of Nations(An Inquiry into the Nature and Causes of the Wealth of Nations)*, A Penn State Electronic Classics Series Publication, 2001 [1776].

- Stiglitz, Joseph, "GDP Fetishism", *Economists' Voice* 6(8), 2009, www.bepress.com/ev.

- Sun, Guang-Zhen, "Nasir ad-Din Tusi on Social Cooperation and the Division of Labor", *Journal of Institutional Economics* 4 3: 403–413, 2008.

- Swiss Re, "Insurance in the Emerging Markets: Overview and Prospects for Islamic Insurance", *Sigma* No.5/2008.

- Taylor, Frederick W., *The Principles of Scientific Management*, 2011 [1911], ReadaClassic.com.

- Thompson, Earl A., "The Tulipmania: Fact or Artifact?", *Public Choice* 130 1-2: 99–114, 2007.

- Trenerry, C. F., *The Origin and Early History of Insurance: Including the Contract of Bottomry*, P.S. King & Son, London, UK, 1926.

- Veblen, Thorstein, *The Theory of the Leisure Class*, Dover, New York, USA, 1994 [1899].

- Veblen, Thorstein, *The Theory of Business Enterprise*, Cosimo, New York, USA, 2011 [1904].

- Weatherford, Jack, *The History of Money*, Three Rivers Press, New York, USA, 1998.

- Weber, Max, *The Protestant Ethics and the Spirit of Capitalism*, English translated by Talcott Parsons, Routledge London, UK, 1930 [1904-5].

- Weber, Max, *Economy and Society*, edited by Guenther Roth and Claus Wittich, University of California Press, USA, 1978.

- Weber, Max, *Wirtschaftsgeschichte* [General Economic History], translated by Frank Knight 1927, Dover, Mineola, NY, USA, 2003 [1923].

- Weststeijn, Arthur, "From the Passion of Self-love to the Virtue of Self-interest: The Republican Morals of the Brothers De la Court", *European Review of History: Revue europeenne d'histoire* 17 1: 75-92, 2010, http://dx.doi.org/10.1080/13507480903511934.
- Williamson, Oliver E., *Markets and Hierarchies: Analysis and Antitrust Implications*, The Free Press, New York, USA, 1975.
- Williamson, Oliver E., *The Economic Institutions of Capitalism*, The Free Press, New York, USA, 1985.

# 도판 출처

- **29쪽** Guinther, Eric (2002.5), English Wikipedia under Permission of GFDL, Wikimedia Commons, licensed by Creative Commons Attribution 3.0.

- **50쪽** BMC 06.jpg (2006.2), Wikimedia Commons, by Carlomorino, licensed by Creative Commons, licensed by Creative Commons Attribution-Share Alike 3.0 Unported.

- **54쪽** 전국칠웅.png (2011.7), by Bitebullets2 and zh:User:Philg88, Creative Commons, licensed by Creative Commons Attribution 3.0 Unported.

- **55쪽** Yan State Coins.jpg (2006.8), by Peng, Yanan, Wikimedia Commons, licensed by Creative Commons Attribution-Share Alike 3.0 Unported.

- **56쪽** Ancient india.png (206.3), by Kmusser, Wikimedia Commons, licensed by Creative Commons Attribution-Share Alike 3.0 Unported.

- **62쪽** Carracci-Jupiter et Junon.jpeg (2006.11), from http://www.latein-pagina.de/ovid/ovid_m3.htm, Wikimedia Commons, Public.

- **69쪽** 교자: Jiao zi.jpg (2005.6), Wikimedia Commons, Public.
  회자: Hui zi.jpg (2005.6), Wikimedia Commons, Public.

- **74쪽** Mansa Musa.jpg (2008.1), A Part of Catalan (of Spain) Atlas of 1375, by Abraham Cresques of Mallorca, Wikimedia Commons, Public.

- **82쪽** Alvesgaspar, Padrão Descobrimentos April 2009-3c.jpg (2009.4), by Alvesgaspar, Wikimedia Commons, licensed by Creative Commons

Attribution-Share Alike 3.0 Unported.

- **88쪽** Potosi Real.jpg (2006.10), by DelGranado, Wikimedia Commons, Public.

- **100쪽** Wizard oz 1900 cover.jpg (1900), Wikimedia Commons, Public.

- **113쪽** Sangpyeongtongbo 01.jpg (2012.10), by Lawinc82, Wikimedia Commons, licensed by, licensed by Creative Commons Attribution-Share Alike 3.0 Unported.

  Sangpyeongtongbo 02.jpg (2012.10), by Lawinc82, Wikimedia Commons, licensed by Creative Commons Attribution-Share Alike 3.0 Unported.

- **128쪽** Marinus van Reymerswale-The Banker and His Wife-WGA19323.jpg (2011.6), from Web Gallery of Art, Wikimedia Commons, Public.

- **130쪽** Cappella Sassetti Confirmation of the Franciscan Rule 2.jpg (2009.2), from Web Gallery of Art, Wikimedia Commons, Public.

- **137쪽** Bank of England Charter sealing 1694.jpg (2009.11), by Madmats, Wikimedia Commons, Public.

- **139쪽** Great coat of arms of Rothschild family.svg (2012.12), by Mathieu Chaine, Wikimedia Commons, licensed by Creative Commons Attribution-Share Alike 3.0 Unported.

- **143쪽** Morgan, Sam.jpg (2008.9), by JayHenry, Wikimedia Commons, Public

- **145쪽** 미국 연방준비제도 홈페이지: http://www.federalreserve.gov/otherfrb.htm (업데이트: 2005.12)

- **155쪽** Code of Hammurabi.jpg (2009.8). by Georgezhao, Wikimedia Commons, Public.

  Prologue Hammurabi Code Louvre AO10237.jpg (2006.6). by Marie-Lan Nguyen, Wikimedia Commons, Public.

- **169쪽** Michelino DanteAndHisPoem.jpg (2004.12), by Niki K, Wikimedia Commons, Public.

- **218쪽** Great fire of london map.png (2006.11) by Bunchofgrapes, licensed by Creative Commons Attribution-Share Alike 3.0 Unported.

- **219쪽** http://www.lloyds.com/lloyds/about-us/the-lloyds-building/images-of-the-lloyds-building, copyright free.
- **223쪽** Halley, Edmund (1693), http://www.pierre-marteau.com/editions/1693-mortality.html.
- **261쪽** Ship Batavia 1.jpg (2007.8), by Malis, Wikimedia Commons, Public.
- **262쪽** Reddragonship.jpg (2009.11), by unknown, Wikimedia Commons, Public.
- **269쪽** John Law cartoon (1720).png (2006.12), by unknown, Wikimedia Commons, Public.
- **270쪽** William Hogarth-The South Sea Scheme.png (2007.9), by BryanBot, Wikimedia Commons, Public.
- **282쪽** Beurs.jpg (2009.4), by Ereunetes, Wikimedia Commons, Public.
- **285쪽** Womenspetitionagainstcoffee.JPG (2009.4), by Lyckaj, Wikimedia Commons., Public.

# 찾아보기
## ·용어·

# 찾아보기
## • 인명 •

# 경영학, 무엇을 말해야 하는가
## 경영학 신화에 질문을 던지다

초판 1쇄 인쇄 2014년 9월 24일
초판 1쇄 발행 2014년 9월 30일

지은이 | 석승훈
펴낸이 | 연준혁

출판3분사 분사장 | 정보배
책임편집 | 엄정원
제작 | 이재승
디자인 | 이석운, 김미연

펴낸곳 | ㈜위즈덤하우스  출판등록 | 2000년 5월 23일 제13-1071호
주소 | (410-380) 경기도 고양시 일산동구 정발산로 43-20 센트럴프라자 6층
전화 | (031)936-4000 팩스 (031)903-3895
홈페이지 | www.wisdomhouse.co.kr  전자우편 wisdom1@wisdomhouse.co.kr
종이 | 월드페이퍼  인쇄·제본 | ㈜현문  후가공 | 이지앤비

값 20,000원
ISBN 978-89-6086-735-2  03320